2017 한성백제박물관 학술총서

석촌동 고분군 집 중 토 론 집

'70~'80년대 발굴조사 자료를 중심으로

한성백제박물관
SEOUL BAEKJE MUSEUM

석촌동고분군 집중토론집
'70~'80년대 발굴조사 자료를 중심으로

발행인 이인숙(한성백제박물관장)
총괄 이인숙(한성백제박물관장)
기획·진행 조영훈(백제학연구소장), 이장웅(학예연구사)
편집교정 이장웅(학예연구사)
행정지원 오천석 · 이영경 · 정혜경(총무과)

한성백제박물관
05540 서울특별시 송파구 위례성대로 71
Tel. 02-2152-5800
http://baekjemuseum.seoul.go.kr

발행일 2017년 8월 31일

디자인·제작 홀리데이북스
Tel 02-2026-0545

ISBN 979-11-86012-32-1

2017 한성백제박물관 학술총서

석촌동 고분군 집중토론집

'70~'80년대 발굴조사 자료를 중심으로

한성백제박물관
SEOUL BAEKJE MUSEUM

머리말

30년 만의 재발굴, 석촌동고분군 집중토론의 의미

한성백제박물관은 백제사 연구를 위한 조사, 연구 사업으로 몽촌토성과 석촌동 고분군 등 백제 유적 발굴 조사를 실시해 오고 있으며, 학술대회 개최와 연구서적 간행 그리고 특별전시회를 마련하는 등 학계와 시민들에게 잃어 버렸던 한성백제의 역사와 문화를 찾아 적극적으로 알리고자 노력하고 있습니다. 2015년 봄, 우연히 발견된 싱크홀로 인해 석촌동 고분 공원 내에서 긴급 발굴이 시작되었는데, 이는 1970·80년대 이후 이루어지지 못했던 국가사적 석촌동 고분군에 대한 공식 발굴이 한성백제박물관에 의해 재개된 것으로서 2016년부터는 정식 발굴로 전환, 지금까지 조사가 계속되고 있습니다.

백제사 복원과 관련해서는 기초 학술 자료들이 국내외 학계에 원활하게 제공되어야 하며, 특히 부족한 사료의 공백을 메워주는 고고 유적과 유물 자료의 활용은 매우 중요합니다. 그 중에서도 특히 백제 한성시기 왕릉 지구인 석촌동 고분군은 유적의 중요도에 비하여 보존, 관리, 연구, 조사, 홍보 등 여러 가지 면에서 너무나 미흡한 상황에 처해 있었던 것이 사실입니다. 1970년대와 80년대 급격한 서울 강남 개발에 직면하여 서둘러 발굴 조사와 보고가 이루어질 수밖에 없었는데, 당시 주도적으로 발굴 조사를 담당하였던 서울대학교 박물관에서 미진했던 발굴 유물에 대한 보고를 최근 3년에 걸쳐 재정리하여 석촌동 고분군 Ⅰ(2013), Ⅱ(2014), Ⅲ(2015)을 펴낸 바 있습니다. 이는 석촌동 고분군 발굴이 조사된 지 30년 만에 재보고서 3권이 간행됨으로써 유구 상황과 유물들에 대한 보충 정보가 정리, 공개되었다는 점에서 의미가 크다 할 것입니다.

지난 2월, 한성백제박물관에서 기획한 석촌동 고분군 집중토론회는 현재까지 이루어졌던 고분 조사 성과를 바탕으로, 석촌동 고분군의 과거와 현재, 그리고 미래를 전망하고자 마련되었습니다. 30여 년 전, 직접 발굴을 담당하셨던 여러 선생님들과, 현재 석촌동 고분군의 발굴을 담당하고 있는 우리 박물관 직원들이 한자리에 모여 현재 가능한 연구 자료들을 한데 모아 30년 전 상황을 좀 더 생생한 모습으로 다시 살펴보고, 논란이 되고 있는 점들에 대해 기탄없는 이야기들을 나누어 보자는 취지에서 1박 2일 동안 비공개로 진행되었던 것입니다.

이제 당시 뜨겁게 이루어진 토론 결과를 정리하여 한권의 책으로 간행합니다. 먼저 토론회 때 토론 자료로 쓰였던 7명의 원고를 수정하여 앞부분에 싣고, 이틀 동안 이루어진 집중토론 내용을 1부와 2부로 나누어, 1부에서 석촌동 1·2·3호분, 그리고 2부에는 석촌동 4·5호분과 기타 사항에 대해 검토한 내용으로 구성해 보았습니다.

이 작은 책자는 현재 진행하고 있는 석촌동고분 발굴조사에 참고가 될 뿐만 아니라, 백제 역사나 고고학을 전공하는 연구자들은 물론, 일반 시민들에게도 거의 송두리째 잃어버렸던 백제의 참모습을 조금씩 확인해 가는 데 도움이 될 것입니다. 또한, 백제 역사지구 유네스코 세계문화유산 등록을 위한 기초 자료로도 활용되리라 생각하며 앞으로 백제학 관련 기초 조사와 연구 사업이 더욱 활성화되고 발전적으로 나아가기를 기대해 봅니다.

2017년 8월,

한성백제박물관 관장 李 仁 淑

차 례

토론자료

집중토론

토론자료 1

석촌동고분군 조사 현황과 연구 동향

정 치 영 한성백제박물관

1. 머리말

서울 석촌동 고분군은 일제강점기에 학술적 조사를 통하여 알려진 이후 1970년대 잠실지구의 도시화에 수반된 발굴조사를 통하여 백제 한성기의 왕실 묘역으로 인식되고 있다.

1917 작성된 고분분포도에 따르면 석촌동, 가락동, 방이동 일원에 293기 이상의 고분이 육안으로 확인되었지만(李炳鎬, 2011), 그 실체가 알려진 것은 소수에 국한될 뿐이고 그나마도 대부분 소실되고 석촌동고분군(사적 제243호)과 방이동고분군(사적 제270호) 일부만이 보존되어 있는 실정이다.

1974년부터 발굴조사가 진행되었지만, 조사 면적과 시간적 제약, 그리고 기술적 한계로 인하여 충분한 조사가 이루어지지 못하였다. 이로 인하여 고분의 분포상은 물론 구조, 성격, 편년 등에 대한 논란이 지속되어 왔다. 이는 백제 한성기의 문화에 대한 연구의 진척에 상당한 장애를 초래하는 현실로 이어졌다.

2015년부터 한성백제박물관에 의해 석촌동고분군의 발굴이 재개되면서 30년간의 난제를 풀 자료들이 확보될 계기가 마련되었지만 갈 길은 멀기만 하다. 이에 본고에서는 석촌동고분군을 비롯한 한성기 도성 인근의 고분자료에 대한 조사와 연구 성과를 되짚어 보고 향후의 과제를 정리해 보고자 한다.

2. 석촌동고분군의 경관

1) 일제강점기 '甲塚'과 '乙塚'의 실체

1980년대 발굴조사 이래 석촌동고분군에 대한 연구의 괄목할 만한 성과는 일제강점기 자료에 대한 구체적인 탐색과 적극적인 분석에서 얻어졌다. 일제강점기 고적조사사업에 대한 방대한 연구(이순자, 2009)에 이어, 국립중앙박물관의 광복이전 자료에 대한 재정리 작업의 와중에서 확인된 고분분포도가 공개되면서(李炳鎬, 2011) 석촌동고분군의 경관에 대한 주의를 환기시켰다. 이러한 고분

분포도를 지적도, 항공사진, 근래의 지형도에 비추어보며 석촌동고분군의 변화상을 재구성한 연구(조가영, 2012a; 2012b)는 한성 왕도의 경관을 이해하는데 매우 자료가 되고 있다.

1912년 栗山俊一의 지표조사에 의해 1916년『조선고적도보朝鮮古蹟圖譜』3권에 수록된 석촌리 고분분포도에는 갑총甲塚 23기와 을총乙塚 67기가 표시되어 있다. 이후 谷井齊一이 이를 토분土墳과 석총石塚으로 표현한 1917년 조사 내용과 비교하여 갑총甲塚을 봉토석실분, 을총乙塚을 적석총積石塚으로 이해하고 있지만(李炳鎬, 2011), 을총乙塚을 즙석봉토분이 포함된 것이라는 지적도 있다(조가영, 2012: 260). 1917년의 조사를 토대로 1920년에 작성된 세밀한 고분분포도에는 원형으로 표현된 고분이 있는가하면 부정형의 고분도 보이고 있다. 특히 현재의 석촌동 고분군 북쪽의 3호분 일대의 동쪽에는 형태가 일정치 않은 대형 고분들이 빈틈없이 인접해 있는 양상을 볼 수 있다. 이러한 도면의 실재가 어떠한 것인지 명확히 알 수 없지만, 대규모 연접분이었을 가능성이 있다. 1916년도 분포도를 보면 이 일대에 乙塚이 밀집되어 있는 점을 감안하면, 다수의 적석총이 연접되어 있었다는 추정도 가능하다. 석촌동 6호분과 7호분은 타원대형과 방대형 고분이 연접한 형태를 띠고 있다. 이는 범마한권의 분구묘와 비교되는 양상으로, 1970년대 이후 조사에서 즙석봉토분으로 인식된 분구묘와 관련이 있을 것으로 추정된다. 현재 원형 봉토분 1기로 복원되어 있는 석촌동 5호분 역시 본래 연접 양상을 띠고 있었던 점을 감안할 때(이선복 · 양시은 · 조가영 · 김준규, 2013: 100) 석촌동 일대의 분구묘의 구조에 대한 면밀한 분석이 필요하다고 생각된다.

2) '오봉산'과 대형 고분의 관계

현재 보존된 석촌동고분군은 본래의 고분 분포역의 서쪽에 해당한다. 일제강점기의 고분분포도를 참고하면 대부분의 고분은 3호분에서 5호분을 지나 76-파괴분을 잇는 선의 동쪽에 밀집되어 있고, 비교적 대형고분이 열을 지어 있다. 이 일대는 주변보다 약간 높지만 해발 17~18m의 대체로 저평한 대지를 이루고 있

는데, 동·서쪽과는 2~3의 고도차가 있었다고 한다(石村洞發掘調査團, 1987: 4)

지역민들은 석촌동고분군 일대를 종래 '오봉산五峰山'이라 칭하였다하는데, 이는 이러한 지형과 함께 현재 보존된 대형분이 존재와 무관치 않다고 추정된다. 다만 '오봉五峰'이 어느 고분을 지칭한 것인지는 확실치 않지만 3호분, 4호분, 2호분, 5호분 그리고 76-파괴분일 가능성이 있다. 1987년도 보고서에 수록된 4~5호분 사이의 지형도에는 두 고분을 포함하여 총 5개소의 고소高所가 표현되어 있다. 5호분 북쪽에 위치한 2개의 고소는 1호분과 현재 발굴이 진행되고 있는 지점으로 추정해 볼 수 있다. 이 2개 지점에서 확인된 고분은 하부만 남은 상태인데, 상부가 훼손되지 않았다면 봉우리로 인식될 만하였을 것이다. '오봉五峰'에 대한 고증이 가능하다면 고분의 분구가 훼손된 시기를 가늠해 볼 여지도 있을 것이다.

3. 적석총의 구조와 성격

1) 각 적석총의 구조

① 1호분

1987년에 발굴조사된 1호분은 할석으로만 축조된 남분과 내부가 점토인 북분이 연접된 적석총으로 이해되었다. 폭 3.7m의 연접부는 점토로 채워져 있는데, 남분의 북쪽 기단이 다소 흐트러진 양상을 보여 북분이 선행한 것으로 이해되었다. 1호분 사방의 석축 외곽에는 이와 잇대어진 적석이 확인되는데, 이 중 남·북의 적석은 후대의 유구이고, 동쪽의 적석은 선행 적석총의 잔재로 보았다. 서쪽의 적석은 남·북분 축조 후 석축에 3.2m의 폭으로 잇대어 추가로 설치한 단으로 이해하였다. 남분에는 중심석곽과 북쪽 석축에 잇대어 나란히 축조된 3기의 석곽이 확인되었다. 1호분이 폐기된 이후 북분의 동북쪽 석축 상면과 남분 남쪽의 둔덕 위에 1호와 3호 석곽묘가 조영되었다.

그러나, 남분 내부의 석곽묘는 구조가 명확하지 않아 그 성격에 대한 논의의 여지가 있다. 1호와 3호 석곽묘는 1호분의 폐기 이후에 조성된 것인데, 이에 회의적인 시각도 존재하는 바 적석총의 훼손과 석곽묘의 중복에 대한 논리적 설명도 필요한 상황이다.

발굴조사 범위가 제한적이었던 점을 감안하면 1호분의 전모에 대한 재고의 여지도 있다고 생각된다. 즉 1호분은 남, 북 2기 뿐 아니라 다수의 적석총이 연접된 구조일 가능성이다. 1호분 주위의 적석 뿐 아니라 3호 석곽묘가 조성된 '둔덕'도 실상 연접분인 1호분의 일부일 가능성도 없지 않다. 1호분의 동북 모서리 부근에서 확인된 A호 적석총도 마찬가지이다. 북분 내부 북동쪽의 적석이 호상弧狀을 띠는 것이 A호의 외방내원형外方內圓形 구조와 상통하는 것은 아닌지 검토가 요구된다.

② 2호분

2호분은 3~4m의 봉분이 잔존하고 있는 상태였으며 절개 조사시 동, 남, 북 삼면의 기단석렬이 확인되었다. 동쪽기단은 얇게 치석한 판석을 횡으로 쌓았다. 정지면 위에 20~30cm의 할석으로 기단을 축조한 후 내부에 점토와 사질토를 10~30cm 두께로 쌓은 3단의 적석총으로 추정되었다. 동북쪽 절개면 일부에서는 작은 자갈을 깐 기저부가 확인되었는데, 중심부로 향하고 있어 지정시설의 일부로 이해할 수 있다. 반대편에서는 목관묘와 그 상부를 덮었던 봉토의 흔적이 확인되었다. 기저부의 규모는 동-서 17.2m, 남-북16.2m로 파악되었지만, 서쪽의 기저부가 확인되지 않아 다소 불확실한 점이 있다.

한편, 남서편에서는 이와 연접된 양상을 띠는 2호 석곽묘가 확인되었는데 선후 관계가 파악되지 않았다. 석곽묘는 2호분의 남쪽 기단석렬이 연장되다가 2호분 조성 이전에 파괴되어 흐트러진 석축열과 혼재되는 부분에서 확인되었는데, 이 석축열과 또다른 할석조 석렬을 외곽으로 삼아 축조되었고 바닥에는 천석이 깔려 있었다.

2호 석곽묘의 구조가 다소 모호한 점, 석곽묘 바닥에 천석이 깔린 점이 2호분의 기저부와 유사한 점, 두 유구의 평면 구조가 연접의 양상을 띠는 점 등을 감안하면 이 역시 연접된 적석총일 가능성은 없는지 의문이 제기될 수 있는 대목이다. 한편, 2호분의 상부의 점토 성토부에서 뚜렷한 층단구조가 파악되지 않고 석축 기단도 명확하지 않다는 점에서 현재 복원된 바와 같은 기단식 적석총으로만 이해하기에는 어려운 측면도 있다.

③ 3호분

1974년 조사에서 대형 판석열로 축조된 1단 기저부가 확인되었고 각던 3단 구조로 추정되었다. 단의 높이는 0.7~0.8m, 폭 4~4.2m로 파악되었다. 83년 조사에서 동서 49.6m, 남북 43.7m, 높이 4~4.5m로, 84년에는 동서 55.5m, 남북 43.7m, 86년에는 동서 50.8m, 남북48.4m로 정정하였다. 84년 조사시 축조 방법이 규명되었다. 정지면에 점토를 40~50㎝ 깔고 자갈을 20~30cm 깐 다음 장대석 또는 대형 할석으로 기단 외곽을 축조한다. 그 위에 40~50cm의 소형 판석을 상하 4~5단, 평면 4~5열 쌓고 틈새를 자갈로 메웠다. 내부에는 40cm 내외의 부정형의 할석을 쌓았다.

제1단 기단 외면에서 4.7m쯤 되는 곳에서 제2단을 높이 90cm로 추정하여 쌓고, 3단은 높이 180cm에 이른다. 높이가 4~5m에 이르므로 상부에 1~2단 정도 더 있었을 것으로 추정하였다. 중심부에서 남서쪽으로 벗어난 곳에서 소형 석곽이 발견되었으나, 후대에 교란된 것으로 보는 의견이 대세이다(권오영 2007, 임영진 2016).

84년의 발굴을 통하여 3개의 복원안이 제시되었다. 첫째, 3단까지만 복원하고 상부는 파괴된 상태로 두는 방안, 둘째, 4호분이 복원되었으므로 교란부만 제거하고 파괴된 상태로 유지하는 것, 셋째, 당시의 잔고 4.5m를 감안하여 각단 0.9m로 5단까지 복원하는 것이다. 현재의 복원 상태는 1안에 의거한 것으로 보이는데, 남북변의 단폭은 동서변과의 길이 비율에 따라 4.7m에서 1m를 감한 3.7m로 제안되었다.

주지하다시피 3호분은 가옥 축조, 도로 개설 등으로 상당부분 파괴된 상태였으며, 제한된 조사로 인해 전모파악이 불가능하였다. 규모가 거듭 수정된 것도 이러한 사정에 기인한 것으로 보인다. 폭 50m 내외의 대형분인 점, 할석으로만 축조된 점 등 규모와 축조법에 대한 설명이 이루어졌지만, 내부조사가 거의 시행되지 않아 구조와 성격이 모호한 측면이 적지 않다.

④ **4호분**

1974년 조사에서 계단식 적석총의 면모를 확인하였는데, 석촌동고분군에서 규모와 외형이 가장 잘 파악된 사례이다. 축조 방법은 원지반인 점토대지 위에 너비 1.8m, 높이 2.24m 규모의 방주형方柱形 석벽을 축조하고 그 내부를 10~20cm 두께의 점토로 판축한 것으로 파악하였다. 외측에 석축을 덧쌓아 보강하는 방식으로 하부 2단을 축조하였다. 외곽에는 잔자갈을 깔아 조성한 30m의 묘역墓域과 같은 구조를 보였다. 1단은 24m, 2단은 17.2m, 3단은 13.2m로 평면규모를 파악하였고, 전체 높이는 각각 62cm, 1.24m, 2.24m, 기단 폭은 1.8~2.1m로 기록되었다. 3단 내부에는 동서 4.6m, 남북 4.8m의 석실이 있는데 남벽 중앙에 연도가 마련되어 있다. 석실벽은 당시의 잔고보다 그리 높지 않고 매장주체부는 점토부에 있었을 것으로 추정되었다.

1984년의 조사를 통해 4호분의 구조에 대한 수정론이 제기되었다. 그 내용을 정리하면 다음과 같다. 고분 중심부에 폭 9.2m, 높이 1.47m의 사각 기둥형태로 성토부를 조성하고 그 외연에 부쳐 2m 폭으로 석축을 둘렀는데 이것이 제2단을 이룬다. 이 구조물 외연에 폭 2m, 높이 0.52m의 석축을 쌓아 1단을 조성하고 그 위에 각 면마다 2단을 지지하는 지탱석을 6개씩 배치한다. 2단 상면 석축의 내연에 맞추어 폭 2.5m, 높이 4.5m 규모의 방형 석축을 쌓고 내부를 성토하여 3단을 조성한 후 그 상면에 0.7m 높이의 분구를 만든다. 고분의 전체 높이는 2.62m가 된다(임영진 2007).

4호분의 구조에 대한 1974년과 1984년 보고 내용은 규모와 축조 공정에서 차이를 보이지만, 무엇보다도 3단 석축의 내부를 석실로 본 초기의 견해가 부정되었다는 점이다. 이 문제는 석촌동 적석총의 매장주체부의 양상에 대한 궁금증을 넘어서 백제 한성기의 횡혈식 석실분의 출현 배경 문제와 맞물려 석촌동 고분군에 대한 핵심 쟁점이 되고 있다.

⑤ 5호분

5호분은 1976년 조사에서 즙석봉토분으로 확인되었다. 즙석은 분정을 제외하고 시행되었다. 상부는 30~50cm의 할석, 하부는 10~20cm의 천석이 쓰였다. 1984년에는 분구의 규모가 확인되었는데, 동서 17m, 남북15m 내외이며, 잔존 높이는 2.2~3.6m였다. 평면형태는 말각방형에 가깝다. 매장주체부가 확인되지 않았으나, 76-파괴분, 3호분 동쪽 즙석봉토분, 가락동 2호분 등을 감안할 때 복수의 매장이 이루어졌을 것으로 추정된다.

⑥ 3호분 동쪽 고분군

3호분 동쪽 고분군에서는 토광묘 11기, 옹관묘 6기, 토광적석묘 1기, 석곽옹관묘 1기, 대형토광묘 1기(목관묘 8기), 즙석봉토분 1기, 적석총 1기, 석곽묘 1기 등 총 23기의 고분과 화장유구가 확인되었다. 다양한 묘제가 공존하는 상황이 매우 이례적일 수 있지만 적석총과 즙석봉토분, 토광묘와 옹관묘 등으로 크게 분류하면 그리 특이한 현상은 아닐 것이다. 최근에는 86-A지구에서 확인된 다수의 토광묘와 옹관묘, 석곽옹관묘 등 13기의 고분은 다인장多人葬 분구묘의 매장주체부일 가능성도 제기되었다(조가영 2012b: 267)

이 일대에서는 대형토광묘의 구조에 대한 의문이 제기되기도 한다. 국내에서는 그 예가 흔치 않을 뿐 아니라, 대형토광과 그 안에 조성된 개별토광묘의 굴광선에 대한 시각차이에서 기인하는 문제이다.

화장유구는 구조와 성격 등에 대한 검토의 여지가 있다. 화장에 대한 고고학적 증거가 모호하기 때문이다. 불에 타거나 태우는 행위와 관련이 있는 유구임에는 분명하지만 제의 행위 등다른 가능성도 열어두고 검토해 볼 필요도 있다.

2) 성격

석촌동의 기단식 적석총은 묘제로 인식되는 것이 통설이지만, 최근 상장의례 시설로 인식하는 관점도 제기되고 있다(이남석 2013). 석촌동 고분군의 기단식 적석총이 여타의 백제 묘제와 이질적일 뿐 아니라 구조상 공주 송산리 방단유구나 공주 수촌리 적석유구 등 묘역의 제사시설로 인식되고 있는 유구와 공통점이 있다는 점이 지적되고 있다. 이러한 비판과 이견의 배경은 무엇보다도 석촌동 적석총을 묘제로 인식해 왔지만 매장주체부가 확인된 바 없다는 약점과 무관치 않다. 석촌동고분군의 상당히 넓은 범위에 걸쳐 대규모 적석총이 분포한다는 점에서 반론의 여지가 있지만, 그보다 고분으로서의 석촌동의 면모를 소상히 밝히는 것이 시급한 과제이다. 이 점은 백제 적석총의 계통 및 출현배경과도 밀접한 연관성이 있는 문제이다.

4. 계통과 편년

1) 기단식 적석총과 재래 묘제

석촌동고분군의 적석총은 축조 재료에 따라 두 부류로 대별된다. 첫째는 내외부 모두 석재로 축조된 적석총으로, '고구려식 적석총'으로 분류되고 있다. 둘째는 외부는 석재로 축조되었으나 내부가 점토로 구성된 적석총으로 '백제식 적석총'으로 통칭되는 부류이다.

석촌동의 백제 적석총은 한강 상류 및 임진강유역의 무기단식 또는 즙석식 적석총과는 구분되는 기단식 적석총으로, 출현 배경에 대한 다양한 견해가 개진되고 있다. 석촌동 적석총이 최초로 발굴조사된 단계부터 이미 고구려식 적석총과 백제식 적석총이 구분되기 시작하였는데, 석촌동의 적석총은 고구려에 연원을 둔 것으로 백제 재지에서 현지화된 것으로 인식되었다. 재지의 선행묘제가 고구려 적석총의 요소를 수용하여 변화한 것으로 보는 견해(임영진 1995, 2007), 고구려 적석총이 도입되어 외부만 돌로 축조하고 내부는 흙을 채운 것으로 보는 견해(박순발 1998), 즙석분구묘가 백제식적석총으로 바뀌었다고 보는 견해(김승옥 2000), 계단식적석총에 즙석분구묘의 분구 축조방식이 채용되었다고 보는 견해(강현숙 2005) 등이다.

고구려 적석총의 도입과 재지 묘제의 변화 중 어느 한쪽에 방점을 두느냐에 따른 미묘한 차이가 있다. 고구려 적석총 요소의 도입에 더 큰 의미를 부여하는 견해는 백제 적석총의 등장과 백제의 출자를 밀접히 연관시키고 입장에 가깝다.

이 문제의 실마리는 결국 적석총의 구조에서부터 찾아야 할 것이다. 백제와 고구려 적석총의 구조에 대한 비교 분석이 선행되어야 하며, 이를 위해서는 발굴 현장에서의 자료 확보가 수반되어야 한다.

2) 적석총과 횡혈식 석실분

석촌동고분군에서는 횡혈식 석실분이 확인되지 않았다. 앞서 살펴본 일제강점기 고분분포도를 참고하면 봉토석실분이 포함될 가능성이 큰 갑총은 동쪽의 가락동 일원에 편중되어 있고, 석촌동에는 을총이 편중되어 있는 현상은 이와 무관치 않을 것이다.

현재까지의 조사 성과에 의하면 횡혈식 석실분은 가락동 중에서도 방이동으로 넘어가는 고개마루 일대에 분포하고 있다. 가락동 3호분, 4호분, 5호분 등이 이에 해당한다. 석촌동고분군 인근의 가락동 2호분은 즙석봉토분(분구묘)이다. 반면 방이동과 이에 가까운 가락동 즉, 횡혈식석실분이 밀집된 지점에서는 적석총과 즙석봉토분이 확인된 바 없다. 즙석봉토분과 적석총이 석촌동에 공간적으로 공존하는 현상과는 대조적이다. 물론 조사의 손길이 미치지 않은 상황에서 훼멸되었을 가능성을 완전히 배제하기는 어려우나 예사롭게 볼 문제는 아닌 듯 하다.

이러한 현상은 즙석봉토분과, 적석총, 그리고 횡혈식 석실분의 시간적, 공간적 관계와 밀접한 관계가 있다. 횡혈식 석실분이 적석총보다 늦게 등장한 것일까 아니면 동시공존 하면서 묘역을 달리한 것일까라는 질문이 가능하다. 횡혈식 석실분의 분포와 관련해서는 최근 조사된 하남 감일동유적을 고려할 필요가 있다. 가락동과 방이동은 지리적으로 하남 감일동과 상호 근접하고 있으며 몽촌토성에서의 이격거리도 비슷하기 때문이다.

가락동, 방이동 일대의 횡혈식 석실분의 국적을 모두 신라로 보는 관점(최병현 1997)이 대세였다면, 최근에는 백제 석실분의 존재를 인식하는 방향으로 전환되고 있다. 가락동3호분이 대표적인 사례인데, 이러한 동향에는 신라토기와 함께 출토된 유물 중 백제 목관에 주로 사용된 방두정方頭釘이 포함되어 있는 점이 단서가 되었다(최병현 2015). 가락동과 방이동 일원의 횡혈식 석실분을 백제고분으로 보는 인식은 점차 확산되고 있는 추세이다(李賢淑 2013; 김규운 2014; 이문형 2014). 종래 서울, 경기지역에서 백제 한성기의 횡혈식 석실분의 뚜렷한 사례가 좀처럼 확인되지 않다가, 하남 광암동유적을 필두로 서울 우면동, 성남 판교동, 창곡동유적에서 백제 석실분이 속속 확인된 상황과도 무관치 않아 보인다.

3) 편년

석촌동고분군의 편년관의 핵심은 각 고분 출토 토기 편년에 의해 설정되지만, 관건은 백제 적석총의 등장시점에 있다. 적석총의 등장시점을 3세기 중엽경으로 보는 견해(임영진 2005)와 4세기 중반 이후로 보는 견해(박순발 1999; 김성남 2001)로 대별된다. 적석총보다 선대의 묘제로 인식되는 3호분 동쪽 고분군의 대형토광묘군의 연대에 대해서도 전자는 2세기 중엽까지 소급하고 즙석봉토분은 3세기 초경으로 인식하고 있다. 이에 비해 후자는 대형토광묘군을 3세기 대, 즙석봉토분은 3세기 말~4세기 전반으로 보고 있다.

3호분 동쪽 고분군의 층위는 상, 중, 하 3층으로 구분되었다. 하층에는 대형토광묘, 즙석봉토분, 화장유구, 1호 옹관묘 등이 분포하며, 3세기 중엽~4세기의 연대를 부여하였다. 중층에는 토광묘 9기, 토광적석묘 1기, 옹관묘 4기, 석곽 옹관묘 1기 등 15기가 해당되는데, 8호 토광묘 주변에서 출토된 청자사이호의 연대관(東晋)에 비추어 4세기 중엽으로 보았다. 상층에는 파괴적석총, 합구식옹관묘 1기 등이 포함되며, 4세기 말~5세기 초로 편년되었다. 그런데, 최근 간행된 재보고서에서는 하층에 귀속된 1호 옹관묘, 중층에 귀속된 3~5호 옹관묘와 석곽옹관묘의 옹관이 모두 고구려토기로 밝혀졌고, 5세기 중후반으로 편년되면서 전면적인 재검토가 불가피한 상황이다.

5. 맺음말

석촌동고분군은 백제고고학 분야에서도 이르게 발굴되기 시작하여 상당한 성과가 축적되었다. 그럼에도 불구하고 해명되지 않은 과제들이 수십년간 끊임없는 논란의 주제가 되고 있다. 이는 시간적, 공간적, 기술적 한계로 인한 고고자료의 확보와 해석에 어려움이 있었기 때문이다. 무엇보다도 석촌동고분군 특히 적석총의 복잡한 구조와 규모에서 기인한 한계가 컸던 것으로 생각된다.

그러나, 최근 석촌동고분군의 재보고서가 간행되고, 교차편년 등 다양한 학문적 시도에 의해 점차 그 베일이 벗겨져가고 있어 고무적이다. 더욱이 최근 재개된 발굴조사를 계기로 기왕에 확보된 자료와 비교분석을 시행한다면 괄목할 만한 성과를 거둘 수 있을 것으로 기대된다. 이런 의미에서 석촌동고분군의 조사 및 연구성과를 되짚어 보고 심도 있는 토론을 통하여 실체에 접근하고자 하는 시도는 시의적절하다고 생각된다.

참고문헌

-보고자료-

蠶室地區遺蹟發掘調査團, 1975,「蠶室地區遺蹟發掘調査報告 -1974年度-」.

蠶室地區遺蹟發掘調査團, 1977,「蠶室地區遺蹟發掘調査報告 -1975年度-」,『韓國考古學報』 3, 韓國考古學會.

蠶室地區遺蹟發掘調査團, 1978,「蠶室地區遺蹟 發掘調査報告 -1976年度(第3次)-」,『韓國考古 學報』4, 韓國考古學會.

金元龍·裵基同, 1983,『石村洞3號墳(積石塚) 發掘調査 報告書』서울大學校 博物館.

石村洞 遺蹟發掘調査團, 1984,『石村洞3號墳(積石塚) 復元을 爲한 發掘 報告書』.

金元龍·林永珍, 1986,『石村洞3號墳 東쪽 古墳群 整理調査報告』, 서울大學校博物館.

石村洞發掘調査團, 1987,『石村洞古墳群發掘調査報告』.

金元龍·任孝宰·林永珍, 1989,『石村洞 1·2號墳』, 서울大學校博物館.

이선복·양시은·조가영·김준규, 2013,『석촌동고분군 I』, 서울대학교박물관.

이선복·조가영·김준규·양시은, 2014,『석촌동고분군 II』, 서울대학교박물관.

이선복·조가영, 2015,『석촌동고분군III』, 서울대학교박물관.

한성백제박물관, 2016a,「서울 석촌동고분군 발굴조사 학술자문회의 자료」.

한성백제박물관, 2016b,「서울 석촌동고분군 발굴조사 (2차) 학술자문회의 자료」.

-논저-

강인구, 1991,「初期 百濟古墳의 檢討」,『百濟研究』22, 忠南大學校 百濟研究所.

강현숙, 2005,「서울 지역의 적석총에 대하여」,『鄕土서울』66, 서울시사편찬위원회.

강현숙, 2016,「석촌동고분군과 중국 길림성 집안 고구려 왕릉」,『근초고왕과 석촌동고분군』 한성백제박물관.

권오영, 2007,「백제 한성도읍기 문화유산의 분포양상과 활용방안」,『한성백제의 역사와 문화』,서경문화사.

龜田修一, 1984,「百濟漢城時代の 瓦に關する覺書」,『尹武炳博士回甲紀念論叢』.

김규운, 2014, 「가락동 · 방이동고분군으로 본 백제 횡혈식석실의 성립」, 『先史와古代』 40, 韓國古代學會.

김기섭, 2007, 「백제의 건국 시기와 주체세력」, 『先史와古代』 27, 韓國古代學會.

김무중, 2011, 「百濟 漢城期 橫穴式石室의 構造와 조사방법」, 『동아시아의 고분문화』, 중앙문화재연구원.

金武重, 2016, 「中部地方 橫穴式石室墓의 構造와 埋葬方法」, 『韓日의 古墳』, 한일교섭의 고고학 -삼국 · 고분시대연구회 第4回 共同硏究會 요지.

김병곤, 2007, 「臨津江 流域의 積石塚과 馬韓」, 『東國史學』 43, 東國史學會.

김성남, 2001, 「中部地方 3~4世紀 古墳群 細部編年」, 『百濟硏究』 33, 忠南大學校 百濟硏究所.

김승옥, 2000, 「漢城百濟의 形成過程과 對外關係」, 『百濟史上의 戰爭』, 忠南大學校 百濟硏究所.

金元龍, 1972, 「石村洞 發見 原三國時代의 家屋殘構」, 『考古美術』 113 · 114.

金元龍 編, 1974, 「一九七四年度 成果概報 - 三國時代」, 『韓國考古學年報』 2, 서울大學校 人文大學 考古學科.

김일규, 2013, 「가락동2호분 출토유물을 통한 조영시기 재검토」, 『百濟學報』 10, 百濟學會.

朴淳發, 1994, 「漢城百濟 成立期 諸墓制의 編年檢討」, 『先史와古代』 6, 韓國古代學會.

朴淳發, 1999, 「百濟 國家成立에 대한 理解」, 『先史와古代』 12, 韓國古代學會.

朴淳發, 2001, 『한성백제의 탄생』, 서경문화사.

박순발, 2013, 「백제, 언제 세웠나-고고학적 측면」, 『백제, 누가 언제 세웠나』, 한성백제박물관.

裵基同, 1982, 「石村洞四號墳 옆 住居址出土 百濟土器類」, 『古文化』 20, 한국대학박물관협회.

西谷正, 1980, 「百濟前期 古墳의 形成過程」, 『百濟文化』 13, 公州大學校 百濟文化硏究所.

成正鏞, 2000, 「百濟 漢城期 低墳丘墳과 石室墓에 대한 一考察」, 『湖西考古學』 3, 湖西考古學會.

成正鏞, 2009, 「중부지역에서 백제와 고구려 석실묘의 활산과 그 의미」, 『횡혈식석실분의 수용과 고구려 사회의 변화』, 동북아역사재단.

심재연, 2010, 「한성백제기 한강 중 · 상류 지역의 적석총에 대한 연구」, 『서울학연구』 39, 서울시립대학교 서울학연구소.

余昊奎, 2005,「集安地域 고구려 超大型積石墓의 전개과정과 被葬者 문제」,『집안지역 고구려 왕릉의 제문제』, 한국고대사학회.

尹根一, 1988,「공주 송산리 고분 발굴조사 개보」,『文化財』21, 文化財管理局.

이남석, 2005,「서울 지역 삼국시대 석실분의 연구」,『鄕土서울』66, 서울시사편찬위원회.

李南奭, 2007,「漢城期 百濟 石室墳의 再認識 」,『眞檀學報』103, 震檀學會.

이남석, 2013,「백제 적석총의 재인식 -석촌동 백제 고분군의 묘제 검토-」,『先史와古代』39, 韓國古代學會.

이남석 · 이현숙 2016,「百濟 喪葬儀禮의 硏究」,『百濟文化』54, 공주대학교 백제문화연구소.

이도학, 2013,「百濟 建國勢力의 系統과 漢城期 墓制」,『百濟學報』10, 百濟學會.

이동희, 2008,「最近 硏究成果로 본 漢江 · 臨津江流域 積石塚의 性格」,『韓國史學報』, 高麗史學會.

이문형, 2014,「한성기 백제 횡혈식석실묘의 특징과 성격」,『先史와古代』42, 韓國古代學會.

李炳鎬, 2011,「日帝强占期 百濟 故址에 대한 古蹟調査事業 」,『韓國古代史硏究』61, 韓國古代史學會.

이순자, 2009,『일제강점기 고적조사사업 연구』, 景仁文化社.

李賢淑, 2013,「漢城地域 百濟 橫穴式石室墓 硏究」,『百濟學報』10, 百濟學會.

李亨求, 1993,「高句麗와 百濟와의 文化的 關係 -高句麗와 百濟의 積石塚과 享堂制度」,『百濟史의 比較硏究』, 忠南大學校 百濟硏究所.

林永珍, 1993,「百濟初期 漢城時代 古墳에 관한 硏究」,『韓國考古學報』30, 韓國考古學會.

林永珍, 1994,「서울 百濟初期古墳에 보이는 墓制의 複合性」,『百濟硏究』24, 忠南大學校 百濟硏究所.

林永珍, 1995,「百濟漢城時代 古墳硏究」, 서울大學校 大學院 文學博士學位論文.

林永珍, 1996,「百濟初期 漢城時代 土器硏究」,『湖南考古學報』4, 湖南考古學會.

林永珍, 2003,「積石塚으로 본 百濟 建國集團의 南下過程」,『先史와 古代』19, 韓國古代學會.

임영진, 2005a, 「백제 한성기 묘제의 다양성과 그 의미」, 『고고학』 4-1, 서울경기고고학회.

임영진, 2005b, 「서울 지역 고분의 연구 현황과 과제」, 『鄕土서울』 66, 서울시사편찬위원회.

林永珍, 2007, 「百濟式積石塚의 發生 背景과 意味」, 『韓國上古史學報』 57, 韓 國上古史學會.

임영진, 2013a, 「백제, 누가 세웠나 _ 고고학적 측면」, 『백제, 누가 언제 세웠나』, 한성백제박물관.

林永珍, 2013b, 「公州 宋山里 D地區 積石遺構의 性格」, 『百濟文化』 48, 공주대학교 백제문화연구소.

임영진, 2016, 「석촌동고분군의 구성과 변천」, 『근초고왕과 석촌동고분군』, 한성백제박물관.

任孝宰, 1976, 「石村洞 百濟 初期古墳의 性格 -第五號墳과 破壞墳을 中心으로-」, 『考古美術』 129 · 130, 韓國美術史學會.

정치영 · 최진석, 2016, 「석촌동고분군 발굴의 최신 성과」, 『근초고왕과 석촌동고분군』, 한성백제박물관.

정호섭, 2008, 「고구려 적석총 단계의 祭儀 양상」, 『先史와古代』 29, 韓國古代學會.

조가영, 2012a, 「石村洞 古墳群造成 硏究」, 서울대학교 대학원 석사학위논문.

조가영, 2012b, 「석촌동 고분군의 축조 양상 검토 -고분 분포를 중심으로-」, 『韓國上古史學報』 75, 韓國上古史學會.

趙由典, 1975, 「방이동 유적발굴보고(芳夷洞 遺蹟發掘報告)」, 『文化財』 9, 文化財管理局.

趙由典, 1991, 「宋山里 方壇階段形무덤에 대하여」, 『百濟文化』 21, 공주대학교 백제문화연구소.

崔秉鉉, 1997, 「서울 江南地域 石室墳의 性格」『崇實史學』 10, 崇實大學校 史學會.

최병현, 2015, 「중부지방 백제 한성기 축조 신라 재사용 석실분과 고구려 · 신라 연속조영 고분군」, 『고고학』 14-2, 중부고고학회.

홍보식, 2009, 「고고자료로 본 신라의 한강유역 지배방식」, 『百濟硏究』 50, 忠南大學校 百濟硏究所.

토론자료 2

석촌동 고분군의 구조와 편년

임 영 진 전남대학교

석촌동 고분군의 구조와 편년

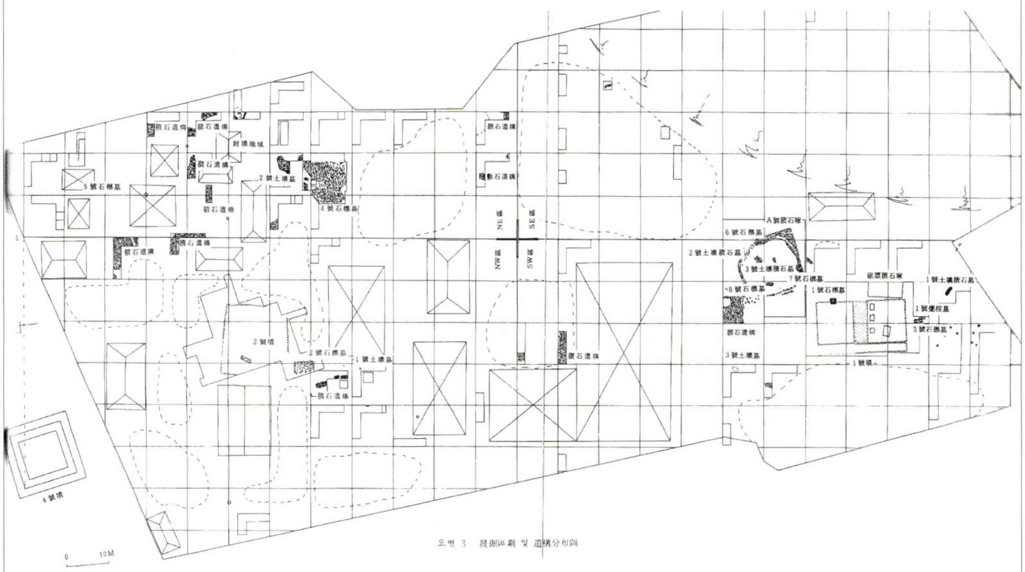

도면 3 發掘區劃 및 遺構分布圖

1. 석촌동 1호분

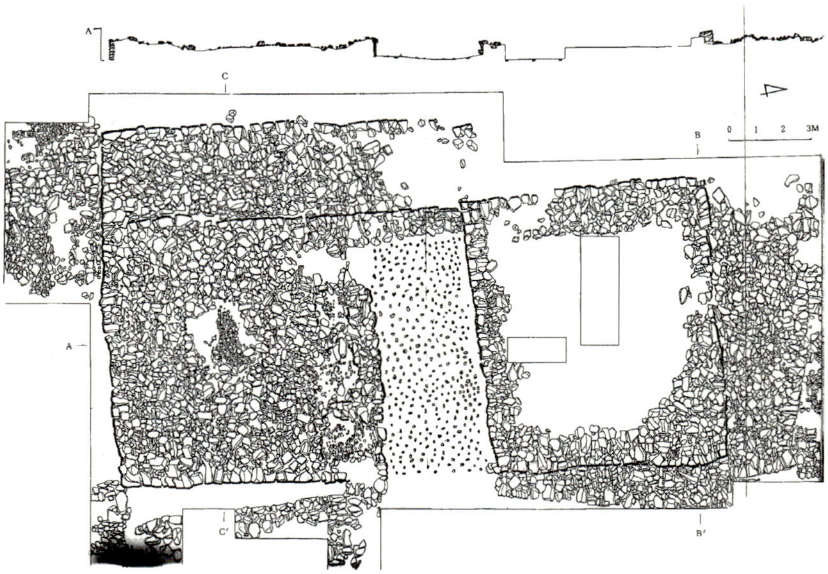

• 구조 : 북분+남분+단?

• 축조순서 : 북분>남분>단?

• 매장주체부 : 남분에서는 중앙 1곳과 북편 3곳에서 잔자갈이 깔린 공간들이 확인되어 중앙 1곳이 주곽, 북편 3곳이 부곽으로 보고되었다. 북분에서는 확인되지 못하였지만 제1단보다 높은 위치에 있다가 파괴되었거나 아직 발굴되지 않은 제1단 내부에 남아있을 가능성이 있을 것이다.

남분과 상통하는 고구려 적석총의 매장주체부는 석곽石槨, 석광石壙, 광실壙室, 석실石室 등으로 구분되어 왔다. 석곽石槨이 분명한 것은 대부분 소규모 부장곽이다. 석광石壙은 목관이나 목곽을 안치한 다음 이를 돌로 덮어 고분을 완성한 후 목관이나 목곽이 부식된 상태에서 발굴된 유구를 칭한다. 하지만 이것은 구조물이 아니라 구조물을 포장한 것에 불과하기 때문에 매장주체부 전체를 반영하는 적확한 용어라고 하기 어렵다. 광실壙室은 횡혈식 출입시설이나 이실耳室을 갖추고 있으면서 천정부가 확인되지 않은 것을 칭한다. 집안 천추총은 광실을 가진 것으로 보고되었지만 천정부가 후대에 파괴되었을 가능성이 있고, 우산 540호분에서도 연도와 이실이 남아있는 하단부만 조사되었는데 천정부가 이미 파괴된 것으로 보며, 우산묘구 3319호분은 전塼으로 축조된 하단부만 확인되어 광실로 보고되었는데 원래 궁륭천정을 가지고 있었던 것으로 추정되고 있다. 이와 같은 사례들을 보면 광실壙室은 원래 천정부가 있었다고 보는 것이 타당할 것이므로 석실石室(우산묘구 3319호분은 전실塼室)로 부르는 것이 옳을 것이다. 발굴조사를 통해 내부의 구체적인 장구를 확인하기는 어렵지만 태왕릉의 석실에서는 석당石堂이 있었던 것으로 밝혀졌다. 석당은 그 구조상 목당木堂에서 발전되었을 가능성이 있기 때문에 다른 석실이나 전실 가운데에는 목당을 가졌던 것도 있었을 가능성을 배제하기 어려울 것이다.

이처럼 고구려 적석총의 석광石壙은 그 실체가 불문명하고 광실壙室은 석실에 해당하는 것으로 볼 수 있다. 매장주체부를 목관木棺, 목곽木槨, 석실石室로 구분하는 것은 이를 감안한 대안이라 하겠는데, 목관과 목곽으로 칭하는 경우에는 발굴을 통해 확인된 석재 잔존 유구는 물론 존재 가능성이 있는 목당을 반영하기 어려운 점이 생긴다. 이와 같은 문제들을 포괄하기 위해서는 목관석광木棺石壙, 목곽석광木槨石壙, 목당석실木堂石室, 석당석실石堂石室, 목관석실木棺石室 등으로 구분하는 것이 좋을 것으로 생각된다. 목관석광木棺石壙은 목관을 안치한 다음 돌을 쌓은 것으로서 석광으로 보고된 것 가운데 규모가 작은 것이 여기에 해당할 것이다. 목곽석광木槨石壙은 목곽을 안치하고 돌을 쌓은 것으로서 석광으로 보고된 것 가운데 규모가 큰 것이 여기에 해당할 것이다. 목당석실木堂石室은 출입시설을 갖춘 목당을 안치하고 목당의 출입시설과 연결되는 연도나 묘도를 부가한 석실을 축조한 것으로서 광실로 보고된 것이 여기에 해당할 것이다. 석실은 석광과 같은 단계에서 점차 정연한 석실로 발전하였던 것으로 추정되므로 목당광실木堂壙室과 목당석실木堂石室로 구분해 볼 수도 있겠지만 모두 출입시설을 갖춘다는 점에서 목당석실木堂石室로 포괄해도 무방할 것으로 생각된다. 석당석실石堂石室은 정연한 횡혈식 석실 내부에 석당을 안치한 것으로서 태왕릉을 들 수 있다. 목관석실木棺石室은 횡혈식 석실 내부에 목관을 안치한 것으로서 시기적으로 가장 늦은 것이다.

서울 석촌동 1호분 남분에서 보고된 석곽들은 모두 정연하게 축조된 석곽이었을 가능성보다는 바닥에 잔자갈을 깐 다음 시신을 담은 목곽과 부장품을 담은 목관들을 각각 안치하고 돌로 덮었을 것으로 추정되므로 각각 목곽석광木槨石壙과 목관석광木棺石壙에 해당하는 것으로 볼 수 있을 것이다.

2. 석촌동 2호분

• 구조 : 목관분구묘를 내포한 3단 백제식적석총

• 축조순서 : 제1단 석축의 외면은 수직으로 정연하게 쌓으면서 군데군데 지탱석을 두었지만 석축의 내면은 아래가 넓고 위가 좁게 축조되어 올라갔다. 석축 안쪽 좁은 공간까지 흙으로 채워져 있는데 이는 할석으로 제1단 테두리를 축조하고 그 내부는 흙을 채웠다는 것을 의미한다. 기존 분구묘 외곽에 석축을 부가한 것으로 보는 견해도 있지만 석축 안쪽 할석 사이의 좁은 공간까지 중심부와 구분되지 않은 흙이 채워져 있다는 점이 중요할 것이다.

• 매장주체부 : 서북쪽 분구를 절개하여 성토 단면을 노출시키는 과정에서 중심에서 약간 벗어난 지점에서 1기의 목관 흔적이 확인되었다. 동북-서남 장축으로 길이 2.5m, 너비 0.6m, 깊이 0.1m 내외 규모의 얕은 토광인데 중앙은 분구 토압으로 내만되어 있다. 토광은 목관 전체를 담기 위한 것이 아니라 목관을 안치할 자리만 얕게 파낸 것이기 때문에 목관 상부가 대부분 토광 바깥쪽에 위치함으로써 분구 토압으로 인하여 내만할 수 밖에 없었던 것이다. 절개된 서북쪽 분구 단면 하단에서는 이 목관을 덮었던 분구의 토층이 선명하게 확인되었다. 이는 석촌동 2호분이 축조되면서 작은 분구를 가진 기존의 목관묘를 포괄하였음을 말해준다. 2호분 절개부 바닥은 천석이 전면적으로 깔린 상태로 노출되었는데 상기 목관묘의 분구 범위에는 천석이 보이지 않는다. 이 역시 2호분을 축조하면서 기

존 목관분구묘를 포함시켰기 때문에 기존 분구묘 범위에는 천석을 깔 수 없었던 사정을 말해줄 것이다. 분구 중심부는 대부분 보존되어 있으므로 향후 조사가 이루어진다면 다른 매장주체부가 확인될 가능성이 높을 것이다.

3. 석촌동 3호분

• 구조 : 5단? 7단?

• 매장주체부 : 1984년의 부분적인 조사시 서남쪽으로 약간 치우친 곳에서 바닥을 제3단 중간에 갖고 있는 길이 2m, 폭 1.5m, 깊이 0.8m 크기의 석곽이 확인되어 부곽으로 추정되었다. 고구려 적석총에서는 부장품용 석곽은 시신 매장부와 일자형日字形을 이루거나 명자형明字形을 이루는 것이 일반적이기 때문에 석촌동 3호분에서 확인된 석곽이 부곽이라면 시신 매장부는 이 석곽과 일자형日字形을 이루거나 명자형明字形을 이루는 한편 현재 남아있는 제3단 중간이나 그보다

아래인 제2단 윗면을 바닥으로 하였을 것이다. 그러나 지금까지의 조사에 따르면 그렇게 보기는 어렵다. 중앙에 위치하였을 매장주체부와는 위치와 장축 방향이 맞지 않고, 규모가 작을 뿐만 아니라 형태가 정연하지 않은 점 등을 감안해 본다면 근세에 3호분에 자리 잡았던 민가에서 저장시설 같은 것으로 만들었던 것일 가능성이 높다.

주변에서 석실과 관련된 판석재들이 확인되지 않았다는 점에서 정연한 석실이었다고 보기는 어렵다. 목곽이나 목당을 안치하였을 가능성이 있을 것이며, 2개 이내의 단에 걸쳐 중앙부에 위치하였을 것으로 보는 것이 합리적일 것이다. 전체가 5단이었다면 7단으로 이루어진 장군총의 석실이 제4~6단 사이에 위치하는 점에서 제3~4단에 위치하였을 가능성이 높다고 볼 수 있을 것이다. 7단이었다면 장군총의 경우와 마찬가지였을 것으로 보인다. 목곽木槨을 안치한 다음 적석하면서 단을 추가한 목곽석광木槨石壙이었거나 목당木堂을 안치한 다음 할석조 구조물을 축조한 목당석광木堂石壙에 가까운 것이었을 가능성이 있을 것으로 생각된다.

4. 석촌동 4호분

1974년의 조사를 통해 보고되었던 내용은 다음과 같이 요약된다.

① 정방형으로 묘역을 조성하고 잔자갈을 깔았는데 그 범위는 한변의 길이가

30m에 달한다.

② 묘역 안에는 길이 13.2m, 너비 1.8m, 높이 2.24m 규모의 방주형 석벽을 축조하여 제3단으로 하고 그 내부는 점토를 다져 충전하였다.

③ 제3단 바깥으로는 제2단과 제1단을 설치하였는데 제2단은 한변의 길이가 17.2m이고, 제1단은 대부분 파괴되었지만 한변의 길이가 24m로서 전체적으로 3단의 계단식 적석총을 이루었다.

④ 각 단은 파괴가 심해 높이가 정확하지는 않지만 바닥에서 제3단 정부까지의 높이는 2.24m, 제2단의 높이는 1.24m, 제1단의 높이는 0.62m이며 기단 사이의 간격은 1.8~2.1m이다.

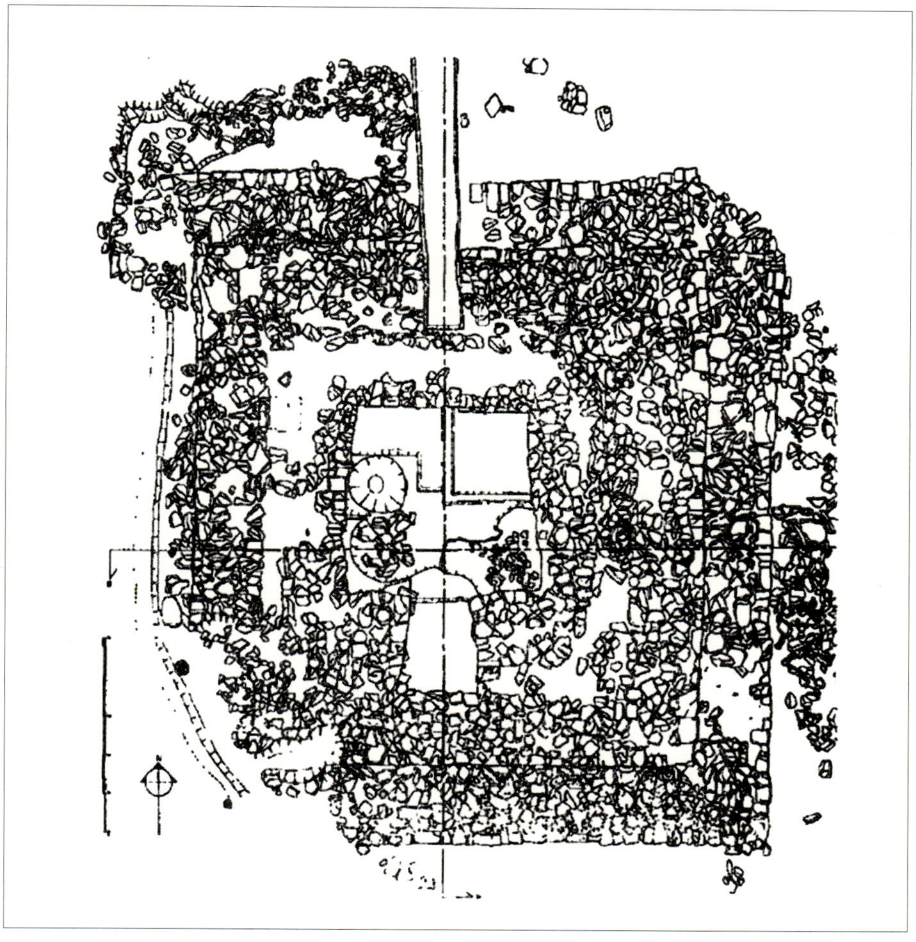

⑤ 제3단 정상부 바닥 중앙에는 동서 4.6m, 남북 4.8m 규모의 석실 윤곽과 길이 2.3m, 너비 1.9m 내외 규모의 연도 윤곽을 형식적으로 조성하였다.

⑥ 형식적으로 조성한 석실의 바닥에서는 하부의 성토층을 파서 남반과 북반에 두개의 묘광을 조성하였다.

⑦ 제3단 정상부에는 다시 적석하고 작은 판석을 지붕처럼 덮은 다음 그 위에 다시 자갈과 점토를 섞어 봉분처럼 조성하였다.

⑧ 고분 내부에서 출토된 유물은 없고 적석총을 덮고 있었던 흙속에서 와편과 토기편 약간이 출토되었을 뿐인데 와편은 정상부의 봉토 위에 한겹 깔았던 것일 가능성도 있다.

⑨ 축조 시기는 형식적이기는 하지만 석실 윤곽을 표현한 것으로 보아 4세기 아니면 5세기 전반기경에 해당하며 고구려 적석총에서 시작하여 한강유역에서 지역적 변화를 일으킨 것이라고 본다.

1984년에 이루어진 재조사를 통해 밝혀진 내용을 요약하면 다음과 같다.

① 먼저 고분 중심부에 한변의 길이 9.2m, 높이 1.47m 규모의 사각기둥 형태를 띤 성토부를 조성하였다(기존 분구묘 자락을 삭평하여 방형 석축을 부가할 수 있도록 준비한 것으로 추정됨).

② 중심 성토부에 붙여 길이 13.2m, 너비 2m, 높이 1.47m 규모의 방형 담장 형태의 석축을 둘렀다(제2단).

③ 그 바깥에 길이 17.2m, 너비 2m, 높이 0.52m 규모의 석축을 쌓으면서(제1

단) 안쪽의 제2단 석축에 비스듬히 기대는 장대석을 각 변에 6개 정도씩 설치함으로써 제2단 석축을 지탱할 수 있도록 하였다.

④ 제2단 석축 상면 끝부분에서 2m 안쪽으로 들어온 내부 성토부 위에 한변 9.2m, 너비 2.5m 내외, 높이 0.45m 내외 규모의 석축을 쌓고(제3단) 그 내부는 성토하였다.

⑤ 제3단 석축 상면을 덮는 분구를 0.7m 높이로 만들었다.

⑥ 각 단의 높이는 각각 달라서 외형상 제1단은 0.52m, 제2단은 0.95m, 제3단은 0.45m이고 제3단을 덮은 마지막 봉토는 0.7m이므로 전체 높이는 2.62m인 셈이다.

1974년의 조사 내용과 1984년의 재조사 내용 가운데 중요한 차이점은 석촌동 4호분은 3단 적석총이지만 한변의 길이가 24m인 것이 아니라 17.2m이고, 석축 내부를 점토로 채운 것이 아니라 내부 성토부가 먼저였고 거기에 석축이 부가되었다는 점과 정상부에서 횡혈식 석실의 윤곽을 찾아보기 어려웠다는 점이다. 1974년의 조사에서는 제3단 정상부 바닥 중앙에 동서 4.6m, 남북 4.8m 규모의 석실 윤곽과 길이 2.3m, 너비 1.9m 내외 규모의 연도 윤곽을 형식적으로 조성하였던 것으로 이해하였는데 석실 윤곽이라고 본 것은 대단히 불규칙한 것으로서 이미 파괴된 제3단 석축 하부의 내곽선에 해당하고 연도 길이로 보고되었던 2.3m는 제3단 석축의 폭에 해당할 뿐이다.

5. 석촌동 5호분

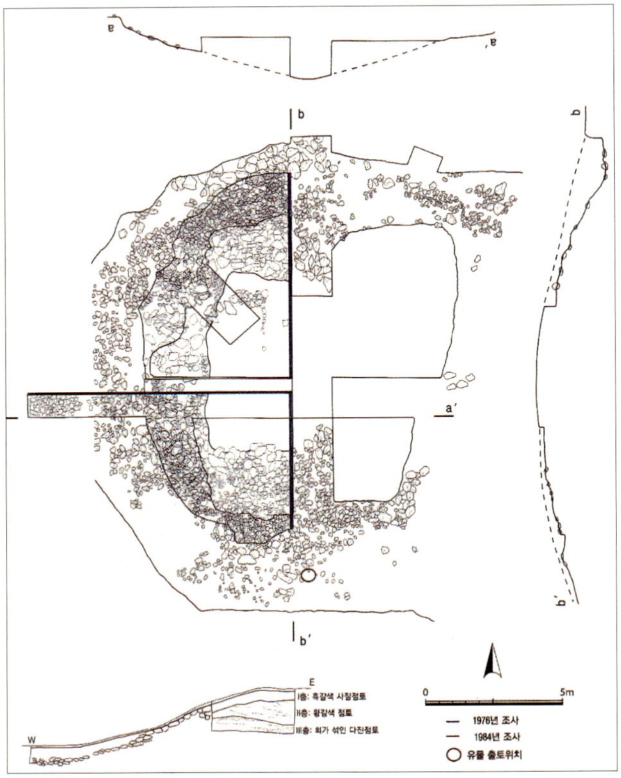

동서 17m, 남북 15m 내외의 타원형에 가까운 평면을 가졌으며 높이는 지대가 높은 남단은 2.2m이고 지대가 낮은 북단은 3.6m이다. 내부는 조사되지 않아 자세한 구조를 알 수 없다. 분구는 즙석이 부가된 다음 10~20cm 정도의 흙을 덮은 것으로 파악되었다.

즙석 상부에 흙을 덮었다는 점에 대해서는 검토의 여지가 있다. 즙석의 기능이 우수 등에 의한 분구 유실을 방지하는 것이라면 굳이 즙석 위에 흙을 덮을 필요가 있을 것인지 의문이 남는 것이다. 오히려 즙석 상태로 축조가 완료된다면 원래의 기능인 분구 유실 방지뿐만 아니라 외관상으로도 장엄 효과를 낼 수 있기 때문이다. 즙석이 할석보다는 천석 위주로 이루어졌다는 점에서도 더욱 그러한 생각이 든다. 즙석 상태로 완성된 이후 바람 등에 의해 자연적으로 토사가 퇴적되어 마치 인공적으로 성토한 것으로 인식되었을 가능성이 높을 것이라고 추정된다.

6. 석촌동 3호분 동쪽 고분군

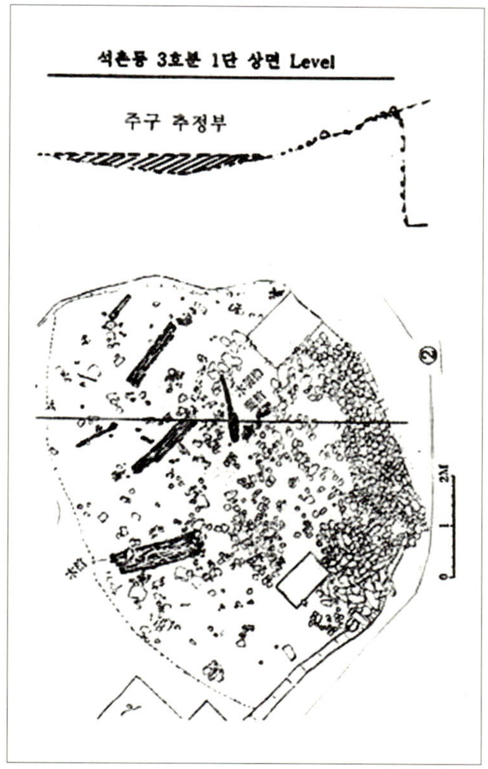

7. 석촌동 위석분구묘

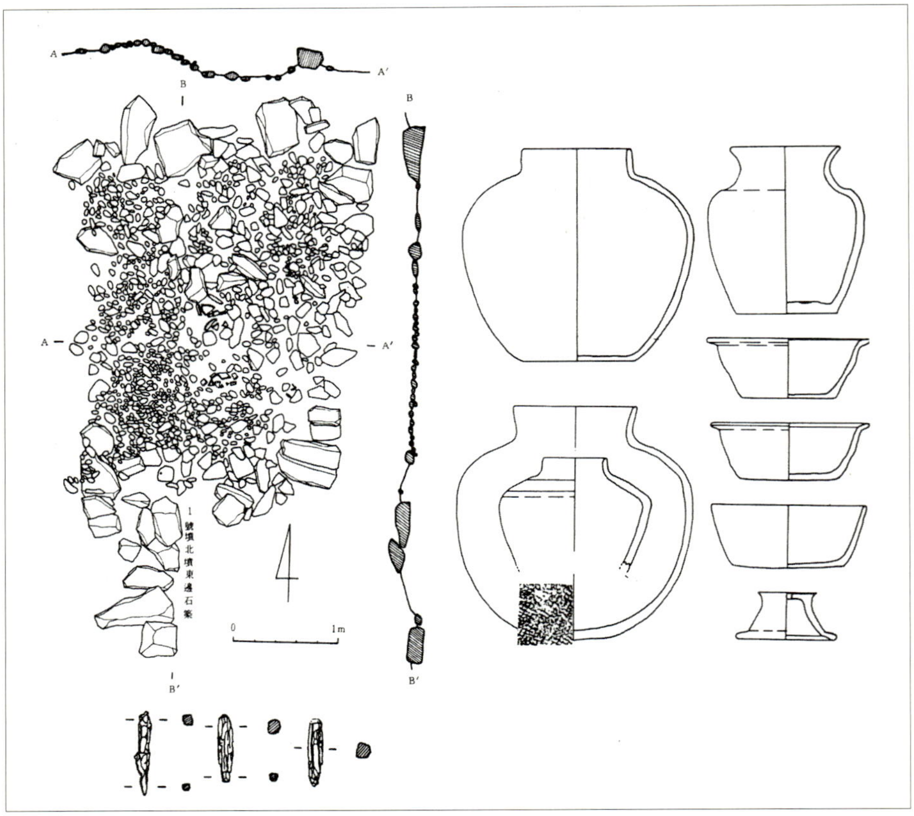

8. 편년표

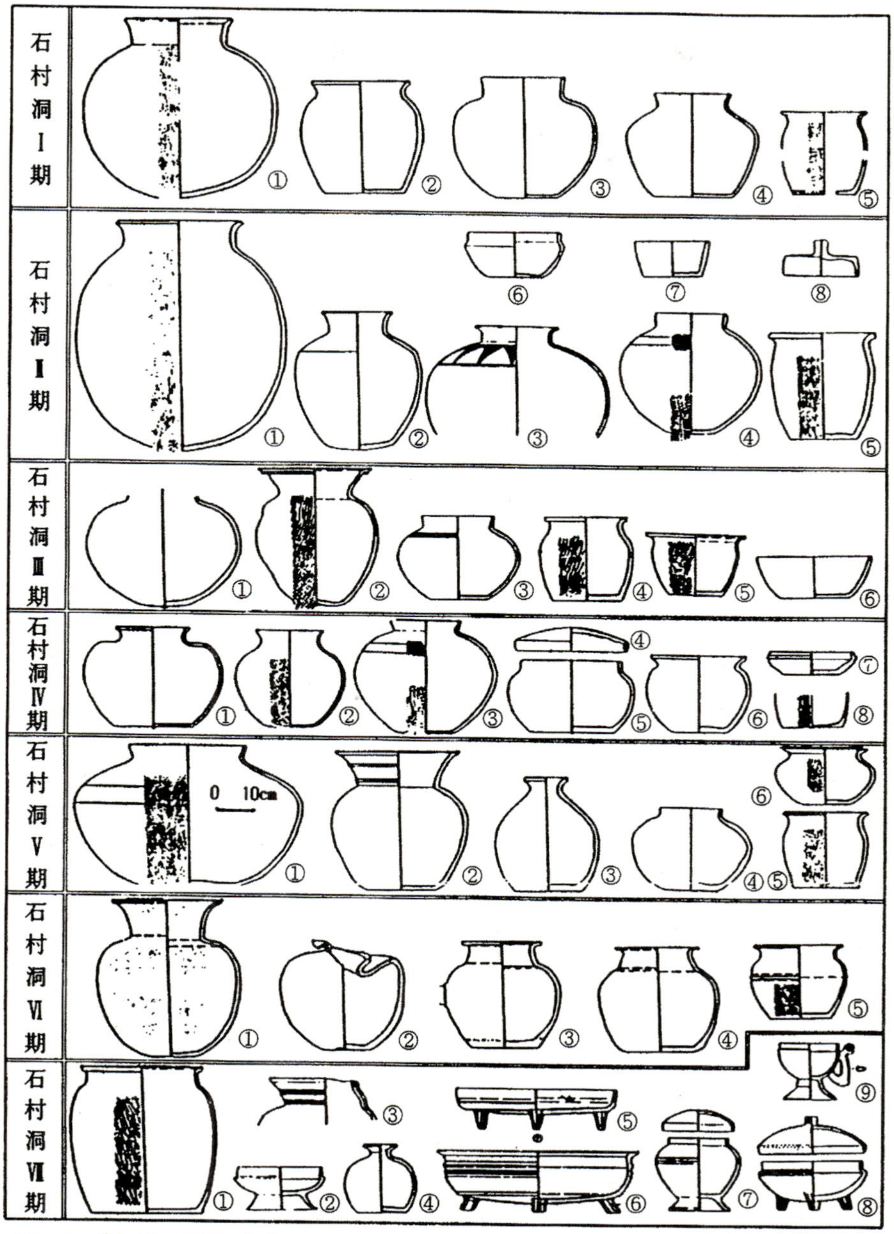

<도 4> 석촌동 고분군 편년표(임영진 2007) (I ;①-⑤집단토광묘, II ;①③집단토광묘적석부, ②⑥즙석분구묘,④⑤⑦3호토광묘,⑧2호토광묘,Ⅲ;①③⑤⑥4호토광묘,②④5호토광묘,Ⅳ;①⑤7호토광묘,②④⑥⑦6호토광묘,③⑧8호토광묘, V ;①④9호토광묘,②⑥10호토광묘,③⑤11호토광묘,Ⅵ기;①-⑤3호위석분구묘,Ⅶ기;①-④몽촌1호토광묘,⑤-⑨몽촌2호토광묘)

참고문헌

서울대학교박물관 · 동 고고학과, 1975,『석촌동 적석총 발굴조사보고』.

김원룡 · 배기동, 1983,『석촌동 3호분(적석총) 발굴조사보고서』, 서울대학교박물관.

석촌동유적발굴조사단, 1984,『석촌동 3호분(적석총) 복원을 위한 발굴보고서』.

김원룡 · 임영진, 1986,『석촌동 3호분 동쪽고분군 정리조사보고』, 서울대학교박물관.

서울특별시 · 석촌동발굴조사단, 1987,『석촌동고분군발굴조사보고』.

김원룡 · 임효재 · 임영진, 1989,『석촌동 1 · 2호분』, 서울대학교박물관.

吉林省文物考古研究所·集安市博物館, 2004,『集安高句麗王陵』, 文物出版社.

김용성, 2005,「고구려적석총의 墳制와 墓制에 대한 새로운 인식」,『동북아역사논총』3.

임영진, 2007,「백제식적석총의 발생배경과 의미」,『한국상고사학보』57.

吉林省文物考古研究所, 2009,「集安禹山540號墓淸理報告」,『北方文物』2009-1.

王春燕 · 孫仁杰, 2011,「集安高句麗千秋墓墓室形制新論」,『北方文物』2011-3.

임영진, 2016,「백제와 중국 묘제의 비교 검토」,『고대 동아시아 속의 중국과 백제』(백제학회 · 연변대 공동학술회의 발표자료집).

토론자료 3

석촌동고분군 재보고 성과

조 가 영 서울대학교 고고미술사학과

석촌동고분군 재보고 성과

1. 석촌동고분군 재보고 성과

고분군은 북쪽으로 한강과 접하며, 동쪽으로 낮은 구릉이 있고 서쪽으로 탄천과 면하여 있다. 성내천을 사이에 두고 한성 백제기 도성이었던 풍납토성에서 서남쪽으로 약 3km, 몽촌토성과는 직선거리로 약 2.3km 떨어져 있다. 몽촌토성과 석촌동 고분군 사이에 있는 해발 40m 내외의 구릉지대에는 가락동 및 방이동고분군이 위치한다.

석촌동고분군 일대의 자연환경은 1971년 〈잠실공유수면매립정책〉의 시행으로 크게 변화하였는데, 한강 본류의 하중도였던 잠실도의 남쪽 하도를 메워 육

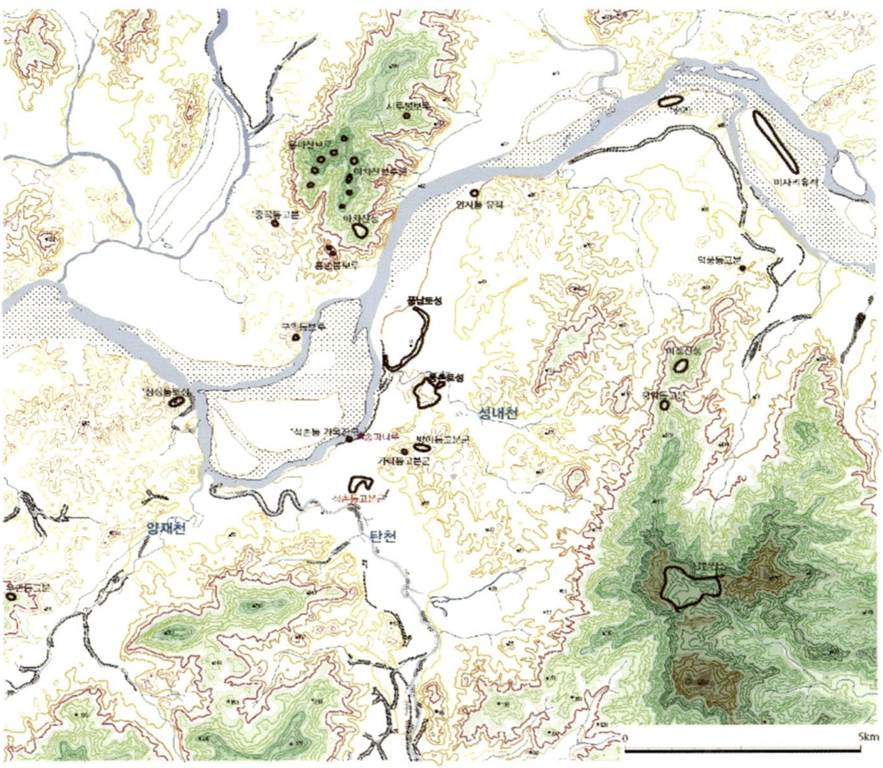

화시킴으로써 잠실도의 북쪽 하도가 한강의 본류가 되어 수로가 직선화되었다. 즉, 우각호인 석촌호수는 한강 본류의 잔흔이다.

암사동에서부터 석촌동고분군까지 한강 남안에 백제시대에 축조된 제방이 존재하였다는 견해도 있으나 고고학적 조사가 이루어지지 않아 자세한 것은 알 수 없다. 또한 석촌동 가옥잔구는 석촌동고분군 일대에 마을이 있었음을 보여주는 근거로 받아들여지기도 하는데, 송파 나루와 인접한 것으로 추정되며, 접안시설일 가능성이 제시되기도 하였다.

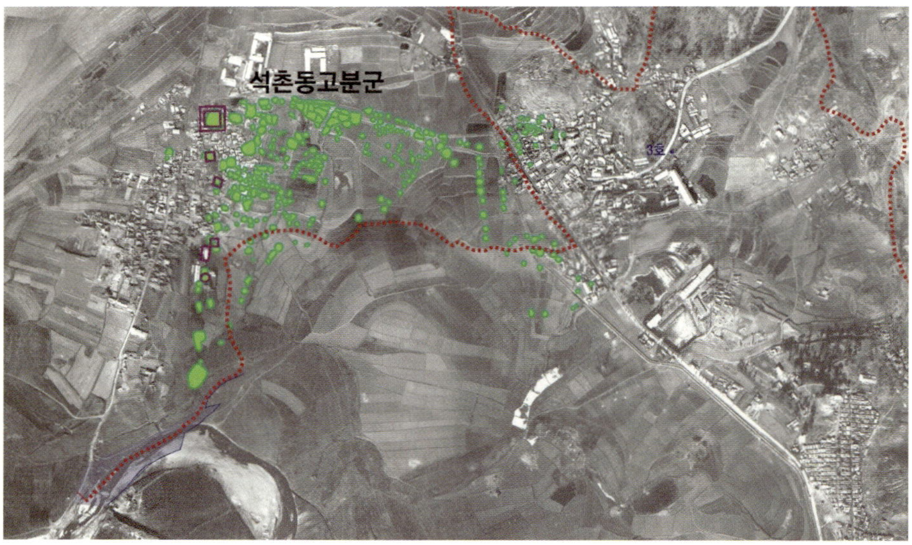

1917년 작성된 고분분포도에 따르면 석촌동 일대에는 293기 이상의 고분이 밀집하여 있는 것으로 추정된다. 이 중 발굴 조사가 이루어진 것은 고분의 서측 끝단에 불과하여 그 성격을 자세히 알기란 어렵다. 다만 고분의 축조 방법에 따라 갑총과 을총을 구분하여 명기한 1916년 작성된 고분분포도를 통하여 23기의 갑총과 66기의 을총이 구분되는 중심 분포 영역을 가지고 있었음을 알 수 있다.

"적석총은 고대하며 석촌 부락에 군집하고, 토총은 석촌동 남쪽 및 동쪽에 군집 또는 산재하고 있다. 토총은 높이가 10척에 달하는 것도 있으나 5~6척이 일반적이며, 적석총의 남쪽에 열을 지어 연접하며, 동남 방면에 산재한다(조선총독부

1917)"는 기록과 삽도를 통해 갑총은 토분, 을총은 석총으로 추정된다.

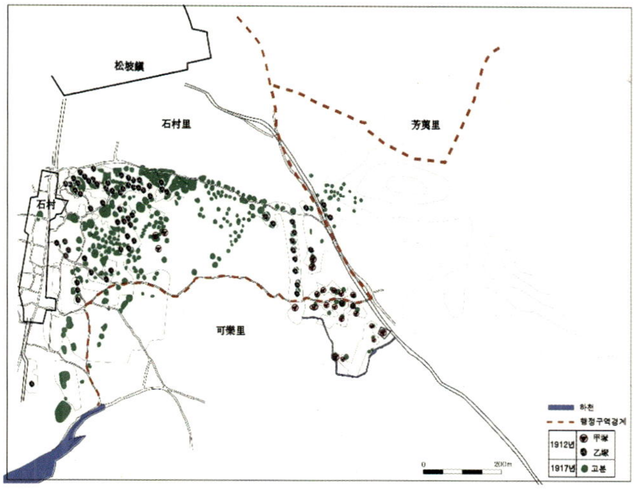

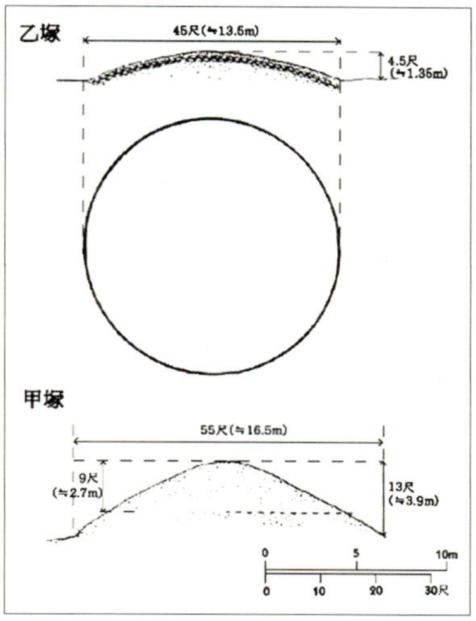

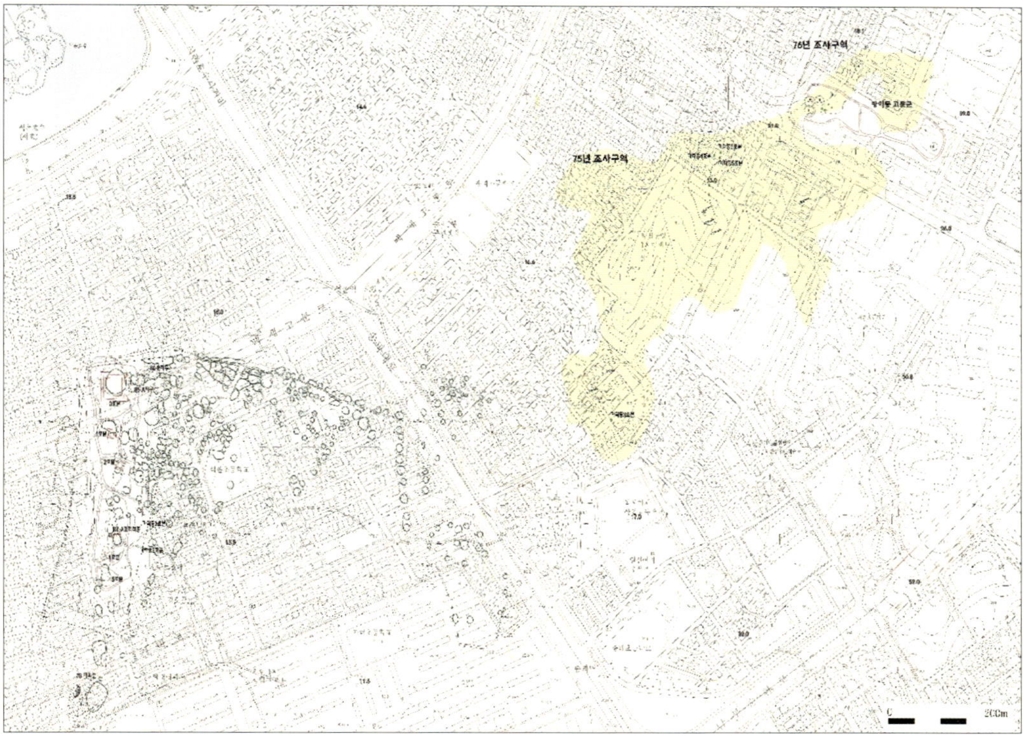

다만 해당 분포도가 작성된 시점에는 고분 내부에 대한 조사가 이루어지지 않았으므로, 갑총과 을총은 외형상의 형식을 구분한 것에 지나지 않는다. 해방 이

후 조사 성과를 고려한다면 을총에는 즙석봉토분이나 기단부가봉토분 등이 포함되었을 것으로 생각된다. 혹자는 석촌동고분군의 계통 문제와 연결시켜 이 일대에 무기단식 적석총(즙석식 적석총, 적석묘 등)이 존재하였을 가능성을 배제할 수 없다고 지적하고 있다(이동희 2005).

석촌동 가락동 일대에서 조사된 고분 중, 가락동 3호분은 반지하식 묘광 구축, 벽면의 축조 방법, 축조 재료의 가공 방법, 방두형 관못 등의 측면에서 백제 한성기에 축조된 횡혈식 석실분으로 인정된다(김무중 2011, 최병현 2015). 가락동 3호분의 위치는 석촌동 고분군의 동쪽 끝부분을 이루는 한 군의 무덤이 위치한 것과 동일한 구릉의 다른 사면으로 확인된다. 이 무덤군은 대체로 소형 원형분으로 구성되며, 분포도의 을총으로 표시되고 있다.

가락동 3호분

통상 갑총은 횡혈식석실분으로 이해되며, 모식도 상에서 갑총의 매장 주체부는 지면 위로 일정한 성토가 이루어진 후 조성된 것으로 나타난다. 이는 한성기 횡혈식 석실의 일반적인 축조 방식과는 차이가 있는 것이라는 점에 대한 고려가 필요하다.

석촌동고분군에서 보이는 고분 분포의 특징을 고분의 면적을 기준으로 살펴보면, 고분 면적은 평균이 120㎡이며, 중심값이 100㎡ 내외이나 편차가 크다. 100㎡ 과 225㎡를 기준으로 소, 중, 대의 군집을 설정하여 크기군에 따른 면적 분포를 살펴보면, 대형분의 산포가 넓게 나타나며, 특히 76-파괴분과 3호분이 월등히 규모가 크다는 것을 알 수 있다. 가장 면적이 넓은 두 무덤이 고분군 영역의 반대편에 위치함은 개별 고분 배치와 관련한 의미를 가질 것으로 짐작된다.

고분의 크기를 감안하여 석촌동 고분군 내 고분의 분포의 특징을 살펴보면, 크게 동서 방향이 구분되는 양상이다. 분포도의 동쪽은 원형 소형분이 우세하다. 일부에서는 소형분의 군집과 중소형분의 열상 분포가 확인된다. 그러나 발굴 조사가 이루어진 고분이 없어 성격은 알 수 없다.

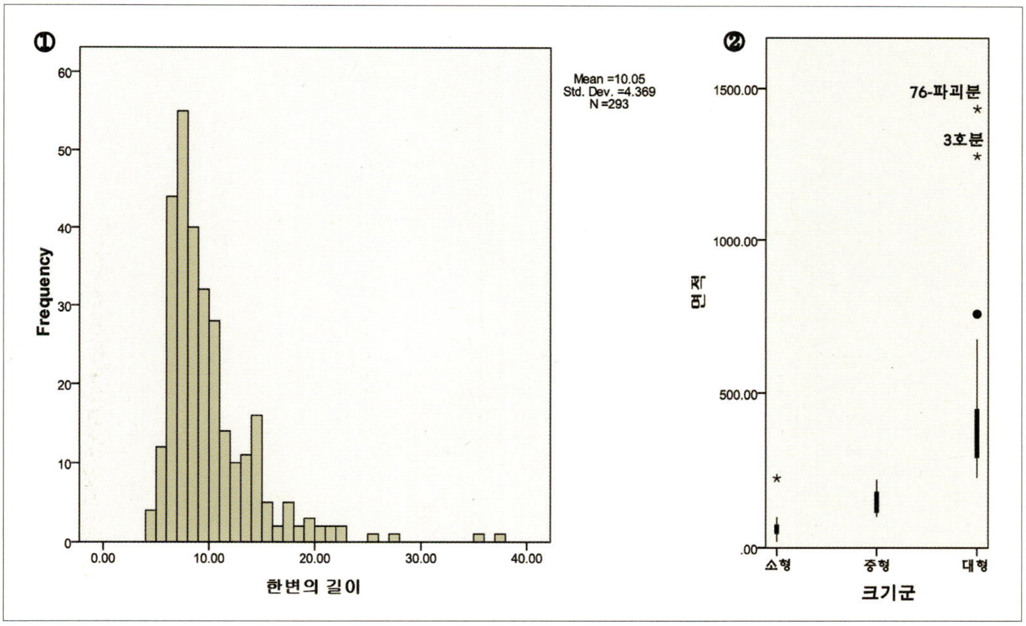

분포도의 서쪽 부분은 동쪽에 비해 상대적으로 대형분들이 확인된다. 특히 분포도의 서북쪽은 대형 고분의 분포가 집중되어 있다. 서북쪽 구역의 동쪽은 고분의 경계가 모호하게 표현되어 있다. 이는 고분이 임야지역에 분포하고 있어서 그 경계를 파악하기 어려웠다는 점과 인접한 86-즙석봉토분, 86-A지구의 예와 같이

누차의 매장으로 대형화된 봉분일 가능성을 상정해볼 수 있다. 계단식 적석총인 3호분과 4호분은 주변으로 약간의 공지空地가 확인되며, 고분의 평면 형태는 원형, 타원형이 다수이다.

석촌동고분군의 많은 부분이 이미 멸실되었기 때문에 그 성격을 명확히 밝히는 것은 이미 불가능한 일이 되어버렸다. 그럼에도 향후 조사를 통해 유효한 학술 성과의 축적이 불가능 한 것만은 아니다. 석촌동고분공원으로 보존된 영역 내에는 조사 가능한 부분들이 다수 확인된다.

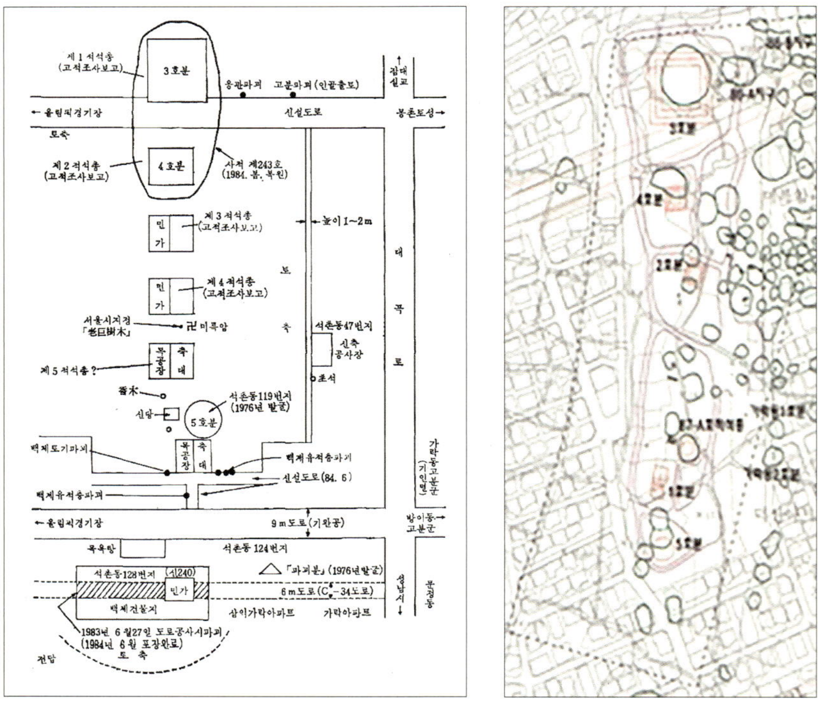

석촌동고분군 주변 유적 현황

(이형구, 1984) (조가영, 2012)

2. 석촌동고분군의 구조와 성격

석촌동고분군의 특징은 적석총의 존재로 요약된다. 석촌동 일대에서 확인된 적석총은 고구려 적석총과 축조의 재료, 층단을 이루는 외형, 밀집 분포 양상 등에서 유사도가 높다고 평가되었다.

석촌동 적석총은 일관된 정형을 기술하기 어려울 만큼 고분 개개가 가지는 축조 방식이 다르게 나타나지만, 몇 가지 특징을 도출할 수 있다.

1) 내부 축조 재료는 할석과 점토로 구분됨

2) 분구의 외연 층단과 내부 매장부를 동시에 축조함(강현숙 분묘일체형)

3) 매장주체부가 확인된 분명한 예를 찾기 어려움

4) 복수의 분구가 연접, 증축, 중복되는 양상이 나타남

5) 일부 불에 탄 층이 확인되며, 이 부분에 유물이 집중됨

6) 일부에서 와당과 기와 등의 건축부재가 확인됨

1호분과 1호 석곽묘

2호분과 2호 석곽묘

1) 1호분

1호분은 남분과 북분이 폭 3.7m 가량의 점토 성토부로 연결된 구조로, 하부의 기단 석축만이 확인되었다.

석촌동 1호분은 북분은 내부를 점토로, 남분은 내부를 할석으로 축조하였다. 다만 도면 상 남분의 레벨이 상대적으로 높다는 점이 지적되었는데, 남분의 돌을

제거하고 북분과 같은 레벨까지 하강했다면 하는 의문이 제시된 바 있다(최병현 2013).

조사 과정에서 1호분의 남쪽과 북쪽 외곽에는 각각의 석축열에 잇대어진 적석이 확인되었는데, 조사자는 적석의 진행방향, 크기 등을 근거로 이를 1호분과 관련없는 후대의 유구로 파악하였다. 또한 남분의 동쪽 석축에서 약 1m 가량 떨어져 1호분의 바닥과 거의 동일한 높이에 동쪽으로 이어지는 적석이 확인되었는데, 이 적석은 1호분에 선행하는 파괴적석총의 일부로 파악하였다. 즉 1호분을 중심으로, 동쪽 서쪽 남쪽 북쪽 기단 외곽에서 1호분의 석축열에 잇대어 있거나 연접한 다른 적석 구조가 확인되었다.

북분의 중앙에서 1기의 석곽이, 남분에서 3기의 소형 석곽이 확인되었는데, 이를 매장주체부로 볼 수 있을지에 대해서는 의문이 남는다.

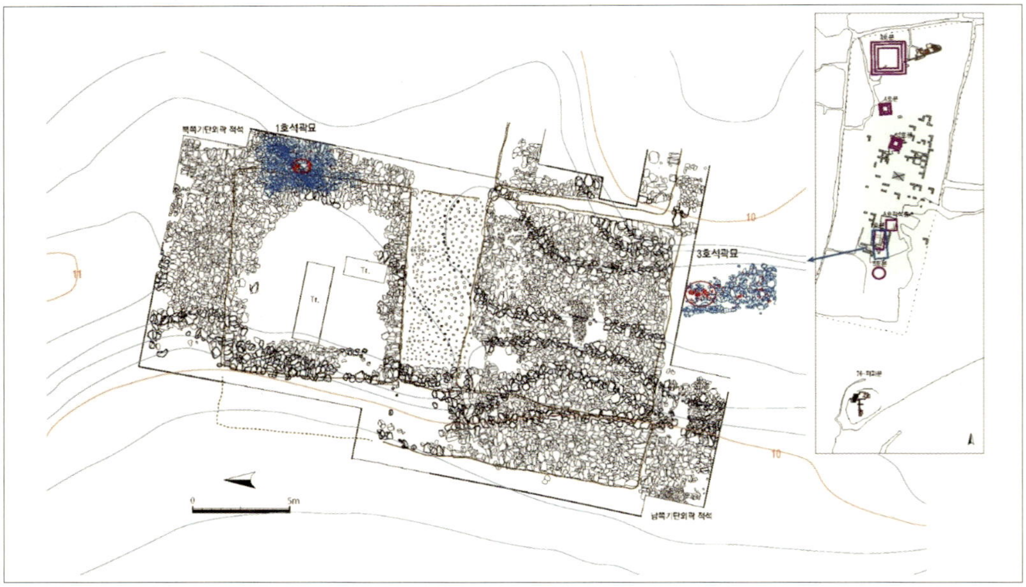

1호분 평면도

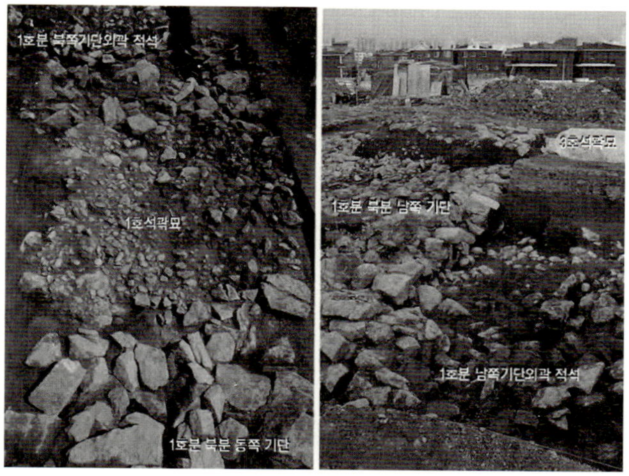

1호분과 주변 유구의 위치 관계
(좌 : 북분과 1호 석곽묘 / 우 : 남분과 3호 석곽묘)

2) 4호분

4호분과 관련해서는 상부의 구조와 매장 시설에 대한 논의가 다수 진행되었다. 핵심은 4호분의 상부에 횡혈식 석실이 존재하였는가의 문제이다.

주지하다시피, 횡혈식 석실은 추가장 전제로 하는 매장주체부로 단차장이 이루어지는 수혈식 묘제와 근본적으로 다른 매장 관념을 반영한다. 백제 한성기에 확인되는 다양한 묘제는 점차 횡혈식 석실분으로 통일되어간다. 그러나 백제 한성기의 형태의 다양성을 근거로 중앙 통제에 의해 축조된 가능성보다 지방에서 개별적으로 받아들인 것으로 이해하거나(김기범 2004), 백제의 영역화 과정에서 한성에서 가까운 지역에서 나타나기 시작해 점차 확산되는 시공간적 분포를 보인다는 수용의 방향에 주목한다(박순발 2005; 성정용 2000).

4세기 후반 한성 백제 외곽지역에서 횡혈식 석실묘가 출현하는 배경에 대해 백제 영역화 진행 과정에서 주변 지역의 토착 수장 계층을 일반 성원과 구분하여 백제 중앙과의 관계 속에 편입시키고자 한 결과로 보여지며(박순발 2001), 석실분은 복속지역에 대한 지배력의 강화를 의미한다고 생각된다(김성남 2003). 전파의 방향 상, 백제 중앙에 석실분이 있었다고 보는 것이 자연스러운 것이 사실이다.

이와 관련하여 1974년 보고서에서는 4호분의 축조 방법에 대해 아래와 같이 기술하고 있다.

- 잔자갈을 깔아 한 변 30m의 묘역을 조성
- 묘역 안에 한 변 너비 1.8m, 높이 2.24m 규모의 "방주형方柱形 적석積石 석벽을 축조하고 그 내부는 10~20cm 두께의 점토로 판축
- 외부에서 지탱하고 보강할 수 있도록 2단 석축을 덧쌓아 외형 상 3단의 구조를 완성(제 2단은 한 변 길이가 17.2m, 높이 1.24m이며, 제 1단은 한 변 길이 24m, 높이 0.62m)
- 동남쪽 모퉁이의 경우 77×60×16cm의 비교적 큰 석재 사용
- 고분의 정상부에 동서 4.6m, 남북 4.8m인 방형 석실의 남벽 중앙에 길이 2.3m 폭 2.1~1.6m의 연도를 1열의 할석으로 설치
- 횡혈식 석실의 내부에 안쪽을 향해 머리가 들린 석판을 일종의 지붕 기와로 보고, 이 지붕돌의 선을 통해 석실의 석벽이 지금보다 높지 않았을 것으로 추정함

상부 구조는 유실된 것으로 판단되지만, 가장 잘 남아있는 서벽의 경우 10여 단을 확인할 수 있다. 특히 4호분 상부에는 판석형 할석을 횡평적하고, 모서리를 석재를 맞물려 축조하고 있는데, 이는 광암동, 마하리 등지에서 확인된 석벽의 축조 방식과 동일하다.

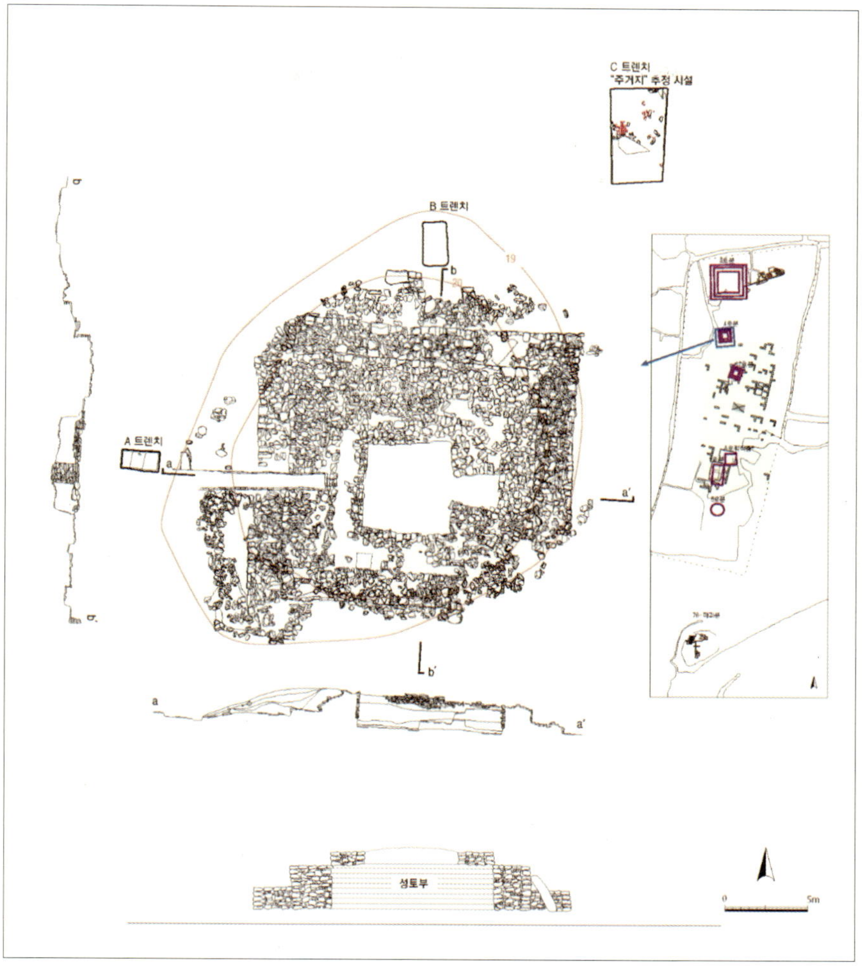

4호분 실측도 및 축조 방법 모식도

1984년 추가 조사를 통하여 4호분의 축조 방법이 새롭게 제시되었다(임영진 2007).

① 먼저 고분 중심부에 한변의 길이 9.2m, 높이 1.47m 규모의 사각기둥 형태를 띤 성토부를 조성하였다.

② 중심 성토부에 붙여 길이 13.2m, 너비 2m, 높이 1.47m 규모의 방형 담장 형태의 석축을 둘렀다(제2단).

③ 그 바깥에 길이 17.2m, 너비 2m, 높이 0.52m 규모의 석축을 쌓으면서(제1단) 안쪽의 제2단 석축에 비스듬히 기대는 장대석을 각 변에 6개 정도씩 설

치함으로써 제2단 석축을 지탱할 수 있도록 하였다.

④ 제2단 석축 상면 끝부분에서 2m 안쪽으로 들어온 내부 성토부 위에 한변 9.2m, 너비 2.5m 내외, 높이 0.45m 내외 규모의 석축을 쌓고(제3단) 그 내부는 성토하였다.

⑤ 제3단 석축 상면을 덮는 분구를 0.7m 높이로 만들었다.

⑥ 각 단의 높이는 각각 달라서 외형상 1단은 0.52m, 2단은 0.95m, 3단은 0.45m이고 3단을 덮은 마지막 봉토는 0.7m, 전체 높이는 2.62m인 셈이다.

석촌동 즙석봉토분의 특징

1) 얕은 토광을 파거나(10~15cm 내외), 지면을 정지한 후 매장주체부를 설치함

2) 복수의 분의 연접 축조하거나, 하나의 분구 내 복수의 매장주체부를 설치함

3) 봉토封土 혹은 봉석封石을 이용해 매장주체부를 덮음

4) 돌과 흙을 이용한 바닥 정지 및 묘역 구분

5) 6기가 확인되었으며, 말각방형 혹은 타원형의 평면 형태가 나타남

6) 고분분포도 상 가장 큰 고분인 76-파괴분의 경우, 1200㎡이상의 면적을 가지며, 약 2.75m의 잔존 높이가 확인됨(1972년 발급된 수기지형지적도 기준)

87-4호 석곽묘

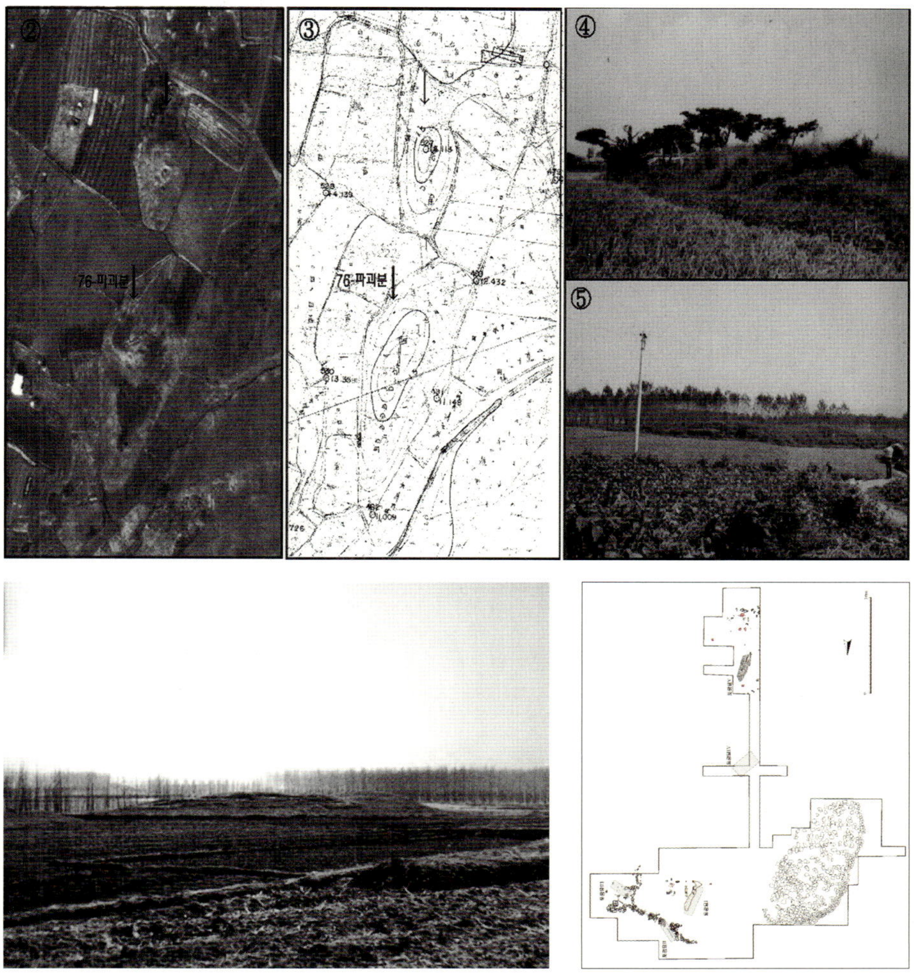

76-파괴분

3) 2호분

2호분은 발굴조사 이전에 3~4m의 타원형 봉분이 확인되었다. 트렌치 조사를 통하여 기저부가 동서방향 17.2m, 남북방향 16.2m의 규모로 확인되었다. 석축양상이 가장 잘 나타난 곳은 동쪽 기단부로 얇게 치석한 판석을 횡으로 쌓았다. 서북쪽 절개 구역에서는 목관묘가 조사되었다.

특징적으로 2호분은 하나의 봉분 아래에서 내부 바닥 양상이 다른 구역이 확인되었다. 목관이 안치된 서북쪽 절개면에서는 흑갈색 점토로 단단하게 다짐층을 만든 후, 낮은 분구를 조성한 것으로 판단되며, 이와 달리 동북부 절개면에는 작은 자갈을 바닥 전면에 깔았다. 이는 복수의 매장 행위가 이루어진 후, 최후에 분구를 정비하는 과정이 이루어진 것으로 추정되며, 기단부가봉토분 등 별도의 형식으로 구분될 필요가 있다.

둥근 형태의 분구를 할석과 천석으로 덮은 양상으로 조사되었는데, 층단이 명확하게 구분되지는 않지만 3단을 이루는 것으로 복원되었다. 2호분의 주변으로는 2호 석곽묘를 포함한 복수의 석렬이 확인되고 있어, 주변으로 고분의 연접, 중복, 증축 등의 행위가 이루어진 것으로 보인다.

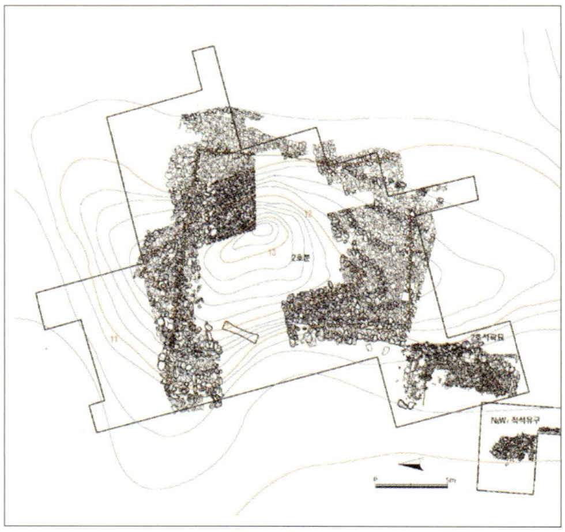

4) 5호분

5호분은 석촌동 고분공원은 남쪽 경계부에 위치하며, 주변에 비해 약 1m 이상 높은 지대에 위치한다. 일제강점기에 작성된 고분분포도에는 5호분이 북쪽으로 다른 하나의 봉분과 연결된 연접분으로 표시되어 있어 확인이 필요하다.

5호분의 분구의 크기는 동서 17m, 남북 15m 내외이며, 분구의 높이는 남단 지표를 기준으로 2.2m, 북단 지표를 기준으로 3.6m 잔존한다. 트렌치 조사만 이루어졌으며, 매장주체시설은 확인되지 않았다. 또한1974년 조사에서 봉분 외연에 호석과 같은 시설이 있다고 기술되었으나 자세한 것은 알 수 없다.

현재는 원분으로 복원되어 있으나, 말각방형의 평면으로 확인된다.

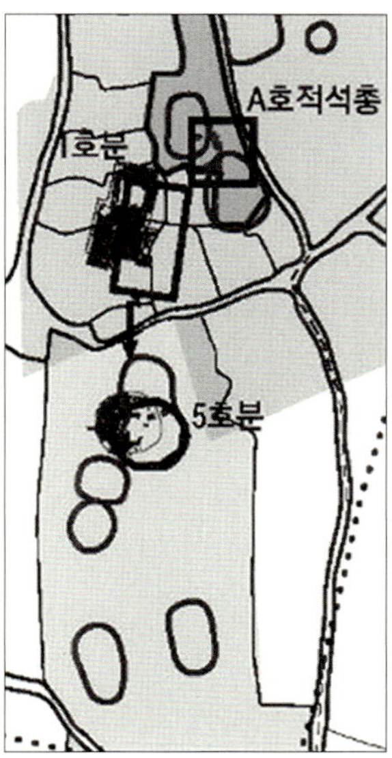

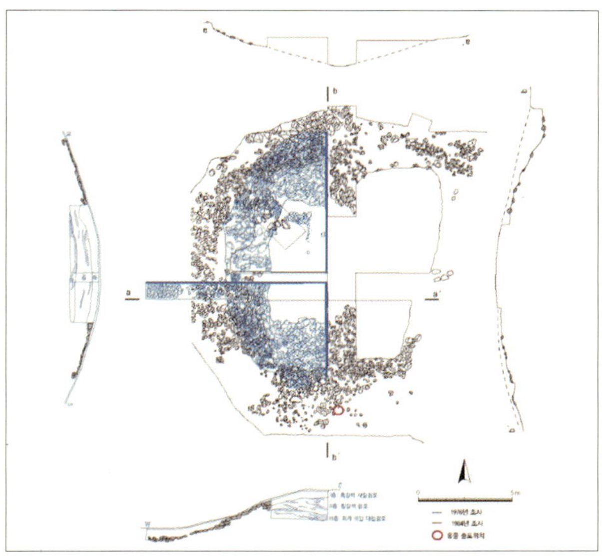

이 고분에서는 청동환 1점이 확인되었는데(지름 4cm 내외), 삼곶리, 학곡리 등 임진한탄강유역의 무기단식 적석총에서도 청동환이 출토된 바 있어 즙석봉토분의 계통 문제의 실마리가 될 수 있을 것으로 기대한다.

5호분 청동환 노출

학곡리 2호곽 출토 청동환

86 즙석봉토분 전경

2. 석촌동고분군 출토 유물 재보고 사업의 성과

다양한 토기 기종의 확인

화장유구 출토

5호분 남쪽 파괴고분 출토

즙석봉토분 출토

적석유구 출토

유효한 편년 자료의 확보

2호석곽묘 및 주변 출토 역연대자료

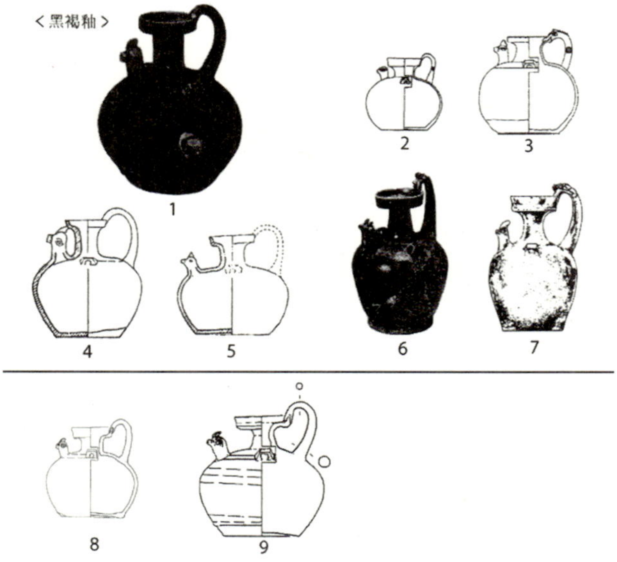

고구려 토기의 확인과 층위 편년의 재검토

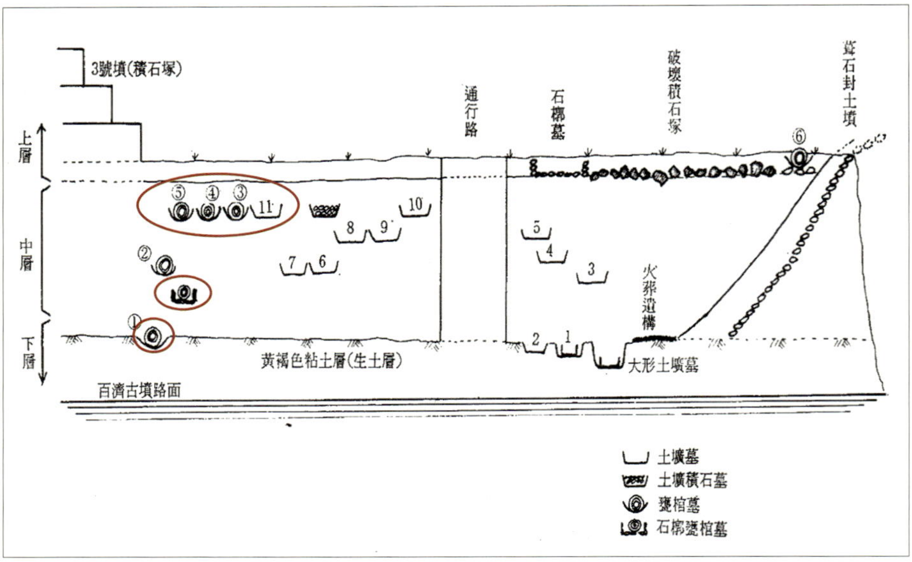

고구려 토기

옹의 매납 방법의 복원

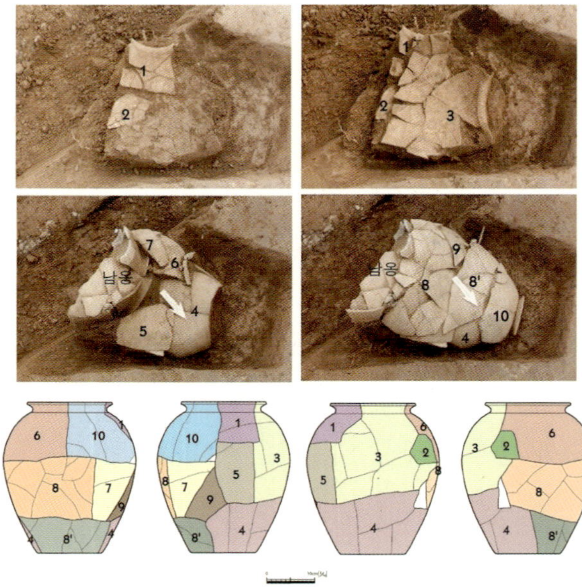

86-1호 옹관의 매납 방법

토론자료 4

석촌동 3호분의 구조와 규모 재검토

이 희 준 경북대학교

석촌동 3호분의 구조와 규모 재검토

금번의 '석촌동고분군 집중토론회'는 두말할 것도 없이 한성백제기의 묘제 가운데 하나인 적석총을 주된 대상으로 한다고 여겨진다. 한성백제박물관 측에서 알려온 구체적 토론 내용이랄까 세부 주제들은 1. 석촌동고분군의 발굴조사 상황, 2. (고분군의) 경관, 3. (고분의) 구조 · 계통 · 편년 · 성격으로 열거되어 있다.

애초에 이 토론회에 참가해달라는 연락을 받고 사양했는데, 그 이유는 뻔하다. 평소 신라고고학을 전공으로 하는 때문에 위의 주제들에 관해서는 논문을 쓴 적도 없거니와(혹시 오해할지도 모를 참가자를 위해 말씀드리지만 인용문헌 가운데(金元龍 · 李熙濬, 1987, 「서울 石村洞3號墳의 年代」)가 있으나 그 논문의 말미에 밝혀놓았듯이 이 참고 자료의 필자는 필요한 도면과 사진만을 김원용 선생님께 챙겨드렸을 뿐이다) 사실상 문외한이기 때문이다. 실토하건대 이 주제들에 관한 글들이나 보고서를 주의 깊게 읽어본지도 거의 30년 가까이 되는 듯하다. 이 정도면 불참 자격(?)은 충분한데도 이 자리에 불려 나온 이유는 33년 전인 1984년에 석촌동3호분(적석총) 복원을 위한 조사(서울大學校 博物館, 1984)에 관계한 적이 있다는 사실 때문이다.

그래서 필자가 참가자로서 해야 할 임무를 구체적으로 말하면 위에 열거된 주제들 가운데 첫 번째 것, 즉 석촌동고분군의 발굴조사 현황과 세 번째 것, 즉 고분의 구조와 관련해서 석촌동3호분의 구조를 중심으로 의문점이 제기되면 그에 대해 발굴 당시에 직접 보고 느낀 점들을 말하는 것이 되겠다. 다만, 그렇더라도 벌써 30년도 더 전에 경험한 일이라 기억에 의존한 답은 할 수가 없을 터이니 구조와 관련해 구체적 의문이 제기될 만한 부분에 대해 미리 몇 가지 정리를 해두어야 할 듯하다.

그러고 나서 백제고고학의 국외자 입장이지만 그저 고분 연구라는 일반적 관점에 서서 세 번째 주제인 석촌동고분군의 계통·편년·성격과 관련된 한두 가지 언급을 감히 해보기로 하겠다.

석촌동3호분에 대한 조사는 세 차례에 걸쳐 실시되었다(서울大學校博物館·考古學科, 1975; 金元龍 · 裵基同, 1983; 서울大學校 博物館, 1984). 모두 조사 목적과 기간 등에서 제약이 많은 조사였으나 그 가운데 규모 및 구조에 관해 구체적 지견을 얻을 수 있었던 조사는 뒤의 두 건이었다. 그런데 이 석촌동3호분의 규모 및 구조에 대해서는 특히 동측의 잔존상태 불량으로 범위 획정에 어려움을 겪었던 이 두 차례의 조사 이래로 나온 몇몇 문헌에서 상위相違가 보인다. 그 경위에 대해서는(金元龍 · 李熙濬, 1987)에 자세하고 또 그에서 고분의 원래 규모를 복원 추정한 부분이 있으므로 먼저 이를 요약 인용해 두기로 하겠다.

1983년의 제2차 조사에서는 높이 4.5m, 평면 크기는 동서 49.6m, 남북 43.7m라는 수치를 얻었다. 그러나 동서 길이의 수치는 동쪽 기연부基緣部에 아직 집이 일부 남아 있고 그 부분의 파괴가 심한 탓에 기연부基緣部 확인이 어려워 잠정적인 수치였다.

1984년의 제3차 조사에서는 이 고분이 산에서 채석한 괴석塊石(사람 머리 크기 정도의 자연석自然石 또는 깨뜨린 편마암片磨岩, 화강암계花岡岩系 돌)으로 단축段築한 동서 장축의 장방형 적석총으로서 남북 길이는 2차 조사보다 긴 48.4m, 동서도 약간 길어진 50.8m(필자 주; 단, 제3차 조사의 보고서에서는 남북 43.7m, 동서 55.5m로 추정.)로서 거의 방형임이 밝혀졌다고 하면서 그 문장의 말미에 작은 글씨로 (1986년도 최종조사로 확정)이라고 덧붙이고 주를 달아 놓았다. 그에서는 "이 제1단 평면平面 크기에 대해서는 도로측道路側인 서측西側의 파괴로 2차, 3차 조사 시 그 경계선결정境界線決定에 이견異見이 있었으나 86년 최종조사에서 주민住民들의 도로道路에 의한 서측파괴西側破壞 증언證言을 받아들이고 서측西側에 나타난 열석列石을 제2단第二段 기연基緣으로 봄으로써 이 고분 크기의 최종결정을 본 것이다"고 하였다.

이에 관한 본문의 부연 설명으로는 "이것은 동측의 철거된 민가民家 바닥에서 두 개의 지탱支撑용 장대석長大石이 원위치에서 넘어진 채 발견됨으로써 동변기연東邊基緣을 확인할 수 있었기 때문이며 이 동변東邊 제1단第一段에는 제2단第二段을 받치기 위한 이런 지탱석이 원래 약 10m 간격으로 4~5개 서 있었던 것으로 생각된다."고 되어 있다. 이 부분이 1984년 3차 조사 시의 상황을 말한 것인지 아니면 '1986년도 최종조사' 시의 상황을 말한 것인지는 불확실하다. 그러나 1984년에 발굴을 한 범위 안의 동측에는 민가가 남아 있지 않았음이 분명해서 아무래도 전자로 여겨진다. 만약 그렇다면 위와 같이 서측의 기단석열을 제2단의 것으로 보는 경우 3호분의 동서 길이는 나중에 말하듯이 60m를 넘게 된다.

그리고 "이 3호분號墳은 파괴가 극심하나 서측에 3단段의 단축부段築部 잔구殘構가 남아 있으며 (집안 고구려) 장군총將軍塚의 경우로 보아 원래는 한 3~4단 정도는 더 있었던 것이라고 생각된다. 각 단의 높이는 0.9m, 각 단 상면上面의 앞뒤 폭은 4.7m이기 때문에 이 고분을 원래 7단이었다고 보았을 때 높이는 최소 6m 이상은 되었을 것으로 생각된다."고 하였다.

여기서 이 1986년도 최종조사라는 것의 성격과 결과보고에 대해서는 각주가 없어서 알 수 없으나 혹시 오늘 여기 참석한 전남대 임영진 교수가 알지 않겠나 싶어서 나중에 확인하고 싶다.

그런데 (金元龍, 1986, 『韓國考古學槪說』(第三版): 177~179)에서는 동서 55.5m, 남북 43.7m(불확실)의 평면에 현고 4.5m의 대형적석총이라고 하였다. 이는 3차 발굴보고서(서울大學校 博物館, 1984)에 근거한 수치이다. 다만, 3차 발굴보고서에서 남북 길이는 몇 가지 다소 뚜렷한 근거를 바탕으로 2차 발굴보고서와 마찬가지로 43.7m로 확인하였으되 남북 길이는 55.5m로 추정한 점에 비추어 볼 때 이에서 남북 길이를 불확실하다고 한 점은 동서 길이에 덧붙일 그 단서를 착오로 남북 길이에 붙인 때문인 듯하다.

이렇게 되면 (金元龍, 1986)과 (金元龍 · 李熙濬, 1987) 사이에 상당한 차이가 생겨나는데 우선 (金元龍 · 李熙濬, 1987)에서 남북 길이를 무엇을 근거로 48.4m로 잡았는지 의문스럽다. 이는 아무래도 서측에서 확인된 기단 열석들을 제2단의 기단으로 본 점과 연동된 것 같은데 열석들 가운데 서북 모서리의 것을 기준으로 2차 및 3차 발굴 보고서에서 추정한 43.7m에다 제1단 폭 4.7m를 더한 때문인 듯하다(다만, 만약 이렇다면 정확하게는 48.8m이다). 그리고 "동서도 약간 길어진 50.8m"라 한 것은 2차 발굴보고서의 동서 규모(49.6m)와 비교한 때문인 듯하나 그 근거에 대해서도 의문이 있다.

설사 2차 조사에서 일부 확인되고 3차 조사에서 전면 확인된 서측 장대판석 기단 열석을 제2단 기연이라 하더라도, 그렇게 되면 3차 조사에서 추정된 동서 길이가 서측이 제1단 기단이라 보고 55.5m로 추정한 이상 사실 60여 미터(수치상으로는 55.5m+제1단의 너비 4.7m=60.2m)가 되어야 한다.

또 위에서 인용했듯이 "동측의 철거된 민가民家 바닥에서 두 개의 지탱支撑용 장대석長大石이 원위치에서 넘어진 채 발견됨으로써 동변기연東邊基緣을 확인할 수 있었다."고 하였는데 그것이 3차 조사에서 확인된 장대석들과 어떤 관계인지도 궁금하다. 3차 조사에서는 동변에서 장대석 내지 각주형석角柱形石 3개가 드러났는데 장대석 한 개(200×50×30cm)는 남북으로 넣은 트렌치(E5 tr.)의 남쪽 모서리에서, 다른 장대석 한 개(140×40×30cm)는 그로부터 북쪽으로 10m 떨어진 곳(E5 tr.의 가운데와 직교하게 동서로 넣은 트렌치(E4 tr.) 내)에서, 그리고 각주형석(120×40×30cm)은 다시 이로부터 북쪽으로 6m정도 떨어진 곳에서 노출되었다.

보고서에서는 이들 가운데 제일 긴 맨 남쪽의 것은 남측 도로공사 시에 적석이 삭취削取되면서 다소 이동된 것으로 보았다. 반면에 북편의 둘은 그 안쪽 끝 부분을 잇는 선이 대체로 고분의 남북 방향 선상에 있고 생긴 형태가 서측의 장대판석 기단석과는 달라서 동측 기단석이 옮겨진 것으로 보기는 어렵다고 판단하였다. 또 현재 놓인 상태로 보아 후대에 현 위치에서 어떤 용도로 쓰인 것으로도 여겨지지 않았다. 그래서 이들을 석촌동3호분 제2단을 떠받치는 버팀돌(지탱석)이 쓰러진 상태로 드러났다고 보아 그 머리가 닿는 부분을 제2단의 벽선으로 추정하고 3호분의 동서 길이를 55.5m로 추정하였던 것이다.

한편, 서측에서 확인된 기단 석렬이 과연 제2단의 기단인가 하는 의문에 대해

보면 우선 (金元龍 · 李熙濬, 1987)에서는 자체의 앞부분 서술과는 다소 상충되게 이들을 제1단의 기단부라 보고 다음과 같이 서술하였다. "제1단의 경우는 강변江邊 대지臺地 위를 정지整地하고 약 40~50cm 두께로 진흙을 깔아 다진 다음 자갈돌을 20~30cm 두께로 갈고 그 위에 큰 자연판석自然板石이나 채석한 판석板石 지대석地臺石을 한 장 놓고 그 위에 다시 한 변 40~50cm, 두께 10~15cm 정도의 방형소석판方形小石板을 상하 4~5단, 안쪽으로 3~4열, 자갈돌로 틈새를 메워가며 바깥쪽이 계단형階段形이 되도록 약간 뒤로 밀어가며 쌓고 그 안쪽은 진흙 바닥 위에 그대로 사람 머리 크기 정도의 채석한 산돌, 자연 석괴를 채우되 상면은 고르게 되어 있다."

만약 이 판석 기단 석렬들이 제2단의 것이라면 무엇보다도 그 바깥으로 다시 제1단의 돌들이 놓일 텐데도 굳이 이처럼 맨 밑바닥 판석 위의 소판석들을 안으로 들여쌓기를 한 점이 설명될 수 없으며 이 점만으로도 이들은 제1단의 기단 석렬이 맞다고 본다.

여기서 이렇게 3호분의 규모에 대해 따지는 이유는 물론 팩트(fact)를 규정하기 위한 점도 있지만 그 결과에 따라 고분의 평면 형태가 장방형 혹은 방형으로 달라지기 때문이다.

다음으로, 분구의 가운데보다 약간 서쪽을 지나는 절개 트렌치 작업 중에 발견된 석곽이라는 것에 대한 (金元龍 · 李熙濬, 1987)의 서술을 보기로 하자. "고분의 내부 구조에 대해서는 앞에서 말한 것처럼 (제한된) 발굴의 성격상 밝힐 수 없었으나 북변기연北邊基緣으로부터 남쪽으로 19m, 서쪽 기단으로부터 17m되는 점을 중심점으로 하는 남북 장축長軸의 장방형소석곽長方形小石槨(2×1.5m, 깊이 0.8m)이 발견되었다. 이것은 민가民家 집자리 바로 밑에서 나왔고 내부에는 돌과 연탄재 같은 것이 들어 있어서 처음에는 지하 광 같은 것으로 생각하였으나 벽석壁石의 구조상 후축後築이 아닌 원래구조元來構造라고 확인되었다. 그러나 이 石槨의 바닥이나 벽면壁面은 고르게는 되어 있으나 고분축조에 사용된 것 같은 산山돌이며 개석蓋石의 구조, 유무有無도 알 수 없게 파괴되어 있었고 내부에서는 일체의 유물도 발견되지 않았다. 그리고 이 석곽의 바닥은 지상에서 2.7m되는 높이에 위치하고 있다. 이 석곽의 위치는 고분의 중심부에서 약간 남서쪽으로 치우친 곳이며 석곽의 크기나 구조로 보아 주곽主槨이 아닌 부곽副槨이거나 부장곽陪葬槨으로 생각되며 파괴된 동·북 그리고 중심부에는 또 다른 석곽이 있었던 것으로 보아야 할 것이다."

이제 석촌동 3호분에 관련된 토론 참고 자료 제시는 그만하고 석촌동 적석총의 계통 혹은 성격을 파악하기 위해 필요한 작업이 아닌가 싶은 두어 가지에 대해 언급하기로 하겠다. 여기서 미리 양해를 구해둘 점은 첫머리에 말했듯이 지난 30년 정도의 기간 동안 이루어진 조사 및 연구 성과를 필자가 전혀 모르기 때문에 자칫 이미 해결된 문제를 다시 거론하는 우를 범할지도 모르겠다는 것이다.

첫째, 지금까지 석촌동에서 발견되거나 조사된 적석총들의 축조 개시 시점과 존속 기간이 어떤 식으로든 구명되어야 하지 않나 하는 점이다. 그럼으로써 이 적석총들의 존속기간이 이른바 즙석식적석총들의 존속기간과 겹치거나 그에 후속하는지 아니면 그 사이에 일정한 시기 차가 있는지 등을 알아내어 상호 관계를 추론해야 할 것으로 여겨진다.

둘째, 만약 석촌동고분군의 계통을 고구려적석총에서 구할 경우 석촌동3호분의 축조 시기가 만약 4세기 후반에서 5세기 전반이라면 그 시점의 대형 고구려 적석총은 내부 구조가 석실인 데 비해 이 고분은 적어도 석실로 여겨지는 증거가 나오지 않은 점을 어떻게 이해해야 할 것인가 하는 점이다. 그리고 계단식 축조 방법의 미숙함이랄까 고졸함은 어떻게 이해해야 하는지도 문제라고 여겨진다.

참고문헌

金元龍, 1986,『韓國考古學概說』(第三版), 一志社.

金元龍·裵基同, 1983,『石村洞3号墳(積石塚)發掘 調查 報告書』, 서울大學校 博物館.

金元龍·李熙濬, 1987,「서울 石村洞3號墳의 年代」,『斗溪李丙燾博士九旬紀念韓國史學論叢』, 知識產業社.

서울大學校 博物館, 1984,『石村洞3号墳(積石塚) 復元을 爲한 發掘 報告書』.

서울大學校博物館·考古學科, 1975,『石村洞 積石塚 發掘調査報告』(서울大學校考古人類學叢刊 第6册).

토론자료 5

석촌동 고분군의 층위와 출토유물 문제

김 무 중 중원문화재연구원

석촌동 고분군의 층위와 출토유물 문제

1. 머리말

백제 한성기 왕릉군의 위상을 가지고 있는 석촌동 고분군에 대한 조사 경과는 이미 설명된 바 있으므로 생략한다. 최근 과거 석촌동 고분군에 대한 재 보고(서울대박물관 2013, 2014, 2015, 이하 '재보고'라 함)와 더불어 한성백제박물관의 발굴조사는 기왕에 알려진 인식과 차이가 있음이 밝혀지고 있다. 이에 대한 몇 가지 문제를 제기하고자 한다. 결론적으로 제기하고자 하는 문제를 해결하기 위해서는 중장기적 계획하에 전면적인 조사가 필요함을 전제로 한다.

2. 몇 가지 문제

1) 층위

1985년 서울대학교박물관에서 실시된 석촌동 3호분 동쪽 고분군에 대한 조사 결과 대형토광묘와 즙석봉토분, 토광(목관)묘, 옹관묘, 신라 석곽묘 등이 확인되었고, 이에 대한 해석 결과가 모식도로서 제시된 바 있다(서울대학교 박물관 1986). 이 모식도는 석촌동 고분군의 편년과 묘제변천의 주된 근거로 활용되고 있으나, 미 보고된 옹관묘의 정리 결과 6기 중 하층 1기, 중층 4기 등 5기가 고구려 옹관묘로 재보고 되었다(서울대학교박물관 2015).

더불어 최하층 대형토광묘와 동일 층위로 파악한 즙석봉토분의 출토유물에 대한 재보고는 백제토기(직구호, 흑색마연토기, 고배, 호류, 심발형토기 등)와 함께 신라후기양식토기(단각고배, 대부호 등)가 섞여있음을 제시하고 있다(서울대학교 박물관, 2015 83~93쪽). <도면 1>

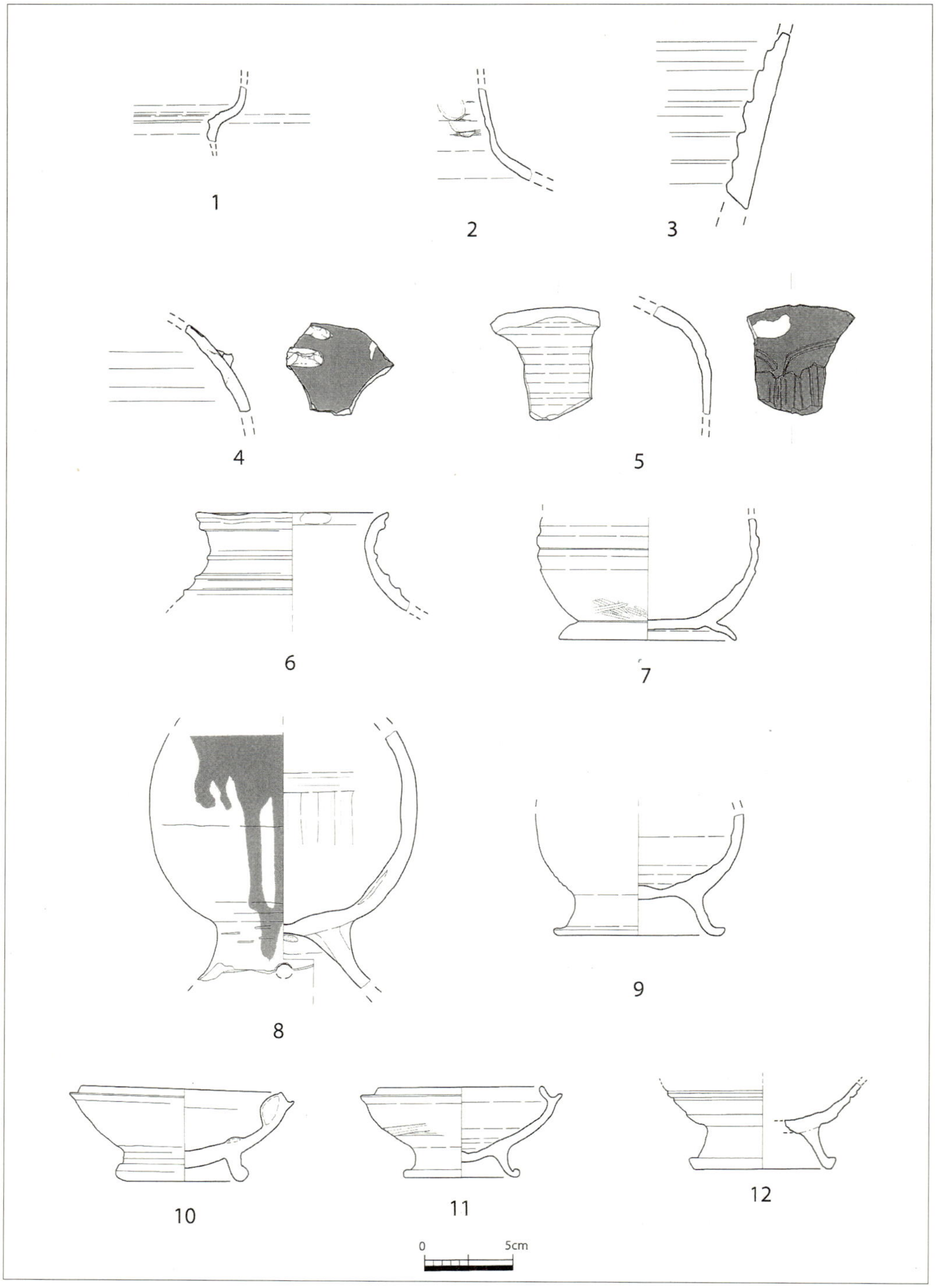

도면 1. 즙석봉토분 출토 토기류(서울대학교 박물관, 2015 94쪽 전재)

또한 한성백제박물관의 조사 구역에서 적석총과 토광(목관)묘의 중복 양상이 1986년도 모식도와 다르게 파악되고 있다. 즉, 유구 번호는 알 수 없으나 토광(목관)묘가 적석총 이전에 축조된 것도 있으나, 적석총을 파괴하고 축조된 유구도 확인된다.

따라서 토광묘나 옹관묘 등의 유구가 반드시 적석총보다 선행한다는 논리는 위와 같은 문제로 성립하기 어렵다. 앞으로 한성백제박물관의 조사를 통하여 재조정이 필요하다.

2) 출토유물

석촌동 · 가락동 일대는 한성기 백제의 왕릉군으로 인정되지만, 한성백제의 멸망이후 고구려, 신라로 지배 주체가 변동된 후에도 이 지역이 주된 고분군으로 활용되었음이 밝혀지고 있다(최병현 2015). 그렇기 때문에 앞서 제기한 층위에 대한 문제와 더불어 유구별 출토유물에 대한 면밀한 검토가 필요하다. 예를 들어 1985년에 조사한 3호분 동쪽 석곽묘의 출토유물 중 무개고배 2점과 호형토기를 들어 신라 석곽묘라 최병현이 지적한 바 있다. 그러나 무개고배 외에도 평저 단경호, 병형토기도 백제토기가 아닌 신라토기로 판단된다. 〈도면 2〉 이외에도 재보고 중에는 대각이 달린 토기 등 백제토기로 보기 어려운 유물이 다수 섞여 있으므로 전면적인 재검토가 요구된다고 하겠다.

3) 분묘의 명칭

석촌동 고분군에 속하는 분묘의 명칭은 매우 복잡하다. 위석묘, 즙석식봉토분, 토광묘(적석토광묘, 대형토광묘) 등이 그것인데 이들 명칭이 적합한지 의문이다. 일부 토광묘와 기단식적석총을 제외하면 매장과정을 이해하기 어려운 용어들이다. 이 지역의 원지형이 삭평되거나 건축물로 인하여 훼손된 점을 감안하더라도 경기도 일원과 충청도 지역의 고분군과 비교하기 어려운 실정이다.

한편 한성백제박물관의 조사지역에 적석총을 파괴하고 조영된 토광묘의 내부에 기와편이 함몰된 유구가 조사되었다. 이와 관련하여 1987년 숭실대 조사 1호 토광묘의 상부에 와적瓦積된 양상이 연상된다.

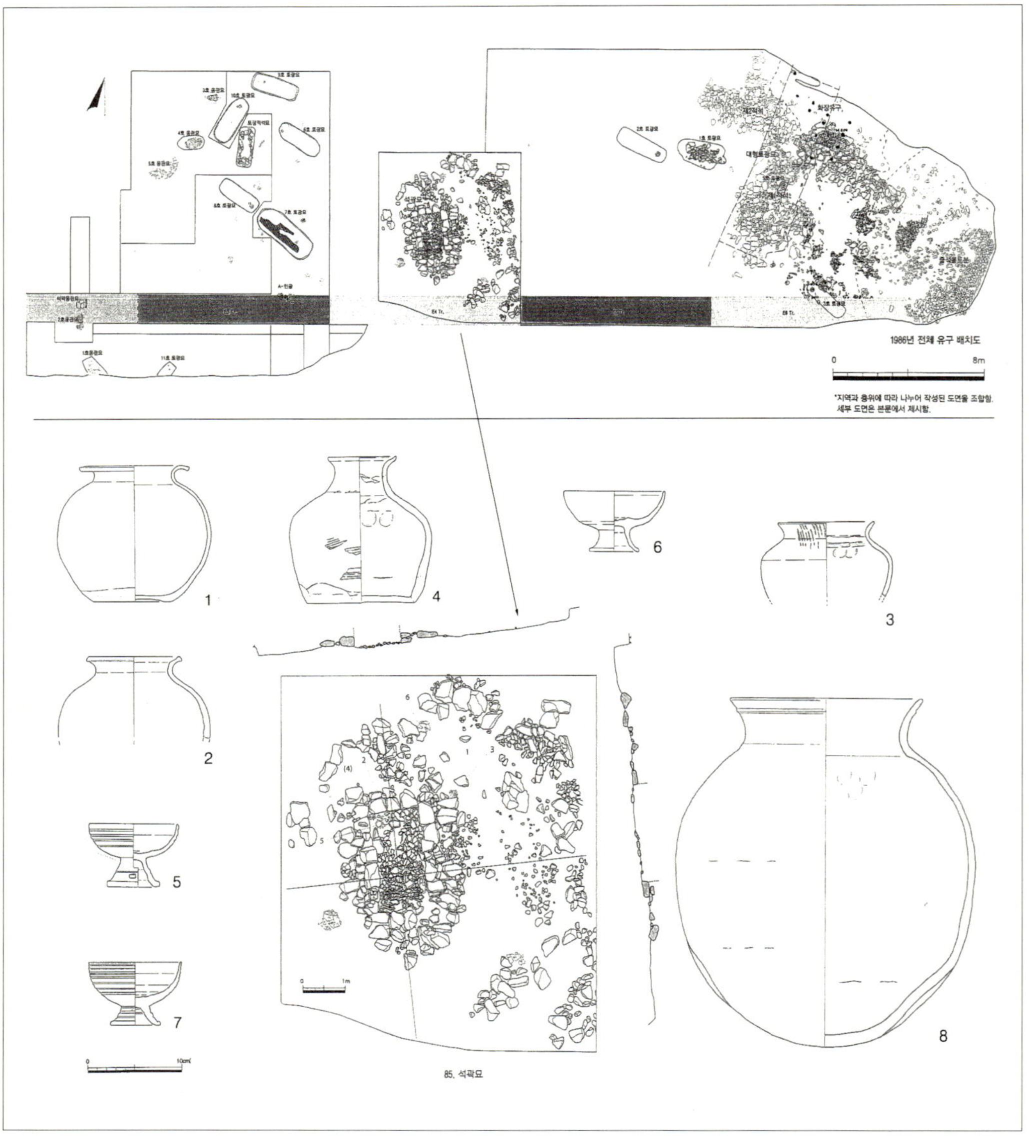

도면 2. 석촌동 85호 석곽묘와 출토유물(1 · 2 · 4 · 5 · 7: 신라, 3 · 6 · 9: 백제)

3. 맺음말

토론자는 1987년에 석촌동 고분군 정비에 앞서 실시한 시굴조사에 참여한 바 있다. 당시 건축 폐기물이 방치된 지점을 피해 트렌치를 설정하여 조사할 수밖에 없는 실정이었다. 최근 조사 중인 발굴조사 현장을 방문하였을 때 당시 굴토한 트렌치 내부에 건축폐기물이 차 있는 상황을 목도하고 아연할 수밖에 없었다. 조사 당시 매우 제한적인 정보를 토대로 정비할 수밖에 없었다는 현실을 감안하더라도 폐기물을 매립하고 그 위에 잔디를 식재한 사적공원이었다는 사실은 어떠한 이유를 들어도 용납하기 어려운 것이다. 전면적인 조사를 통해 폐기물을 처리하고, 새로운 조사 성과를 통해 바로 잡아야 할 문제가 많다.

토론자료 6

석촌동 고분군 토기 편년에 대한 단상

한 지 선 국립중원문화재연구소

석촌동 고분군 토기 편년에 대한 단상

석촌동 고분군에 대한 최신의 보고서 발간(서울대학교박물관 2013, 2014, 2015)에도 불구하고 기단식 적석총 내부 출토 토기류의 출토 사례가 적어 편년에 활용되지 못한 측면이 있었다. 김성남(2001, 2005)는 석촌동 고분군 내 토광묘 군을 중심으로 한 분석을 통해 편년안을 제시하였는데, 일면 타탕성이 있다고 판단된다. 따라서 본고에서도 석촌동 고분군 내 토광묘 군을 중심으로 1차 분석을 실시하여 분기를 시도 한 후, 즙석분구묘, 기단식 적석총과 그 주변, 그리고 석곽묘에서 출토된 유물을 토기의 유사 형식에 맞추어 배열하는 방식으로 편년에 접근해 보았다.

아래의 〈표 1〉은 석촌동 고분군과 관련하여 편년안을 제시한 연구자의 유구별 편년안을 나열한 것으로 짧은 시간에 무리하게 작성된 것이라 오류가 있을 수 있음을 밝히고자 한다.

〈표 1〉 연구자별 석촌동 고분군의 연대 비교

석촌동 유구명	임영진 (2005, 2016)	박순발 (1999, 2007)	김성남 (2001, 2005)
대형토광묘군	2세기 중엽	봉토목관묘 3세기 후반경	3세기 전엽
즙석분구묘	3세기초경	3세기말(4/4/분기)~ 4세기 전반경	3세기 말~4세기전반
석촌동 1호분 (남분, 북분)	3세기 중엽경 (先북분, 後남분)	기단식적석묘 조영시작 4세기 중엽경	4세기 중후반
석촌동 87-2호, 87-3호 석곽묘 석촌동 2호분	4세기 초반경		5세기 전~중엽 (87-2,3호석곽묘)
석촌동 3호분	4세기 후엽경		
석촌동 4호분 외곽 횡혈식석실분 도입	4세기 후반~5세기초		

1. 기준 편년의 수립 - 토광묘 군

대형토광묘군의 경우 대체적으로 동시기로 판단되는 유물군이 출토되고 있고 출토유물도 대체적으로 원삼국시대 말엽 즈음에 해당될 것으로 추정된다. 86-A 지구와 B지구에서는 총 11개 토광묘가 확인되었다. 평저호+원저단경호→평저호+직구단경호+심발→광구단경호+심발→광구단경호+평저소호+병 등으로 부장양상이 변화한다. 또한 토광묘는 장축이 대부분 북서쪽을 향하고 있으나 10호와 11호의 경우 북동쪽을 향해 장축의 변화가 확인되었다. 그리고 2기씩 연접하여 분포하는 점(김성남 2001)도 특징인데 이러한 양상을 기반으로 김성남(2001)의 편년안을 참고하여 유구별 토기군을 배열하였다. 동일 시기로 판단되는 토광묘의 경우 같은 색깔로 표시하였다.

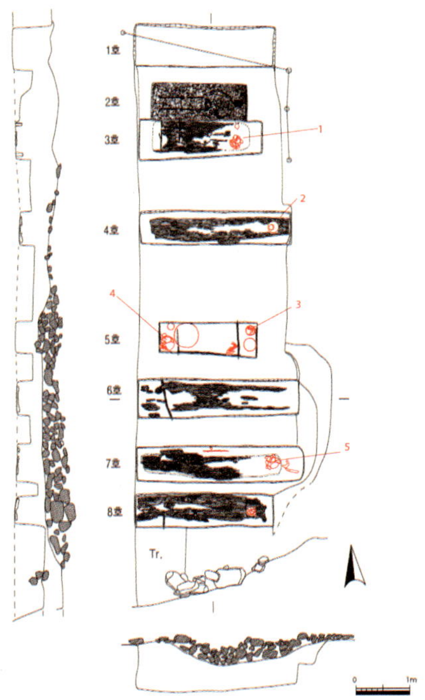

대형토광묘군

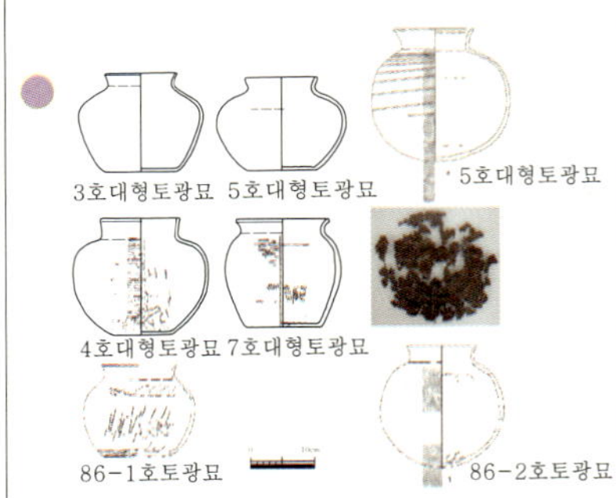

Ⅰ기: 원저단경호와 견부가 발달된 짧게 외반한 구연부를 갖는 평저호가 세트를 이룸. 평저호는 낙랑(계)토기 평저호의 마지막 단계 모방으로 추정됨

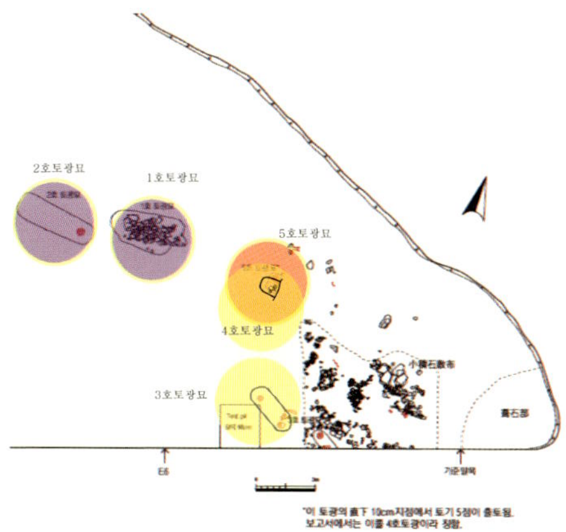

토광묘의 위치 관계(B지역)

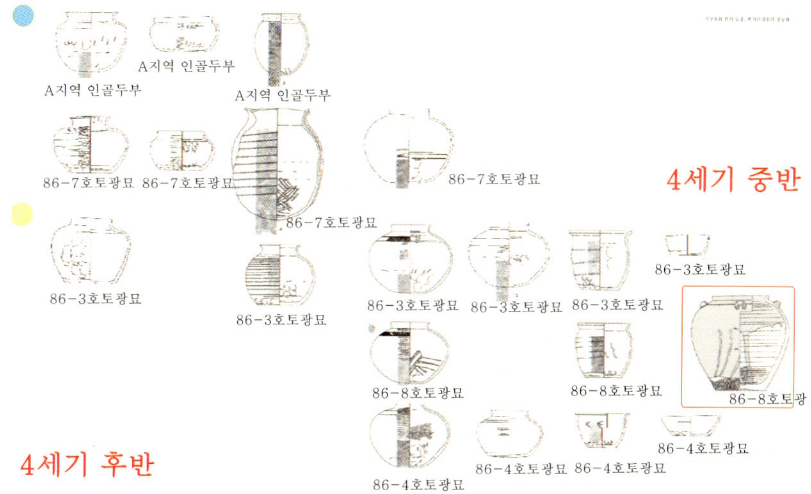

Ⅱ기: 직구단경호와 합이 등장하고, 원저단경호가 장동화 되는 단계.
Ⅲ기: 직구단경호와 심발이 세트를 이룸, 평저호도 구연부 직구화 경향이 확인.

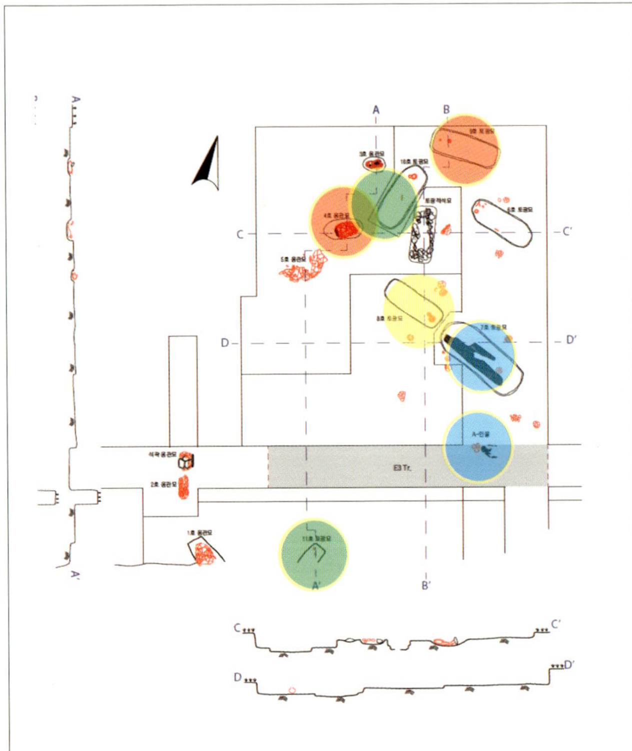

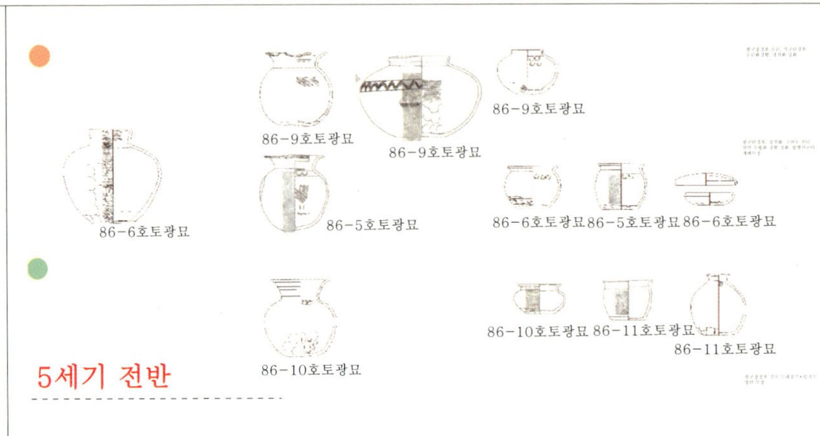

Ⅳ기: 광구장경호 부장, 직구단경호 견부 문양대 소멸 및 경질화 시작, 평행선문 타날 심발 외에 평저소호 세트 부장 시작

Ⅴ기: 광구장경호 경부 돌대장식, 납작 혹은 중간 돌대장식을 한 평저소호와 병 세트 부장, 토광묘의 장축이 바뀜

〈도면 1〉 석촌동 고분군 내 토광묘 출토유물의 분기 설정

2. 석촌동 고분군의 분기

<도면 2>는 앞서 검토한 석촌동 고분군 내 토광묘에 의한 분기 설정을 기본으로 각 기단식 적석총과 그 주변 출토 유물을 유사 형식군에 삽입하여 시간관계상 간략하게 나열해 본 도면이다. 즙석봉토분과 86-1적석 내부 및 주변에서 출토된 유물은 Ⅰ~Ⅳ기에 대체적으로 분포된다. 3호분과 그 주변 출토유물의 경우 유물수량이 적어 확인하기 어려우나 중국제 청자 반구병 구연부편이나 계수호의 경부편으로 추정되는 유물의 비정연대(4세기 후반)를 고려하여 배치하였다. 나머지 1,2,4호분과 76파괴분과 그 주변 유물 양상에서는 대체적으로 Ⅲ~Ⅴ군 사이에 토기가 배치되는 양상이다. 따라서 유구와 출토유물 간의 맥락이 확실하지 않은 점, 유물의 형식 범주가 넓은 점 등으로 인해 기단식 적석총 간의 선후를 파악하기는 어렵다. 대체적인 시기는 Ⅰ기가 원삼국시대 Ⅲ-3기에 해당되는 3세기 중후반, Ⅱ기는 4세기 전반, Ⅲ기는 4세기 중~후반, Ⅳ기가 4세기 말 ~ 5세기 전반, Ⅴ기가 5세기 전반~중반으로 추정된다. 그러나 풍납토성 등 한성백제기 중요 취락을 기준한 기존의 필자의 편년안(2013, 도면 3)과는 약간 차이가 나는데, 아직 검토할 수 있는 유물의 수량이 적고 출토 유구를 통한 비교 검토가 어렵기 때문에 변수 폭이 그만큼 크기 때문일 것으로 추정된다.

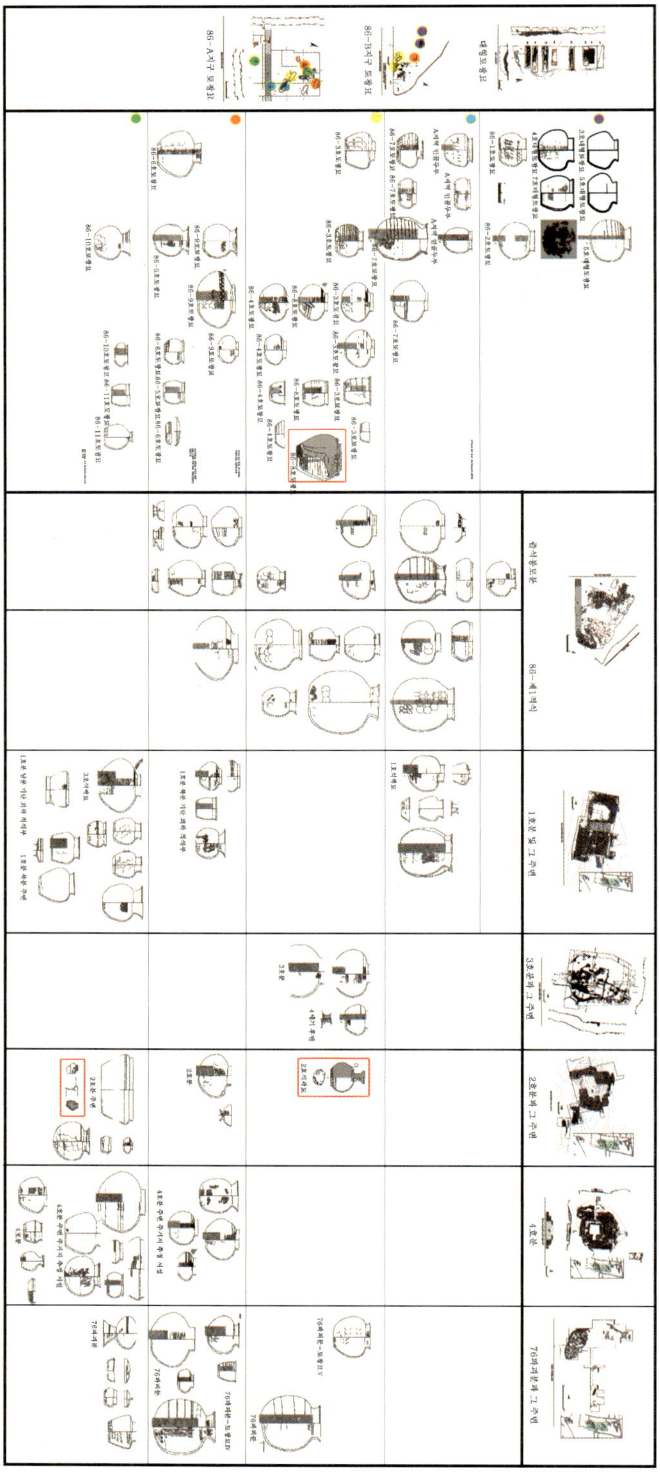

〈도면 2〉 석촌동 고분군의 토기 변천양상

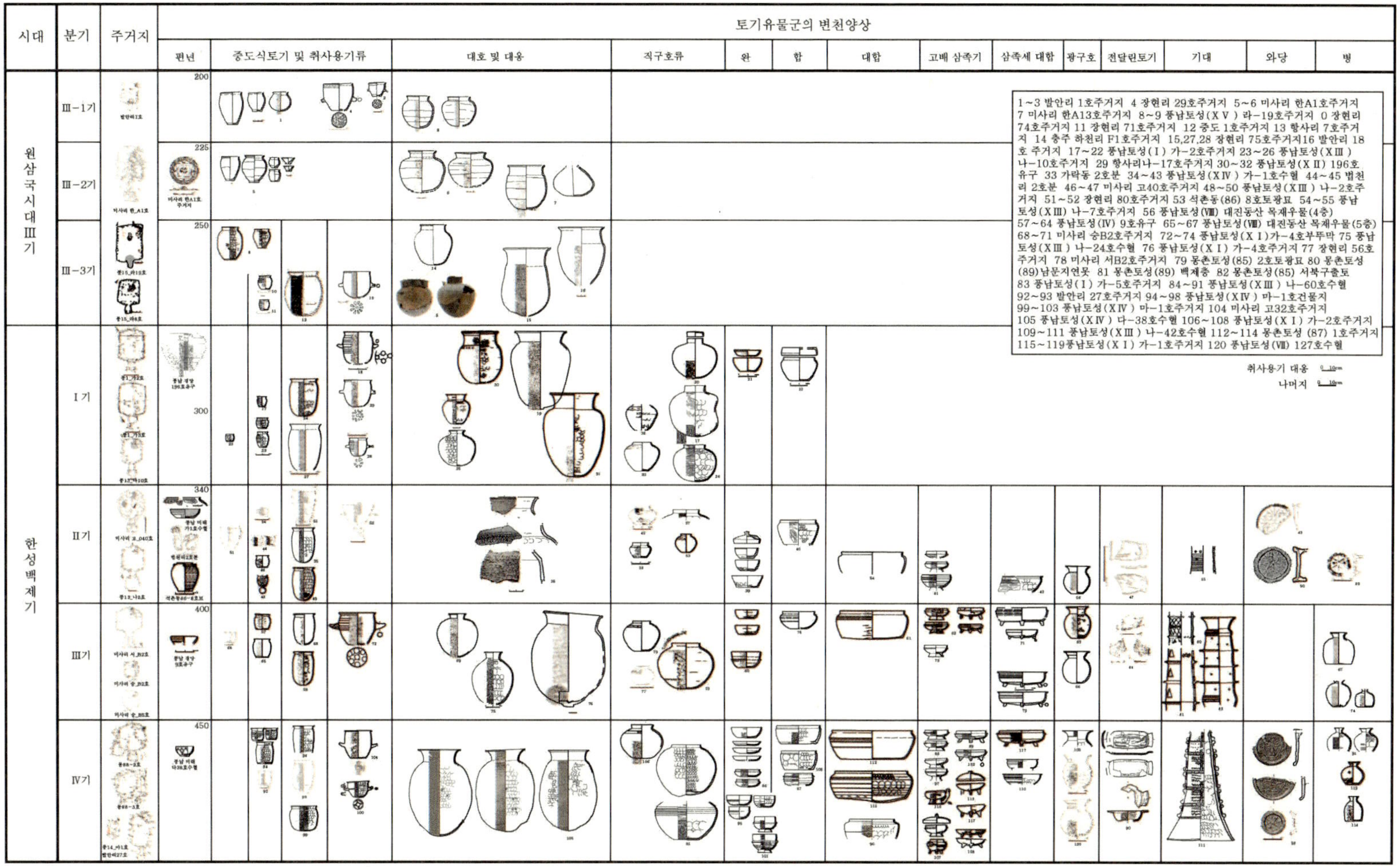

〈도면 3〉 원삼국~한성백제기 토기 편년안(한지선 2013)

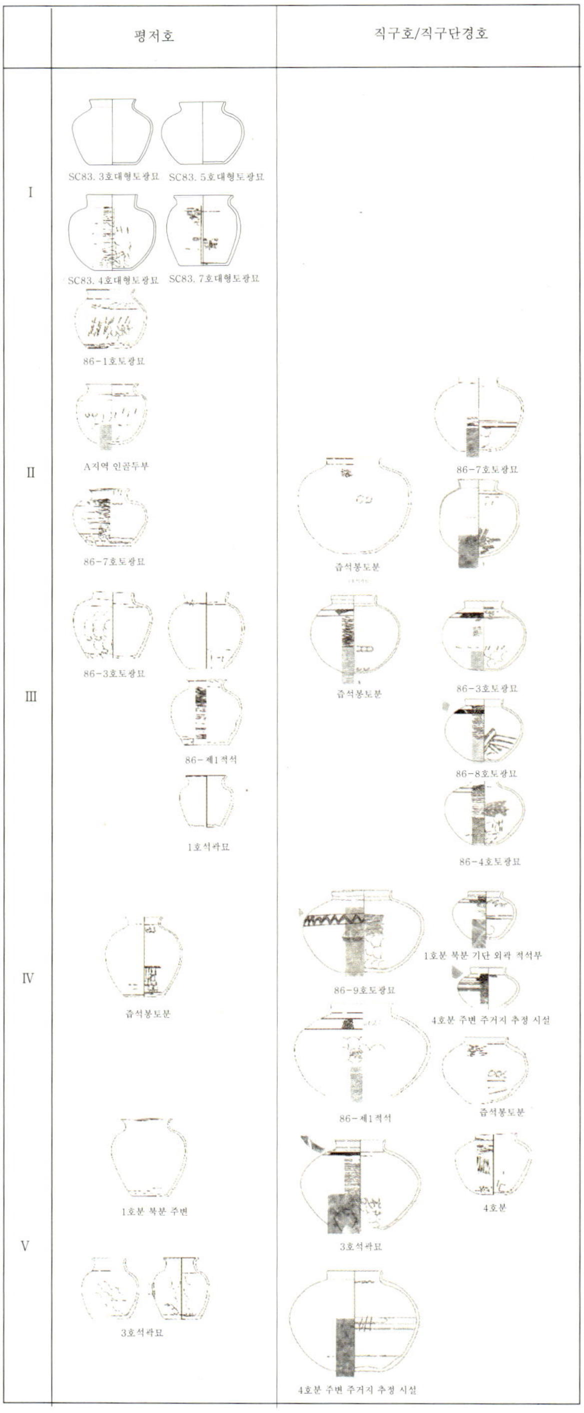

〈도면 4〉 석촌동 중요기종 분기안

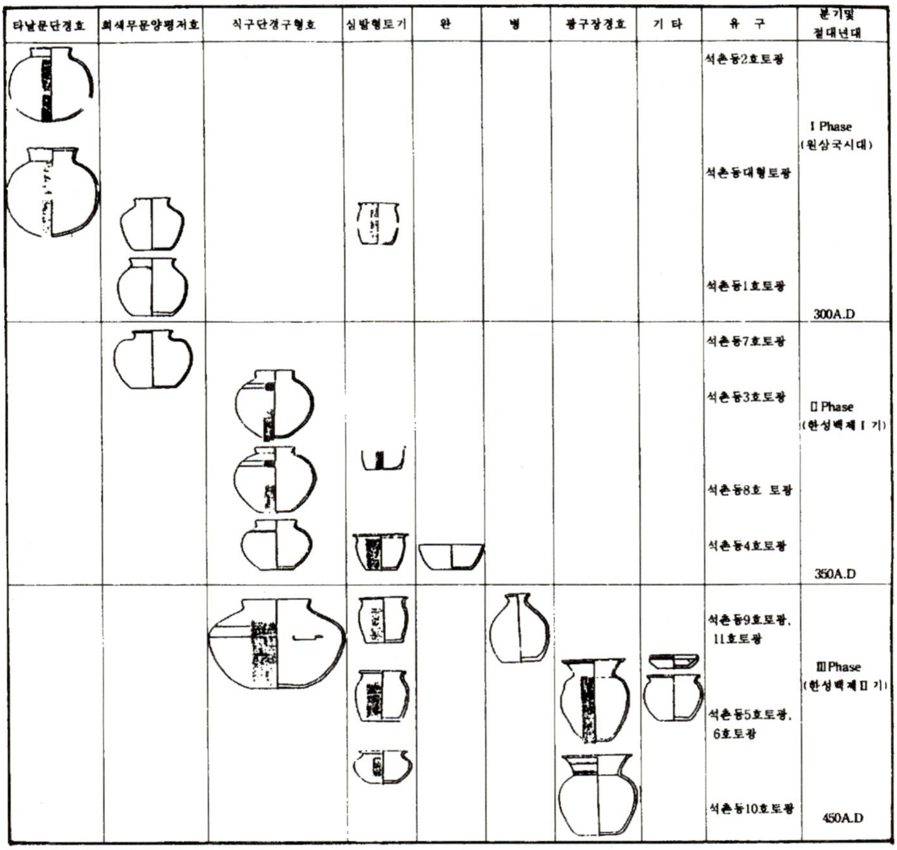

〈도면 5〉 석촌동 3호분 동쪽 고분군 부장토기의 변천(박순발 1999)

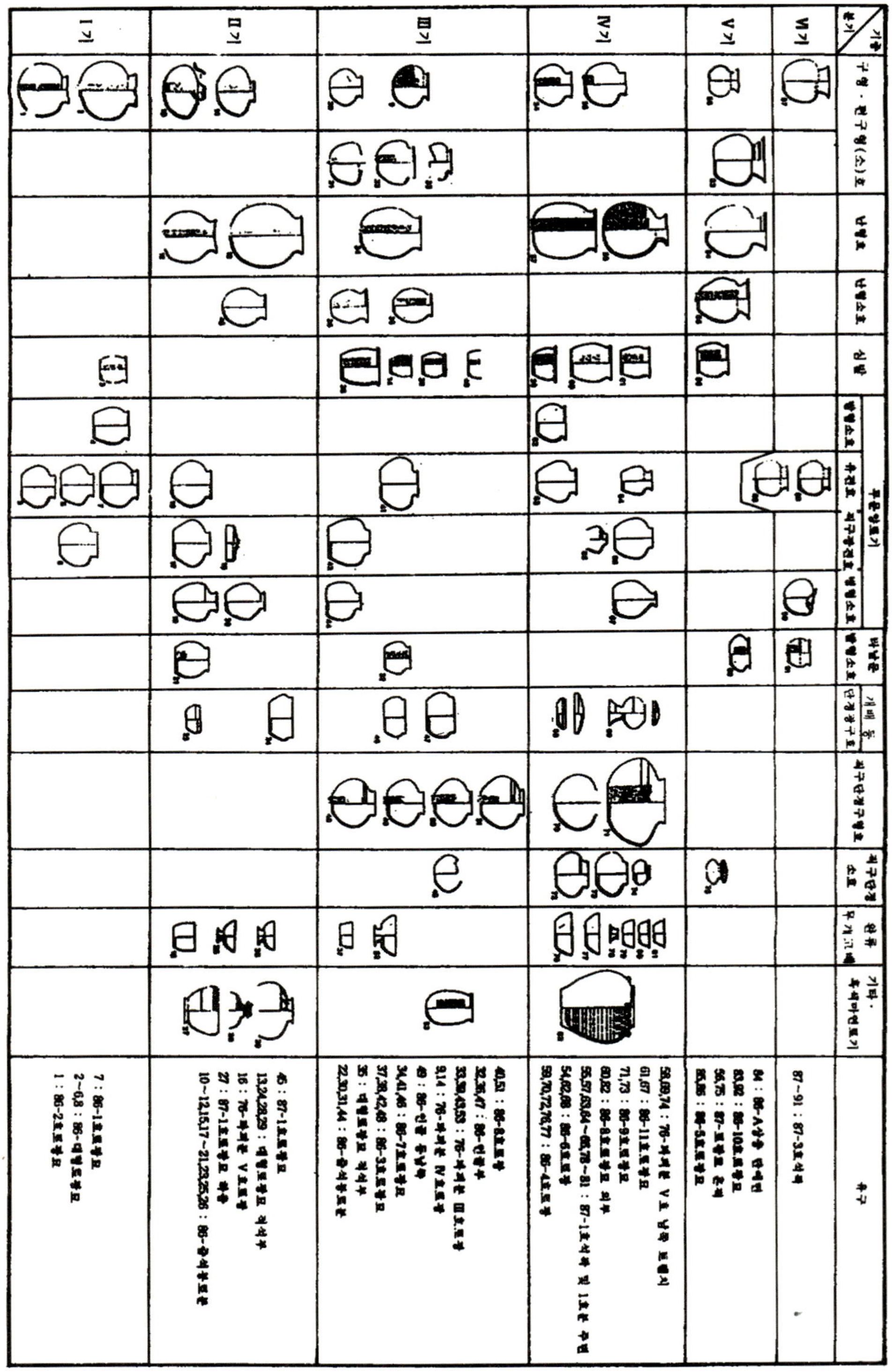

〈도면 6〉 석촌동고분군 토기류의 변천과 무덤의 편년(축척 부동)

<참고문헌>

金成男, 2000,『中部地方 3~4世紀 古墳群 一研究』, 서울大學校 大學院 碩士學位論文.

______, 2001,「中部地方 3~4世紀 古墳群 細部編年」,『百濟硏究』33, 忠南大學校 百濟硏究所

朴淳發, 1999,「漢城百濟의 對外關係-國家 成立期 對外交涉의 實狀과 意義-」,『百濟硏究』30, 忠南大學校 百濟硏究所

______, 2007,「墓制의 變遷으로 본 漢城期 百濟의 地方 編制 過程」,『한국고대사연구』48, 한국고대사학회.

______, 2013,「백제, 언제 세웠나_고고학적 측면」,『백제, 누가 언제 세웠나』 백제학연구총서 쟁점 백제사1, 한성백제박물관

임영진, 2005,「백제 한성기 묘제의 다양성과 그 의미」,『고고학』4-1, 중부고고학회.

______, 2013,「백제, 누가 세웠나_고고학적 측면」,『백제, 누가 언제 세웠나』 백제학연구총서 쟁점 백제사1, 한성백제박물관

한지선, 2013,「漢城百濟期 聚落과 土器遺物群의 變遷樣相」,『中央考古硏究』12, (財)中央文化財硏究院.

서울대학교박물관, 2013,『석촌동고분군 Ⅰ』.

서울대학교박물관, 2014,『석촌동고분군 Ⅱ』.

서울대학교박물관, 2015,『석촌동고분군 Ⅲ』.

토론자료 7

서울 강남의 삼국시대 고분과 성격

최 병 현 숭실대학교

서울 강남의 삼국시대 고분과 성격

1. 한반도 남부지방에서 대형분(묘)의 출현

중국 동북지방과 한반도에서는 기원전 2~1세기에 한국 삼국시대로 이어지는 고분이 출현하여, 지역별로 크게 분구묘 계열의 저분구묘와 봉토묘 계열의 저봉토묘가 축조되었다. 이 저분구묘와 저봉토묘의 축조는 원삼국시대를 지나 삼국시대까지도 이어진다.

그런데 3세기 중엽을 기점으로 한반도 남부지방의 고분문화에는 상당한 변화가 있어, 이 저분구・저봉토묘도 다시 전・후로 나누어 볼 수 있다. 3세기 전반기까지 서해안지방에서는 마한 성토분구묘가 주구묘 상태의 초저분구묘로, 중부내륙의 마한 토광묘(목곽묘)와 주구토광묘(목관・목곽묘)도 초저봉토묘 상태로 축조되었고, 진・변한의 목광묘와 목곽묘도 초저봉토묘 상태로 조영되었다. 그러나 3세기 중엽을 지나면서 서울 강남에서는 즙석분구묘, 영산강유역에서는 제형 성토분구묘가 출현하고, 경주와 김해를 비롯한 영남지방에서는 대형의 주부곽식 목곽묘가 축조된다.

3세기 중・후반에 출현하는 이 대형분(묘)들은 아직 고총이라 하기는 어렵지만, 분롱 또는 매장주체부가 월등히 대형화하여 이전 시기와는 분명히 차이가 있는 고분들이다. 이는 이 시기의 사회변동과 관련이 있을 것이다.

한성 백제의 중심부인 서울 강남에서는 즙석분구묘가 축조되기 시작하였다. 서울 강남의 즙석분구묘는 석촌동 파괴분 발굴 설명에서 "본래의 평지 위에 약간 높은 점토대지를 판축한 다음 그 위에 여러 개의 토광묘를 만든 다음 ……"이라 한 것처럼 매장주체부의 위치가 지상이고 분구가 확장되면서 매장주체부가 추가되어 다장화한 점 등으로 보아 분구묘 계통으로 판단된다. 그러나 이들은 주구의 존재가 분명하지 않고 중심부를 제외한 분구 표면에 즙석층이 있는 등 서해안 지방의 성토분구묘와는 일정한 차이가 있으며, 서울 강남지역 이외 유사한 예로는 천안 두정동에서 조사된 바 있을 뿐이다.

발굴조사가 이루어진 고분들의 분구형태는 말각방대형 또는 타원형으로 그 규모를 살펴보면 가락동 1호분은 직경 14m, 높이 1.9m, 2호분은 직경 12~15m, 높이 2.2m, 타원형인 석촌동 파괴분은 장경 38m, 높이 2m였다. 이와 같이 이 고분들은 한성 백제의 중심부에서 처음으로 지상에 위용을 드러낸 것이고 한성양식 백제토기를 부장하고 있어 백제국가 성립의 고고학적 지표 가운데 하나로 간주되고 있다.

영산강유역에서도 3세기 후반 이후 제형분 단계가 되면 분구묘의 규모가 이전보다 확대되었다. 특히 만가촌고분 등 매장주체부로 목관과 옹관이 같이 쓰인 장제형고분이나 다수의 옹관이 쓰인 5세기 중엽까지의 장제형 옹관고분 가운데에는 분구의 높이가 2m에 가까운 것도 있어 분구의 존재가 분명하게 드러나고 있다. 그러나 아직 이들을 고총으로 인정하기는 어렵고 본격적인 고총은 다음 단계에 가서 출현한다.

봉토묘 가운데에서도 경주지역에서는 대형의 이혈주부곽식 목곽묘와 신라식 동혈 세장방형 목곽묘가, 부산과 김해지역에서는 이혈 주부곽식 목곽묘가 출현한다. 이들은 이전의 목곽묘에 비하여 매장주체부가 월등히 대형화 한 것이다. 봉토의 규모도 앞시기 목곽묘보다는 확대되었을 것이다. 특히 경주지역의 주부곽식 목곽묘는 묘광이 얕아 목곽을 밀봉한 봉토는 필수적으로 지상에 어느 정도 높이의 봉토가 축조되었을 것이다.

그러나 이들도 발굴 당시 지상에 봉토가 남아있는 예들은 없어 아직 고총으로까지 발전한 것은 아니었다. 1986년 동래 복천동고분군에서 조사된 최대형급 주부곽식 목곽묘인 31·32호분의 경우 묘광 내부로 함몰된 봉토로 복원해 보았을 때 원래의 봉토 높이는 약 2.4m 정도였을 것으로 추측하고 있다. 동래 복천동 고분군에서 넓은 간격 없이 대형 묘곽들이 열을 지어 분포하고 있는 상태로 보면

이 고분군에서 목곽묘들은 거의 주부곽 묘광을 덮는 정도의 범위로 높이 3m를 넘지 않는 봉토가 축조되어 있었던 것으로 판단된다. 이는 김해 대성동고분군 등 영남지방 목곽묘에서 공통된 현상이었을 것이다.

영남지방에서 목곽묘를 계승하여 출현한 수혈식석곽분들도 초기에는 아직 저봉토묘였다고 판단된다. 동래 복천동고분군에서 목곽묘 다음으로 축조된 21·22호분, 10·11호분 등 대형의 수혈식석곽분에서도 발굴 당시 봉토가 존재하지 않았는데, 이들도 원래는 대형 목곽묘와 같은 규모 정도의 봉토가 덮혀있었을 것으로 판단된다. 부산지역에서는 복천동고분군에 후속하는 연산동 고분군 단계에 와서 본격적인 고총이 출현한다.

2. 석촌동 · 가락동고분군의 즙석분구묘와 기단식적석총

한성기 백제의 중심지였던 서울 강남의 석촌동·가락동일대에는 즙석분구묘와 기단식적석총이 축조되었다. 지금은 극히 소수만 잔존하고 있지만, 일제강점기인 1916년에 편찬된『조선고적도보』3에는 즙석분구묘로 판단되는 갑총 23기, 적석총으로 판단되는 을총 67기가 표시되어 있다. 한편 국립중앙박물관에 남아있는 1917년 조사 석촌동·가락동고분군 분포도에는 280여기 이상의 고분이 표시되어 있다고 한다.

즙석분구묘는 서울 강남에서 토광묘(목관묘)에 이어 출현한 것으로 가락동 1, 2호분과 석촌동 파괴분 등이 발굴조사되었다. 방대형의 성토분구 표면에 냇돌로 즙석하였고 그 내부에는 목관과 옹관이 매장부체부로 안치되었다. 가락동 2호분의 경우는 각각의 매장주체부를 가진 4개의 소분구를 다시 전체 하나의 분구로 덮은 구조라고 한다. 매장주체부의 위치는 대체로 지면보다 높은 위치였던 것으로 판단된다.

이 고분들은 과거 토축묘, 즙석봉토분, 봉토토광묘, 목관봉토분 등으로 불려온 것으로 지상 매장주체부, 분구 확장과 다장 등으로 보아 성토분구묘라 판단되지만 뒤에서 살펴볼 서해안-영산강유역의 성토분구묘와는 분포지역이 다르고 주구의 존재도 확실하지 않으며 분구 축조방법도 동일한지 알 수 없다. 따라서 특징적인 분구 상면의 즙석에 유의하여 즙석분구묘로 차별화 해둘 필요가 있다. 이 즙석분구묘는 3세기 중 · 후반경부터 축조되기 시작하고, 부장품으로 한성백제 양식 토기가 출토되므로 그 출현은 백제국가 성립의 고고학적 지표로 간주되고 있으며 다음의 기단식 적석총이 축조되기 시작하는 4세기 중엽까지 존속한 것으로 판단되고 있다. 즙석분구묘의 기원에 대해서는 중국 강남의 토돈묘와 관련시키는 견해가 있으나 회의적인 시각이 많다. 한편 서울 강남 외에는 이와 유사한 분구묘가 천안 두정동에서 1기 조사되었는데, 표면에 즙석이 부가된 타원형의 분구 안에서 목관 2기, 옹관 4기 등 9기의 매장주체부가 발견되었다.

즙석분구묘에 이어 백제 한성기에 서울 강남지역에는 기단식 적석총이 축조되었다. 이 기단식 적석총은 깬돌로 외형을 방대형 계단식으로 축조한 것으로 석촌동 3호분은 내부를 모두 돌로 쌓았으며 3단 이상이었을 것으로 추정된다. 4호분은 3단으로 되어 있는데 계단부는 돌로 쌓았으나 내부는 점토로 채워져 있었다. 이외에 조사된 파괴분 가운데에도 내부를 돌로 쌓았다고 판단되는 것과 내부는 점토로 축조하고 표면만 돌로 쌓았다고 판단되는 것들이 있었다.

백제의 기단식 적석총은 문헌에서 백제의 건국집단이 고구려로부터 남하한 것으로 기록되어 있는 바와 같이 고구려 적석총에서 유래한 것이 분명하지만, 그 출현시기를 3세기대까지 올려보는 견해도 있으나 대체로 4세기 후반경으로 보고 있다. 백제 기단식 적석총은 처음에는 고구려 적석총과 같이 전체를 돌로 축조하였으나 뒤에 내부를 점토로 축조하는 변화가 생겨 이와 같은 적석총들이 한성기 말까지 축조되었다. 백제 기단식 적석총의 매장주체부는 정확히 발굴된 예가 없어 확실히 알 수 없으나 지금까지 조사된 예로 보아 고구려 적석총과 같이 지면보다 높은 위치에 있었던 것은 분명하고, 석촌동 4호분 내부에서 조사된 구조물로 보아 한성기 후기에는 횡혈식석실이 채용되었을 가능성이 있다.

3. 가락동 3호분과 그 의의

1975년 서울 잠실지구 유적조사 때 몽촌토성 남쪽의 구릉에서 조사되었다. 그러나 가락동 3호분의 위치는 몇 개의 소그룹을 이루고 있는 가락동·방이동고분군의 중심 분포지에서 남서쪽으로 외따로 떨어져 있어, 오히려 석촌동·가락동의 평지고분군 쪽에 훨씬 가깝다.

가락동 3호분은 입지도 얕은 구릉의 지맥 정상부에서 남쪽을 향한 경사면으로, 석실은 구릉 경사면에 묘광을 깊게 파고 설치되었으며, 우편재식 연도가 남쪽을 향한 평면 방형이다. 천장부는 대부분 파괴되었지만, 잔존 부분의 내경 곡선으로 보아 원래 궁륭천장이 축조되었을 것으로 판단된다.

석실 벽의 평면에는 소위 동장식胴張式의 흔적이 남아 있으며. 벽을 벽돌처럼 얇은 전상판석으로 쌓고 석회를 발라 미장하였다. 석실 바닥에는 남쪽 일부를 제외하고 납작한 깬돌을 깔았다. 이와 같이 가락동 3호분의 구조와 축조기법은 지금까지 조사된 백제 한성기의 횡혈식석실분과 공통된다.

그런데 석실 바닥에서는 신라토기 단각고배 2점과 뚜껑 4점, 병형토기 1점 및 다수의 토기편이 출토되었고, 이들은 필자의 신라 후기양식토기 상대편년 1c기 형식으로 6세기 후반 초로 편년된다. 또 석실 남벽 아래와 북벽 중앙부 아래에 각각 부식된 인골이 일부씩 남아 있었는데, 두개골은 각각의 인골에서 약간 편남하여 동쪽에 있었다. 석실분 피장자의 동침은 백제 한성기 석실분보다는 신라 후기고분의 두향과 공통된다.

다만 석실 내부 북벽 중앙부의 인골 가까이에서 1점, 석실 입구 교란층에서 출토된 4점의 관정은 방두정方頭釘으로 백제 한성기 석실분의 목관에 일반적으로 쓰인 것과 같다. 이상의 구조와 출토유물로 보아 가락동 3호분은 백제 한성기에 축조되어 목관을 사용한 매장이 이루어진 것이었으나, 신라가 이 지역에 진출한 뒤인 6세기 후반 초에도 다시 매장행위가 있었던 것으로 판단된다.

필자는 과거에 가락동 3호분을 포함한 서울 가락동·방이동고분군의 석실분 모두를 백제 한성기 고분이 아니라 6세기 후반 이후의 신라 후기고분으로 재해석한 바 있다. 그 때도 가락동 3호분의 구조와 축조기법만은 가락동 · 방이동고분군의 다른 석실분들과는 차이가 있고, 백제 석실분과 공통되는 특징을 갖고 있다는 사실을 지적하였지만, 가락동 3호분에서 백제 한성기의 매장행위를 증명하는 유물은 출토되지 않은 가운데, 인골의 배치도 신라 후기고분의 장법과 같고, 출토 유물도 신라 후기양식토기들 뿐이므로 이 고분을 신라고분으로 해석할 수 밖에 없었던 것이다. 그러나 그 후 가락동 3호분에서 출토된 관정棺釘이 백제 한성기 횡혈식석실분의 특징적인 방두정方頭釘이란 연구결과가 발표되었다. 이에 필자는 가락동 3호분이 백제 한성기 횡혈식석실분이라는 사실을 인정하고, 지금까지 가락동 · 방이동고분군으로 일괄하여 취급된 고분들 가운데 가락동 3호분은 그 외의 다른 가락동 · 방이동 석실분과는 분리해서 보아야 한다고 판단하게 되었다.

그런데 이제 가락동 3호분이 백제 한성기의 횡혈식석실분으로 확인되는 의미는 단순히 백제 한성기 횡혈식석실분의 수를 하나 더 추가하는 것에 그치지 않는다. 앞에서도 언급한 바와 같이 가락동 3호분의 위치는 그 북서쪽의 함께 발굴된 석실분들과는 거리를 두고 떨어져 있고, 오히려 백제 한성기의 수도 중심고분군인 평지의 석촌동 · 가락동고분군에 훨씬 더 근접하여 있다. 따라서 백제 한성기에 축조된 횡혈식석실분으로 밝혀진 가락동 3호분은 구릉쪽이 아니라 평지쪽 석촌동 · 가락동고분군의 일원으로 포함해야 옳다.

이렇게 보면 가락동 3호분은 백제 한성기의 수도 중심고분군에 축조된 석실봉토분으로서, 횡혈식의 석실봉토분이 백제 한성기에는 도성 외곽지역에서만이 아니라 수도 중심고분군에서도 축조되고 있었음을 말해주는 것이 된다. 또 지금까지 계단식 적석총인 석촌동 4호분에서 조사된 내부 구조가 중앙연도식 방형석실인지 아닌지를 두고 논란되어 왔으나, 이제 이를 굳이 부정할 이유도 없어진다. 백제 한성기의 수도 중심고분군에 축조된 횡혈식석실분인 가락동 3호분은 석촌동 4호분이 중앙연도식 방형석실을 내부 주체로 한 석실적석총이었음을 증명하는 근거가 되기도 한다. 그렇다면 석촌동·가락동고분군에는 토광묘(목관묘), 즙석분구묘에 이어 계단식적석총이 축조되었고, 또 이 고분군에 석실봉토분이 도입되면서 계단식적석총은 석실적석총으로 발전하여 함께 축조되는 묘제의 변화를 겪었다고 할 수 있다.

한편, 석촌동 3호분 동쪽에서는 6세기 중기의 신라 횡구식석곽분이 조사된 바 있고, 또 최근의 자료정리에서는 석촌동 3호분의 동쪽에 고구려 토기로 이루어진 옹관묘들이 분포되어 있었던 것으로 밝혀졌다. 이와 같이 석촌동·가락동고분군은 원래 백제 한성기 수도의 중심고분군으로 오랜 시기에 걸쳐 백제의 성장과정을 보여주는 여러 묘제의 백제고분들이 축조되었지만, 서기 475년 고구려군의 한성 점령으로 백제가 남천한 이후에는 고구려 옹관묘와, 신라 석곽분도 조성되는 변천과정을 겪은 것이다.

4. 가락동 · 방이동고분군의 성격

1975~1976년 서울 강남의 잠실지구 유적조사 시 가락동과 방이동에 걸쳐 뻗어있는 구릉에서 발굴된 고분들이다. 고분들은 몇 개의 소그룹으로 나뉘어 있지만, 앞에서 언급한 가락동 3호분을 제외하고는, 성격상 전체가 하나의 고분군이었을 것으로 판단된다.

그 중 가장 서쪽으로 행정구역상 가락동에 속한 구릉 줄기의 정상부에서 가락동 4·5·6호분이 조사되었는데, 3기의 고분 구조는 각기 달랐다. 먼저 가락동 5호분은 석실의 평면이 장방형으로 연도를 남벽의 중앙에 두었다. 4벽은 비교적 크기가 일정한 장방형 할석들 틈에 잔돌을 끼워 정연하게 쌓았고, 석실의 우절각은 비교적 뚜렷하고, 벽의 접합부 상하도 직선에 가까웠다. 석실 상부에는 최종적으로 석실 쪽에 3매, 연도 쪽에 1매의 판석을 덮었는데, 발굴 당시 석실 안에서 촬영된 사진으로 보아 삼각고임식 천장이었음이 분명하다.

석실 안에서는 약간의 토기편, 금동환, 철도가 출토되었고, 석실 바닥의 잔자갈층과 연도 폐쇄석 사이에서 기와편들이 출토되었는데, 이 기와편들은 내면에 찍힌 모골의 폭이 좁고, 외면의 승문도 종방향으로 깊게 찍힌 것으로 서울 강북의 고구려 보루유적들에서 출토되는 것과 같은 고구려 기와편들이라고 한다. 그러므로 이 가락동 5호분은 이 지역이 고구려 지배하에 있을 때 축조된 고구려 횡혈식석실분이라고 판단된다.

가락동 5호분과 인접하여 조사된 가락동 4호분과 6호분은 그 구조와 축조기법이 판이하게 달라, 4호분은 평면 방형의 석실에서 좌편재한 연도가 석실의 모서리에서 사각으로 뻗은 특이한 구조이고, 6호분은 우편재연도식 평면 방형 석실인데, 벽석 등 석실의 축조기법이 신라식이고, 시상도 북벽에 붙여 동-서 방향으로 설치된 신라식이었다.

한편 방이동 쪽 구릉에서는 좌편재연도식 평면 장방형 석실의 1호분, 중앙연도식 평면 방형 석실의 4호분, 중앙연도식 평면 장방형 석실의 6호분과 함께 5호석곽묘가 발굴되었는데, 석실은 천장의 정상부 판석이 넓게 드러난 모습, 부정형의 할석이나 대형의 괴석으로 축조한 모습으로 보아 모두 신라식이고, 또 모든 고분에서 신라 후기양식토기가 출토되었다.

그러므로 방이동의 이 고분들은 구조와 축조기법으로 보아도, 출토유물로 보아도 6세기 중기 이후 축조된 신라 후기고분들임이 명백하다. 그리고 고분의 구성 또한 평면 장방형과 방형의 횡혈식석실분과 석곽묘로 이루어져, 충주 단월동 고분군과 공통된다. 다만 출토된 신라 후기양식토기들은 모두 6세기 후반을 넘지 않은 이른 시기의 형식들이어서, 가락동 · 방이동 고분군의 신라 후기고분들은 비교적 짧은 기간에 조성된 것이라 판단된다.

이상과 같은 고분 구성으로 보아, 백제 한성기 횡혈식석실분인 가락동 3호분을 제외한 가락동 · 방이동고분군은 이 지역의 고구려 지배기에 횡혈식석실분이 축조되기 시작하여, 지배국가가 신라로 교체된 뒤에도 고분들이 연속 조영되어 형성된 고분군이라 판단된다.

참고문헌

최병현, 2011,「한국 고분문화의 양상과 전개」,『동아시아의 고분문화』, 중앙문화재연구원 편, 서경문화사.

최병현, 2011,「중부지방 고분문화의 전개」,『중부지방 고고학의 시 · 공간적 정체성(II)」(2011년 중부고고학회 정기학술대회), 중부고고학회.

최병현, 2015,「중부지방 백제한성기 축조 · 신라 재사용 석실분과 고구려 · 신라 연속조영 고분군」,『고고학』14-2, 중부고고학회.

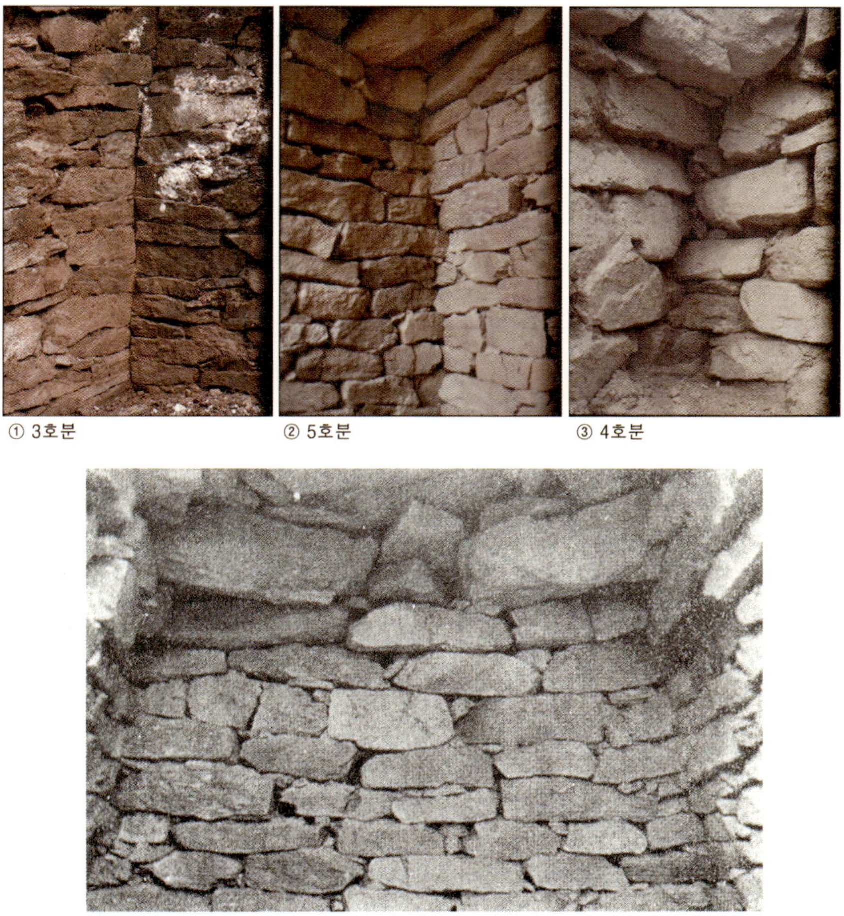

① 3호분 ② 5호분 ③ 4호분 ④ 5호분

도 1. 서울 가락동 석실분의 축조기법(小田富士雄 1980 재편집)

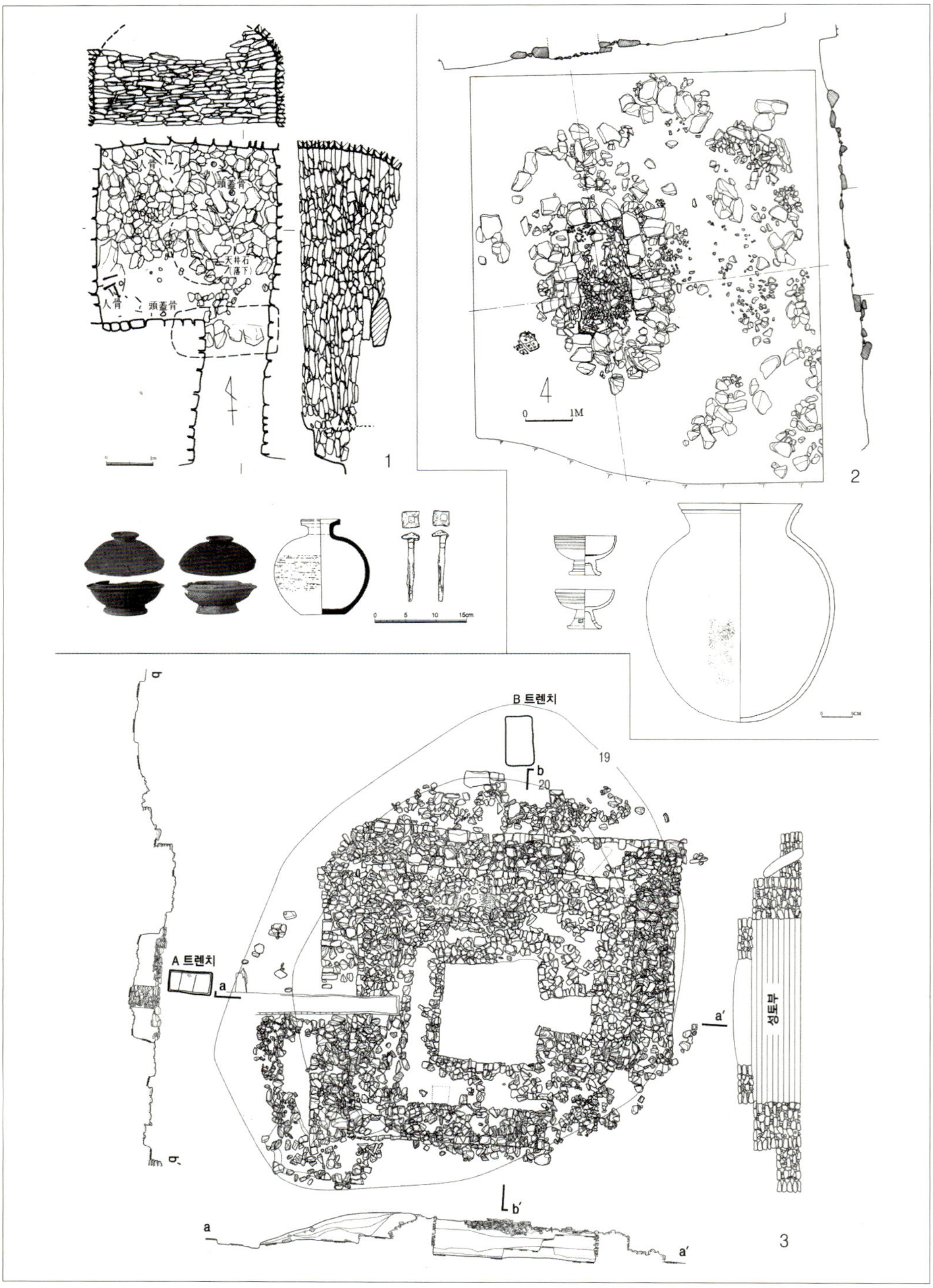

도 2. 서울 가락동 3호분(1)과 석촌동 고분(2. 3호분 동쪽 석곽묘, 3. 4호분)

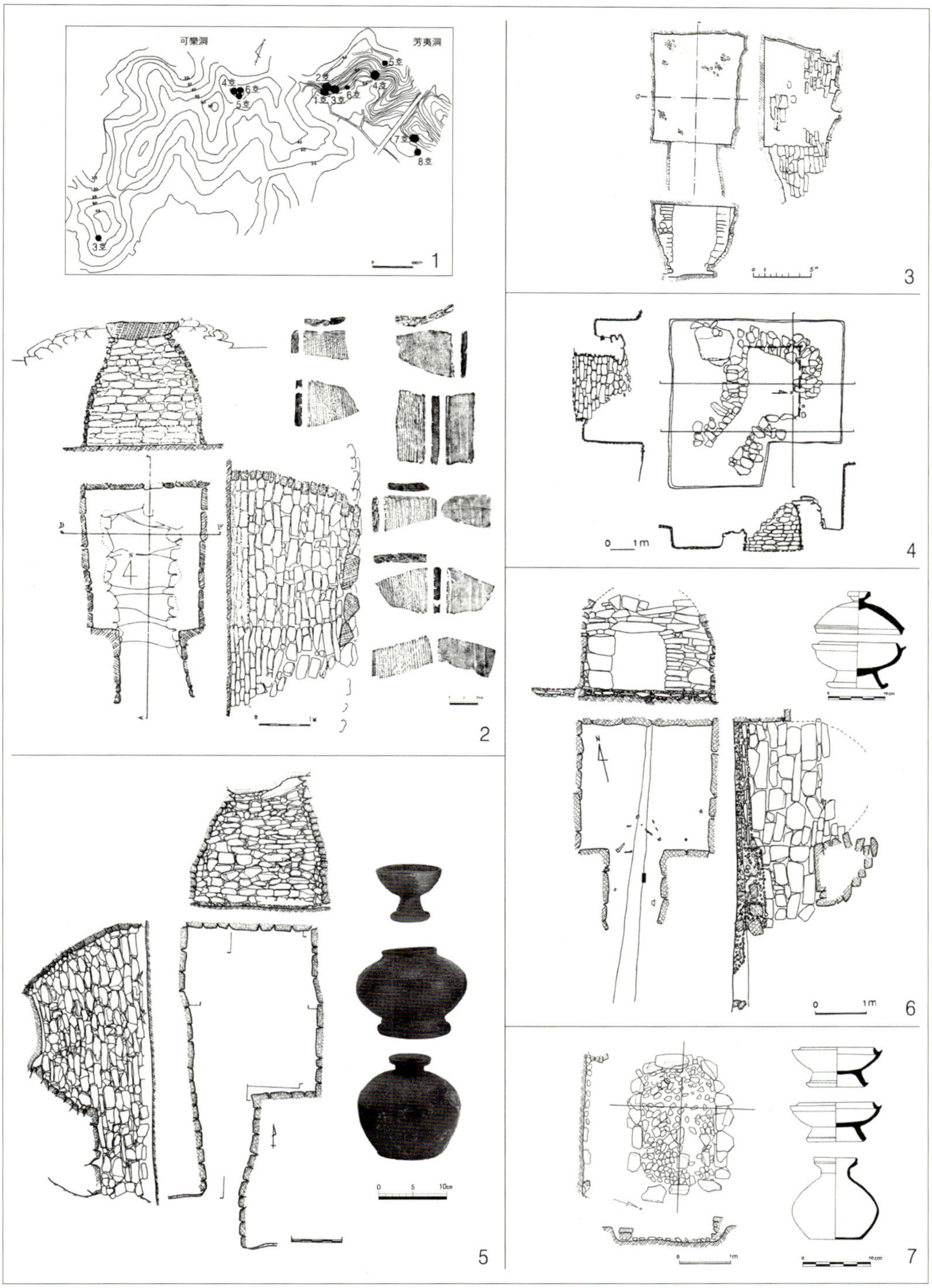

도 3. 서울 가락동 · 방이동 고분군
(1. 유구 분포도, 2. 가락동 5호분, 3. 가락동 구2호분, 4. 가락동 4호분, 5. 방이동 1호분, 6. 방이동 4호분, 7. 방이동 5호분)

집중토론 1부

석촌동 1·2·3호분

- 좌 장 : 임영진(전남대학교)
- 토 론 : 이인숙(한성백제박물관) 이선복(서울대학교)
  이희준(경북대학교) 최병현(숭실대학교)
  박순발(충남대학교) 김무중(중원문화재연구원)
  한지선(국립중원문화재연구소)
  조가영(서울대학교) 정치영(한성백제박물관)

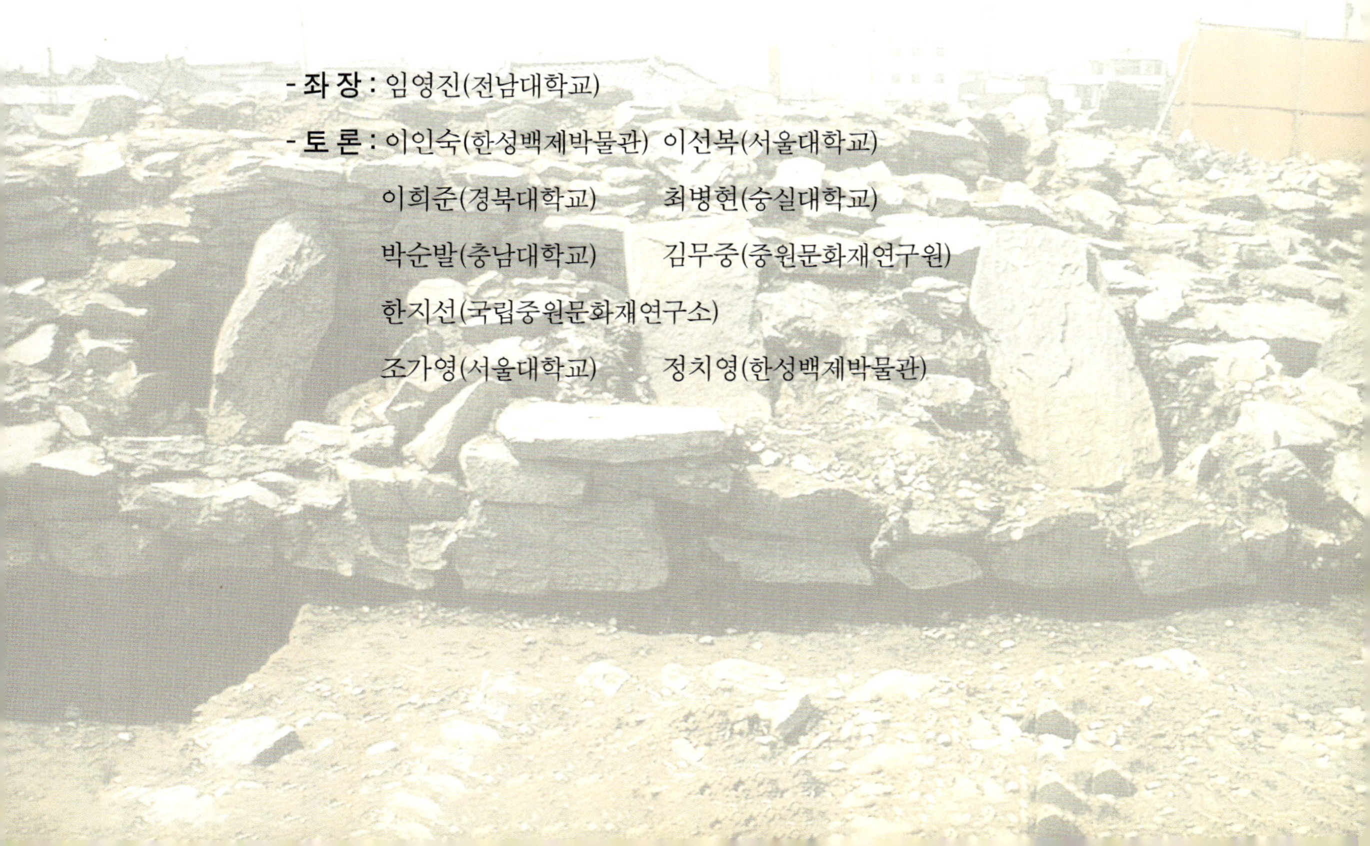

○ 조영훈(한성백제박물관)

휴식 시간이 다 돼서요 다음 진행을 하도록 하겠습니다. 잠깐 안내 말씀 드리겠습니다. 지금 늦게 서울대학교 이선복 교수님께서 오셨는데, 일정이 또 있으셔서 토론보다도 먼저 준비하신 자료를 발표하시고 자리를 비운다고 하십니다. 그래서 먼저 이선복 교수님의 말씀을 듣고 토론을 시작하는 것으로 하겠습니다.

○ 이선복(서울대학교)

죄송합니다. 제가 늦게 와가지고 학교에 또 바로 일이 있어서 들어가야 하기 때문에. 잘 아시다시피 저는 백제 고고학 전공도 아니고 구석기를 하는 사람인데, 다만 지금 서울대학교박물관 관장 일을 맡고 있어서 예전부터 석촌동이나 잠실지구 일대에 대해서 자료 정리를 하는 게 고고학 하는 사람으로서의 책임이라고 생각해서 제가 관장으로 있을 동안에, 여기 조가영 양이 있지만 여러 젊은 사람들 힘으로 자료 정리를 해서 최근에 발굴 보고서를 냈습니다. 그래서 그런 과정에서 자료 정리를 좀 한 셈인데요.

이 토론회의 의뢰를 받고 난 다음에 급히 새로운 자료를 찾아봤습니다만, '70년대 자료가 보존된 게 거의 없는 것 같습니다. 지금 원판 사진이라든지 이런 것도 제대로 남아 있지 않고, 여러분들 잘 아시겠습니다만 '69년에 고려대학교박물관이 가락동 1, 2호분 발굴한 보고서가 아주 간략하게 나온 게 있고, 또 문화재관리국에서 석촌동에서 간단한 시굴 비슷하게 조사한 것들이 있고, '71년도에 잠실지구 백제 고분 조사가 시작되며 행정 보고 같은 게 이루어지고 했지만, 그런 조사에서 나온 내용에 대해서 저희가 정확하게 복원할 수 있는 자료가 마땅치가 않고, 사실은 '74년도 9월 달에 석촌동 3, 4호분을 대상으로 한 조사부터 조금씩 자료가 남아 있는 셈입니다.

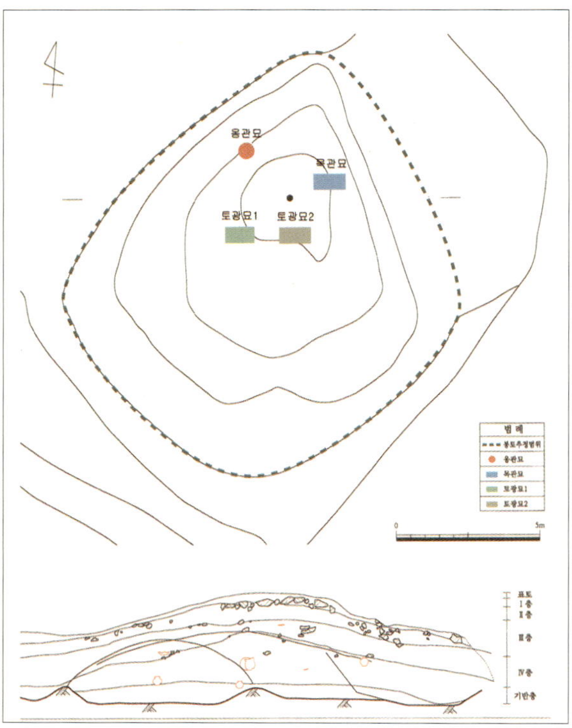

가락동 2호분 유구배치 복원평면도와 토층도(가락동 2호분 보고서)

거기에 대한 여러 가지 내용들은 널리 알려져 있으니까 자세히 말씀은 안 드리겠는데, 제가 혹시 저희 박물관에서 보관된 것 중에 재미있는 자료가 없나 찾아봤더니 몇 가지 행정서류 자료가 있어서 그것을 조금 들여다봤습니다. 그런데 지금 저희 박물관에서 석촌동 보고서를 낸 다음, 지금 '70년대 서울대학교가 실시한 중요한 발굴 의 하나인 여주 흔암리 발굴 재보고를 준비하는 중인데, 빠르면 2-3주 뒤에 인쇄가 끝날 것 같은데, 여담입니다만 흔암리 경우에도 흔암리 유형의 실체 여부라든지 요즘 말이 많은데, 흔암리에 대한 그런 여러 얘기가 얼마나 부실한 근거에 의해서 이루어지고 있는지 보고서가 나오면 꼭 좀 봐 주시면 합니다. 그 동안의 많은 논의들이 완전히 사상누각이었구나 하는 것을 실감하실 수 있는 내용이 상당히 들어가 있습니다. 원 보고서를 보지 않은 채 "누가 이런 말을 했다더라"만 계속 인용을 해서 소설이 소설을 낳는 그런 일들이 없었으면 좋겠습니다.

지금 여기 기안용지 몇 장을 갖고 온 이유도 바로 그런 심정에서인데요. 흔암리나 혹은 경주 황오리 1호분 같은 경우도 그렇고 관련 자료가 참 없습니다. 그렇게 자료가 없는 이유 중의 하나가 당시 너, 나를 막론하고 당시 국립박물관이나 문화재관리국도 다 그렇지만, 사람이 없으니 어떤 한 사람이 모든 것을 다 맡아 일을 할 수밖에 없었는데, 그분이 자료를 안 남겨 놓거나 혹은 그분이 중간에 하다가 그만두게 되면 이게 완전히 허공에 뜬 얘기가 될 수밖에 없었습니다.

서울대학교 경우에는 '70년 무렵부터 몇 년 동안 우리 이인숙 관장님보다 1년 선배인 곽승훈 선생이란 분이 몇 년 동안 박물관의 실무를 맡았었는데, 그 분이 '75년 이후 이쪽에서 완전히 손을 떼서 전혀 연락이 안되고 생사 여부도 모르고 있는 상황입니다. 그렇게 되니까 흔암리 같은 경우는 흔암리 1차와 2차 발굴에 대해서 지금 전혀 아무런 것을, 심지어 발굴 지점의 위치도 지금 정확히 모르고 있고요. 좀 미안한 말씀입니다만 흔암리로 유명해지신 이백규 선생 같은 분도 실제로는 유적 발굴 현장을 구경도 못해 봤습니다. 석촌동 같은 경우도 실무를 맡은 곽승훈 선생이 이런 기안용지 몇 장에 나온 정도의 내용밖에는 남겨 놓은 기록이 없으니까 정확히 누가 언제 무엇을 어떻게 했는지, 또 고려대나 숭실대가 같이 조사를 했다고 하지만 어떤 일을 어떻게 했고 그 결과가 어떤 건지 전혀 알 수가 없습니다. 그러니까 조사 초창기에 대한 많은 일들에 대해서는 말하자면 상당한 정도의 추측과 여러 가지 짐작으로 얘기를 하게 됩니다.

아무튼 관련 자료를 몇 개 뽑아봤는데요, 요점은 그렇습니다. 실제로 외형적으로는 초기 조사를 서울대, 고려대, 숭실대학교 세 대학이 했다고 하지만, 제 생각에는 당시 사정상 문화재관리국의 협력을 얻어내거나 어떤 지원을 받기 위해서 이름만 넣은 게 아닌가. 그리고 조사지역이 방이동 일대라고 했지만 실제로 방이동 어느 곳에서 무엇을 했는지 파악할 수가 없습니다.

개토제

사정을 알 수 없지만, 개토제를 지내는 사진(왼쪽 아래 사진)이 있습니다만, 이 사진은 제가 '88년에 『고고학개론』 책에도 한 번 써먹은 사진인데 이 사진의 주인공이 누구인지 모르겠습니다. 그때 언뜻 듣기로는 이분이 윤세영 선생일 거라는 말씀을 어느 분에선가 들었다고 기억합니다만, 이게 방이동 고분 발굴 사진이고 그게 '70년대 초반이라고 하는 그런 얘기들을 했었는데, 다른 사진들과 비교해보면, 예를 들어 그 위에 있는 사진과 비교해보면 비슷한 모습의 향나무가 있고 하니까 아마 동일 고분의 반대쪽에서 개토제를 지내는 사진인 것 같습니다. 그렇다면 이건 석촌동 4호분이나 5호분 혹은 그 근처 어디가 아닌가 싶고. 심지어 4호분이나 5호분의 원 모습이 이런 게 아닌가 싶은 생각도 드는데, 잘 모르겠습니다.

하여튼 그런 상황인데요, 여기 자료로 가지고 온 서울대에 남아 있는 관련 공문이나 기안지를 볼 것 같으면, 아무튼 석촌동 발굴은 삼불 선생님께서 서울대가 관악산으로 이전하는 그 와중이라 정말 정신없을 때였는데, 잠실지구개발사업이 발표되며 석촌동 유적 보존문제가 떠오르니까 자체적으로 우리 힘으로라도 해야 되겠다 생각하셔서, 뭐 예전에 삼불 선생님 하신 말씀을 기억해보면 그런 뜻인데, 박물관 이사 비용을 털어서 발굴에 들어갔고, 그래서 중요한 결과가 나오니까 문화재관리국에다 경비 지원을 해달라는 그런 내용입니다.

그 내용은 고분의 구조가 집안의 고구려 적석총과 비슷한 모습이라고 하는 등등으로서, 모두 100만원 정도 예산을 받아냈는데, 요즘에는 이런 일이 없지만 아시다시피 옛날에는 예산을 받아내려면 여러 사람의 이름을 집어넣어서 많은 사람이 발굴에 참여한다는 식으로 해왔는데, 그래서 118쪽 아래 사진을 보면 단장 김원룡, 발굴단원 곽승훈, 여중철, 최몽룡으로 되어 있습니다만, 실제로는 김원룡 선생님이 단장이고 곽승훈 선생이 현장 총괄을 했고, 여중철 선생은 박물관에서 이사준비를 했고, 이랬던 것 같습니다. 최몽룡 선생은 한 번도 현장에 오지 않았고 나머지 분들은 어쩌다 한번 정도 들러보고 하는 식이었을 텐데, 그래서 한 3주 정도 발굴하고 난 다음 이제 우리가 잘 아는 3, 4호분에 대한 여러 가지 내용을 알게 됐던 거고요. 자료집 그다음 페이지에 있는 사진들이 국고보조금 100만원을 어떻게 썼는지 정산한 내용이 있고, 또 정산서를 제출한 다음 그 해 11월 25일자의 사적 가지정 신청서와 사적 가지정 공문입니다.

사적 가지정에 대한 자료로서 그 범위와 관련된 지적도등본이 저희에게 석 장이 있습니다. 석촌동 75번지와 그 옆에 붙어 있는 번지 2개의 지적

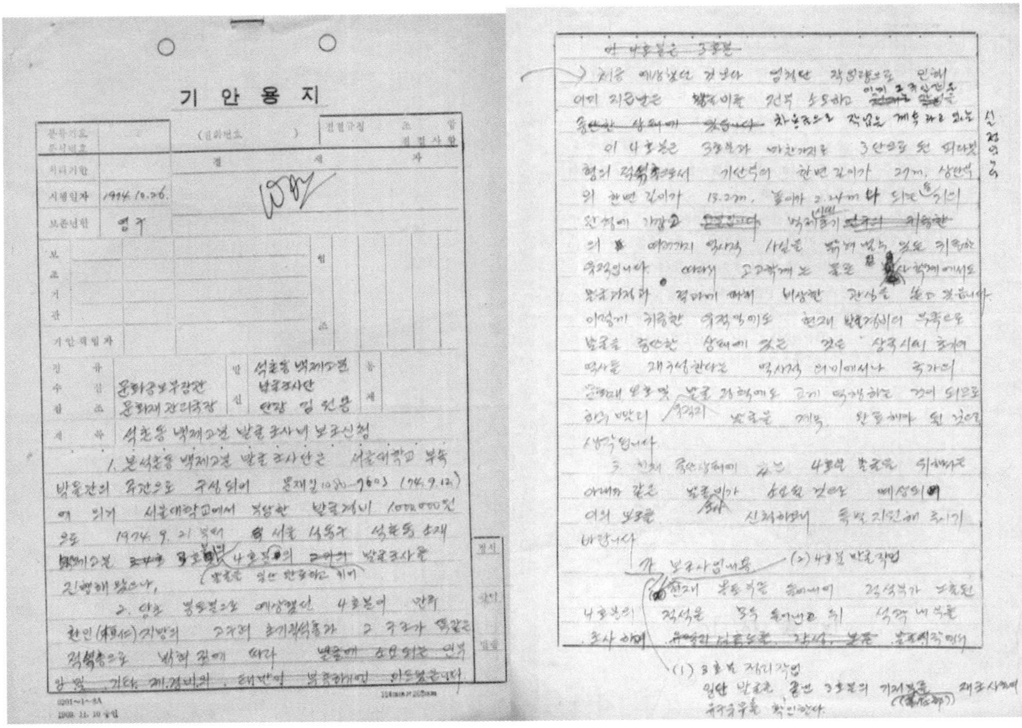

문화재관리국 예산지원요청 공문 기안지

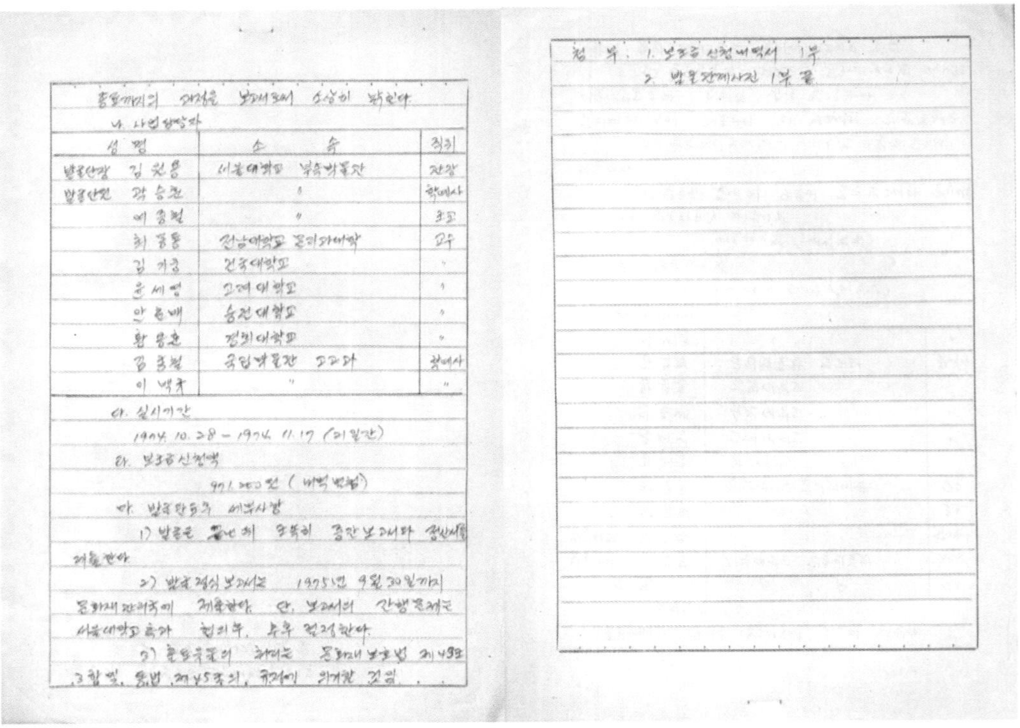

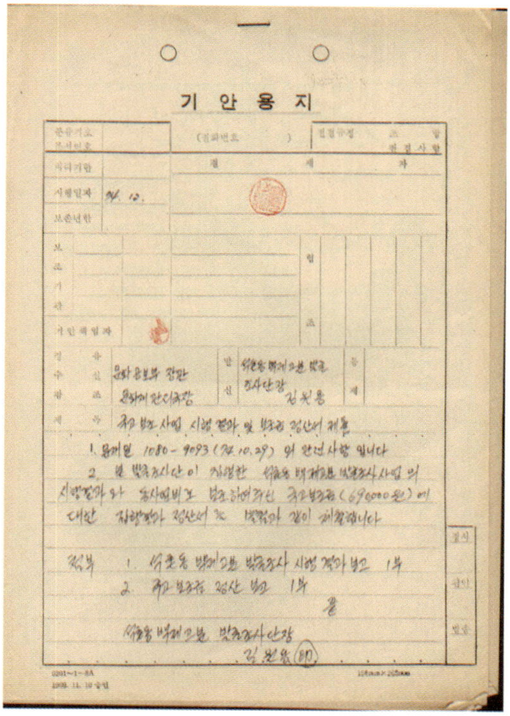

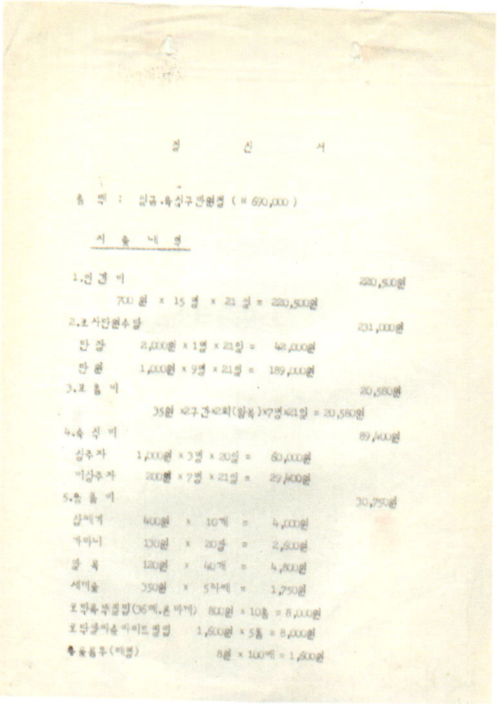

결과보고 공문, 예산 정산서 및 참가자 수당 일람표

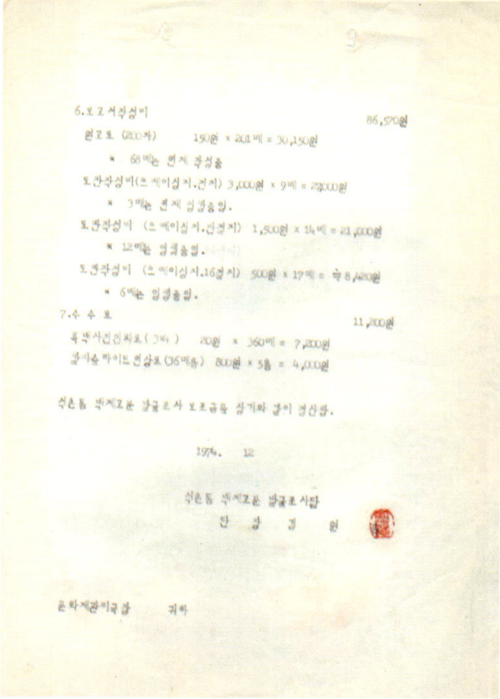

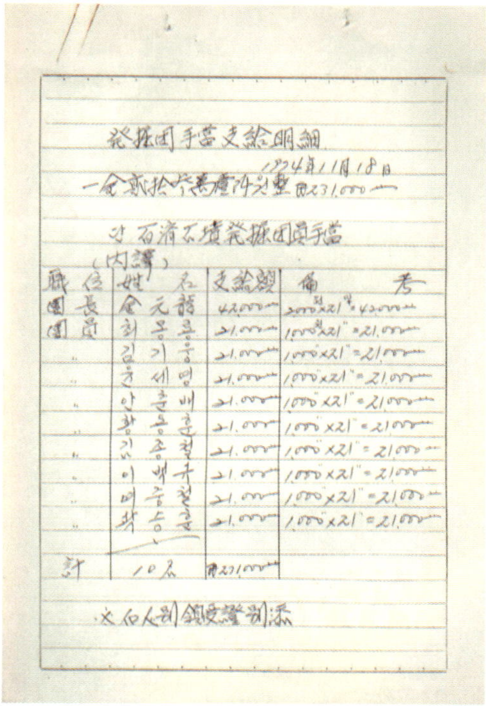

도가 있는데, 아마 당시에 사적 가지정은 1차로 3호분 일대만 했던 것 같습니다. 아마 면적이 넓고 하니까 그랬던 것 같고. 그런 정도가 저희가 파악할 수 있는 초창기의 발굴 모습입니다.

그러면 사진자료는 어떠냐? 사진자료는 '74년도에 어떤 일을 했는지 지금 전혀 찾을 수 없습니다. 확실히 '74년도의 광경을 보여주는 사진은

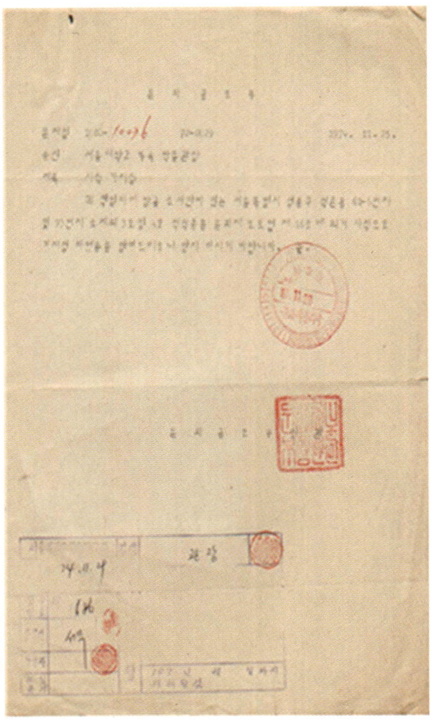
과장

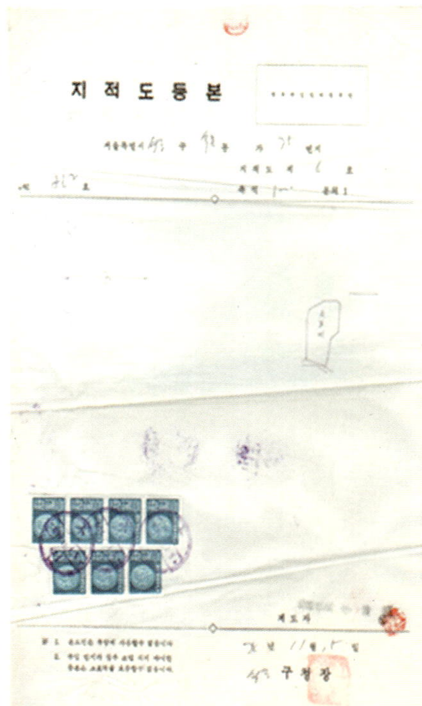
지 적 도 등 본

구청장

사적 가지정 신청 공문 및 첨부 지적도 일부

서울대에서 발간한 석촌동 발굴보고서에 나와 있는 몇 장 정도인데, 원본 관리가 되지 못했습니다. 지금 보시는 사진의 연도는 저희가 사진을 정리한 다음 연도를 확인할 수 있는 한 확인하고 앨범에 기재한 것으로서, 석촌동 일대의 전경을 볼 수 있는 몇 장을 갖고 왔습니다.

121쪽의 사진 네 장은 석촌동 자체에서 이루어진 발굴 조사라기보다 잠실지구개발사업이 이루어질 때 찍은 석촌동 주변 일대 사진인 것 같고,

대충 방향을 짐작해 보면 위의 왼쪽 사진에 보면 왼쪽 멀리 대모산 자락이 보이는 것 같습니다. 그러니까 대충 동쪽에서 서쪽 방향으로 찍은 사진으로 당시에 시굴 트렌치를 넣기 전의 모습이고. 위의 오른쪽 사진은 돌덩어리가 굴러다니는 모습을 볼 때 석촌동 유적으로 조금 더 가까이 와서 찍은 것 같고요.

그리고 오른쪽 아래 사진들은 76-파괴분 시굴 들어가서 찍은 여러 모습인데, 거의 같은 지점에서 조금 가까이 혹은 멀리 찍은 정도의 차이가 있는 것 같고, 멀리 보이는 산은 확실히 대모산인 것 같습니다. 그러니까 나무가 들어선 데 쪽이 지금 탄천 쪽이 아닐까, 지금 배명고등학교 있는 어디쯤이거나 배명고등학교에서 조금 더 아래쪽 아닐까 그런 생각이 드는데요, 지금 배명고등학교 위치는 사진 왼쪽으로 어디쯤일 것 같다는 짐작입니다.

76-파괴분

이 사진들 다음으로는 시간적으로 자료가 비는데요. 앞에서 말씀 드렸듯, 이 무덤을 중심으로 찍은 몇 장이 있는데, 이게 방이동고분이라는 얘기를 30년 전에 듣긴 했지만, 이게 방이동인지 석촌동인지 사실 확실하지 않습니다. 이 아래 사진을 보면 뒤에 큰 슬레이트 지붕으로 된 공장이나 창고 같은 건물이 보이는데 그때 방이동에 그런 게 있었는지 알 수 없고 다른 사진을 보면 석촌동 같은 생각이 드는데요, 또 116쪽의 개토제 사진에 나오는 분이 윤세영 선생님이라고 듣긴 했지만 사실 누구

인지 모르겠습니다. 윤 선생님으로 보기에는 조금 체격이 다른 것 같고, 아무튼 모르겠습니다. 확신할 수 없지만 곽승훈 선생이 아닌가 싶기도 하고요.

이 정도 사진을 제외하면 저희가 갖고 있는 나머지는 '80년대 사진들입니다. 여기에 대해서는 다들 잘 아시니까 굳이 말씀드릴 게 그리 없는데, 123쪽 사진에 멀리 보이는 아파트가 잠실 5단지이고, 4호분 세부를 보여주는 사진들입니다. 대충 동남에서 서북 방향으로 한강을 향해서 찍은 사진들입니다. 뒤로 3호분 모습이 보이고요.

123쪽 아래의 사진은 고분의 세부 사진입니다. 그때까지도 아직 2호분이 그 위에 그냥 나무들, 집 등 정리가 안 된 상태인데, 그리고 아래쪽이 유명한 절터입니다. 숭실대학이 아마 주로 이쪽을 했었죠. 그랬던 곳인데, 지금 위치를 대충 다들 아시니

까 현장에 가시면 미루어 짐작하실 수 있을 것 같습니다. 보시다시피 당시의 민가들은 다 고분에 쌓아놓은 돌 같은 것으로 담도 쌓고 건물도 짓고 이런 상황이고요.

그리고 '84년도 칼라사진은 이게 아마 권학수 선생이 찍은 사진인 것 같은데, '84년 4월 초 같습니다. 위 사진은 왼쪽부터 차례로 정영호 선생, 김원룡 선생, 윤무병 선생, 그다음에 등 돌린 분이 김기웅 선생이시고, 김기웅 선생 어깨너머로 머리만 살짝 보이는 게 저입니다. 그 오른쪽으로 한 사람 건너가 노중국 선생이고 나머지 분들은 아마 공사 실무자들인 것 같습니다. 그 다음 사진은 임효재 선생이 서울대 고고미술사학과

82학번 학생들을 야외고고학 수업에 데리고 왔을 때 김기웅 선생이 학생들에게 유적을 설명하는 광경입니다.

그리고 다음 사진들은 김기웅 선생 주도로 3호분 중심으로 일대가 1차로 정비되고 난 다음의 모습을 보여주는데, 아래 사진에서는 지금도 그대로 서 있는 교회탑이 보입니다. 지하차도와 이 탑을 기준으로 당시의 모습이 어떠리라는 건 짐작할 수 있을 것 같습니다.

제 차례를 마치겠습니다만, 저는 사실 제가 무슨 발표를 한다는 생각을 하고 이 자리에 참석한 것은 아니고, 단지 이런 자료 정도가 남아 있고 그만큼 아직 초창기 조사에 대한 내용이 정리가 안 된 바가 있음을 말씀드리고, 고대나 숭실대에 혹시 또 어떤 자료가 있는지, 아마 자료는 거의 없으리라 생각되지만, 아무튼 모든 자료를 체계적으로 정리해 석촌동 조사 초기의 모습을 잘 알 수 있으면 좋겠다는 생각을 말씀드리고자 했습니다. 저희도 몇 년 동안 자료를 찾아볼 만큼 찾아봤지만, 아마도 초창기의 여러 가지 궁금한 일들이 그대로 묻힌 채 넘어가지 않을는지, 안타까운 마음입니다. 아무튼 그래도 여기 조가영 양이 정말 큰 고생을 하며 많은 것을 밝혀냈기 때문에, 저희들은 조금이라도 책임을 다 했다고 생각하고 있습니다. 나머지는 전문 연구자분들께

서 해결해 주셔야 할 것 같습니다. 감사합니다.

(장내 박수)

(이선복 교수 퇴석)

○ 좌장 | 임영진(전남대학교)

안녕하십니까? 토론 진행을 맡게 된 임영진입니다. 정치영 선생의 발제에 이어 서울대 이선복 관장께서 박물관에 남아 있는 '70년대, '80년대의 귀한 자료들을 소개해 주셨습니다. 늘상 저희들은 학술적인 내용을 중심으로 논의를 벌여왔는데, 당시의 행정적인 문제를 몇 가지 자료를 통해서 잘 알 수 있게 해 주셨습니다. 당시 발굴 내용의 충분한 이해를 위해서는 여러 행정적인 사정이라고 할까, 분위기 같은 것도 감안할 필요가 있다는 점에서 말씀을 해 주신 게 아닌가 싶습니다.

오늘은 정말 귀한 자리가 마련이 된 것 같습니다. 앞서 이인숙 관장님께서 배경 설명을 해 주셨지만, 30년 만에 재개된 석촌동 발굴이 계기가 돼서 30여 년 전에 이루어진 종래의 발굴 현황을 점검해 보는 기회가 된 것 같습니다. 여기에는 '70년대, '80년대 발굴에 참여하셨던 분, 그리고 그 자료를 토대로 해서 여러 가지 좋은 글을 써 주신 분들이 대부분 망라돼서 모이셨는데, 개인적으로 꼭 좀 참여해서 좋은 말씀을 주시면 좋겠다고 생각되는 분들 가운데 사정이 안 되시는 분들이 계셔서 조금 아쉽습니다. 아무튼 당시로서는 다들 최선을 다해서 조사하고 보고를 했을 터인데 그동안 부족한 점이 있어서 논문으로, 그리고 토론으로 논란들이 이어져 왔습니다. 30년 만에 재개된 한성백제박물관의 석촌동 고분군 발굴은 여러분 다 잘 아시겠지만 너무나도 복잡한 구조들이 노출되고 있어서 기존 발굴이 그다지 도움이 되지 못한 것 같습니다. 그래서 이 새로운 발굴 자료를 향후 논란이 되지 않을 정도로, 완벽하게는 할 수 없겠지만 최대한 구조에 있어서나 성격에 있어서나 큰 착오 없이 해석하기 위해서는 과거의 발굴 내용을 한 번쯤 점검하는 게 대단히 필요한 것이고 오늘의 모임은 정말 시의적절한 것이 아닌가 싶습니다.

제가 토론 진행을 맡았습니다만 일반적인 학술회의가 아니기 때문에 진행을 어떻게 해야 할지 나름대로 고민이 좀 있었습니다. 그리고 오늘 참여하신 분들께서 보내주신 토론 요지문들을 아까 정치영 선생이 발표하실 때 처음 봤는데, 모두 논의가 필요한 중요한 이슈들이고 일부 겹치는 부분들도 있습니다. 그래서, 조금전 이선복 관장께서는 개인적인 사정도 있고 해서 먼저 발표를 하고 가셨는데, 다른 분들은 준비된 자료에 대한 개별 발표보다는 이슈를 중심으로 해서 같이 논의하는 게 더 효율적인 토론이 되지 않을까 싶습니다. 제가 마침 그동안 석촌동에서 조사된 자료들을 유구별로 스캔해 둔 것을 가지고 왔는데, 그 자료를 1호분에서부터 5호분의 순서로, 그 뒤에 석촌동 3호분 동쪽고분군 순서로 쭉 넘기면서 사진 하나하나에 대해 의견을 얘기하고, 논의를 하는 방식을 취하는 게 어떨까 싶습니다. 토론은 오늘과 내일로 예정이 되어 있지만 제한시간은 없습니다. 원 없이 하고 싶은 말씀 충분히 하시고, 아쉬움을 남기지 않도록 하시기 바랍니다. 30년 만에 갖게 된 이러한 자리가 다시 마련되려면 또 얼마나 기다려야 할지 모르겠습니다. 오늘, 내일 원 없이 해주시기 바라고, 오늘과 내일에도 충분히 다 할 수가 없다면 이인숙 관장님께서 다시 한 번 부족한 논의를 마저 할 수 있는 자리를 만들어 주시면 좋겠습니다. 아무튼 시간 구애받지 마시고 원하시는 말씀 원 없이 해주시기 바랍니다. 그러면 1호분부터 진행을 하도록 하겠습니다.

위 사진은 석촌동고분군 백제고분로 지하차도 공사와 관련해서 15,000여평을 백제고분공원으로 지정하기로 했고, 그에 따라 그 범위 내에 있는 모든 건축물들을 철거시키고 1987년에 서울대, 경희대, 숭실대 3개 대학 연합팀이 조사를 하게 된 그 지역의 사진입니다. 아직은 철거가 되지 않은 상태인데, 석촌동 일대에서 가장 잘 남아 있는 고분군 지역임에도 불구하고 많은 민가 건물을 비롯하여 사찰과 같은 큰 건물도 있고 해서 파괴가 심한 상태였습니다.

아래 사진은 백제고분공원 범위에 울타리를 치고 내부에서 건물들이 철거되어 가는 과정인데, 저 한 가운데 있는 큰 건물이 사찰입니다. 건립된 지가 얼마 되지 않았는데 백제고분공원으로 정비가 되면서 철거하게 됐는데, 가장 늦게 철거되었습니다. 그리고 바로 이 앞에 있는 가건물은 어느 분이 고분공원구역을 피한다고 해서 지은 움막인데 하필 경계에

걸려서, 그 움막을 피해서 울타리를 친 겁니다. 아무튼 저런 상황 속에서 이루어진 발굴이었습니다.

다음 그림입니다. 정치영 선생이 아까 소개를 했습니다만 조가영 선생이 오랜 고생 끝에 완성한 분포도입니다. 참으로 안타까운 일이죠. 300기에 달하는 고분 가운데 지금 우리가 알고 있는 고분은 불과 열 손가락으로 꼽을 수 있을 뿐입니다. 아무튼 남아 있는 고분만으로 백제 초기 한성시대의 여러 가지 상황을 복원해내야 하는 어려움에 있기 때문에 당연히 논란도 많아질 수밖에 없는데, 남아 있는 자료만이라도 최대한 의견들을 모아서 발굴된 사실을 확인하고 거기에 의거해서 좋은 해석들이 이루어져야 할 겁니다.

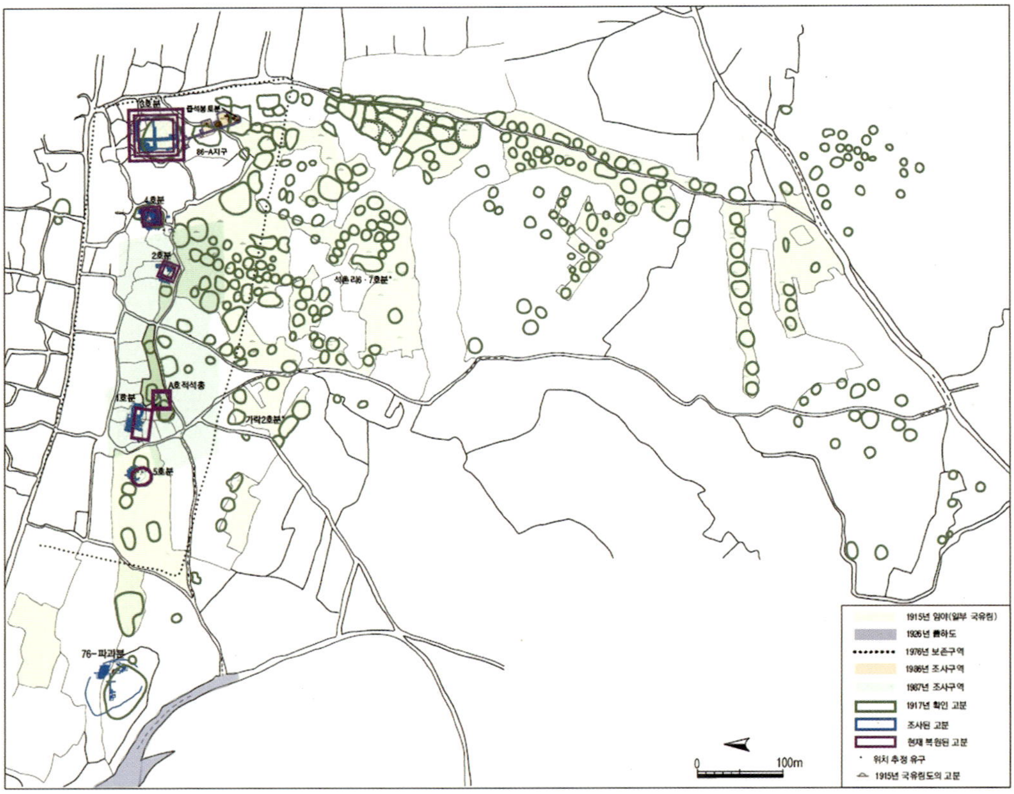

1917년 고분분포도와 해방 이후 조사된 고분의 위치 관계(서울대박물관 2013)

○ 정치영(한성백제박물관)

선생님. 아까 제가 여쭸던 그 위에, 부정형의 고분들 다닥다닥 붙어 있는 거 혹시 어떻게 생각하시는지요?

○ 좌장 | 임영진(전남대학교)

저기에 선을 뚜렷하게 그은 것을 보면 상당히 정연한 각을 유지하고 있잖아요. 그래서 각각 독립된 고분이면서도 연접분일 가능성이 많고, 각들이 저렇게 유지되어 있는 것을 보면 적석으로 구성됐을 가능성이 있지 않을까요?

○ 박순발(충남대학교)

점선 저건 뭐예요?

○ 조가영(서울대학교)

그 점선도 같이 표시가 되어 있었습니다.

○ 박순발(충남대학교)

원도에? 뭘로 보는 거예요, 그럼?

○ 조가영(서울대학교)

아마도 외곽 부분하고 봉분이 좀 더 올라온 부분하고 구분한 게 아닐까 싶습니다.

○ 박순발(충남대학교)

뭔가 형태를 알아볼 수 있는 것은 점선으로 표시했다? 아니면 밑에 전체는 그거라고 하고.

○ 조가영(서울대학교)

아마도 저 부분을 고분으로 인식했다면 고분 외곽하고 조금 봉분이 올라온 지역이라든지 내부 지역이라든지 그런 것을,

○ 박순발(충남대학교)

그런데 거기만 그렇게 되어 있단 말이야. 다른 데는 없잖아.

○ 조가영(서울대학교)

네. 그런데 그 부분만 그렇게 되어 있고요. 그리고,

○ 박순발(충남대학교)

그러니까 실제로 이게 다닥다닥 붙어 있지만 볼록한 것은 점선이라는 그런 취지 같은데.

○ 조가영(서울대학교)

네. 그리고 저 지역은 당시에 국유림지역으로 관리되고 있었던 부분입니다. 물론 초록색으로 표시한 부분들이 대체로는 임야지역을 나타내고 있지만, 그중에서도 저 부분은 특별히 국유림지역이어서 적석총이 밀집해서 분포해 있다면 국유림으로 분류해서 관리할 만큼 임야가 형성되기 쉽지 않지 않았을까 하는 생각이 들긴 했었습니다.

○ 박순발(충남대학교)

그러니까 석촌동 일대에 이게 사실은 집들 많이 들어선 게 언제부터인가 하는 부분이에요. 일제시대에도 송파 지역의 주민들 전언 이런 것들을 적어 놓은 책들 보면, 오봉산이라고 하는 여기에는 '산성이다' 이렇게 이해한 사람도 있어요. '산성인데 거기에 가서 돌 파면 흙이 나오고 그

런 데서 유물이 나온다.' 이렇게 되어 있다고. 송파 사람들의 전언을 모은 책을 보면. 그러니까 이게 일반인들이 안 살았다는 얘기 아니야. 그런데 그 이후에 아마 서울에 인구들이 많아지고, 성남 옛날에 대단지 그랬잖아요. 그러면서 막 들어온 것 같아. 그러니까 사실은 임야로 관리되거나 사람들이 거기는 잘 안 사는 그런 지역이었는데 어느 시점인가 하는 거, 이 부분을 이번에 보고서 쓰면서 그것도 추가를 해놓으세요. 내가 볼 때는 이런 상황이라고 한다면 이 단계에는 집이 있었으면 이렇게 표시 안 했을 거예요, 틀림없이.

○ 최병현(숭실대학교)

내가 여기 처음 가본 게 아마 '67년인가 '68년 그 무렵인데, 그때 여기 가려면 뚝섬 가서 배타고 봉은사 쪽으로 건너서 왔어요. 기억을 되살려보면 지금 고분공원 만들어놓은 오봉산이라는 지역 같은데 거기에 초가집들이 몇 채 있었어요, 마을이 전부 담장을 다 돌로 쌓고. 아마 고분 위에 집을 지었던 것 같아요. 그리고 주변은 그냥 다 벌판이에요. 아무것도 없었어요. 내 기억은 그래요.

○ 좌장 | 임영진(전남대학교)

1917년도에 간행된 대정5년도 조사보고서를 보면 사진 속에 집들이 좀 보이죠.

○ 이인숙(한성백제박물관장)

'70년대에 민속조사를 한 게 있어요. 자세히 안 하고 상당히 간단하게 보고한 게 있는데 김명자 교수라고 민속 하는 분인데 거기 가니까 오봉에서 제사를 지내고, 오봉이라는 것은 확실히 신성하게 그랬던 것 같고, 거기에 초가집같이 짚으로 한 닫집인가 담집인가 하는 그런 게 있으면

1977년 2월 당시 강남구 석촌동 마을 경로당이었던 움집(김명자, 2005)

서 거기가 노인정으로서 간판이 있더라고요. 그런 정도로 여기가 '70년대까지만 해도 그냥 시골 집주거지가 아니고 오봉과 관계된 약간의 신성시되는 그런 면도 있었던 것 같아요.[1]

○ 좌장 | 임영진(전남대학교)

저도 그 얘기를 들었습니다. 제가 학부 논문을 주거지로 쓰면서 들었던 기억이 나는데, 겨울이 되면 석촌동 오봉산 일대 주민들이 움을 파고 볏짚을 모아서 지붕을 올린 다음에 한 겨울에 거기서 소일하고 그랬다고 들었어요.

○ 이인숙(한성백제박물관장)

예. 그랬는데 그게 나중에 노인정이라고 팻말을 붙였더라고. 그 사진 한 장이 있어요.

1 김명자, 2005, 「서울 송파의 세시풍속」『한국세시풍속』 I, 민속원.

○ 좌장 | 임영진(전남대학교)

예. 그 정도라면 상당수 주민들이 거주하고 있었다는 얘기가 되죠. '60년대만 하더라도.

○ 최병현(숭실대학교)

마을이 하나 있었다니까요.

○ 조가영(서울대학교)

제가 '60년대의 기록을 토대로 해서 그린 이 일대의 예전 생활지도 같은 것을 본 적이 있는데, 저기 3호분 위쪽으로 그리고 276 여기 석촌동 고분군이라고 하는 바로 연접한 외곽으로 기와 굽는 곳이 몇 곳 표시가 되어 있더라고요. 그리고 실제로 마을의 규모는 별로 크지 않은 마을이 있었던 것으로 기록을 본 적이 있습니다.

○ 좌장 | 임영진(전남대학교)

석촌동 3호분은 이희준 선생님도 잘 기억하시겠지만 제가 '82년, '83년 측량하려고 다닐때 고분 위에 집들이 밀집해 있었고, 한쪽으로는 개, 그건 식용이었습니다만, 개들을 집단으로 키우는 데가 있어서 그쪽으로 왔다갔다 하려면 섬뜩섬뜩 했던 기억이 나거든요. 당시 사람들이 석촌동 3호분 위에 많이 모여 살았던 이유는 한강 범람 때 3호분 일대, 오봉산 일대가 비교적 안전한 지역이라서 거기에서 모여 살았다고 들었습니다. 아까 정치영 선생 발표 내용 가운데 오봉산의 범위를 저 아래쪽, 76-파괴분쪽까지 보았던가요?

○ 정치영(한성백제박물관)

예.

○ 좌장 | 임영진(전남대학교)

거기까지를 상정하고 있는 것이죠? 그런데 아마 76-파괴분 쪽은 지형이 쭉 떨어지는 지역이어서 아마 오봉산의 범위는 그 위 어디에서 끝나지 않을까 하는 생각도 들어요.

석촌동 1호분 발굴전(서울대박물관 1989)

이 사진은 석촌동 1호분 일대 집들이 철거되고 발굴하기 전의 모습입니다. 울타리나 축대도 남아 있고, 저기를 발굴할 때는 화장실도 치워가면서 했어요. 아무튼 이 집을 짓기 위해 평탄화 작업이 먼저 이루어지고, 거기에 집을 짓고 마당까지 갖추고 살다가 철거가 이루어진 것인데요. 다음 보실까요. 발굴 이후 사진인데, 전면적인 발굴이 아니고 정비복원 대상인 고분들, 1호분과 2호분을 중심으로 해서 두 고분은 정확한 위치와 규모를 파악하는게 목표였고, 나머지 지역은 유구 분포 상황을 파악하기 위한 발굴이었습니다.

그래서 서울대학에서 1호분, 2호분으로 지목되어 있었던 지역을 중심으로 발굴을 했었고, 숭실대와 경희대는 나머지 넓은 범위를 북과 남으로 나눠서 트렌치를 통한 유구 분포 확인 정도였어요. 한정된 시간 안에 정비복원을 위한 기초자료를 얻어내는 게 주목적이었거든요. 그런데 기초자료를 얻으려면 최소한 고분의 평면 형태와 규모가 나와야 하는 것이죠. 그래서 그것을 파악하기 위한 조사에 치중이 되어 있었기 때문에 여건상 미진한 부분들을 확장해서 발굴할 수 없었던 한계가 있었습니다. 그러나 최대한 확장해 나가는 과정에서 찍은 마지막 단계의 1호분 사진인데요. 아무튼 그 당시에 많은 분들이 찾아와서 이런 저런 의견을 표명하셨지만, 여전히 논란이 남아 있는 유구입니다. 이미 알려진 사

석촌동 1호분 발굴후(서울대박물관 1989)

실은 북분과 남분이 연접된 쌍분이고, 북분과 남분이 구조에 있어서 차이가 난다. 남분은 전형적인 고구려식 적석총이고, 북분은 변형된 백제식 적석총이다, 이런 정도입니다.

도면을 중심으로 보실까요. 왼쪽이 전형적인 고구려식 적석총, 오른쪽

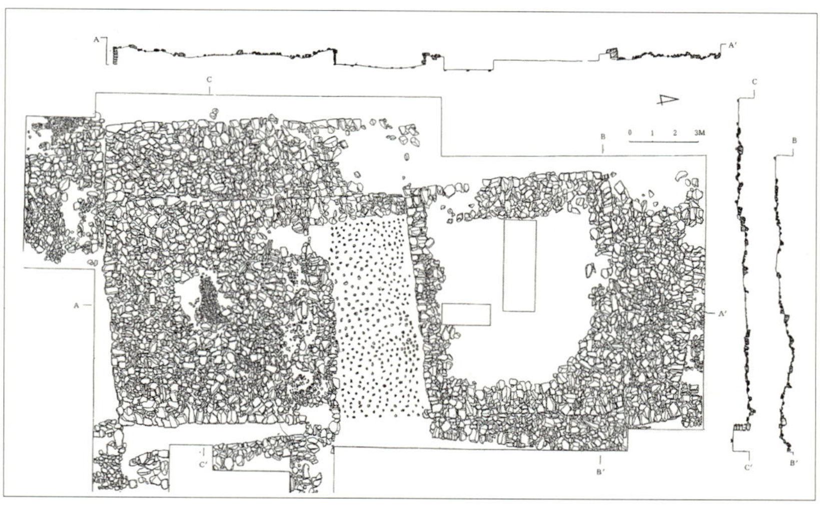

석촌동 1호분 평면도(서울대박물관 1989)

이 내부가 흙으로 채워진 백제식 적석총입니다. 1호분의 범위는 지금 외곽으로 굵은 선으로 표시한 이 부분, 여기는 파괴된 것으로 생각했고 이 부분 정도를 외곽 규모로 잡았어요. 그러나 이것은 후대에 부가된 것이고, 먼저 북분이 만들어지고 그 다음에 사이를 좀 두고 남분이 추가됐다. 그리고 그 이후에 이쪽에 단이 부가됐다 하는 정도로 정리를 했습니다.

그런데 그 외에도 북쪽으로 이어진 석렬, 그리고 남분 외곽으로 이어지는 석렬, 이런 것으로 인해서 적지 않은 논의가 이루어지고, 몇가지 추정도 있었지만, 전면 발굴이 이루어지지 않는 한 여전히 문제는 잠재돼 있다고 할 수 있을 겁니다.

다만, 지금 이 시점에서 논의할 필요가 있는 게 있을 터인데, 그 문제에 대해서 어느 분이 말문을 열어 주실까요? 조가영 선생, 선후 관계 문제를 비롯해서 말씀을 좀 해주시죠.

○ 조가영(서울대학교)

발굴 도면을 보게 되면 남분하고 북분이 당시에 같은 면까지 조사되지 않았었던 게 아닌가 하는 생각이 듭니다. 북분 내부, 그러니까 북분의 하부라고 보았던 것과 그리고 남분의 하부 구조라고 적석이 쭉 깔려 있는 모습 이렇게 두 가지 측면으로 나누어서 봤는데, 지금 남분 쪽이 좀 더 높기 때문에 같은 레벨로 하강을 했으면 어땠을까 하는 의문을 가졌던 적도 있고요. 그리고 유물 정리를 하다 보니까 1호분과 관련한 유물들이 1호분 내부는 거의 확인되지 않았었고, 북분 외곽 적석렬, 그리고 남측 외곽 적석렬, 그리고 1호 석곽묘라고 명명되었었던 부분들, 그렇게 몇 가지 지점에서 일괄 출토 유물로 조사가 됐었습니다.

이번 발굴조사와 연결돼서 이 생각을 해보면, 아마도 이런 몇 가지 연접하는 다른 적석구조 내에 그런 유물들이 같이 일괄 매장되었었던 게 아닌가 하는 생각을 했습니다. 1호분과 관련한 가장 중요한 내용 중의 하나가 그 가운데서 조사됐었던 석곽시설과 관련한 부분일 텐데, 과연 이것을 매장주체부로 볼 수 있을 것인가에 대한 논의가 계속 되고 있는 것으로 알고 있습니다.

○ 좌장 | 임영진(전남대학교)

예. 핵심적인 문제점들을 다 지적해 주셨는데요. 일단 하나하나 순서적으로 점검해 보도록 하겠습니다.

석촌동 1호분은 2기의 고분이 연접한 것이라는 것은 부정할 수 없는 사실인데요. 그 순서에 있어서 당시 발굴할 때 주시했던 것이 북분의 경우는 외부 4면이 정연한 면을 유지하고 있었지만 남분은 3면만 정연했다는 점입니다. 북분이 남분하고 연접된 이 부분이 사진에도 제시되어 있지만 정연합니다. 그런데 남분과의 사이는 점토로 채워져 있고 점토 바닥에는 저렇게 작은 돌들이 깔려 있는데, 이 점토를 제거하고 난 남분의 북면은 다른 3면하고는 크게 달랐어요. 다른 면들은 정연한 면을 이루고 있었는데, 이 면은 굉장히 거칩니다. 도저히 정성들여서 쌓았다고 볼 수가 없는 상태였거든요. 그래서 북분이 선행하고 거기에 남분을 부가하면서 어떤 이유에서인지 몰라도 점토 부분을 중간에 두되, 연접됨으로써 숨어 들어가는 부분은 대충 쌓고, 나머지 노출되는 면은 정연하게 쌓았을 것으로 추정한 겁니다.

석촌동 1호분 북분(서울대박물관 1989)

그리고 남분 동쪽에 석축이 있지만, 이 사이에는 다른 연결시킬 만한 자료가 없어요. 흙들이 차 있었죠. 남분 남쪽은 여기 보시면 좁은 구역인데 이쪽도 깨끗한 바닥이 나왔고, 남면 서쪽에 적

석촌동 1호분 남분(서울대박물관 1989)

석들이 있어서 그쪽을 확장해 봤는데 남쪽 석열이 이어졌고, 또 이 석열을 찾아서 나갔는데 북으로 꺾여서 올라가다가 사라지고 없었고. 북분의 북쪽과 동쪽으로도 석열이 확인되고 있었는데 방향이 약간 다르죠. 동일한 폭으로 이어지는 것이 아니어서 직접 연결시키기에는 조금 어렵지 않을까 하는 생각을 했고, 남분하고 연계된 연접분이라면 기본적인 외형은 어느 정도 정연한 형태를 띠고 있을 거라고 추정해서 1호분의 외곽과 규모를 그렇게 설정한 겁니다.

당시 내부시설까지 확인할 수 있는 여유는 없었지만 궁금증이 있어서 북분 내부, 점토충진부죠, 거기에 트렌치를 넣었지만 깨끗한 성토면 외에 아무런 시설을 확인할 수가 없었고, 남분의 경우는 거의 일단 바닥만 남기고 삭평이 돼서 바닥면을 정리했는데, 중앙에 상당히 큰 규모로 바닥에 잔돌들이 깔려 있는 범위가 확인되었습니다. 주변은 큰 할석인데 잔돌들이 깔려있었고, 북쪽에 연접해서 작은 범위에 걸쳐서 세 군데서 똑같은 현상이 확인됐어요. 그래서 남분은 중앙부에 중심 석곽이 있고 그 북쪽으로 나란히 3개의 조그마한 부곽이 있었던 것으로 추정한 겁니다.

○ 박순발(충남대학교)

거기에서 출토 유물이 있습니까?

○ 좌장 | 임영진(전남대학교)

내부에서 출토된 유물은 없습니다.

○ 박순발(충남대학교)

그래서 제가 좀 이제 말씀드리겠습니다.

○ 좌장 | 임영진(전남대학교)

말씀하시죠.

○ 박순발(충남대학교)

나도 뭐 이것은 불행하게도 이때 조사할 때 현장을 가본 경험이 없었는데, 작년도에 조사하면서 보니까 여러 가지 점들이 떠오르는데, 우선 전체 석촌동, 말하자면 우리가 적석묘들의 축조 전반적인 과정을 좀 생각해 봐야 돼요. 아까 지형상 오봉산 일대가 좀 높고 그런게 맞아요. 저쪽 한강 옛날에, 말하자면 이쪽 남쪽으로 오는 남지南支 한강하고 탄천하고 사이에 옛날에 형성된 충적, 말하자면 단구면이 일부가 남아 있는데 그걸 씁니다. 그런데 여기에서 매장주체부 등등을 하는 데 있어서 나는 이번에 이것을 준비하면서 좀 생각을 해봤습니다.

개로왕이 도림道林에게 꾀임에 빠진 그 얘기 나오잖아요. 거기 보면, 이번에 다시 보니까 상당히 의미가 있다고 난 생각하는데, 선왕의 해골이 노지露地에 권찬權攢, 이거 보면 잘못 해석해서 '맨땅에 유골이 드러난다.' 이랬는데, 그건 해석 잘못된 겁니다. '권찬'이 뭐냐? '권'이라는 것은 사실 '임시'라는 뜻이 있습니다. '찬'은 뭐냐면 그냥 일반적으로 '찬'이라고 해서 중국의 사전을 찾아보면 '찬'이라는 것 자체가 '정방관목停放棺木, 잠시부장暫時不葬' 이런 뜻이에요. 그렇다면 떠오르는 게 '빈'이지요. 그래서 사실 '빈찬'이라는 말도 같이 나옵니다. 그리고 실제로 '찬궁'이라는 말도 나오는데, '찬궁'은 주로 정식 무덤이 아니다는 의미로 송대宋代에 그런 용어가 나와요. 고려, 말하자면 삼국사기 편재와 비슷한 송대에 보면 알다시피 송이 남천南遷하잖아요. 본래 있어야 할 황제의 능은 하남성 일대여야 하므로, 언젠가 수복하여 정식으로 무덤을 만들기 이전 상태라고 여긴 남송 황제무덤은 '찬궁'이라 하였던 것이지요. 그러니까 이 '찬'은 무슨 뜻이냐면 정식 매장하지 않은 임시 상태입니다. 그런데 이 상태에 있는 것이 '선왕'의 것이라고 그랬거든요. 그리고 같은 문맥에 보면 '우취대석어욱리하又取大石於郁里河' 해서 '작곽이장부골作槨以葬父骨' 그럽니다. 분명히 자기 아버지 맞아요. 선왕이 그냥 일반적인 의미의 앞선왕이 아니고.

자, 그러면 언제쯤인가? 개로왕은 455년에 즉위하거든요. 그러고 나서 조만간에 도림이가 옵니다. 그리고 469년에는 개로왕이 공격도 합니다. 그리고 472년에 안 되니까 북위 갔다가 당하게 되죠. 그 스토리 전개 과정에서 실제로 비유왕이 권찬 중이었을 것이다, 다시 말하면 빈殯 상태였다는 해석이 가능하고요. 그런데 그것과 선후 맥락에서 어떻게 하냐? 쭉 얘기합니다. 토목공사 하라고 쭉 얘기하지요. 왕궁도 새로 짓고 뭐도 하고 하면서 실제로 성벽을 단단히 하고 성 내부에 궁실도 짓고 아주 화려하게 짓고 제방도 쭉 하고, 그 시키는 말 중에 이런 게 있죠. 백성들 집이 물에 떠내려가고, 이쪽 일대가 다 그런 곳이니까. 그리고 그냥 권찬해서 아직 그렇게 정식 안장도 안 하고 뭐 이렇게 되어 있습니다.

자, 그러면 이때 정식 안장을 한 조치가 뭐냐? 그래서 욱리하에서 대석을 모아서 작곽합니다. 작곽. 실이 아니죠. 작곽을 하는데 이게 그러면 꼭 개로왕 이때 처음 만들어졌다고 할 수는 없지만 적어도 이 일대에 대해서 뭔가 정비를 했을 가능성이 상당히 있는 대목이고요. 그랬을 때 우리가 어디쯤에 매장주체부가 있을까 하는데, 사실은 아래쪽은 없습니다. 대개 보면 2단 정도에, 4호분 같으면 4호분 지금 들어가는 그 정도에서 아마 바닥이 있거나 날아갔거나 이렇게 됐어요. 저 내부에 있는 것들은 결국 날아가고 난 뒤에 남은 건데, 그래서 내가 시뮬레이션을 한번 해봤어요. 이 전체를 갖다가, 이 뒤에 칠판이 있나요? 없나요?

그러니까 쉽게 말하면 이렇습니다. 요철이 있을 거 아닙니까. 3호분부터 4호분 해서 쭉 된 거. 그 능선 자체가 요철이 좀 있을 거예요. 요철이 있는 부분에는 지금 점토부 5호에 북쪽처럼 아래에서부터 정지하면서 다져올라옵니다. 돌 채워넣고 중간, 중간 해서 쭉 올라옵니다. 사방 같이 올라와야죠. 이 적석묘 할 때만 딱 하면 안 되잖아요. 주변에 같이 해야 돼요. 같이 쭉 올라옵니다. 그러고 나서 제1단을 돌리고 안에 같이 채워 올리죠. 내부에는 계속 점토 채우다가 1단 마감하고 약간 깔죠. 그리고 2단을 또 하는데, 4호분같이 네모로 쌓아 올려놓고 바깥 덧붙이는 방법도 있습니다. 그건 고구려에서는 계장식으로 부르잖아요. 그런 기법도 쓰고 다양한 기법을 쓰는데, 요컨대 제가 볼 때는 이 고분 하나를 위해서 정지하지 않았다. 사방을 다 했어요. 사방을 다 해놓고, 왜냐면 하나만 이렇게 해놓으면, 이 석촌동 일대는 돌이라고 찾아볼 수 없습니다. 3호분 아래도 보면 자갈 있죠. 본래 그 일대 자갈 아닙니다. 전부 가져옵니다. 그러니까 욱리하에서 전부 자갈을 갖고 오는 거예요. 물론 깬 돌은 아니죠. 이것을 가지고 와서 대대적으로 말하자면 능원 정비를 하는 거예요, 기초공사를. 그렇기 때문에 독립된 것도 있지만, 그 주변에 자꾸 무덤들이 전부 다 이게 달아나간다고 해도 되겠지만 실제로 집중적으로 한 곳은 이 오봉산 일대하고 아까 전에 저쪽 북쪽 있죠. 그쪽도 취약합니다. 어느 곳이 개로왕대일지는 잘 모르겠으나 적어도 그렇게 했다는 거죠. 그래서 남분, 북분 이것도 순서가 사실 그리 중요하지 않아요. 기본적으로 안에 자갈 들어가 있는 게 전부 인위적으로 다 한 거예요. 인위적으로 해서 이제 주변을 하다 보면 바깥에 드러난 부분도 그냥 흙 놔두면, 석촌동 비오고 나면 사람 디딜 수가 없는 정도예요. 그러니까 무덤에 주변에 전부 다 이게 깔려 있는 거예요. 저는 그런 식으로 생각을 해야 된다고 생각하고.

조금 전에 한 것을 내가 그림을 잘 못 그리지만 한번 그려 볼게요. 예를 들면 이런 요철이 있는 곳이라고 합시다. 이게 구지표면이에요. 그러면 여기다가 여기 들어가는데, 이 깊이 들어가는 데 이런 데는 돌멩이도 막 막혀요. 그 가운데 제의행위도 있어요. 무덤이라고 한 것 있잖아요, 이번에. 그게 보면 전체 이렇게 되어 있으면 이 부분에 하나 있고, 여기도 하나 있고. 이 부분이 좀 많이 구덩이 약간 움푹 파진 곳에 해당됩니다. 이런 곳에 해당됩니다. 그렇기 때문에 돌 넣고 중간에 또 이게 판때기, 판자처럼 돼서 여기도 있고 여기도 있는데, 왜 이런 것을 같이 상정해야 하냐면 여기에 나온 유물과 이 축조가 무관하고 선행 이런 게 아닙니다. 일련의 공정 속에 들어가는 것이죠.

왜 이것을 제가 무덤으로 안 보느냐면 이렇습니다. 작년에 현장에서 보셨겠지만 돌멩이가 하나 여기 들어 있습니다. 이렇게, 이렇게 되어 있는데 돌멩이가 사방에 있어요. 이 돌멩이 위에 꺾쇠가 이렇게, 이렇게, 이렇게 되어 있어요. 아래로. 그러면 이게 뭐냐면 이쪽 판자하고 이쪽 판자 이은 거예요. 이게 관으로 된 게 아닙니다. 판때기를 깐 거예요. 판때기를 깔고 여기에 돌하고, 돌 위에 있고 여기다가 심발형토기하고 뒤에 고배가 여기 묻혀 있어요. 아주 부정확해요. 그리고 이게 이제 말하자면 1호 토광이라고 한 거고. 2호 토광도 마찬가지. 2호 토광은 파고 했다는데 그것도 성토 과정에서 약간 정지한 그런 흔적에 불과한 거예요. 제대로 판 게 아니고. 그렇기 때문에 그게 별도의 무덤, 위에 봉분 있는 게 없어요. 그러나 실제 이 축조 과정 이전에 있는 무덤도 있을 수가 있습니다, 2호분 같은 경우에. 어쨌든 이렇게 해서 쭉 올라갑니다. 어느 정도 주변에서 같이 올라가야 되겠죠. 어느 정도 지점에 와서 이제부터 여기다가 돌을 하겠죠, 이렇게. 여기도 하고. 그러면서 내부를 같이 채워 갑니다. 그리고 여기에서 돌을 이렇게 1단을 마감하고 이렇게 까는 거죠. 그리고 여기에서 다시 또 올라가죠, 이렇게. 여기도 채웁니다. 아마 이런 정도에서 작곽을 했을 것이다, 석곽으로. 그리고 아마 더 올라가면

3단이 됐거나 뭐 이런 식으로 되겠죠.

○ 좌장 | 임영진(전남대학교)

가운데에 채운 것은 흙입니까?

○ 박순발(충남대학교)

흙이에요. 물론 3호분은 잘 모르지만 3호분은 달라요. 그건 전부 다 돌로 되어 있으리라고 봅니다. 그런데 나머지는 대부분 이런 식으로 돼서, 자, 이렇게 했는데 어떻게 됐느냐? 이렇게 날아가 버렸어요. 그러면 이게 좀 남은 데는 표면적으로 둥그스름하게 보이는 데도 있고 들쭉날쭉하게 이렇게 보입니다. 이런 식으로. 이런 부분은 점토가 드러나 있죠. 그래서 아랫부분, 1호분 아까 북분같이 아래쪽에 파져 있는 데 그런 것이 유구일 가능성, 즉 적어도 매장주체부와 관련된 유구일 가능성이 거의 없다, 저는 그렇게 봅니다.

축조 과정 혹은 나중에 이게 훼손되면서, 심하게 1호분 같은 건 이렇게까지 훼손이 되면서 아주 조금 남아서 주변에 있는 돌들을 사람들이, 그 돌 뺀 부분이 그런 식으로 남을 수 있어요. 아니면 그 당시에 거기에 뭔가 사람들이 행위를 하면서, 집에서 뭔가 구덩이 파면서 그렇게 빼고 뺀 그런 식의 흔적이 나온 겁니다. 그래서 거기에서 유물이 없다는 것은 사실, 나왔으면 아마 최근 유물이 나왔을 가능성이 많고. 그래서 전체 여기는 선행…, 지금 뭐 5점토부를 설명하다가 나왔는데 5점토부나 이런 데 전부 다 마찬가지로 이런 프로세스로 진행이 됐을 것이다, 이렇게 보고요.

그리고 석실이 아니고 작곽이다 하는 것은 우리는 충분히 여기에서 짐작이 가능합니다. 이전에 오봉산 주변에 살던 사람들이 거기를 성이라 여겼는데 사람들이 가끔 돌을 치우다 보면 흙이 나오고 거기에서 금붙이를 비롯한 유물이 나왔다는 이야기예요. 대부분 금붙이는 그런 데서 나옵니다. 즉, 다시 말하면 점토부상 윗부분에 2단 이상의, 돌을 위에서부터 걷어내잖아요. 돌 걷어내면 뭐가 나옵니까. 흙이 나오죠. 그 정도에서 유물이 나왔다는 얘기입니다. 그 생각이고. 그런 생각이고, 그래서 전체는 아니지만 육리하에서 작곽했다는 부분을 우리가 중시해야 되겠고.

그리고 빈의 가능성도 좀 생각을 해야 하는데, 빈이 본래 어디서 되느냐 하면 이게 백제도 그렇고, 백제는 정확한 기록이 없지만 중국의 상장례나, 일본도 마찬가지입니다. 천황들은 전부 다 궁정에 합니다. 아스카시대에도 남궁에 빈을 했다고 합니다. 중국은 말할 것도 없고. 태극전 이런 데 하는데, 백제라고 유독 무덤을 만든 현장에 했겠느냐. 저는 그 가능성은 없다고 봐요. 단지 유물집중부라는 성격이 뭐냐 하는데 그것도 역시 유물집중부는 축조 이후의 지속 관리된 상황을 말해 준다, 난 이렇게 봐요. 그리고 들어간 것은 그 축조 때에 들어간 거고요.

○ 최병현(숭실대학교)

한꺼번에 다 하면 나중에 뭔 얘기를 하려고.

○ 박순발(충남대학교)

한꺼번에 다 하는 게 아니고.

○ 좌장 | 임영진(전남대학교)

다음에 또 다시 해도 됩니다.

○ 박순발(충남대학교)

이렇게 하면 이제 또 반론이 나올 거고 할 것 아닙니까. 원 없이 하라며요.

○ 좌장 | 임영진(전남대학교)

원 없이 하세요. 중요한 거 나오면 또 하셔도 되고.

○ 박순발(충남대학교)

그러면 여기까지 할게요.

○ 좌장 | 임영진(전남대학교)

좋습니다. 상당히 시사하는 바가 큰 언급을 하셨는데, 아무튼 북분의 매장주체부는 시굴을 통해서도 존재 여부를 확인하지 못 했지만, 상부구조까지 감안해 보면 이미 날아갔을 가능성이 높겠다. 보고서에도 그런 설명이었고. 남분의 경우는 공교롭게 적석들이 그 부분만 비어 있는 상태로 바닥에 잔돌이 깔려 있었기 때문에 매장 혹은 부장과 관련된 공간일 가능성이 있지 않겠는가 하는 게 보고서의 내용인데, 방금 박순발 선생의 추정에 따르면 아마 잔돌들이 전면에 다 깔려 있었을 것이다. 그러니까 적석들이 확인된 부분도 돌을 들어내면 이런 잔돌들이 바닥에서 나올 것이다. 가능성은 있겠네요. 3호분도 사실 기저 면에서 잔돌들이 나왔거든요. 1호분은 3단 정도의 적석총으로 보았고, 3단 적석총에서는 매장주체부가 2단쯤에 있었을 거라고 추정할 수 있었는데, 1단 바닥에서부터 저런 상태로 확인되어 그렇게 보았던 것입니다. 아무튼 박선생의 추정이 시사하는 바가 크므로 나중에 1호분의 이런 부분들의 돌을 좀 걷어내서 확인해 볼 필요가 있겠죠. 잔돌들이 쭉 이어진다면 박순발 선생의 추정이 옳은 것이고, 그게 없다면 다시 원점에서 논의를 해야 하겠지요.

○ 박순발(충남대학교)

이것은 뭐 그렇다 치더라도 지금 조사하고 있는 저기에서 명확히 드러

납니다. 5점토부에서는 바깥에 쭉 나오잖아요.

○ 좌장 | 임영진(전남대학교)

정연하지 않은 지표면에 무덤을 쓰기 위해서 정지작업을 하는 것은 당연한 일이겠지요.

○ 박순발(충남대학교)

그렇죠. 당연히 해야 하고, 그것부터 먼저 했을 것이다, 저는 이렇게 보는 거죠.

○ 이희준(경북대학교)

그런데 그러면 저 사이에 그려 놓은 그 돌은 별개입니까?

○ 좌장 | 임영진(전남대학교)

아니죠. 그 돌도 박순발 선생의 견해에 따르면 애초에 전면적으로 깔렸던 돌이라는 거죠.

○ 이희준(경북대학교)

그러면 지금 남분인가 하는 그 안에?

○ 최병현(숭실대학교)

레벨 차이가 있죠.

○ 이희준(경북대학교)

그게 같은 건가요, 성격이?

○ 좌장 | 임영진(전남대학교)

글쎄요.

○ 이희준(경북대학교)

그렇게 발굴할 당시의 느낌은요?

○ 좌장 | 임영진(전남대학교)

발굴할 당시의 느낌은 그게 아니었기 때문에 석곽으로 본 거죠.

○ 이희준(경북대학교)

글쎄. 그러니까 내가 지금 물어보는 거예요.

○ 최병현(숭실대학교)

이거 사진 지금 있어요? 여기 사진 중에?

○ 좌장 | 임영진(전남대학교)

있습니다. 다음 사진 보실까요.

○ 최병현(숭실대학교)

우선요 남·북분 전면 찍은 사진 있죠? 그거 한 번 띄워 보세요. 남·북분 한꺼번에 찍은 사진.

○ 좌장 | 임영진(전남대학교)

그러면 앞으로 넘어갑시다.

석촌동 1호분 발굴후(서울대박물관 1989)

○ 최병현(숭실대학교)

이 사진이요.

○ 좌장 | 임영진(전남대학교)

예. 이겁니다.

○ 최병현(숭실대학교)

예. 이 사진이요. 여기서 내가 질문을 한 번 하고 싶어서 그래요. 박순발 선생님 지적을 나도 상당히 공감하는 바인데요. 지금 석촌동고분군 발굴장에서 보면 성토를 부분 단위로 한 것은 아니고, 아마 큰 단위로, 넓은 단위로 성토해서 그 위에 고분을 쌓아 올라갔다는 것은 역시 나도 현장에서 그렇게 생각을 했어요.

그런데 여기 1호분에서 보면 문제가 뭐냐면, 이게 지금 북분이죠. 북분인데 보면 여기에 흙을 이렇게 파냈는데, 여기가 상당히 높아요, 이 부분이. 여기는 1단 석축이잖아요. 그 1단 석축 상면까지는 일단 하여튼 흙이 있었다는 얘기가 되겠고, 매장주체부는 최소한 1단보다는 더 높은 위치에 있었다는 얘기가 되겠죠.

그다음에 이 남분 사진을 여러 차례 보다가 고민한 게, 아까 임영진 선생님은 여기에 중앙곽이 있고 여기에도 곽이 있다 그랬는데, 사진을 자세히 들여다보면 여기 있는 돌들이 다 제거가 되지 않은 것 같다는 느낌을 많이 받아요. 지금 정치영 선생이 석촌동 발굴하고 있는 데서도 보면 사실 애매한 것들이 꽤 많거든요.

그런데 1호분을 보면 몇 군데 여러 방향에서 찍은 사진들이 있더라고요. 보면 아까 박순발 선생님 말씀대로 여기 있는 돌들, 큰 돌들을 들어내 버리면 안에서 결국은 거의 전면에 잔자갈 깔린 그런 면이 나올 텐데, 그러면 2호분 바닥과 비슷한 양상이 된다는 말이죠. 그렇게 보면 여기 북분은 잔자갈 깔린 면이 깍여나가 없어졌고, 즉 잔자갈면은 더 위에 있었던 것이죠. 그리고 여기 남분은 중심부 큰돌들을 제거하면 거의 1단 높이 정도의 전면에 잔자갈이 깔리고 그 위에 뭔가 시설이 있었을 것이라는 점이죠. 이음부 상태 보면 잔자갈 위에 또 토축이 되니까, 남분과 북분의 잔자갈 층 위에도 토축이 돼서 매장주체부는 그 위에, 잔자갈 층 보다는 훨씬 위에 있었을 가능성은 없겠느냐 하는 것입니다. 그렇게 되면 남분은 고구려식이고 북분은 백제식이라는 것도 조금 재고를 해봐야 하지 않느냐는 의심입니다.

연결부 얘기했는데 밑에는 흙이 있고, 이 흙 파낸 다음에 잔자갈이 나왔잖아요.

○ 좌장 | 임영진(전남대학교)

연결부 흙을 제거하고 노출된 바닥에 잔자갈들이 있습니다.

○ 최병현(숭실대학교)

그러니까 그건 이 면에 지금 잔자갈,

○ 좌장 | 임영진(전남대학교)

그 면의 연장이죠.

○ 최병현(숭실대학교)

아니죠. 사진으로 보면 레벨이 굉장히 낮잖아요.

○ 좌장 | 임영진(전남대학교)

1호분 중앙에 함척이 있잖아요. 함척이 있는 부분이 석곽으로 추정했던 잔자갈 깔린 부분인데, 그 레벨이 남·북분을 연결하는 점토부 바닥으로 이어질지 모르겠습니다.

○ 최병현(숭실대학교)

같은 레벨이라고요?

○ 좌장 | 임영진(전남대학교)

예. 비슷한 레벨일겁니다. 자갈들이 직접적으로 연결되는지는 단언하기 어렵지만.

○ 최병현(숭실대학교)

예. 하여튼 저는 그런 의심이 좀 들어서요, 사진 보면서.

○ 좌장 | 임영진(전남대학교)

그런데 말씀 가운데 백제식 적석총과 고구려식 적석총의 구분이 어렵다는 문제, 그것은 이미 1974년도 석촌동 4호분 발굴 이후 내부가 흙으로 채워진 것을 백제식으로 한다, 이렇게 정의를 했기 때문에 거기에 따른 겁니다.

○ 박순발(충남대학교)

아, 삼불께서? 그 보고서는 삼불이 쓰셨으니까.

○ 좌장 | 임영진(전남대학교)

내부가 적석이 된 것과 돌이 아닌 흙으로 채워진 것은 서로 구분할 필요가 있는 거죠. 그런 의미에서 고구려식 적석총, 백제식 적석총의 구분은 의미가 있는 것이라고 생각합니다.

○ 이희준(경북대학교)

그러면 북분 그런 유구…, 그러니까 주체부에 양쪽 다 흙이 있었잖아요. 부곽이고 뭐이건 간에. 잔돌 위에는. 남분인가요?

○ 좌장 | 임영진(전남대학교)

남분. 현재 정리된 남분은 교란되지 않은 부분으로 본 것이고, 그 위에 있었던 것이 민가였잖아요. 민가 철거하고 나서 마당에서부터 발굴해 내려가서 후대에 교란된 것은 들어내고 난 그 면이에요.

○ 이희준(경북대학교)

그런데 석곽이라고 하는 구조 안에 흙이 차 있었다는 게 문제죠.

○ 좌장 | 임영진(전남대학교)

흙이 차 있었다?

○ 이희준(경북대학교)

적석총 위로 좀 올라온 것을 생각한다면 돌이 먼저 차 있어야 하는데. 설사 그게 곽이라 하더라도. 그렇잖아요.

○ 좌장 | 임영진(전남대학교)

그 내부에 흙이 차 있었다고 하기는 어려운 것이고,

○ 이희준(경북대학교)

아니, 유구를 찾아낼 때 말이죠. 사진을 봐도 그렇고 거기에 뭔가 좀 푹 꺼져 있으면서 흙이 들어 있는데, 그것을 걷어내니까 밑에서 잔자갈이 나온 거잖아요. 그렇게 생각하면 원 석곽이라고 하면, 그 높이야 어쨌든 간에 옛날에 무너진 것을 상정한다면 돌이 차 있어야 할 것 같은데, 역시.

○ 좌장 | 임영진(전남대학교)

그 상부에 있었던 것은 교란된 것들이지만 흙만 있었던 것은 아니죠. 여러 가지 교란된 것을 제거하고 난 다음의 상황이 저러했죠. 아무튼 전체적인 구조를 보면 바닥에서부터 매장시설이 있었다고 단언하기는 어렵다는 거예요. 그러니까 다시 검토를 해 보자는 거죠.

○ 박순발(충남대학교)

더군다나 지금 말씀하신 설명 들어보면, 나는 지금 현장감이 없어요. 그런데 집 철거하고 이른바 그 후대 것 걷어내고 바로 이런 상태가 드러났다는 것 아닙니까. 그렇죠?

○ 좌장 | 임영진(전남대학교)

그렇죠, 이런 저런 잡동사니들을 걷어내고,

○ 박순발(충남대학교)

그러니까 더욱더 이 구덩이는 교란 구덩이일 가능성이 높습니다.

○ 이희준(경북대학교)

교란 가능성이 좀 있는 것 아닌가 하는 생각도 드네요. 원 석곽이라기보다는.

○ 박순발(충남대학교)

그리고 원래라면 거기에 복원률이 높은 유물들이 나와 줘야 하거든요. 그것만 누가 싹 들고 가는 게 아니니까. 그러니까 그것은 매장주체와 관련한 유구로는 안 보는 게 좋겠다.

○ 좌장 | 임영진(전남대학교)

그렇게 단언할 수는 없고.

○ 박순발(충남대학교)

단언이 아니고, 적어도 지금까지 드러난 것으로 보면.

○ 좌장 | 임영진(전남대학교)

아무튼 계속하시죠.

○ 박순발(충남대학교)

그런 것을 우리가 하나하나씩 정리하자고 모인 거 아니에요? 저는 하여튼 그 부분은 조금…

○ 좌장 | 임영진(전남대학교)

그럼, 다음 자료를 봅시다.

○ 최병현(숭실대학교)

그 선후 관계는 확실해요?

○ 좌장 | 임영진(전남대학교)

선후 관계에 대해서는 보고서 서술 내용에 논리적으로 하자가 있다면 말씀해 주시기 바랍니다.

○ 최병현(숭실대학교)

조가영 선생 보시기에 어때요? 선후 관계가 확실해요?

○ 조가영(서울대학교)

보고서상의 설명에 따르면…

○ 박순발(충남대학교)

그런데 아까 전에도 말씀하셨지만, 저는 이 1호분 안의 남분, 북분 이 선후 관계가 그리 중요한 것은 아니다 생각 하는데, 만약에 그게 지금 말씀하신 대로 그렇게 될 수도 있어요. 적어도 동시에 하지는 않았으니까. 동시에 한 것 같지는 않거든요. 그러니까 기본적으로 한 사람, 저 사이즈가 대개 10m 정도 안 됩니까, 하나가? 어떻습니까? 대개 보면 지금 점토부 5호라고 하는 것도 그렇고, 전체 보면 네모난 것들이 한 10m 내외 된 게 많아요. 그러니까 그게 하나라고 본다면 2개는 맞고, 2개라고 한다면 동시가 아니라면, 아래는 모르겠어요. 자갈 깔리고 정지한 저건 이미 다 되어 있을 수는 있겠으나, 거기다가 어딘가 먼저 쓰고 추가로 했겠죠. 그러나 그게 무슨, 지금대로 뭐 이게 하나는 고구려 시기고 하나는 백제 시기고 거기에 다른 어떤 의미 부여를 하면 그럴 수는 있겠으나, 내가 볼 때는 아까 전에 그 내부 충전부 문제도 필요하다면 더 걸어볼 수도 있지만, 3호분은 우리가 조금 예외로 본다고 하더라도 그것은 상당히 높은 부분인데도 전혀 흙은 안 나왔으니까. 그것은 확실하다 하더라도 나머지 것들은, 특히 남쪽에 있는 것들은 기본적으로 전부 그런 식이에요. 그렇다고 본다면 저는 소위 그 속에 어떤 비밀스러운 백제와 고구려의 그런 것이 있었을는지도 모르겠으나,

○ 최병현(숭실대학교)

비밀스러운 게 뭐예요?

○ 박순발(충남대학교)

예를 들면 왕비 어쩌고 하는 것 있잖아요. 그런데 그랬을 수는 있으나 그것이 고고학적으로 증명되기는 무척 어렵다. 그 사안 자체가. 그렇게 본 입장이라서 선후 관계는 뭐 보고서대로,

○ 좌장 | 임영진(전남대학교)

자, 해석의 문제까지 여기서 토론하기 시작하면 끝이 없을 것입니다. 일단 해석의 출발이 되는 고고학적 팩트에 대한 이견을 좁히는 것이 중요하고, 방금 박순발 선생이 가능성을 제시한 바닥면 잔돌 부석, 이것하고 관련해서 석곽으로 보고된 것은 석곽이 아닐 가능성을 배제하기 어렵겠다, 그 정도로 정리합시다. 지금 여기에서 결론내리기 보다는 내일까지 논의가 계속되니까 종합적으로 내일 정리가 가능한 것은 하는 게 좋을 것 같아요. 선후 관계 문제에 있어서는 보고서에 언급된 내용이 논리적으로 문제가 있다면 그 논리를 지적해서 재검토할 수 있도록 하는 게 순

리일 겁니다. 논리적으로 하자가 없는데 무리한 견해가 아니냐 하고 따지다 보면 끝이 없을 것입니다.

○ 최병현(숭실대학교)

논리적인 것이 아니고, 문제는 여기인데요. 남분과 북분을 연결한 이 석축 부분이 정말 이렇게 직선으로 연장된 건지 도면이나 사진을 보면 좀 애매한 부분이 있단 말이에요. 남분과 북분 사이의 이 석축 부분이 꼭 따로 만들어진 것 같은 느낌이 있어요. 그래서 하는 얘기예요.

○ 이희준(경북대학교)

저 사진을 보면 그 윗부분에 덮여 있지 밑에까지 내려가 있지를 않아요.

○ 최병현(숭실대학교)

이게 남분에서 직선으로 동시작업으로 쭉 온 거라 그러면 분명히 대서 했다고 봐야지요. 그런데 선후가 있는 것으로 보여요. 이 부분이 굉장히 애매하단 말이에요.

○ 좌장 | 임영진(전남대학교)

애매한 것은, 거기에는 이런 석축이 보이지만, 이쪽은 없다는 거죠. 좌우 대칭으로 뭔가 시설이 되어야 할 텐데 그렇지 못한 것도 사실 애매한 것 중의 하나인데, 서로 마주보면서 흙으로 가려지는 면의 완성도가 워낙 차이가 있기 때문에 그것을 선후 관계의 차이로 보는 것이 타당하다는 것이 보고서의 견해입니다. 저는 거기에 대해서는 부정하기가 어렵지 않을까 싶고요. 지적하신 이 문제에 대해서는 검토가 별도로 필요하지 않을까 싶습니다. 그렇다면 이 부분은 어떤 것으로 보시는 건가요? 어떤 의미가 있는 것인지.

○ 최병현(숭실대학교)

어떤 의미보다도 이게 과연 유구였을까도 문제일 것 같고. 인공적으로 했더라도 그게 꼭 그렇게 직선으로 대서 간 게 아니라 그 부분에 따로 나중에 뭔가 만들어진 게 아닌가 생각할 수도 있어요. 사진상으로는 그렇다는 얘기예요. 도면으로는 뭐 알 수 없지만.

○ 이희준(경북대학교)

사진상으로는 위에 떠 있어요. 옆에서 찍은 사진을 보면.

○ 좌장 | 임영진(전남대학교)

떠있는 게 아니고 그쪽이 비교적 많이 남아 있는 거죠. 높이가.

○ 이희준(경북대학교)

이쪽 편에서 찍은 것을 보면 그 위에 적석처럼 덮고 있는 형태지 북분에 딱 붙어서 쫙 깔려 있는 것도 아니고. 밑으로 안 내려가 있는 것 같아요, 사진으로 봤을 때는.

○ 최병현(숭실대학교)

그 부분이 좀 애매한 부분이 있어요.

○ 좌장 | 임영진(전남대학교)

그렇게 되어있다면 당연히 보고서에 그런 언급이 있었을 겁니다.

○ 박순발(충남대학교)

이 떠 있는 부분에 대해서 제 의견을 말씀드릴게요. 우리가 아까 축조 과정을 얘기하면서 사방에 기단이라 그럴까요, 기단을 만들 때 그 당시 구지표 수준으로 그친 게 아닙니다. 더 아래 내려갑니다. 그러니까 그게 말하자면 뿌리가 그 당시 구지표보다 더 아래 내려갔어요. 그러니까 대개 그게 한 30~40cm 더 내려갑니다. 자, 이 떠 있는 건 뭐냐면 그렇기 때문에 그 사이를 연결하려고 하면 그렇게 뜨게 돼요. 그만큼 뜬다니까요. 맨 아래 바닥부터 표면에 드러난 것처럼 이해하면 안 된다 이거예요. 실제로는 축조 과정상 기초는 더 아래 내려가 있습니다. 그렇게 이해하면 떠 있는 것은 두 개 연접하면서 나타난 현상이라고 보는 것이 훨씬 더 순리적이죠. 같이 붙어 있는 건 처음부터 그렇게 했다는 것이고.

○ 이희준(경북대학교)

그렇게 하면 이해가 되기는 하는데.

○ 좌장 | 임영진(전남대학교)

언제 기회가 되면, 정비한 부분을 전면적으로 걷어내서 의구심 나는 것들을 확인하는 게 필요할 것입니다.

○ 이인숙(한성백제박물관장)

작년에 발굴한 것이 올해에 어느 정도 정리가 되면서, 그 다음에 이 1호분에 지금 저 상태에서 덮은 거죠?

○ 좌장 | 임영진(전남대학교)

그렇습니다. 저 사진 상태에서 약간 덮어서 정비한 것입니다.

○ 이인숙(한성백제박물관장)

그 부분을 다시 한 번 들여다본다면 뭔가 좀 새롭게,

○ 최병현(숭실대학교)

재조사.

○ 이인숙(한성백제박물관장)

예. 두 가지를 연결해서 보시기 때문에.

○ 박순발(충남대학교)

이른바 심판발굴이라는 게 있어요. 옛날에 제가 심판발굴 하러 간 적이 있어, 전라북도에.

○ 좌장 | 임영진(전남대학교)

굳이 심판발굴이라 할 것은 없고. 그때는 참 어려운 상황 속에서 이루어졌던 초인적인 발굴이었어요. 심판발굴이라니. (웃음)

○ 이인숙(한성백제박물관장)

한 세대 전에 발굴한 거니까.

○ 박순발(충남대학교)

여기가 아니고, 서로 의견이 달라서 전영래 선생하고 윤덕향 선생하고 둘이 서로 싸움이 붙어서 제3자인 충청도가 가서 파라 이래서 간 적 있다니까. 그런 것을 이른바 심판발굴이라 한다 이 말이에요. 이것은 그런 뜻이 아니고.

○ 최병현(숭실대학교)

그 당시 발굴 환경이 열악했기 때문에 좀 좋아진 상황에서, 또 그에 대한 우리의 지식이 많이 상승된 상태니까 다시 한 번 해 본다 그런 의미지 뭐. 마침 잔총이 남아 있으니까.

○ 이인숙(한성백제박물관장)

새로운 견해가 많이 제시됐기 때문에, 다시 들여다볼 필요도 있어요.

○ 좌장 | 임영진(전남대학교)

당시 충분히 인식하지 못한 점들이 있을 것이기 때문에 재발굴은 꼭 필요한 작업입니다. 다시 뒤 사진을 봅시다. 외곽의 석축 상황들을 보시면 나름대로 정연한 선들이 있거든요. 그러나 그 주변으로 연결되는 게 없어요.

이 북분의 경우는 내부를 시굴한 겁니다. 애초에 예정되지 않은 것이었지만 매장주체부가 남아있는지 정도는 확인해보고자 들어갔습니다만 확인하지 못하였습니다.

다음 그림을 보십시다. 1호분 북분의 내부 점토 문제하고 관련해서, 다음에도 언급되겠습니다만, 간단한 모식도를 제시하고자 합니다. 석촌동고분군에서 조사된 내부 점토는 축조 방식에 따라 두 가지 유형으로 구분이 됩니다. 우측이 석촌동 4호분 유형이고, 좌측이 1호분 북분하고 2호분 유형입니다. 이것은 고고학적으로 확인된 팩트입니다.

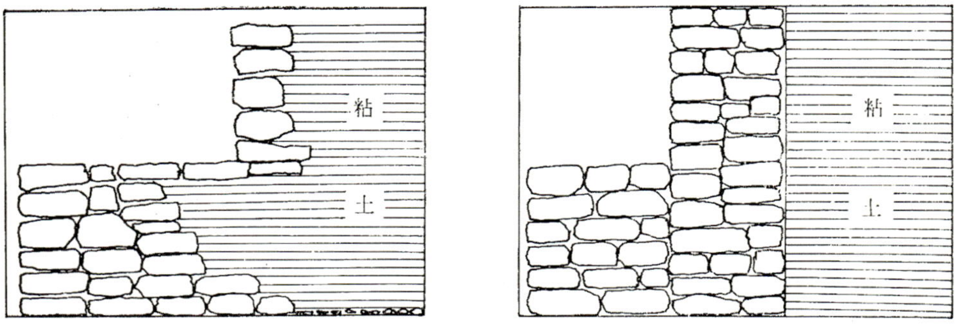

백제식적석총 단면 모식도(좌;점토충전식, 우:분구삭토식)(임영진 2007)

이런 현상이 나타나게 된 이유, 즉 축조 과정이 어떠했을 것이냐는 것은 해석과도 관련된 문제이긴 하지만 이것은 너무나 명백한 것이기 때문에 논란의 여지는 없을 것입니다. 아까 박순발 선생도 언급을 했지만 석축을 쌓아 올라가면서 내부에 흙을 채우고 한 단이 축조되면 약간 안으로 들어와서 다시 새 단을 쌓으면서 내부는 점토로 채우는 것이 자연스러운 축조 순서이죠. 그런데 4호분은 그게 아니라는 것이죠. 2단이 내부 점토하고 맞닿아 있는데, 이 2단 석축이 1단 석축 바닥에서부터 시작이 됨과 동시에 내부 점토면과 맞닿는 석축 안쪽면이 굉장히 특이합니다. 만약 석축을 하면서 점토를 채웠다면 석축 사이까지 당연히 점토가 채워지겠죠. 그런데 뒤에 사진이 나오겠습니다마는 이 석축 사이가 잔돌로 채워져 있습니다. 거기에 반해서 1호분 북분하고 2호분은 석축 돌 사이가 흙으로 채워졌 있기 때문에 축조 순서는 석축이 먼저임을 분명히 알 수 있지만 석촌동 4호분은 점토가 먼저라는 차이를 보여 주는 것이죠. 그 앞의 사진 다시 보여 주실래요. 1호분 북분인데 여기 보시면 내부 점토하고 석축 내면 사이의 관계에 있어 석축 사이에 점토들이 들어가 있습니다. 석촌동 2호분의 경우와 같죠.

○ 최병현(숭실대학교)

잠깐만요. 아까 모식도. 4호분은 나중에 좀 할 말이 있는데요. 지금 여기에 말하자면 흙이 여기 지금 지면에서부터, 여기 잔돌 깔았다는 거 표시한 거죠? 여기서부터인지 조금 높은지 모르겠고. 그다음에 이 부분입니다. 이 부분이 정말 이렇게 생긴 건지, 아니면 점토층 자체는 이렇게 올라가고,

○ 좌장 | 임영진(전남대학교)

모식도입니다. 세부적인 면에서는 차이가 있을 수가 있겠죠.

○ 최병현(숭실대학교)

보고서 사진에 딱 그 부분을 찍은 사진이 잘 안 나와 있더라고요.

○ 좌장 | 임영진(전남대학교)

뒤에 석촌동 2호분을 보시면 그런 설명이 타당하다는 것을 아실 수 있을 겁니다.

○ 박순발(충남대학교)

그런데 말씀하시면서 이쪽, 말하자면 4호분을 지금 표현하시기는 봉토 삭토식이라 했는데, 저는 여기에서 조금 제 의견을,

○ 최병현(숭실대학교)

그건 이따 얘기합시다. 나도 할 얘기가 있으니까. 4호분 가서 얘기하자고. 2호분부터 먼저 하십시다.

○ 좌장 | 임영진(전남대학교)

1호분과 관련되어 있는 석곽묘를 잠깐 먼저 보고 가겠습니다. 이게 서울대에서 최근 발간된 보고서 도면입니다.

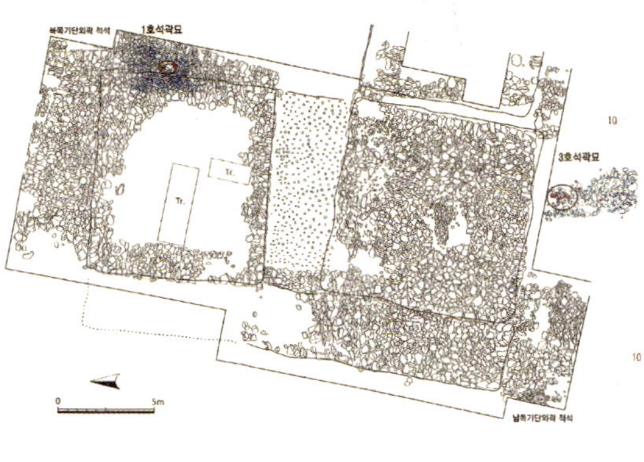

석촌동 1호분 발굴후(서울대박물관 2013)

1호 석곽으로 보고된 것의 위치가 여기예요. 정연한 형태를 갖추고 있지 않았기 때문에 이렇게 표시를 했고. 남분 밖으로, 이게 3호 석곽으로 보고된 것인데 레벨 차이가 약간 있습니다. 피트 바깥이고 지표에서 깊이 내려가지 않은 겁니다.

그래서 두 석곽묘는 레벨에 있어 차이

가 있는데, 1호 석곽묘는 북분 1단 석축과 그 외곽에 있는 돌무더기에 걸쳐 있어서 현장에서도 논란이 많았는데, 뒤에서 자세히 논의하도록 하겠습니다.

다음 보겠습니다. 1호 석곽묘 사진이고요. 다음 사진. 왼쪽은 '87년도 조사보고서 표지인데, 현장 작업이 끝나면 한 달 안에 내야하는 행정용 보고서였습니다. 당시 서울대, 숭실대, 경희대 팀이 발굴을 해나가면서 급히 보고서를 낼 수밖에 없는 형편이어서 제대로 된 정리가 어려웠어요. 오른쪽은 그래서 서울대박물관에서 1, 2호분에 대해서만 별도로 보고서를 낸 것인데 2년 뒤에 나온 겁니다.

석촌동 1호분 북분에 걸쳐 있는 1호 석곽묘(서울대박물관 1989)

石村洞古墳群發掘調査報告

1987

서울特別市

石村洞發掘調査團

서울大學校 考古人類學叢刊 第十四冊

石村洞 1·2號墳

서울大學校博物館

1989

예. 이상으로 1호분이 끝났습니다. 3시 20분경에 시작했는데 지금 4시 33분이니까 1시간이 약간 더 걸린 것 같습니다. 생각보다 길어졌는데 한기가 끝났으니까 5분이라도 잠깐 숨 좀 돌리고 하시지요. 차도 한 잔 하시고.

(정 회)

(속 개)

○ 좌장 | 임영진(전남대학교)

이제 2호분으로 넘어가야 하겠습니다만 김무중 원장님이 1호분에 대해서 하실 말씀이 있으신 것 같은데. 말씀하시죠.

○ 김무중(중원문화재연구원)

저는 사실 석촌동을 '87년도에 조사할 때 주변에 폐기물 피해서 트렌치를 설치하고, 이동할 때 화장실 피해서 다닌 기억과 1, 2호분을 조사한 서울대가 그렇게 부러웠던 기억이 남아 있습니다. 하나만 말씀드리겠습니다. 저 앞 단면도가 중요할 것 같은데요. 그런데 아까 박순발 선생님이 보완설명하신 것과 관련하여 한 가지 의문이 있습니다.

잔자갈 나온 층을 자세히 보시면 다 레벨이 다릅니다. 그래서 지금 현재의 평면도나 단면도 가지고는 저 구조를 파악할 때 일정한, 전체적으로 1호분 남·북분을 같은 높이로 정지했다고 볼 수가 없을 것 같고요. 그리고 모식도에서 백제식, 그 다음에 성토하면서 동시에 쌓은, 왼쪽 점토충전식 백제적석총에 보면 잔자갈이 맨 하단 석에 있는데, 1호분이나 2호분 단면도를 보시면 저 잔자갈이 한두 단 위쪽에 깔려 있습니다. 그래서 축조 방향은 기단을 바깥으로 댈 때 내측에는 약간 높게 정지를 했던 것 같고요. 그 위에 잔자갈을 깔았다고 보고, 그 후 외부의 기단은 아래까지 더 내려간 형태로 쌓은 것이 아닌가, 그렇게 생각을 했습니다.

○ 좌장 | 임영진(전남대학교)

저 모식도에서는 잔자갈의 끝이 일단 석축 아래로 가는지 석축 내부에 국한되어 있는지 그것을 단언하기는 어려워요.

○ 김무중(중원문화재연구원)

그러나 1, 2호분 단면을 잘 보시면 맞지 않습니다.

○ 좌장 | 임영진(전남대학교)

1호분 단면도를 보시면 남, 북분 연결 부위 바닥 잔돌 레벨하고 남분 석곽으로 추정했던 바닥 레벨은 분명히 차이가 약간 있습니다. 원도를 찾아서 구체적인 수치를 확인할 필요가 있을 것 같습니다. 자, 이제 제2호분으로 넘어갈까요.

○ 정치영(한성백제박물관)

1호분 한 가지만 더 말씀드리겠습니다.

○ 좌장 | 임영진(전남대학교)

예. 말씀하세요.

○ 정치영(한성백제박물관)

1호분 평면도 보여 주십시오. 이 부분을 한번 여쭤 보고 싶습니다. 여기 지금 선을 이렇게 그어 놓으셨는데요. 석축이 이렇게 갈 거고 나중에 덧붙인 거라고 하셨는데, 이 부분이 지금 이렇게 된 것은 여기하고 나중에 덧붙인 부분에 석축하고 열이 좀 맞게 되어 있는 듯한 느낌입니다.

○ 좌장 | 임영진(전남대학교)

그 부분은 남·북분을 연결하는 부석 단을 추가한 것으로 보았습니다.

○ 정치영(한성백제박물관)

예. 저희 현장에서도 이런 상황들이 조금 보이거든요. 그래서 어떤 선생님들은 이게 혹시 층단 구조, 지금은 다 삭평돼서 평면적으로 보이지만 이 안쪽이 윗단이었을 가능성은 없는가, 이런 의문을 제기하시기도 하거든요.

○ 좌장 | 임영진(전남대학교)

그것도 감안해 볼 수 있는 것이지만, 만약에 그렇게 되면 이쪽이 해석이 불가능해지죠.

○ 정치영(한성백제박물관)

예. 그래서 저도 의아한 게, 지금 3호분이나 복원되어 있는 그런 상황을 보면 분명히 위에 단이 면적이 좁고 아래 단이 면적이 넓게 나와야 합니다. 그러면 이렇게 연결이 되어야 하는데, 저희 현장에서도 지금 저 서쪽 부분을 확장해서 보니까 지금 하나의 이 라인이 나오고 아슬아슬하게 소나무 잘라내고 확장을, 서쪽 부분에. 거기서 기단 열이 걸려 있는데, 이쪽하고 거의 평행하게 이렇게 연결되는 그런 양상이 보입니다. 그래서 윗단, 아랫단일 가능성도 있어 보이는데, 이게 이해가 안 갑니다.

○ 박순발(충남대학교)

나는 정반대로 생각해요. 자, 보세요. 여기 돌 빠진 거, 돌 빠진 건 한 단만 깔려 있기 때문에 그래요. 쉽게 빠집니다. 그것은 뭐냐면 적석총이라고 하는 이 주변에는 일정 부분 말입니다, 바로 노지로 안 놔뒀어요. 돌을 깔았단 말이에요, 일종의. 깔았는데 그 깐 순서가 말하자면 타일 같으면 쫙 각 잡겠지만 이런 식으로 각을 잡아서 해놓은 것뿐이에요. 왜? 이것은 단이라고 하면 바로 1단 부석만 있으니까 저 돌이 저쪽에 다 날아가고 이쪽에 날아가고 이랬잖아요. 그러니까 단으로 보면 안 된다, 오히려 반대로.

○ 좌장 | 임영진(전남대학교)

단으로 볼 수 없는 또 하나의 이유가, 이쪽은 쭉 하강해서 내려갔거든요, 남쪽 피트 안쪽. 그러나 이쪽에는 없어요. 단이 있었다면 사방으로 다 연결됐어야 할 텐데.

○ 박순발(충남대학교)

무덤 주변에 깔아놓은 거예요, 이렇게.

○ 정치영(한성백제박물관)

예. 그래서 실제 아까 말씀드린 대로 확장을 해보니까 이렇게 연결이 되는데, 이 앞쪽에 무너졌는지 쌓여 있는지를 잘 모르는 그 돌들을 좀 걷어내 보니까 점토성토부 위에 박석처럼 얇게, 얇은 판석 같은 것을 쭉 깔아놓은 그게 딱 나왔습니다.

○ 박순발(충남대학교)

그걸로 끝이야. 일종의 산수라고 그러는데, 건물 같으면 바로 처마 밑에 있는 건데, 여기도 마찬가지로 적석총 주변에 맨땅으로 하면 이 동네는 비 오면 맨땅에 엄청 들러붙어요. 그러니까 그런 식으로 해놓는 거예요.

○ 정치영(한성백제박물관)

그러면 층단 구조가 아니고 이 자체가 하나의 그냥,

○ 박순발(충남대학교)

그렇죠. 이름을 앞으로 붙여야 되겠는데, 땅이 물 빠짐 좋은 데는 필요 없습니다만 석촌동 일대는 있어야 돼요. 그래서 그 이름을 뭐라고 붙일까 하는 것을 좀 고민해야 될 것 같아요.

○ 최병현(숭실대학교)

경주 적석목곽분에서도 호석 밖으로 또 돌을 돌린 게 나와서, 내가 그것을 호석 외구라고 한 번 붙여봤는데....

○ 박순발(충남대학교)

외구?

○ 최병현(숭실대학교)

외구.

○ 박순발(충남대학교)

경주는 '외구'로 붙여도 되는데, 여기는 '외구'로 쓸 것은 아닌데.

○ 최병현(숭실대학교)

이것은 '고분외구' 그러면 되겠네. '적석외구'. 가칭으로 한번 정해서 해 보세요.

○ 박순발(충남대학교)

그건 나중에 합시다.

○ 좌장 | 임영진(전남대학교)

고분 주변에 깔아놓은 박석 정도죠.

○ 이인숙(한성백제박물관장)

박석. '박석'이라고 그러면 되겠네.

○ 좌장 | 임영진(전남대학교)

좋습니다. 그럼 2호분으로 넘어 가실까요?

○ 이인숙(한성백제박물관장)

그냥 '기단 주변 박석부' 그러면 되겠네.

○ 최병현(숭실대학교)

합의 상당히 많이 보네요, 오늘 보니까. 1호분에 대해서는 오늘 합의 많이 봤어요. (웃음)

○ 좌장 | 임영진(전남대학교)

자, 이게 2호분 발굴 전 상황입니다. 저 뒤쪽에 양계장도 있었는데요. 많이 변형이 됐지만 원상을 유지한 부분들이 남아 있어서 그것을 중심으로 정리를 했는데.

석촌동 2호분 발굴전(서울대박물관 1989)

다음 보실까요. 정리한 결과입니다. 내부 일부라도 좀 들어갈 필요가 있겠다고 해서 급히 절개를 했는데, 쭉 하강하면서 유구가 있는지 살펴 봤습니다만 성토부가 연속됐을 뿐이고 다른 건 보이지 않았어요. 바닥에는 잔돌들이 깔려 있고 주변에는 큰 돌들이 있는데, 왼쪽은 누가 보더라

석촌동 2호분 발굴후(서울대박물관 1989)

도 명확하지요. 후대 퇴적토가 석축 상면까지 차올라 있어서 보존이 잘 되었는데 이 2호분 동쪽 끝 부분에 대해서는 이론의 여지가 없습니다. 그리고 그 내부, 석축 내면과 점토와의 연접 부위를 재봤는데, 석축 안쪽 돌들 사이에 점토들이 채워져 있었어요. 그러니까 석축을 하면서 점토를 채웠다는 것이 드러나는 것이죠. 그리고 이 뒷면도 조금 절개해 봤습니다.

이게 전체 평면도입니다. 가운데 하얀 부분은 발굴하지 않은 부분이고, 조금 전에 보신 사진이 이 동북쪽입니다. 그리고 이 동쪽 석축열이 비교적 잘 남아 있는 곳입니다. 다른 쪽은 뜬 돌들을 들어낸 다음에 석축 라

석촌동 2호분 평면도(서울대박물관 1989)

석촌동 2호분 서북구 목관묘
(서울대박물관 1989)

인을 찾아보려고 했는데, 정연하게 이어지는 데는 없었어요. 그래서 약간 흐트러지긴 했지만 어느 정도 일관성, 방향성을 가지고 있다고 보이는 것을 잡아 봤더니 윤곽이 나왔습니다.

그리고 이쪽 서북부가 많이 훼손된 상태여서 바닥까지 정리를 했는데, 다음 사진 보시죠. 그 바닥에서 이런 목관 유구가 나왔습니다. 중앙부분이 안으로 휘어졌는데 제일 깊은 데가 20cm 정도입니다. 그래서 왜 이런 현상이 나타났는가 하는 것을 당연히 고민해볼 수밖에 없었죠. 결론은,

○ 박순발(충남대학교)

토압 때문에 그런 거 아니에요.

○ 좌장 | 임영진(전남대학교)

그렇습니다.

○ 박순발(충남대학교)

토압 때문에 그러는데, 이 위에 돌이 엄청 올라갔잖아요. 다시 말하면,

○ 좌장 | 임영진(전남대학교)

잠깐만요. 내 설명을 일단 들어보시고. 그래서 일반적인 토광을 가진 목관이었다고 하기에는 문제가 있다. 소위 토광목관묘라면 목관의 높이보다 토광을 깊이 파야 하는데, 이것은 그게 아니라는 것이죠. 그래서 저 토광은 목관 하단이 안치되는 공간 정도만 굴착한 것이고, 목관의 상당 부분은 토광 바깥에 노출되어 있었다. 그 다음에 그 위에 성토하였는

데 그 토압으로 인해서 목관이 썩어가는 과정에서 저렇게 내만이 이루어졌을 것이다. 저 뒤쪽 단면을 통해서 소규모 선행 분구를 확인했습니다. 그때 권오영 선생이 학부생이었던가 그랬는데, 이 부분 발굴에 참여했었어요.

앞 도면 다시 볼까요. 여기 보시면 바닥에 돌들이 표시가 됐는데, 목관 쪽에서는 잔돌들을 찾아보기가 어려웠거든요. 여기서 돌들을 찾아볼 수 없었던 이유는 바로 저게 2호분의 선행무덤으로서 이미 분구로 덮여 있었기 때문에 그것을 포괄해서 2호분을 축조하면서 그 분구 안에는 돌을 깔 수가 없었던 겁니다. 다음 그림은, 복원 모식도입니다. 선행 분구를 포괄해서 후대에 2호분이 이런 모습으로 축조가 됐다, 이렇게 결론을 내게 된 겁니다. 그래서 파괴는 됐지만 남아 있는 높이로 봐서 원래

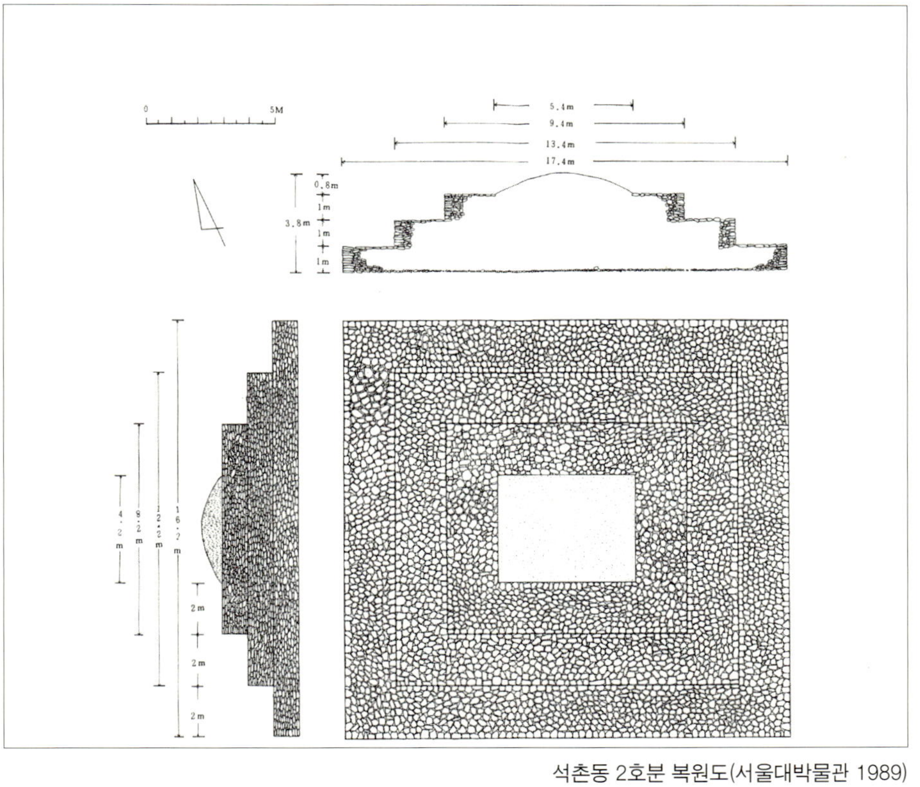

석촌동 2호분 복원도(서울대박물관 1989)

3단 정도로 추정을 하고, 한 단의 높이는 90cm 정도. 이렇게 정비복원 도면을 제시한 겁니다.

○ 박순발(충남대학교)

질문하겠습니다.

○ 좌장 | 임영진(전남대학교)

예. 하십시오.

○ 박순발(충남대학교)

이 복원도에서 항상 보면 4호분도 그렇고 이 위에 점토로 된 부분을 이렇게 볼록하게 했는데, 그 근거가 있습니까?

○ 좌장 | 임영진(전남대학교)

분명한 근거를 제시하기는 어렵죠. 1975년에 나온 4호분 발굴 보고서에 보면 그 언급이 처음 나옵니다. 그래서 그것을 감안하였던 것인데, 확실한 근거는 없어요.

○ 박순발(충남대학교)

그래서 제가 드리는 말씀인데, 4호분도 유구 해석 문제가 남아 있지만 4호분은 기와 이런 게 나오기 때문에 기와 있는 게 흘러내렸다 이런 식의 주장입니다. 그것 때문에 그렇게 하는데, 근거가 없는 것은 사실 고구려에 저렇게 되어 있는 게 없어요. 어차피 적석부 자체가 고구려식이라는 것에 대해서 부정하지 않는 것이니까 흙으로 됐다 하더라도 아마도 얇게 박석되거나 그렇게 되어 있지, 저렇게 흙을 노출시키면 더 힘들어요. 왜냐면 이게 워낙에 물에 의해서 영향을 많이 받는 데에서 돌 넣어가지고 하는데 저것을 그냥 흙으로 노출시킨다? 나는 그거 아니라고 봅니다. 얇게라도 덮였을 것이다. 아마 큰 돌 정도가 덮였을 가능성이 많아요. 어쨌든 그래서 그 근거가 없으면 이것은 앞으로 안 하는 게 저는 좋겠다고 생각하고요.

그 다음에 아까 말씀하셨는데 선행 무덤이라는 것에 대해서는 동의를 합니다. 그러나 선행이라 하더라도, 조금 안으로 휘어진 그 부분인데요. 그게 만약에 깊이 안 들어가고 지상으로 돼 있으면 그렇게 될 리가 없어요. 오히려 얕더라도 이렇게 파져 있으니까 적어도 이게 들어왔다는 얘기는 뭡니까. 이것은 목관이 생생할 때 위에 토압을 받았다는 얘기거든요. 다시 말하면 그냥 토압이 아니고, 자체 봉분 토압이 아니고 거기에다가 뭘 합니까. 위에 적석을 올려버린단 말이야. 그러니까 아직 안 썩었을 때 토압이 있으니까 그렇게 된 거라는 거지. 시차가 별로 없다는 그런 뜻도 되고, 그것은 역시 아주 오래전에 있는 것이 아니라 적어도 목관이 그런 정도로, 말하자면 변형될 수준 단계에 만들었다고 봐야 된다 이겁니다.

○ 좌장 | 임영진(전남대학교)

적석총으로서의 2호분과는 시간적으로 큰 차이가 없을 것이다?

○ 박순발(충남대학교)

선행하는 건 맞고, 큰 차이는 없을 거예요.

○ 좌장 | 임영진(전남대학교)

그 시차는 지금 현재 나온 자료로 특정하기는 어렵습니다. 목관에서는 직구호가 나왔지만, 2호분 내부에서는 연대를 추정할 만한 자료가 나온 바가 없습니다. 그래서 그 시차를 특정하기는 어렵고, 목관의 원래 안치

상황에 대해서는 약간의 논의가 더 필요할 것 같습니다.

그 사진, 다시 좀 보여 주십시오. 자, 이 면이 당시의 지면으로 추정하는 면인데, 박선생은 토광이 더 깊었을 거라는 건가요?

○ 박순발(충남대학교)

그러니까 저게 만약에 그 당시 평면 위에 있었다면 저런 현상이 안 나타나죠. 지표에 있다 하더라도 뭔가 안에 들어가면서 되겠지만, 제가 말하는 것은 요컨대 목관이 생생한 단계에라야지 저런 현상이 생긴다 이 말이야. 이미 위에 토압을 받을 때, 즉 적석이 되어서 그 하중을 받을 때 이미 부식된 상태라면 저런 현상은 안 나타난다, 이런 이야기지.

○ 좌장 | 임영진(전남대학교)

이 무덤은 2호분의 거대한 분구와 적석이 부가되기 이전의 것이고, 그 시차가 어느 정도인지 모르겠지만 이 단면에 나타나는 선행 분구 규모는 그다지 크지 않습니다. 그러니까 토압을 받았더라도 큰 토압은 아니었을 것인데, 문제는 당시 목관이 안치됐을 때 지면 아래의 토광의 깊이가 어느 정도였겠느냐 하는 점에 있어서는 저는 저게 전부라고 생각해요. 최대 20㎝ 정도.

○ 박순발(충남대학교)

그럴 수도 있는데,

○ 좌장 | 임영진(전남대학교)

그래서 저것은 전형적인, 일반적으로 얘기하는 토광묘로 분류될 성질의 것은 아니다는 겁니다.

○ 박순발(충남대학교)

그것은 좋은데, 여기에 봉분이 남았다 그랬으면 조사할 때 위에 아무것도 없지는 않았을 거 아니에요. 단면이라도 있었을 것 아니야.

○ 좌장 | 임영진(전남대학교)

저쪽에 단면이 남아 있어요.

○ 박순발(충남대학교)

저쪽 단면은 봉분이고, 이거 자를 때 하여튼 뭔가 할 때 있었을 거 아니에요. 저만큼 보이는 팔 정도 위에 덮여 있었을 거 아니에요.

○ 좌장 | 임영진(전남대학교)

당연히 덮여 있었겠죠.

○ 박순발(충남대학교)

그러니까 그때 이미 다 말하자면 초동단계에서 곽, 관 이런 건 거기에서 채취가 됐어야 할 건데. 지금 단계에서는 추정하기보다도 그게 얼마나 깊었냐 하는 것은 아마 이게 그 당시 축조 면이라고 우리가 전제를 하면 얼마 깊지 않은데, 그러나 그것도 봉분과의 관계 속에서 얘기해야 되겠죠. 구지표를 우리가 모르는 상황인데.

○ 좌장 | 임영진(전남대학교)

이 토광 어깨 레벨이 보크 뒷면의 잔돌이 깔린 그 바닥 레벨이에요. 그러니까 이 토광 어깨면을 당시 구지표면으로 볼 수밖에 없고, 토광의 깊이가 저렇게 깊지 않았다는 점에서 3호분 동쪽고분군의 최하층에서 조사된 깊은 토광을 가진 목관묘하고는 범주를 달리한다, 이렇게 보는 것이 옳겠다는 것이죠.

다시 복원도를 보여 주실래요. 2호분 맨 꼭대기에 저런 마운드가 있었는지 없었는지는 단언하기 어렵지만 편평하였다면 박석 같은 것으로 덮였을 것이고, 그렇지 않다면 약간 곡면으로 처리하는 것이 우수 침투를 막는 방안 가운데 하나였을 겁니다. 1975년 보고서에서는 그런 것을 감안해서 약간의 마운드를 상정한 것으로 보입니다.

○ 최병현(숭실대학교)

우선 마운드 내부부터 검토하고 그것 나중에 얘기합시다.

○ 좌장 | 임영진(전남대학교)

예. 말씀하시지요.

○ 최병현(숭실대학교)

앞의 사진으로 돌려보실래요? 아까 사진 있었던 것 같은데, 이 도면에서 자른 면이 이 선이더라고요. 지금 토층도가 여기 토층이 그려져 있어요. 적석이 이렇게 갔으니까 거의 중심부는 아마 이만큼, 이 부분이 중심부에 약간 근접했다, 이렇게 볼 수 있겠지요? 거기 한번 토층을 보시자고요. 이것 한번 확 키워 보세요. 이 상태는 안 나타는군요. 아까 말한 그 면이 여기 토층 사진 속에 있습니까? 토층도를 보면 더 확실한데.

○ 좌장 | 임영진(전남대학교)

보고서에 토층도가 실려 있습니다.

○ 최병현(숭실대학교)

사진의 토층을 보면 여기 지금 이렇게 떨어지는 면이 있잖아요. 안으로 숙여 내려가잖아요. 이 부분에서 토층이 팍 꺾여요. 이 부분 안쪽에 뭔가, 중심부 쪽으로 뭔가 함몰된 흔적이란 말이에요. 그게 아까 봤던 모서리 부분이란 말이에요. 그래서 이것은 내가 보기엔 내부에, 말하자면 이 마운드 내부에 아마 목곽 같은 것이 있었던 건데, 그게 함몰돼서 나타나는 현상이 아닐까 하는 추정을 해봤어요.

○ 박순발(충남대학교)

저는 조금 다르게 생각합니다. 왜 그러냐면요, 축조할 때 내부 충전하는 과정에서 기본적으로 가운데를 나중에 충전하게 되어 있어요. 주변에 하고 나서 이렇게. 말하자면 충전 과정 속에서도 나타나는 건데 함몰 정도를 보기에는 조금 나는 개인적으로,

○ 최병현(숭실대학교)

그것은 신라 고분을 예로 들면 두 가지 방식이 있습니다. 황남대총, 천마총 같은 대형분은 봉토의 토층이 밖에서 안으로 경사져 들어갔거든요. 규모가 좀 작은 고분들은 가운데가 높고 밖이 낮아 가운데서부터 쌓아 올립니다. 그러니까 봉토를 쌓을 때 반드시 안을 나중에 쌓았다 그렇게 얘기하기는 어려워요,

그런데 석촌동 2호분의 경우 뭐냐면 이 부분에서 분명히 팍 꺾인 부분이 있단 말이에요. 여기 이렇게. 여기가 탁 꺾였고, 그다음에 그 윗부분에 중심부로 가면서 안으로 자꾸 기울었거든요. 뭔가 함몰된 게 아닌가, 그런 생각이 들게 한다, 그 말이에요.

○ 박순발(충남대학교)

함몰이라고 한다면 그 부분에 매장주체부로 설정해야 하는 문제이기 때문에.

○ 최병현(숭실대학교)

바로 그 말입니다. 지금 이 면인데요. 함몰 면이 나타난 게 이 정도 위치입니다. 그러니까 매장주체부가 있으면 여기쯤일텐데, 그 함몰선은 매장주체부 외곽 쪽에 조금 걸린 게 아닌가 해요. 이 토층선이 정확히 고분이나 매장주체부의 중심선을 자른 게 아니거든요. 토층선은 이 부분을 자른 거란 말이에요.

○ 좌장 | 임영진(전남대학교)

PDF 파일에서 토층도를 찾아서 띄워 주시죠.

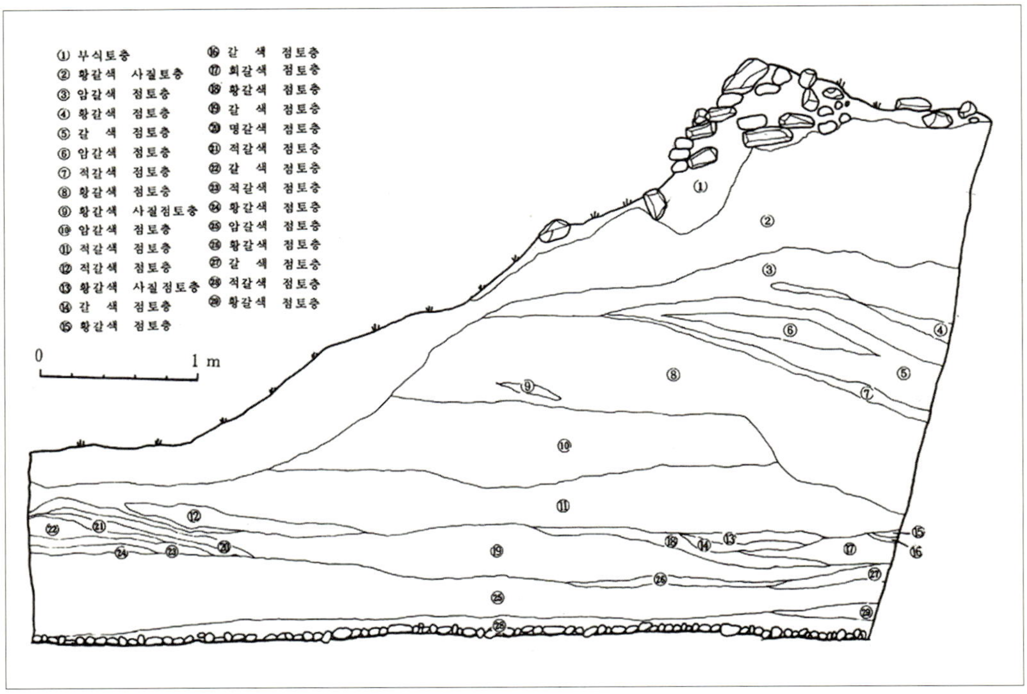

석촌동 2호분 분구 토층도(서울대박물관 1989)

○ 최병현(숭실대학교)

그래서 토층도 보면 아무래도 이 부분이 함몰된 게 아닌가 하는 생각이 들어요. 그러면 결국 흙 마운드 속에, 예. 여기, 이것을 한번 세워보세요. 여기입니다. 여기가 팍 꺾인데다가 지금 여기하고 이 토층도 색깔이 거의 같아요. 외부가 저렇게 팍 꺾인 다음에 여기서부터 이렇게 안으로 기울었거든요. 그러니까 분명 여기에서 뭔가, 지금 이 면 어디 저 안쪽에 매장주부가 있고, 그 모서리가 여기 굴토면에 조금 걸린 거고. 안쪽에 뭔가 하여튼 목곽 같은 시설이 있었고 그 위에 흙이 더 쌓였고.....
그 다음에 아까 적석 붙이는 것에 대해서 봉토 끝에만 적석 쌓은 건데 저는 그렇게 생각 안 해요. 이게 물론 자연스러운 면인지 아닌지는 모르겠지만 이 상태 보면 외곽선이 역시 둥그렇게 올라가는 마운드라고 생각이 드는데, 어쨌든 내부에 뭔가 하여튼 분명히 목곽 같은 게 있지 않았나 해요. 여기가 자갈면인데, 자갈면보다 위로 흙을 쌓았고. 여기는 보세요. 다 수평으로 갔잖아요. 그다음에 여기서 팍 꺾인 다음에 토층이 안으로 경사져 내려갔거든요. 그러니까 아마 이 안 최소한 1단 정도 윗부분 어디에 목곽 같은 게 있어서, 그게 함몰된 상태가 아닐까 하는 생각이 들었다 그 말이죠.

○ 좌장 | 임영진(전남대학교)

예. 그 가능성은 충분히 상정할 수 있을 것 같습니다.

○ 최병현(숭실대학교)

그 흔적이 어떻게 해서 거기에 딱 하나 남았어요.

○ 좌장 | 임영진(전남대학교)

다만, 그 때문에 이렇게 급경사를 이루고 함몰이 됐다면 이 근방 어디에서 목곽의 부식 흔적이 나와 줘야 하지 않을까요?

○ 최병현(숭실대학교)

그보다 조금 안쪽이라니까요. 굴토선 아주 그 모서리가 걸린 거예요, 내가 볼 때. 아주 모서리 조금 걸린 거예요.

○ 좌장 | 임영진(전남대학교)

전남지역 대형 고분들의 축조 상황을 보면 평지를 정지하고 제방 형태로 외곽을 먼저 돌리는데, 도넛 형태라고 저는 쉽게 표현합니다만, 외곽을 먼저 돌리고 가운데에 매장주체부 설치하고 흙을 덮습니다. 그렇게 하면 토압에 의해서 봉분이 밖으로 쏠려나가는 것을 방지할 수 있기 때문에 대형 고분에서는 그러는데, 이 경우는 지금 사변이 석축이란 말이죠. 그래서 외곽 성토가 먼저 이루어졌을까 그것도 검토를 해봐야 되겠고. 현재 단면상으로는 최선생님께서 지적하신 가능성을 검토해 볼 필요가 있다고 봅니다.

○ 박순발(충남대학교)

그러기에는 저 꺾인 부분이 두께가 좀 이상해요. 만약에 함몰이라고 한다면 저런 식으로 나타나기는 좀 힘들어요. 폭이 지금 다르잖아요, 두께가.

○ 최병현(숭실대학교)

그게 그러니까 지금 토층선이 중심부를 자른 게 아니고, 옆으로 조금 지나간 거기 때문에, 그렇게 나타날 수 있는 여러 가지 변수를 좀 같이 판단해볼 필요가 있어요. 중심부를 잘랐으면 토층이 저렇게 나오면 안 되지요, 당연히.

그 다음에 지금 이 높이가, 이 면으로 봐서 마운드의 높이가, 아까 함척 세운 거로 보니까, 이 자갈층에서 한 4m가 되더라고요.

○ 좌장 | 임영진(전남대학교)

3m 남짓됩니다.

○ 이희준(경북대학교)

3m요.

○ 최병현(숭실대학교)

3m요.. 그러면 여기서 보더라도 이 높이만 해도 2m 훨씬 넘잖아요. 매장주체부 아무리 높아봐야 1.5m 내지, 뭐 최고 높아봐야 한 2m일 텐데, 보통 2m까지 안가요. 목곽 높이라는 게 보통 1~1.5m거든요. 1~1.5m면 이 봉토층 안에서 목곽이 부식하고 무너져 함몰하면 이런 현상이 나온다고 봅니다.

○ 좌장 | 임영진(전남대학교)

예. 가능성은 충분히 있을 것 같습니다.

○ 박순발(충남대학교)

평면 형태에 대해서 조금.

○ 최병현(숭실대학교)

잠깐만요. 한마디만 더 할게요. 아까 봤던 1호분 남분이나 북분이나 2호분이나 이런 거 보면, 내부가 흙으로 채워져 있어, 안에 흙 마운드 자체가 이렇게 둥그렇게 올라가고, 바닥이 아니라 상당히 높이 올라온 위치에 목곽 같은, 돌을 쓴 게 아니고, 나무로 만든 목곽 같은 시설이 있었던 게 아닌가 그런 생각이 든단 말이에요. 2호분, 1호분 북분, 1호분 남분 정도는 봉분 중에 목곽, 그리고 그 둥근 봉분 가장자리로 방형 적석단을 붙인 것이 아닌가 해요. 꼭대기는 잘 모르겠어요. 나도 개인적으로는 꼭대기도 아마 돌로 덮지 않았을까 생각은 하는데, 그건 잘 모르겠어요. 3호분은 좀 예외니까 나중에 다시 판단을 하고.

○ 좌장 | 임영진(전남대학교)

방금 말씀하신 것 가운데 분구 중간에 목곽 같은 시설이 있었을 가능성은 저도 동의를 합니다만, 1단만 석축이 방형으로 가고, 그 위는 둥근 흙무덤이었을 가능성이 높다, 이렇게 말씀하신 건가요?

○ 최병현(숭실대학교)

아니요. 둥근 마운드 바깥으로 방형 적석을 3단이든 5단이든 만들었을 거다, 그 말이에요. 아까 임 선생 모식도를 보면 기단에 안쪽까지 흙이 들어간 것으로 되어 있는데 나는 그건 아니라고 봐요.

○ 좌장 | 임영진(전남대학교)

아닙니다. 그것은 현장에서 확인한 팩트인데 그 팩트를 무시하면 안됩니다. 그 팩트로부터 해석이 이루어져야 할 것 아니에요.

○ 최병현(숭실대학교)

어떤 게 팩트예요?

○ 좌장 | 임영진(전남대학교)

석축 내부에 채워진 흙이죠.

○ 박순발(충남대학교)

지금도 팩트와 해석이 약간 왔다 갔다 했어요. 최병현 선생님도 지금 해석을 좀 과하셨거든. 즉, 무슨 얘기냐면 지금 나온 거, 지금 왜냐면 매장 주체부면 대단히 중요한 문제인데도 불구하고 그 함몰이라는 전제에 또 거기다가 목관까지 집어넣었어요. 여기에는 동의할 수 없어요. 왜냐면 이것은 굉장히 중요한 사항이기 때문에 이건 만약에, 남아 있으니까 그건 그때 가도 됩니다. 왜냐면 아까도 내가 얘기했지만 돌로써 곽을 만들었다는 것이 나와 있고.

그리고 지금 제가 질문 드리고 싶은 것은 뭐냐면 평면도. 자, 이 평면도가 전체 석촌동 1, 2, 3, 4호분이 전부 다 남북 방향인데 이것은 약간 틀어져 있어요. 그런데 자세히 보면 여기에서 선을 추정할 때에 내가 볼 때는 남북으로 된 게 맞아요. 이것만 틀어질 리가 없어요. 전체적으로 이게 전부 남북이 딱 맞습니다. 다시 말하면 이게 뭔가 하나의 기획 의도에 의해서 딱 된 거예요, 전부 다. 들쭉날쭉하지가 않습니다. 사이즈도 보면 가장 큰 급이 있고, 이것은 17m급이고 그다음에 10m급이 있고 이렇습니다.

○ 좌장 | 임영진(전남대학교)

3호분은 동서가 장축이에요. 동서가 약간 더 길지요.

○ 박순발(충남대학교)

장축을 떠나서 기본적으로 남북 방향을 의식했단 말이에요. 왜냐면 본래 남북 지형도 비슷했겠지만 실제로는 동일한 기획 의도에 입각해서 했는데 이놈이 약간 틀어져 있어서, 이것을 자세히 보면 실제 현장에서는 돌 이런 것들의 열이 100% 맞다고 난 보지 않기 때문에 전체적인 추세를 따라가는 게 어떨까. 아니면 이것 하나만 설명하기는 좀 어려워져요. 이것을 제외하면 전부 다 그렇습니다. 지금 점토곽 나온 것도 마찬가지입니다. 지금 조사하고 있는 것도 전부 다 기본적으로 방향이 그렇게 되어 있습니다. 장축, 단축의 여하를 떠나서. 그래서 그 부분을 저는 조금, 방위표도 조금 애매한 부분이 있어서 그렇게, 약간 틀어졌어요.

○ 좌장 | 임영진(전남대학교)

2호분 도면의 방향은 정확하고 전체 규모는 정방형이 아니라 1:1.1 정도의 미장방형이에요. 동서가 약간 길죠. 동서 방향이 길다는 것에 대해서는 문제를 제기하는 것은 아니죠?

○ 박순발(충남대학교)

그것은 아니고.

○ 좌장 | 임영진(전남대학교)

3호분에서 5호분에 이르기까지 거의 남북으로 흐르는 구릉상에 고분들이 배열되어 있는데, 2호분 발굴 현장에서는 남아 있는 석축열을 기준으로 해서 외곽 평면을 잡았는데, 이런 석축열보다 더 확실한 선이 있다면 지금이라도 수정해야죠. 그런데 없잖아요.

○ 박순발(충남대학교)

없다는 것보다도 실제 돌열이라고 하는 것이 뭘 기준으로 하느냐에 따라 약간 달라질 수 있는데, 석촌동 고분 전체를 놓고 보면 이놈이 약간만 이렇게 하면 전체가 다 맞아요. 한번 보세요.

○ 좌장 | 임영진(전남대학교)

그러니까 2호분만 약간 동북-서남 방향으로 틀어졌다 이거죠?

○ 박순발(충남대학교)

그렇죠. 그래서 가장자리 선들 보면 정확하게 딱 이것으로 픽스될 수 있는 여지는 아니에요.

○ 좌장 | 임영진(전남대학교)

정확하게 이게 직선으로 가지는 않는단 말이죠. 현재 남아 있는 석축열로 잡아 보면 동서, 남북 방향이 정확하게 맞지 않는 것은 사실입니다.

○ 박순발(충남대학교)

그러니까 발굴해보면서, 솔직히 나도 발굴해보면 돌로 된 놈은 뭐를 기준으로 하느냐에 따라 약간 다를 수 있어요.

○ 이희준(경북대학교)

그런데 3호분하고 4호분은 정확하게 나란하지를 않아요. 틀어져 있어요. 그건 그 당시에도 그렇게 보였고, 지금 여기 도면상에도 그렇고. 그래서 남북, 동서 다 맞는 것은 아니라고 생각합니다.

○ 좌장 | 임영진(전남대학교)

남북이라 하더라도 정확하게 맞는 것도 아니죠.

○ 이희준(경북대학교)

저렇게 되면 도대체 주체부가 어디에 있는 겁니까?

○ 좌장 | 임영진(전남대학교)

방금 최병현 선생님 말씀으로는 봉토 중간에 있고 함몰되었을 것이라고 그랬잖아요.

○ 이희준(경북대학교)

나도 그럴 가능성은 괜찮다고 생각하는데, 그것 아니고 기왕의 연구에서는 어디에 있다고 생각하는 겁니까? 상부에 있다고 생각하는 겁니까?

○ 좌장 | 임영진(전남대학교)

발굴 당시에는 한쪽에서 조사된 목관 있잖아요. 이게 지금 이쪽 잔돌 레벨하고 이어지는데 이 선행 목관을 포괄하는 후행 분구 중간 어딘가가 아니겠느냐고 추정했을 뿐이에요.

○ 이희준(경북대학교)

분구 꼭대기 위에?

○ 좌장 | 임영진(전남대학교)

분구 위쪽 보다는 바닥 쪽일 가능성을 생각했지만, 구체적으로 확인할 수 있는 상황이 아니었기 때문에 그건 정확히 얘기하기가 어렵죠.

○ 이인숙(한성백제박물관장)

지표면이요? 묘곽 바로 아래…

○ 이희준(경북대학교)

그러면 분구는 왜 필요한 건가요?

○ 최병현(숭실대학교)

분구묘니까 분구가 필요하지. (웃음)

○ 이희준(경북대학교)

바닥에 있다 그 말이에요? 맨바닥에?

○ 이인숙(한성백제박물관장)

분구 위에는 다 날아가고 그 아래만 지금.

○ 박순발(충남대학교)

그러니까 분이라고 하면 본래 여기가 무덤임을 나타내는 그거니까. 적어도 분 아래 있는 것은 틀림없고. 다만, 고구려식은 적석분이지만 그게 맨바닥은 아니니까.

○ 좌장 | 임영진(전남대학교)

고구려 적석총들도 초기 적석총들은 거의 바닥, 지면이에요, 석곽의 위치가.

○ 박순발(충남대학교)

단지 이제 말하자면 매장주체부라는 문제가 지금 확인을 해야 돼요. 중요사항이다 이 말이에요.

○ 최병현(숭실대학교)

잠깐요. 매장주체부 위치는요. 대형분으로 큰 고분, 고구려식 적석총은 다 위에 있잖아요.

○ 좌장 | 임영진(전남대학교)

클수록 위에 있죠.

○ 최병현(숭실대학교)

그러니까요. 고구려 적석총뿐만 아니라 토축분구묘에서도요. 전라남도 고분 보세요. 다 위에 있어요, 꼭대기에.

○ 좌장 | 임영진(전남대학교)

위에 있는 것은 모두 규모가 큰 것이고, 중소형들은 심지어 지면을 약간 파고 들어가는 것도 있어요.

○ 최병현(숭실대학교)

지면 파고 들어가는 것도 있고, 지면보다 위에 약간 올라온 것도, 저 위에 있는 것도 있고 하지요. 그러니까 그 유구 나온 대로 판단하면 되지, 왜 유구라는 게 매장주체부라는 게 꼭 땅 밑에 있어야 된다고만 생각하냐, 이 말입니다.

○ 좌장 | 임영진(전남대학교)

지금 그렇게 생각하는 사람 없어요. 이런 저런 가능성을 얘기할 뿐이죠.

○ 최병현(숭실대학교)

여기서… (웃음)

○ 박순발(충남대학교)

제가 땅 밑에 있다는 소리 안 했어요. 오히려 석곽이라는 것이 딱 명시가 돼 있는데 없는 것을 가지고 목곽이라고 왜 하냐 이거야.

○ 최병현(숭실대학교)

잠깐만요. 문헌 기록에, 석곽이라는 기록 가지고 너무 따지지 마세요.

문헌 기록이라는 것이 어떤 한 가지, 한 시점의 사건만 얘기할 수도 있고, 여기 남아 있는 석촌동의 많은 고분 중 어떤 것을 지칭하는 건지도 지금 알 수 없고.... 또 기록에 석곽이라고 했다 해서 그것이 반드시 수혈식 석곽이라고 생각하는데, 저는 그렇게 생각 안해요. 문헌기록에 곽, 실, 광 다 구분해서 썼다고 생각 안해요. 그러니까 그 문헌에 한 줄 있다고 너무 그렇게, 문헌 가지고 다 해석할 것 같으면….

○ 박순발(충남대학교)

그렇게 말하면 선생님은 ……

○ 최병현(숭실대학교)

그것은 유구하고 맞으니까… (웃음)

○ 박순발(충남대학교)

그러니까 맞추면 맞는다니까.

○ 좌장 | 임영진(전남대학교)

좋습니다. 이런 논의가 공개된 정식 학술회의 토론장에서 찾아보기 어려운 아주 바람직한 토론이라고 봅니다. 자, 넘어갑시다.

○ 정치영(한성백제박물관)

질문이 하나 있습니다.

○ 좌장 | 임영진(전남대학교)

예. 말씀들 하세요.

○ 정치영(한성백제박물관)

먼저 하세요.

○ 조가영(서울대학교)

사실 저는 아까 나온 이야기 중에서 소봉분이 있고 그것을 포함해서 이 고분을 축조하는 의도를 가지고 있었다, 이 부분이 굉장히 중요하다고 생각을 합니다. 평면도부터 보면서 얘기를 시작하면, 이 평면도상에서 보면 몇 가지 구역으로 나누어지는 바닥 양상이 확인되는 게 아닌가 하는 생각을 했었습니다. 지금 목관이 있는 여기 점토부가 있고, 이쪽으로는 작은 자갈이 깔려 있는 부분이 있고, 또 그 목관하고 대치되는 이쪽은 그것보다 조금 더 큰 돌들이 바닥에 깔려 있는 듯한 양상을 보입니다. 물론 그게 레벨상의 차이라든지 하강 면 차이라든지 이런 것들로 인해서 이렇게 차이가 나타나는 것일 수도 있겠지만, 저는 그렇게 보면 이게 좀 구분되는 몇 개의 단위가 있었던 게 아닌가 하는 생각을 했었고요.

2호분은 보면 가장 상부가 잘 남아 있는 고분 중의 하나였습니다. 둥근 봉분뿐만 아니라 그 둥근 봉분에 가장 상부까지 즙석되어 있는 모습이 그대로 남아 있는 고분입니다. 아까 최병현 선생님께서 함몰 가능성에 대해서 이야기를 해주셨는데, 사실 그렇게 본다면 함몰되었던 그런 형태가 남아 있기 좀 어렵지 않을까 하는 생각이 동시에 들었고, 그리고 또 그것에 비해서는 층단이 잘 보이지 않습니다. 층단이 잘 보이지 않고, 그리고 이런 부분의 절개 조사 같은 것들이 이루어지는데, 돌을 쌓고 점토를 계속 충전해 가는 형식이라면 과연 이 정도로 점토와 돌이 맞물려져 있을까. 그것보다 조금 더 튼튼한 구조여야 하지 않을까 하는 생각이 들었습니다. 저는 좀 그런 것들을 다 생각해 본다면 2호분의 이 기단부는 마지막에 붙여진 것이 아닌가 하는 생각을 개인적으로는 해 봤습니다.

○ 최병현(숭실대학교)

한 가지 보완할게요. 아까 목곽 부분이라고 한데 잠깐 봅시다. 지금 보고서의 여기 부분을 보면 돌이 안 그려져 있는데, 아마도 돌이 이만큼 있었을 거예요. 그러니까 이 자갈층은 거의 사방으로 돌아갔거든요. 이 정도 선으로요. 그다음에 아까 말한 토층도가 지나간 선이 지금 이 부분인데, 그러니까 내가 보기에는 목곽이나 매장주체부는 이 자갈층 나오는 부분의 중심부쯤 어디에 이렇게 걸칠 것 같아요. 그러니까 일반적인 분구묘 축조과정으로로 생각한다면, 예컨대 전라남도의 분구묘 축조과정을 생각한다면, 마운드를 쌓으면서 마운드 중간에 구축묘광을 만들죠. 묘광 자체를 구축해서 만들어놓잖아요. 구축묘광 안에 목곽 설치하고, 목곽과 묘광 벽 사이에는 다시 흙을 채울 겁니다. 그런데 목곽이 안으로 함몰합니다. 그래서 목곽의 중심부 선을 그리면 확실하게 함몰 선이 나오겠지만, 지금 2호분에서 여기 걸린, 지금 이 토층도에 걸려 나오는 부분이라는 게 목곽선의 안쪽일지, 목곽과 구축묘광의 중간일지, 그건 잘 모르겠는데, 이 상태 가지고는 잘 모르겠어요. 그러나 그것이 목곽의 중심부를 지나는 선은 아니고, 끝부분이 살짝 걸린 것 같은데, 어쨌든 지금 이 토층선 자체로 보자면 뭔가 중심부 쪽에 함몰돼서 내려간 그 흔적만은 분명한 것 아니냐, 그 말입니다.

○ 좌장 | 임영진(전남대학교)

예. 그 가능성도 염두에 두고 다시 검토해 볼 필요는 분명히 있다고 봅니다. 또 방금 조가영 선생이 지적하신 문제 가운데 분구가 먼저이고 석축이 나중에 부가됐을 가능성이 있지 않은가 하는 것인데요. 그 점에 대해서는 지금 사진으로 확인할 수 있는 데가 이 부분이거든요. 이 부분은 내부 석축의 범위가 그렇게 넓지는 않습니다. 그런데 이쪽을 보시면 이게 지금 외면이거든요. 여기서부터 이쪽으로는 상당한 돌들이 쌓여 있어요. 그리고 이 위에는 흙도 걸쳐 있죠. 만약에 내부 분구가 선행하고 거기에 석축을 부가했다면 이런 구조가 나오기는 어려울 겁니다. 저런 구조가 되려면 토축 분구 아래쪽은 overhang이 되어야 해요. 역경사되어야 한다는 거죠. 그것은 동의하기가 조금 어렵네요. 그래서 석축이 먼저 이루어지고, 석축 내부에 흙이 채워졌다고 보는 게 합리적이라는 것입니다.

○ 최병현(숭실대학교)

나도 그 부분은 조가영 선생하고 생각이 같아요. 도면 그림을 아무리 봐도, 흙 마운드, 토축분구를 다 완성해 놓고 나서나, 아니면 더 세월이 지난 뒤에 돌을 붙였다, 그렇게 생각은 안 해요. 그러나 분명히 안에 토축을 먼저 해가면서 뒤에 적석단을 붙였다고 나는 생각해요. 작업의 순서로서는 토축이 먼저고, 그다음에 적석단이 뒤다, 그렇게 보는 것이 옳고, 그 적석단을 벗겼을 때 마운드의 형상은 적석단과 흙이 물려 들어갔다기보다는 매끈하지 않았을까. 바깥으로 넓어지면서 위로 올라가며 좁아지는 거지. 좁아지면서 일반 우리 흙 마운드처럼 그런 형태가 아니었을까 하는 생각이다 그 말이죠.

○ 좌장 | 임영진(전남대학교)

물론 그 가능성도 전혀 배제할 수는 없겠지만, 현장에서 판단할 때는 여러 가지 가능성을 놓고 어느 게 현장 상황에 부합하느냐 하는 쪽으로 좁혀 나갔는데, 아까도 말씀드렸다시피 이쪽에 보시면 1단 석축에 해당하는데 바닥면 쪽의 석축 폭이 위쪽보다 넓어요. 이 석축 단면을 보면 직각삼각형에 가깝단 말이죠. 그래서 만약에 분구가 먼저 쌓이면서 석축을 했다면 그것은 대단히 복잡한 구조, 작업하기 어려운 것이었다고 보는 겁니다.

○ 최병현(숭실대학교)

여기는 사진이 안 나와 있는데 본 보고서를 보면서 다시 검토해 보십시다.

○ 박순발(충남대학교)

저는 공정상의 선후 관계는 있을지라도, 토축을 가지고, 먼저 있는 것을 가지고 깎아내고 뒤에 해서 이렇게 개조했다 그렇게 보기는 굉장히 특수한 추정이거든요. 그럴 만한 충분한 근거가 있기 전에는 그런 추정은 어렵다 이거죠.

○ 최병현(숭실대학교)

그것은 이따 4호분 가서 토론하면 돼요.

○ 좌장 | 임영진(전남대학교)

아무튼 2호분의 경우는 분명히 먼저 석축을 하고 내부에 점토를 채웠다고 볼 수밖에 없었습니다.

○ 정치영(한성백제박물관)

처음에 조가영 선생님 말씀하신 부분에 대해서는 저희 지금 현장 상황을 가지고 보면 충분히 저희 쪽 지금 현장에서는 여기는 토층이 안쪽으로 기울어져있는 양상이 아까 많이 보이는데, 저희는 중앙부가 높고 바깥쪽에 내려오면서 좀 낮아집니다. 그래서 흙을 올리는데 센터 부분을 좀 올리면서 석축을 여기다가 대면서 이쪽 부분을 같이 점토로 강하게 밀착시키면서 같이 올라가는 그런 형상이라서, 동시 공정이라고 그렇게 생각이 되는 부분이 있었습니다. 그래서 어쨌든 충분히 임영진 선생님 말씀처럼 그런 양상은 가능하다고 생각되는데, 한 가지 제가 2호분을 보면서 계속 궁금한 것은, 아까 여기 모식도상에 보면 층단 구조로 다

복원을 하셨고요. 그런데 여기 토층도를 봐도 안쪽으로 기울고, 여기 외피는 이렇게 밖으로 흘러내린 그런 상황으로 외피가 되어 있습니다. 물론 이런 데 돌이 좀 있고. 어떻게 보면 이게 층단처럼 보이기도 하는데, 원래 양상인지는 잘 몰라서 한번 여쭤 보고 싶었고요. 물론 이게 붙었으니까 만약에 여기가 삭평됐다면 지금 점토충전식, 백제식 적석총 이렇게 이해를 쉽게 하겠지만, 지금 위에 마운드가 많이 남아 있는 이런 상황에서 과연 이 위에가 단이 있는 그런 구조였을까, 혹시 즙석봉토분처럼 여기를 돌로 덮은 그런 분구묘일 가능성은 없을까 이런 의문이 평소에 많이 들었습니다. 그 부분 한번 여쭤 보고 싶습니다.

○ 좌장 | 임영진(전남대학교)

2호분의 경우 다른 고분에 비해서 높은 부분까지 잘 남아 있는 것은 다행한 일인데, 외형이 어떠했을까를 단정 지을 자료는 제1단 밖에 없어요. 그래서 1단이 저와 같은 석축이라면 높이로 봐서 3단 정도, 위가 약간 삭평됐다 하더라도 남은 분구 높이로 보아 3단 정도로 복원되기 때문에 외부만 석축하고 내부는 점토로 채운 것이 원래의 구조였다고 본 겁니다.

1단은 보시다시피 한강의 범람으로 인해서 쓸려온 토사들일 텐데 덮고 있어요. 다행히 1단을 더 이상 훼손되지 않게 만든 요인이 됐을 텐데, 이 위쪽은 발굴 전의 사진을 보시면 석축 담장이 남아 있었잖아요. 아마도 주변에 사람들이 거주하면서 쉽게 제거할 수 있는, 얻을 수 있는 돌들은 걷어내서 담장과 같은 것으로 이용했기 때문에 내부 흙 부분만 남은 게 아니겠느냐. 그래서 자연스러운 형태는 외부 3단의 석축 적석총으로 하는 것이 좋겠다, 그 정도의 판단들이었어요.

그러니까 만약에 그것을 뒤집을 수 있는 새로운 자료가 나온다면 마땅히 보다 더 확실한 근거로 삼아야 하겠죠. 그런데 지금 상황에서 대안은 나오기 어렵지 않을까 싶어요. 기존의 복원 추정도를 뒤집을 수 있는 새로운 자료가 나온다는 것은 어려울 것 같습니다.

○ 최병현(숭실대학교)

지금 한 가지 수정하겠습니다. 다시 이 도면을 보고 그림을 대조해 보니까, 1단 석축과 그 내부의 토층, 그게 수평으로 간 부분. 거기까지는 동시 작업이 맞겠네요. 2단부터 위에는 다를 것 같고.

○ 한지선(국립중원문화재연구소)

그렇게 하고, 봉토를 쌓을 때 이쪽에 한 부분, 이쪽에 한 부분을 쌓고 다시 안쪽을 또 쌓고 하는 방식 때문에 그렇게 되는 게 아닐까 싶기도 하거든요. 토층이, 그러니까 함몰이 아니라 토층 자체를 구획을 나눠서 토층을, 그러니까 제가 예는 아니지만 봉분 같은 것 쌓을 때 보면 봉분의 시작점들이 약간씩 이 점을 달리해서, 분할 성토를 해서 마지막에는 같이 성토하듯이 그런 가능성도 있지 않을까.

○ 최병현(숭실대학교)

물론 무슨 뜻인가는 알겠는데, 그렇다고 아까 내가 함몰이라고 중심부로 기울어진 것 그것을 거기다가 붙이는 해석은 조금 어렵지 않을까?

○ 한지선(국립중원문화재연구소)

풍납토성도 성벽 쌓을 때 한 번 쌓고 나서 한 부분 자체를 절삭해서 다시 접붙이잖아요. 그래서 함몰 부분은 약간 라인 자체는 사진을 봐도 어색하긴 하지만 접붙이는 과정에서 절삭된 것은 아닐까, 임의적으로.

○ 최병현(숭실대학교)

그 위에 토층 보면, 여기 토층 보면 안으로 이렇게 자연스럽게 경사가,

○ 한지선(국립중원문화재연구소)

그러니까 그게 덩어리가 밑에 있고 옆에 덩어리가 있어서 그 나머지 가운데를 채우는 과정에서 이렇게 들어가는 방식은 아니었을까. 이런 식으로 덩어리가,

○ 이희준(경북대학교)

채운다면 왜 비스듬하게 채워요? 옆으로 수평으로 채워야지.

○ 한지선(국립중원문화재연구소)

그것의 축조기술은 잘 모르겠지만 아무튼 모식도로 보면 이런 방식이면 이 토층이 가능하겠다 싶은 생각이…

○ 이희준(경북대학교)

그러면 그 가운데가 채워지는 쪽이 수평이 되어야죠.

○ 박순발(충남대학교)

자, 그거 남아 있습니다. 나중에 파보면 되고. 여기서 추정은 그만하고. 조금 전에 임영진 선생님께서 일단 뒤에 한강에서 토사가 밀려왔다. 저는 토사 밀린 거라고 하는 거기까지는 토사가 밀린 게 아니고, 아까 내가 처음에도 그런 얘기를 했습니다마는 1단은요 지하에 들어갑니다. 바깥 부분은 아마 좀 쌓았을 거예요.

○ 좌장 | 임영진(전남대학교)

1단이 지면 아래까지 내려간다?

○ 박순발(충남대학교)

네.

○ 좌장 | 임영진(전남대학교)

그럴 가능성이 있을까요? 제가 '83년도에 석촌동 3호분을 측량할 때 서남 모서리쪽에 중국음식점이 있었거든요. 그 집 뒤에 표석이 하나 있었어요. 그 표석이 뭐냐면, 한강이 범람하면 수위를 재는 표석이었어요. 그러니까 3호분 위에 홍수 수위 표석이 있을 정도로 한강이 범람을 했었다는 것인데, 2호분 주변은 거기보다도 낮아요. 그러니까 한강 홍수 시에 토사가 몰려왔을 가능성이 분명히 있죠.

○ 박순발(충남대학교)

토사 같으면 파보면 금방 알아요. 안에 하고 이게 딱딱한 정도가 사진상으로 보면 그런 정도는 아닌 것 같아.

○ 좌장 | 임영진(전남대학교)

고분을 축조하기 전에 주변 요철부를 없애면서 정지하고 석축을 해나갔다면 굳이 정지면을 파고 석축을 시작하는 일은 없지 않았을까요. 물론 토압에 의해서 조금 주저앉았을 수는 있겠지만.

○ 박순발(충남대학교)

주저앉았다기보다도 그게 말하자면 노출이 되어 있는 상황이 아니고 갖다 덮는 거예요. 성벽도 보면 아랫부분을 덮어줘야 이게 지지가 된단 말이에요. 그러니까 여기는 그냥 물에 의해서라기보다도 인위적으로 충전된 상황.

○ 좌장 | 임영진(전남대학교)

2호분 둘레에만 흙이 덮힌 것이 아니니까 그렇게 보기는 어려울 겁니다.

○ 정치영(한성백제박물관)

토층 하나만 더 여쭤 보겠습니다. 저 토층들을 보면서 제가 한 가지 의문이 드는 게, 지금 스케일 있는 거하고 대비를 해보면요. 안으로 이렇게 기울어져 있는 그 토층 같은 경우에 60cm 정도의 두께를 가진 토층입니다. 아까 4m 좀 안 되는 그런 건데, 지금 아래쪽에 보면 굉장히 세밀하게 얇게 토층이 구분되어 있거든요. 그러니까 지금 석촌동에서 만나는 점토를 보면 굉장히 치밀하고 끈끈하고 그래서 저희가 절개를 할 때도 점토를 가지고 다지면서 성토하는 그런 양상이 보이는데, 혹시 저 부분에서 토층을 세분해서 아래처럼 세밀하게 긋는다면 지금 육안으로 보이는 이런 양상이 아니고 조금 다른 방향의 성토 양상이었을 가능성은 없을까, 이런 의문이 좀 들죠.

○ 박순발(충남대학교)

그것은 당연한 얘기입니다. 왜냐면 이 당시 공정에서 저 큰 덩어리의 흙을 동일한 것을 갖다 놓을 수가 없어요. 그것은 어차피 좀 rough하게 그렸다는 얘기입니다. 기껏 한 점 갖다 덮어봐야 얼마나 되겠어요. 그러니까 수많은 층이 있는데 그것을 그냥 표시를 안 했을 뿐이에요.

○ 좌장 | 임영진(전남대학교)

도면은 상대적으로 분명하게 드러나는 라인들을 표시한 거예요.

○ 박순발(충남대학교)

포크레인 큰 거 공팔(08) 정도 갖다 대야지 저 정도가 나옵니다, 동일 층이. 그러니까 그것은 말할 필요도 없어요.

○ 좌장 | 임영진(전남대학교)

2호분에 대해서도 여러가지 새로운 논의가 이루어졌고 새로운 가능성은 배제할 수 없겠습니다. 다만 그것을 확인하기 위해서는 재발굴을 기다릴 수 밖에 없다, 그 정도로 넘어가도록 하겠습니다.

○ 박순발(충남대학교)

나중에 극적인 발굴을 한번 해봅시다.

○ 이희준(경북대학교)

나도 내일 참석 못하기 때문에 오늘 3호분 그냥,

○ 좌장 | 임영진(전남대학교)

오늘 3호분까지는 할 수 있을 겁니다. 휴식 없이 바로 시작 하겠습니다. 이 사진은 백제고분로가 확장되면서 잘린 단면입니다. 저게 문제가 돼서 해결 방안을 찾다가 결국 유일한 방안은 지하차도다. 그래서 지하차도 공사를 하게 되면서 지하차도 위에 걸치게 되는 3호분의 정비복원과 관련된 여러 작업들이 이루어졌는데, 제가 기억하기로 1983년에 배기동 선생님이 현장 담당자가 돼서 피트 몇 개 넣었고, 1984년에 이희준 선생님이 담당해서 정비복원을 위한 기초조사가 이루어진 바 있습니다. 그리고 약간 미진한 게 있어서 '86년에 지하차도 파일 공사와 관련해서 3호분 동쪽고분군을 조사할 때 3호분 동쪽 끝부분에 대해 추가 조사를 했어요. 제가 1983년에 측량할 때 3호분 민가 사이로 다니면서 평

석촌동 3호분 발굴전

판 측량을 했는데, 시야가 자주 가려져서 일곱 번 평판을 옮겼습니다. 저 뒤쪽에 보면, 북쪽에 제법 큰 집이 있었는데 마당 한쪽에 식용으로 키우는 도사견들이 있어서 가까이만 가면 짖어대는데 정말 모골이 송연할 정도였어요. 다음 보실까요?

석촌동 3호분은 맨 첫 조사가 1974년에 이루어져서 '75년에 보고서가 나왔죠. 다음은 '84년도 조사시의 복원 추정도입니다. 두 가지 안으로 나왔었는데 높이로 봐서는 3단 이상이지만 근거가 불확실해서 확실한 3단까지만 하고, 4단, 5단은 남은 돌무더기만 남겨두는 안이 하나고, 5단까지 석축을 하는 안이 하나인데 이 가운데 전자로 정비가 이루어진 것 같습니다.

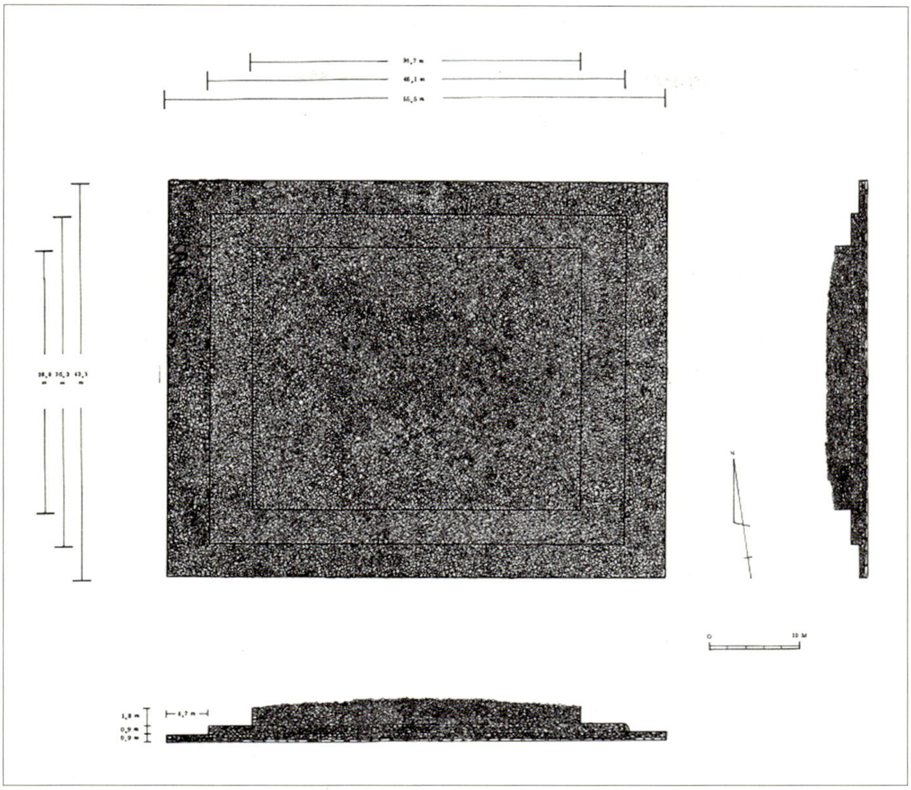

석촌동 3호분 복원도(서울대박물관 1984)

다음이요. 이게 '75년도 보고서 사진인데, 3단의 근거가 뭐냐면 이 부분이 강남지역 개발로 인해서 골재가 부족하니까 덤프트럭을 대고 석재를 반출한 자리입니다. 그래서 긴급조사가 이 부분에 대해서만 이루어졌고, 그 단면이 여기에 나와 있습니다. 이 단면에서 3단이 확인된 것이죠. 이 사진은 1986년 3호분 동쪽고분군 발굴할 때 복원공사사무실 쪽에서 찍은 사진인데요. '84년도 조사 결과를 토대로 해서 정비가 시작이 됐지만 남쪽 면은 지하차도 공사 때문에 당장 할 수가 없어서 놔두었고, 동쪽 면도 확정 짓기가 애매했던 모양입니다. 그래서 이 부분을 남겨 뒀다가 '86년에 동쪽고분군과 함께 추가 조사 하였지요.

석촌동 3호분 서쪽 시굴갱(서울대박물관 1975)

석촌동 3호분 복원중

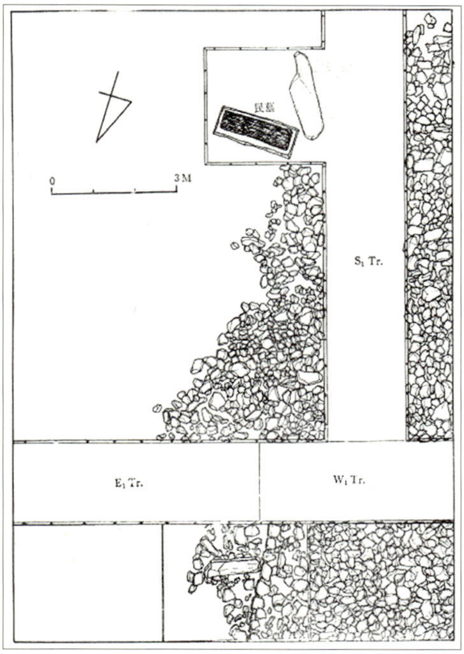

석촌동 3호분 동쪽 지탱석 일대
(서울대박물관 1986)

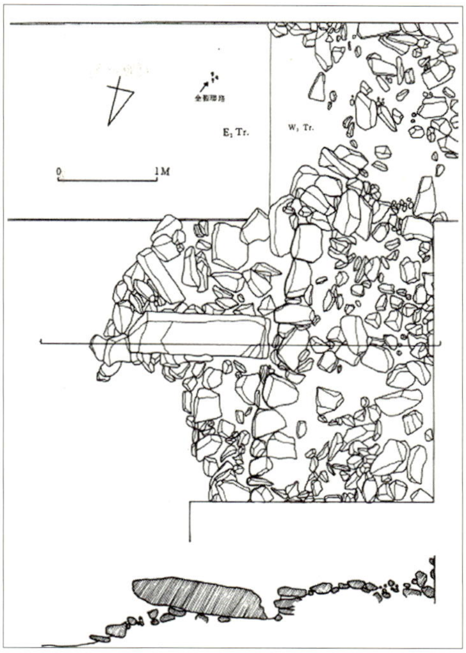

석촌동 3호분 동쪽 지탱석 일대
(서울대박물관 1986)

다음이요. 그 동쪽을 마무리한 조사 보고서가 '86년 말에 나왔는데, 7~8월에 발굴하고 연말에 나온 약보고서죠. 여기 보시면 3호분 동쪽 끝인데, 장대석 넘어져 있는 것이 보이시죠? '84년도 조사에서는 이 장대석이 1단에서 2단을 지탱했을 것으로 보고 여기를 2단 끝으로 생각하였고, 여기서 4.7m를 더 나가면 1단 끝이 나오는 것으로 해서 보고서가 나왔어요. 그래서 동서 길이가 55.5m로 보고서에 나왔는데, 그게 약간 논란이 됐던가 봅니다. 그래서 1986년에 추가 조사를 했는데, 결국은 이 돌들은 무너진 것으로 판단하고 이 장대석이 1단 석축을 지탱한 것으로, 김원룡 선생님이 최종 판단하셨어요. 그래서 '86년 보고서에 넣으셨고, '장군총식'이라는 용어도 직접 부기한 겁니다. 그래서 동서 길이는 50.8m로 정리를 했죠.

다음이요. 세부 도면입니다. 이 라인인데, 레벨은 이 레벨이 반대쪽, 석재 반출부쪽 1단 하단 레벨하고 동일할 겁니다. 그때 김기웅 선생님이 거의 매일 출근하시다시피 하면서 김원룡 선생님과 정비복원하고 관련된 문제에 대해 상의 하셨어요. 규모를 48.4 × 50.8m로 최종 확정을 짓고 그것을 토대로 정비복원이 이루어진 겁니다.

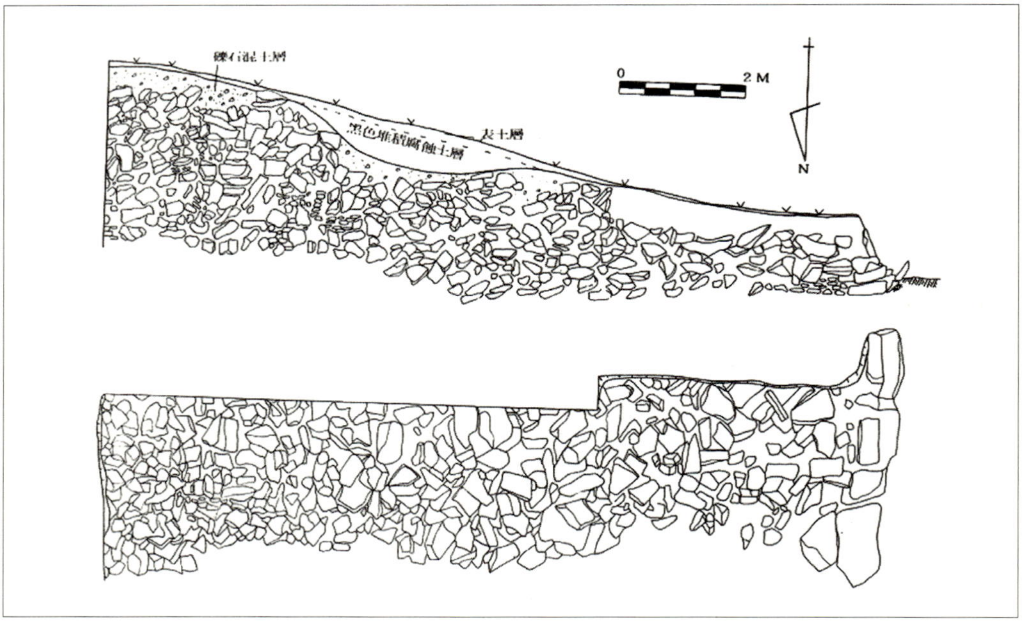

석촌동 3호분 서쪽 시굴갱 단면도와 평면도(서울대박물관 1975)

石村洞 3 号墳(積石塚)
復元을 爲한 發掘 報告書

1984年 8月
石村洞 遺蹟發掘調査團

다음은 '74년도 조사 단면입니다. 석축 단이 제법 정연하죠. 그런데 이 도면을 보시면, 보고서에는 이렇게 되어 있는데 이게 1단이고, 그리고 이게 2단, 그리고 3단, 이렇게 봤는데, 3단으로 추정하는 이 라인 보면 3단의 뿌리가 조금 더 아래까지 내려와 있죠. 고구려 적석총에서 계장식이라고 하는 거. 계장식은 안쪽 단에서 바깥 단을 달아내는 겁니다. 밖에서부터 축조해서 올라가는 게 아니고. '75년도 보고서 내용을 보면 그 단의 얘기는 되어 있고 규모에 대해서는 정확하지 않은 것 같습니다.

다음이요. 이것은 '84년도 보고서인데, 보시면, 이게 이희준 선생님이 초고 집필한거죠?

○ 이희준(경북대학교)

그렇게 하기보다는 제가 여기에 발제랄까, 정리를 해놨거든요. 그것을 차라리 읽는 게 안 낫겠나 싶은데요.

○ 좌장 | 임영진(전남대학교)

다른 분들은 자세히 모르시니까 기초자료에 대해서 먼저 같이 보시고 그 다음에 얘기를 하시는 것이 좋을 것 같습니다.

다음이요. 이게 '84년도 보고서에 실린 도면인데, '83년 측량도일 겁니다.

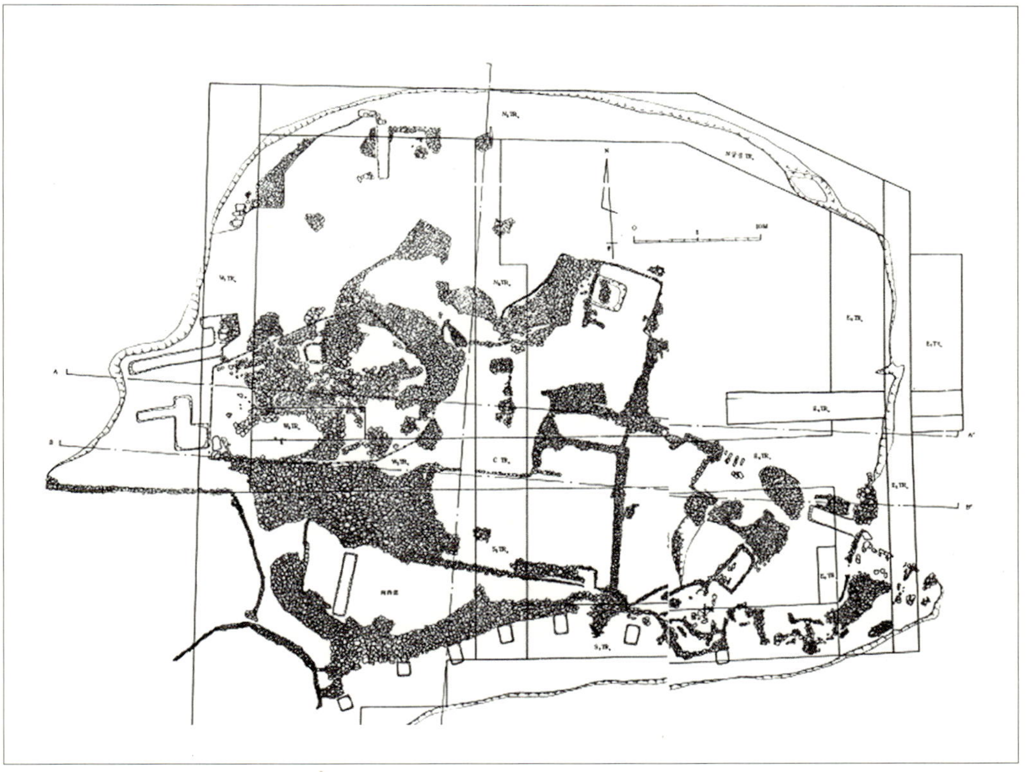

석촌동 3호분 평면도(서울대박물관 1984)

○ 이희준(경북대학교)

발굴 전 상태에 트렌치 설정한 거예요.

○ 좌장 | 임영진(전남대학교)

예. 1983년 조사에서는 동서 49.6m, 남북 43.7m로 나왔었죠.

○ 최병현(숭실대학교)

이거 새로 정리한 것 같은데 한번 읽어 보라고 그러시죠.

○ 이희준(경북대학교)

제가 발제문에 정리를 해놨기 때문에 도면을 보여 주는 게 아니면 볼 필요가 없다는 말씀이에요.

○ 좌장 | 임영진(전남대학교)

잠깐만, 같이 논의할 기초 자료니까 먼저 보고 하십시다. 같이 보실 사진하고 도면이 좀 남아 있어요. 이게 '84년도 사진이죠. 3호분 서쪽 교회에 올라가서 찍은 사진 같은데 이곳이 '74년도에 석재가 반출됐던 부분, 그리고 상부 민가들이 다 철거가 되고 조사가 이루어지고, 오른쪽 여기가 중국음식점 자리입니다. 표석이 이 뒤쪽에 있었어요. 한강 범람 수위를 보는 표석이.

석촌동 3호분 전경(서울대박물관 1984)

다음은 '84년도 발굴조사 평면도입니다. 전면 발굴은 아니었고 외곽 끝선을 잡기 위한 트렌치와 내부를 관통하는 십자 트렌치를 넣었는데, 이 교차

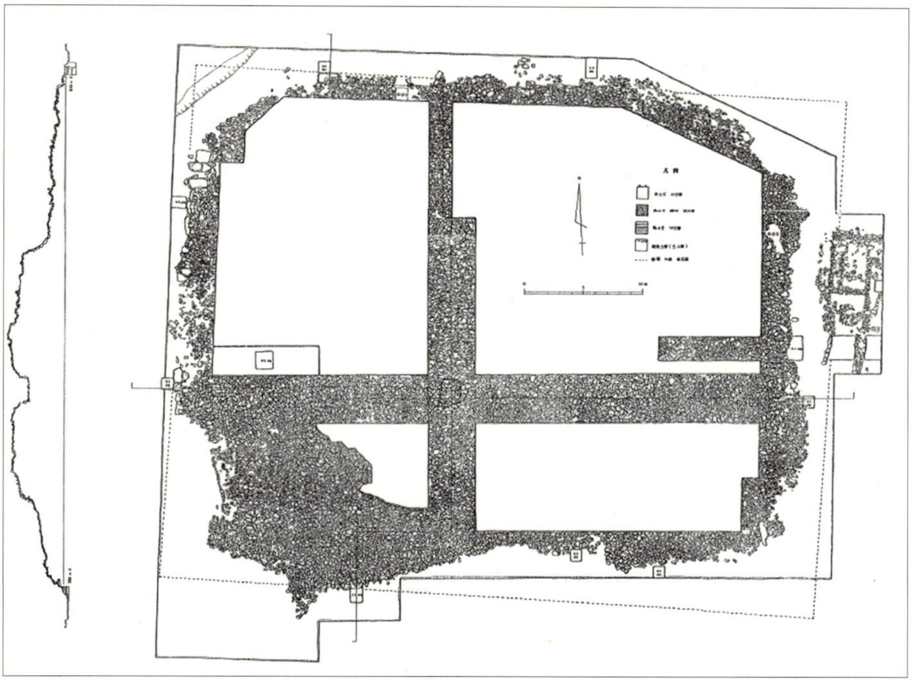

석촌동 3호분 평면도(서울대박물관 1984)

부분에서 석곽이 하나 나왔고, 서쪽, 북쪽, 남쪽, 동쪽 끝선을 잡았죠. 다음은 석곽 조사 중간 사진이고, 오른쪽은 완전히 정리된 석곽이죠. 왼쪽 윗부분이 약간 들어와 있습니다. 정연한 석곽이 아니죠. 이게 석곽 도면입니다. 이쪽이 약간 안쪽으로 들어와 있죠. 원래 정연했던 것이 밀려 들어왔을 것인가, 아니면 어쩔 수 없는 상황에서 이렇게 밖에 만들 수 없었던 것인가, 거기에 대해서는 논란이 좀 있을 수가 있습니다.

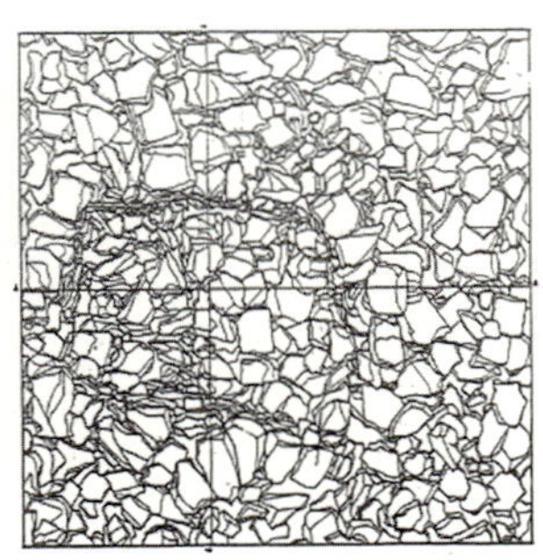

다음은 3호분 서쪽 끝부분입니다. 이 라인은 살아 있다고 본 거죠. 다음은 동쪽 사진인데요. 이 장대석이 1단에서 2단을 받치는 거냐, 아니면 지면에서 1단을 받치는 거냐에 따라서 규모가 4.7m 차이가 나는 겁니다. 1984년 당시에는 1단에서 2단을 지탱하는 것으로 보고 55.5m로 동서 폭을 잡았던 것이지요. 다음은 북쪽이네요.

석촌동 3호분 서변(좌), 동변(우)(서울대박물관 1984)

○ 이희준(경북대학교)

서북 모서리.

○ 좌장 | 임영진(전남대학교)

예. 서북쪽 모서리입니다. 이것은 정연하죠. 다음은 남쪽입니다. 이 끝

석촌동 3호분 북변(좌), 남변(우)(서울대박물관 1984)

을 잡아서 남북 규모를 43.7m로 보았고, 시설물은 석곽 하나, 출토된 유물은 반구호 자기가 대표적입니다.

자, 기초 자료는 다 보았습니다. 이제 이희준 선생님 말씀 하시죠.

○ 이희준(경북대학교)

예. 그냥 지금 준비한 것을 잠깐 읽는 게 좋을 것 같습니다. 크기에 관해서 문헌마다 약간 다른 게 있어서. 52쪽이 되겠습니다.

석촌동 3호분에 대한 조사는 세 차례에 걸쳐 실시되었습니다. 모두 조사 목적과 기간 등에서 제약이 많은 조사였습니다만, 그 가운데 규모 및 구조에 관해 구체적 지견을 얻을 수 있었던 조사는 뒤의 두 건이었습니다. 그런데 이 석촌동 3호분의 규모와 구조에 대해서는 특히 동측의 잔존상태 불량으로 범위 획정에 어려움을 겪었던 '83년 및 '84년 두 차례의 조사 이래로 나온 몇몇 문헌에서 차이가 보입니다. 그 경위에 대해서는 김원룡 선생님이 두계 이병도 선생님 구순기념논문집에 쓰신 건데, 저는 이름만 들어가 있는 겁니다. 위에다 말해 놨습니다만. 하여튼 김원룡 선생님이 서술하신 내용을 기본으로 해서 요약을 주로 했습니다.

밑에 나오는 내용이 그런 건데요. 1983년 제2차 조사에서는 높이 4.5m, 평면 크기는 동서 49.6m, 43.7m라는 수치를 얻었습니다. 그러나 동서 길이의 수치는 동쪽 기연부에 아직 집이 일부 남아 있고, 그 부분의 파괴가 심한 탓에 기연부 확인이 어려워서 잠정적인 수치였다고 이렇게 기술하고 있습니다.

그다음에 1984년의 제3차 조사에서는 이 고분이 산에서 채석한 괴석(사람 머리 크기 정도의 자연석 또는 깨뜨린 편마암, 화강암계 돌)으로 단축한 동서 장축의 장방형 적석총으로서, 남북 길이는 2차 조사보다 긴 48.4m, 동서도 약간 길어진 50.8m 이렇게 이야기했는데, 보고서에서는 남북 43.7m, 동서 55.5m로 추정을 했습니다. 거의 방형임이 밝혀졌다고 하면서 그 문장의 말미에 작은 글씨로 '(1986년도 최종조사로 확정)'이라고 덧붙이고 주를 달아놨습니다. 아까 '87년도 보고서의 그 내용이 아마 그 내용인 것 같은데, 거기에서는 '이 제1단 평면 크기에 대해서는 도로 측인 서측의 파괴로, -왜 이런 말이 나왔는지 모르겠는데- 도로 측인 서측의 파괴로 2차, 3차 조사 시 그 경계선 결정에 이견이 있었으나, 86년 최종조사에서 주민들의 도로에 의한 서측 파괴 증언을 받아들이고 서측에 나타난 열석을 제2단 기연으로 봄으로써 이 고분 크기의 최종 결정을 본 것이다.' 이렇게 하셨어요. 도저히 수긍이 안 가는 내용인데, 그 다음에 이에 관한 본문의 부연 설명으로는 '이것은 동측의 철거된 민가 바닥에서 두 개의 지탱용 장대석이 원위치에서 넘어진 채 발견됨으로써 동변기연을 확인할 수 있었기 때문이며, 이 동변 제1단에는 제2단을 받치기 위한 이런 지탱석이 원래 약 10m 간격으로 4~5개 서 있었던 것으로 생각된다.'고 되어 있습니다. 제가 '87년도 보고서를 읽지 않은 상태에서 보건대는 이 부분이 '84년 3차 조사 시의 상황을 말하는 것인지, 아니면 1986년도 최종조사 시의 상황을 말한 것인지는 불확실합니다. 그런데 아까 사진을 보니까 '86년도에도 결국 '84년도 장대석이에요. 그것을 아마 발굴 당시에는 1단에서 2단, 지금 석촌동 4호분처럼 2단을 받치는 그런 것으로 생각했는데, 여기에서는 그냥 1단을 받치는 것으로 이렇게 해석하신 것 같아요. 지금 봐서는 그렇습니다만. 어쨌든 1984년에 발굴한 범위 안의 동측에는 민가가 남아 있지 않았음이 분명하기 때문에 저는 전자로 생각했습니다. 만약 그렇다고 한다면 전체 서측의 기단 석렬을 제2단으로 보는 경우에는 길이가 오히려 60m를 넘게 되는 셈이죠. 55.5m에다가 4.7m를 더해야 되니까. 아무튼 이 문장으로는 그렇습니다.

그리고 '이 3호분은 파괴가 극심하나 서측에 3단의 단축부 잔구가 남아 있으며, (집안 고구려) 장군총의 경우로 보아 원래는 한 3~4단 정도는 더 있었던 것이라고 생각이 된다. 각 단의 높이는 0.9m, 각 단 상면의 앞뒤 폭은 4.7m이기 때문에 이 고분을 원래 7단이었다고 보았을 때 높이는 최소 6m 이상은 되었을 것으로 생각된다.'고 이렇게 '87년에 쓰신 두계 선생님 기념논문집에는 그렇게 되어 있습니다.

여기서 1986년도 최종조사라는 것의 성격과 결과 보고에 대해서는 각주가 없어서 알 수 없으나 혹시 여기 오늘 참석한 전남대 임영진 교수가 알지 않겠나 싶어서 나중에 확인하고 싶다고 제가 문장은 그렇게 썼습니다.

그런데 김원룡 선생님이 1986년에 내신 『한국고고학개설』(제3판) 177~179쪽에서는 동서 55.5m, 남북 43.7m'(불확실)' 해놓으셨어요. 이것은 3차 발굴보고서의 수치를 근거로 한 것인데 하여튼 그렇습니다. 착오가 아닌가, 이런 생각이 들고요.

이렇게 되면 1986년 선생님 책과 1987년 선생님 글 사이에 상당한 차이가 생겨나는데, 우선 다른 것보다도 1987년 두계 선생님 논문집에 남북 길이가 어떻게 해서 48.4m가 되었는지 이것이 의문스러운데, 아마 그것은 '86년도 조사 거기에서부터 그렇게 한 것 같고, 이는 아무래도 서측에서 확인된 기단 열석들을 제2단의 기단으로 본 점과 연동된 것 같은데, 열석들 가운데 서북 모서리의 것을 기준으로 2차 및 3차 발굴 보고서에서 추정한 43.7m, 이것은 아마 1단의 기단으로 본다면 거의 틀림없는 수치인데, 43.7m는 제1단 폭을 더한 때문인 것 같습니다. 정확하게 말하면 48.8m인데.

○ 좌장 | 임영진(전남대학교)

정확하게 하면 48.4m네요.

○ 이희준(경북대학교)

48.4m입니까? 아, 맞네요. 제가 착각을 했습니다. 그리고 '동서도 약간 길어진 50.8m'라고 한 것은 2차 발굴보고서의 동서 규모와 비교한 때문인 것 같은데 그 근거에 대해서는 의문이 든다. 서쪽 기단 열석을 2단으로 볼 근거가 전혀 없다, 전 그렇게 생각합니다.

설사 2차 조사에서 일부 확인되고 3차 조사에서 전면 확인된 서측 장대 판석 기단 열석을 제2단 기연이라 하더라도, 수치가 하여튼 맞지 않는 것 같습니다. 자세한 내용은 발제문에 보고서 내용이나 여러 가지 언급이 되어 있습니다.

발제문 중간 부분 즉, 서측에서 확인된 기단 석렬이 과연 제2단의 기단인가 하는 의문에 대해서 보면, 우선 1987년 김원룡 선생님 논문에서는 자체의 앞부분 서술과는 다소 상충되게 이들을 제1단의 기단부라고 보고 다음과 같이 서술하고 계십니다. '제1단의 경우는 강변 대지 위를 정지하고 약 40~50cm 두께로 진흙을 깔아 다진 다음, 자갈돌을 20~30cm 두께로 깔고 그 위에 큰 자연판석이나 채석한 판석 지대석을 한 장 놓고, 그 위에 다시 한 변 40~50cm, 두께 10~15cm 정도의 방형소석판을 상하 4~5단, 안쪽으로 3~4열, 자갈돌로 틈새를 메워가며 바깥쪽이 계단형이 되도록 약간 뒤로 밀어가며 쌓고, 그 안쪽은 진흙 바닥 위에 그대로 사람 머리 크기 정도의 채석한 산돌, 자연 석괴를 채우되 상면은 고르게 되어 있다.' 이렇게 서술하고 계십니다. 이것은 3차 발굴 보고서의 내용을 요약하신 건데요. 만약 이 판석 기단 석렬들이 제2단의 것이라면 무엇보다도 그 바깥으로 다시 제1단의 돌들이 놓일 텐데도 굳이 이처럼 맨 밑바닥 판석 위의 소판석들을 안으로 들여쌓기를 한 점이 설명되기가 어렵다. 말하자면 1단 바깥으로 또 쌓는데 굳이 들여쌓기를 할 이유는 사실은 없는 것 아니냐. 전 그게 좀 의문스럽다고 생각을 해서 이렇게 서술을 했습니다.

이렇게 3호분의 규모에 대해서 따지는 이유는 물론 팩트를 규정하기 위한 점도 있지만 그 결과에 따라서 고분의 평면 형태가 거의 방형에 가까운 것이 될 수도 있고, 장방형이 될 수도 있기 때문에 이것은 조금 의미가 있다고 싶어서 서술을 했습니다.

그다음에는 석곽에 대한 이야기인데요. 분구의 가운데보다 약간 서쪽을 지나는 절개 트렌치 작업을 하는 중에 발견된 석곽이라는 것에 대한 김원룡 선생님의 서술을 보면, '고분의 내부 구조에 대해서는 앞에 말한 것처럼 (제한된) 발굴의 성격상 밝힐 수 없었으나, 북변기연으로부터 남쪽으로 19m, 서쪽 기단으로부터 17m 되는 점을 중심점으로 하는 남북장축의 장방형소석곽(2×1.5m, 깊이 0.8m)이 발견되었다. 이것은 민가 집자리 바로 밑에서 나왔고, 내부에는 돌과 연탄재 같은 것이 들어 있어서 처음에는 지하 광 같은 것으로 생각하였으나, 벽석의 구조상 후축이 아닌 원래 구조라고 확인되었다. 그러나 이 석곽의 바닥이나 벽면은 고르게는 되어 있으나 고분 축조에 사용된 것 같은 산돌이며 개석의 구조, 유무도 알 수 없게 파괴되어 있었고 내부에서는 일체의 유물도 발견되지 않았다. 그리고 이 석곽의 바닥은 지상에서 2.7m 되는 높이에 위치하고 있다. 이 석곽의 위치는 고분의 중심부에서 약간 남서쪽으로 치우친 곳이며, 석곽의 크기나 구조로 보아 주곽이 아닌 부곽이거나 배장곽으로 생각되며, 파괴된 동·북 그리고 중심부에는 또 다른 석곽이 있었던 것으로 보아야 할 것이다.' 이것은 기본적으로 발굴 보고서 내용을 근거로 하면서 선생님이 해석을 약간 덧붙인 것입니다.

저도 발굴한 입장에서는 다르게 해석하기는 좀 어려운 게 지하 광을 굳이 그렇게 깊이 만들 이유는 없다는 것이지요. 깊이가 지상에서 2.7m면 사실 발굴할 당시에는 바닥이 거의 1.8m 정도까지 내려간 정도거든요. 지하 광을 이렇게 만들려면 상당히 힘이 드는 게 돌을 그냥 들어내서 만들면 좋지만, 들어낸 다음에 다시 또 둘레로 뭘 하고 해야 하니까 말이죠. 그 당시에는 여러 가지 생각을 했는데, 결론은 안에 연탄재도 차 있고 여러 가지로 봐서 원래 하여튼 무슨 유구가 아니었느냐, 이렇게 해석했다는 것이죠. 저는 지금 현재로서는 그렇게 볼 수밖에 없다고 생각합니다.

그 다음에는 마지막으로 내일 논의되지 싶은데, 혹시 오늘도 논의될는지 모르겠습니다만 발제문의 이 부분 제일 첫머리에 그런 말을 해놨듯이 제가 '80년대 중반 이후로는 석촌동 고분 분야 이런 데 대해서 관심도 별로 가지지를 않았고 읽어 보지도 않았고 보고서도 안 봤어요. 그래서 어떻게 돌아가는지는 모릅니다만 그냥 머릿속에 막연하게 생각한 내용으로서 질문이랄까 의문을 보태봤습니다.

첫째, 지금까지 석촌동에서 발견되거나 조사된 적석총들의 축조 개시 시점과 존속 기간이 어떤 식으로는 구명되어야 하지 않나 하는 점입니다. 그럼으로써 이 적석총들의 존속기간이 이른바 즙석식적석총들의 존속기간가 겹치거나 그에 후속하는지 아니면 그 사이에 일정한 시기차가 있는지 등을 알아내어 상호 관계를 거론해야 할 것 아닌가 이런 생각이 듭니다. 그냥 형식만 가지고 계속 이야기해 봐야 끝이 없는 것 같고 분명히 존속기간이라고 하는 것을 생각해야 할 것 같은데, 오늘 얼핏 보니까 박순발 교수가 거기에 대해서 거론을 한 것 같습니다. 어쨌든 그런 것이 중요하다. 어떤 형태로든 해결이 되어야 한다는 생각이 듭니다. 사실은 그 안에서 적석총의 구조에도 변화가 있는지 이런 것도 논의가 되어야 할 것 같기도 하고요.

그 다음에 둘째로는 석촌동고분군의 계통을 만약에 고구려적석총에서 구할 경우에 석촌동 3호분의 축조 시기가 만약 4세기 후반에서 5세기 전반이라면, 그 시점의 대형 고구려적석총은 내부 구조가 석실인데 비해 이 고분은 적어도 석실로 여겨지는 증거가 나오지 않은 점을 어떻게 이해해야 할 것인가 하는 점입니다. 그리고 계단식 축조 방법의 미숙함이랄까 고졸함이랄까 이런 것은 또한 어떻게 이해해야 할까. 전체적으로 봤을 때 적석총이라고 하는데 기단다운 기단이 축조되어 있는 게 거의 없거든요. 지금 석촌동 3호분이 제대로 되어 있는 거고, 나머지는 기단다운 기단이랄까 이런 건 없는데 그런 것은 어떻게 이해해야 할까 하는 그런 의문을 영남지방 고분연구자로서 멀리서 한번 제기해 봤습니다. 이상입니다.

○ 좌장 | 임영진(전남대학교)

예. '84년 발굴의 주도자로서 귀한 시간을 내서 당시 상황에 대해서 말씀해 주시고 또 개인 의견을 주신 점에 대해서 감사를 드립니다.

일단 석촌동 3호분에 대해서 여기서 논의할 수 있는 주제는 두 가지가 아닌가 싶은데요. 규모, 그리고 내부에서 유일하게 조사된 석곽. 그 두 가지에 대해 오늘 논의했으면 좋겠습니다.

먼저 석촌동 3호분의 규모를 파악하는 과정에 대해서는 제가 잠깐 소개를 드렸는데, 역시 핵심은 동변 지탱석의 위치, 1단이냐 2단이냐 하는 것과, 남변 쪽에서 확인된 석열이 1단의 끝이냐 2단의 바닥이냐 하는 거죠. 이 문제에 있어서는 '84년도 보고서에 1단 끝으로 보았는데, 정비복원공사 준비 과정에서 약간의 논란이 있었던 것 같습니다.

그래서 '86년도에, 아까 사진 보여 드렸지만 남쪽은 지하차도 공사 때문에 정비를 못하고 있었고, 동쪽은 애매한 부분 때문에 정비를 못하고 있었던 겁니다. 그 후 '86년 지하차도 공사와 관련되어 이루어진 조사 자료를 토대로 해서 동변 장대석이 1단에서 2단을 받친 소위 장군총식으로 최종 규정하고, 그 전년도에 추정했던 것에서 4.7m를 줄였어요. 그래서 55.5m에서 4.7m를 줄여서 50.8m로 잡았고. 남쪽이 문제인데, 남아있는 43.7m에서 4.7m를 더 나가서 48.4m로 했거든요.

아까 두계 선생님 논문집에 언급된 내용을 소개하셨는데, 주민들의 증언,

도로 쪽으로 더 나가 있었다는 것을 감안하지 않을 수 없다는 점 하나 하고, 3호분 서쪽의 석재 반출지역 단면에서 보셨지만 계장식에 가까운 구조로 보아 남변은 지금 남아있는 석열에서 도로 쪽으로 한 단, 4.7m 정도 더 갔을 가능성이 높겠다, 이렇게 결정한 것 같습니다. 그것은 김원룡 선생님하고 김기웅 선생님이 정비복원과 관련된 자문단에 참여하셔서 노상 고민하셨던 문제였습니다.

석촌동 3호분 동변 지탱석(서울대박물관 1984)

서쪽 단의 정확한 구조에 대해서는 약간의 논란이 있을 수 있겠지만 서쪽 끝선은 정확하다고 봅니다. 그리고 북쪽도 그렇고, 이게 동쪽 끝인데, 저것을 어떻게 봐야 할까요? 저 장대석을?

○ 이희준(경북대학교)

그런데 한 가지 또 문제가 생기는 게, 그러면 동쪽은 길이가 4.7m 줄어들고, 서쪽은 4.7m가 늘어난 거잖아요.

○ 좌장 | 임영진(전남대학교)

서쪽은 그대로죠. 서쪽하고 북쪽은 픽스가 되고, 남쪽, 도로 쪽이 늘어나고 동쪽이 줄어든 겁니다.

○ 이희준(경북대학교)

그런데 여기서는 또 선생님이 '남쪽'이라고 안 해놓으셨고 '서쪽'이라고 해놔서요.

○ 좌장 | 임영진(전남대학교)

그것은 선생님의 착오일 겁니다.

○ 이희준(경북대학교)

글쎄. 그러니까 내가 헷갈리는 게 이게 서쪽이 된다 하면 이렇게 될 수가 없는데.

○ 좌장 | 임영진(전남대학교)

보고서에 그것은 분명히 명시가 됐는데, 보고서를 인용하시면서 착오를 일으키신 것 같아요. '84년도 보고서에 그렇게 되어 있죠. 남쪽 끝선을 43.7m 폭으로 잡았고, 동서는 55.5m로 잡았잖아요.

○ 이희준(경북대학교)

예. 그런데 여기 지금 선생님 '87년 논문의 서술을 따른다면 결국 '86년도 최종조사로 해서 동쪽은 4.7m가 줄어들었고, 서쪽은 현재 남아 있는 게 다시 2단이니까.

○ 좌장 | 임영진(전남대학교)

그것이 착오예요. 서쪽이 아니고 남쪽이죠.

○ 이희준(경북대학교)

그런데 남쪽에도 또 그런, 발굴할 당시에 2차, 3차 조사에서는 둘 다 43.7m로 한 근거가 제법 정연하게 돌이 쌓인 게 있었기 때문에 그것을 가지고 그렇게,

○ 좌장 | 임영진(전남대학교)

그래서 그렇게 잡았었잖아요. 사진도 보면 상당히 정연하고. 그런데 그 뒤로 정비복원하고 관련해서 약간 논란이 됐던 것 같아요.

○ 이희준(경북대학교)

우리는 그분들이 말씀하신 근거나 그런 것을 생각하지 말고 그냥 발굴 현장에서 본 거나 여러 가지를 고려해야 하는데 그렇게 봤을 때 지금 이 자리에서라도 바로잡아 놓을 것은 바로잡아야 한다는 점이죠. 저도 동쪽의 장대석이 2단을 받친 건지 1단을 받친 건지에서는 단정할 수는 없어요. 그런데 문제는 만약에 이 적석총이 동서남북 네 변이 전부 다 같은 식으로 쌓였다 할 때, 동쪽에 있는 장대석들이 제1단을 받친 거라고 하면 그 1단의 기단이 거기에 있어야 하는데 전혀 그런 흔적이 없기 때문에 그렇게 한 거예요. 그러니까 동쪽에서 서쪽처럼 그런 증거는, 안으로 파괴된 부위는 다 봐도 없었거든요. 그래서 그런 부분이 왜 무시됐는가 하는 게 좀 제가 의문스러워요.

○ 좌장 | 임영진(전남대학교)

사진 다시 보시죠. 이게 동쪽 지탱석이고. 다음 사진이 남쪽이죠.

○ 이희준(경북대학교)

남측도 북측과 똑같은 양상이거든요.

○ 좌장 | 임영진(전남대학교)

예. 상당히 정연한 면들이 이어지는데.

○ 이희준(경북대학교)

그래서 남북 길이는 43.7m라고 한 것이 저는 별로 문제는 크게 안 된다고 생각합니다. 다만, 동쪽의 장대석이 만약에 지탱석이라고 한다면 장군총처럼 된 거냐 아니면 석촌동 4호분처럼 된 거냐가 문제죠. 불확실한 부분이 항상 많이 있지만 그것을 가지고 따지는 겁니다. 왜 그렇게 생각했는가 하면 만약에 이게 1단을 받치는 거라고 하면 서쪽 기단처럼 동쪽에도 기단이 안 있겠나. 그런데 그런 증거가 없기 때문에 그렇게 한 겁니다. 지금으로서는 어떻게 할 수도 없지만, 하여튼 그 근거는 그런데 있었습니다. 이게 북쪽이라든지 남쪽이라든지 서쪽처럼 그러면 좋은데 기단 제일 밑바닥 돌들이 안 보이고 또 교란이 돼 있기 때문에 그렇기도 하지만, 실제로 교란 안 됐다 싶은 부분에도 그게 안 보였어요. 그래서 1단을 받치는 것은 아니다, 이렇게 보고 그렇다면 결국은 4호분처럼 2단을 받치는 게 아니냐, 이렇게 해석을 한 겁니다. 결과적으로 이렇게 해서 동서 55.5m가 나온 거예요. 지금으로서는 여부를 알아낼 길은 없고, 제가 발굴시에 판단한 근거는 그것이기 때문에 동서가 55.5m가 되든지 또는 50.8m가 되든지 간에 남북은 43.7m로 봐야 하지 않느냐는 생각이고, 그것은 동쪽의 잔존 부위를 1단으로 보느냐 2단으로 보느냐에 따라서 조금 가감은 있다는 것이죠. 그렇다면 동서가 어느 쪽이든 전체적으로 완전한 정방형은 아니다. 나아가 정방형에 가까운 것도 아니라고 말할 수는 있습니다. 하여튼 장방형에 가깝다, 결론은 그렇게 내려야 할 것 아닌가 싶습니다.

○ 좌장 | 임영진(전남대학교)

'84년도 발굴에서 남쪽에서 정연한 석축열이 나왔고, 그것을 끝선으로 잡아서 남북 43.7m라고 보고서에 언급이 됐는데, '87년도 삼불 선생님 논문에서는 남쪽으로 더 이어졌다는 주민들의 증언을 바탕으로 한 단을 추가하는 것이 옳겠다, 이렇게 하셨잖아요. '84년도 발굴할 때는 남쪽, 그러니까 도로 쪽으로 더 이어지는 석렬들은 없었죠?

○ 이희준(경북대학교)

예. 그 밑에는 다 파괴되어 있었고.

○ 좌장 | 임영진(전남대학교)

맞아요. 경사까지 져 있었죠.

○ 이희준(경북대학교)

그래서 더 이상 그렇게 확인하기는 어려운데.

○ 박순발(충남대학교)

43.7m 내지는 뭐 이렇게 할 때 직접 이렇게 잴 수 있는 것은 아니기 때문에 아마,

○ 이희준(경북대학교)

직접 쟀죠. 직접 줄자로 다 잰 겁니다.

○ 박순발(충남대학교)

직접 재면 아마도 이게 집들이 있어서.

○ 이희준(경북대학교)

그러니까 약간 차이는 있었는데, 3차 조사에서 2차 조사하고 약간 차이가 있었어도 43.7m를 따른 거예요.

○ 좌장 | 임영진(전남대학교)

그때 그래도 스틸테이프가 있었죠?

○ 이희준(경북대학교)

예. 스틸테이프가 있었어요.

○ 박순발(충남대학교)

중간에 끊고 하는데 그게 사실은,

○ 좌장 | 임영진(전남대학교)

약간의 오차는 있을 겁니다.

○ 박순발(충남대학교)

그래서 나는 끝에 점 얼마, 이것에 대해서 그렇게 집착하지 마라 나는 이런 생각을 해요. 오차 범위 내에 들어가요, 끝에 점은.

○ 좌장 | 임영진(전남대학교)

시각 오차도 있고, 줄자 오차도 있죠.

○ 박순발(충남대학교)

이게 왜냐면 하나로 보이는 그런 게 아니에요. 곳곳에 담장 너머 막 이래갖고.

○ 이희준(경북대학교)

'84년 발굴할 당시에는 정리됐어요. '83년도 것을 존중한 거예요. 약간의 차이가 있기는 했어도.

○ 좌장 | 임영진(전남대학교)

오차 범위를 어디까지로 인정하느냐에 따라서 흔히 소수점 첫째, 둘째 이렇게 쓰게 되는데, 소수점 첫째까지 썼다면 거기까지는 오차가 크지 않다고 판단한다고 한 것 아니에요? 그러니까 그것은 우리가 존중해 주고, 문제는 저 외곽으로 한 단이 더 있었느냐 없었느냐 하는 것이니까 그에 대한 논의를 좀 해봅시다.

○ 박순발(충남대학교)

그 문제와 관련해서 아까 봅시다. 돌 이게 크기가,

○ 좌장 | 임영진(전남대학교)

그것은 동쪽이고, 이것은 남쪽.

○ 박순발(충남대학교)

남쪽 말고 동쪽이 지금 문제되는 것 아니에요.

○ 좌장 | 임영진(전남대학교)

남쪽도 문제지요. 저기가 끝이냐, 한 단이 더 있느냐.

○ 이희준(경북대학교)

그것은 지금은 알 수 없게 됐다고 말해야 하는데.

○ 박순발(충남대학교)

여기 한 단이 더 있다는 것은 이 사진으로 봐서는 알 수가 없네.

○ 이희준(경북대학교)

예. 알 수 없죠.

○ 좌장 | 임영진(전남대학교)

아무튼 삼불 선생님의 글을 보면 주민들의 증언이 상당히 중요한 근거가 된 것 같아요.

○ 박순발(충남대학교)

서쪽을 남쪽으로 착각했다면서요.

○ 좌장 | 임영진(전남대학교)

그것은 나이가 있으시니까. 65세 때 쓰신 논문입니다. '87년도.

○ 박순발(충남대학교)

그러니까 어쨌든 간에 지금 남쪽이 문제가 아니고 서쪽이 문제라는 거 아니에요.

○ 이희준(경북대학교)

그것은 선생님의 착오라고 하는 것을 지금 여기에서 알았는데,

○ 좌장 | 임영진(전남대학교)

서쪽은 착오이고, 실질적인 문제는 남쪽에 있다는 것이죠.

○ 박순발(충남대학교)

그럼 아까 남북이 43.7m라는 거 그건 아니잖아.

○ 이희준(경북대학교)

43.7m인데, 밑에 있던 부분에 한 단이 있었고 그게 날아갔다면 48.4m가 되는 거죠. 그래서 48.4m로 만드신 거예요. 그리고 동쪽은 2단을 받친 거라고 했는데 다시 1단을 받친 것으로 해석을 하신 거죠.

○ 박순발(충남대학교)

이제 그 동쪽 문제를 지금 얘기하자는 거예요.

○ 좌장 | 임영진(전남대학교)

아무튼 남쪽은 더 이상 확인할 방법이 없으니 넘어갑시다.
동쪽 사진이 이겁니다. '84년도 사진입니다.

○ 박순발(충남대학교)

지금 밑에 있는 폴대 보면 폴대가 1.5m 정도 되죠.

○ 이희준(경북대학교)

큰 것은 2m 정도 되고.

○ 박순발(충남대학교)

돌이 2m 내외. 2m면,

○ 좌장 | 임영진(전남대학교)

폴대 색깔 하나마다 20㎝씩이죠.

○ 이희준(경북대학교)

제가 저기에 서술해놨습니다. 3개가 나왔다고.

○ 박순발(충남대학교)

저게 자연붕락인가 인위적인 것인가 이것을 생각해야 하는데, 자연붕락으로 저렇게 되려면 이렇게 받친 게 이렇게 들어가면 지진이 나지 않으면 이렇게 될 수가 없어요. 이거 아마 이쪽이 위를 허물면서 이게 이렇게 돼 있으면 사람들이 서기 불편하잖아요. 그러니까 이걸 허물어서 제낀 거 아니면 저렇게 될 수가 없어요. 자, 그런데 사방 모두 북쪽 같은 데 보면 더 깔려있지가 않았어요. 적석총 범위 내까지만 있고 바깥으로 더 깔려있지는 않았어요. 그런 점에서 본다면 동쪽에 더 깔린 것이 전부 다 무너졌는가 하는 문제인데, 전부 다 무너졌다고 봐야 하는 느낌이었습니까, 팔 때?

○ 이희준(경북대학교)

글쎄요. 저것은 붕락은 물론 붕락이라고 하더라도 지금 저기 있는 모양을 보면 담 같은 비슷하게 보이고 거기서 미끄러진 것 같은 그런 느낌이었거든요. 그래서 1단에서 2단을 받친 거라고.

○ 박순발(충남대학교)

만약에 붕락된 거라면 아랫단은 없는 거죠, 아예. 그렇죠?

○ 이희준(경북대학교)

지금 아랫단은 다 날아갔다고 보는 거죠.

○ 박순발(충남대학교)

아니, 아랫단 날아간 것보다 아랫단 자체가 없는 거지. 얇게 깔린 저것이 위에서 흐른 것이라고 한다면 아래는 적어도 부석 정도 수준으로는 있을 수 있으나 그것을 단으로 인정하기는 어려운 거고.

○ 이희준(경북대학교)

아니, 속에 들어 있는 거니까. 즉 지금 석촌동 4호분처럼 저 장대석이 안에 들어 있기 때문에 별문제가 안 되죠. 바깥으로 1단이 더 있다고 해도.

○ 박순발(충남대학교)

그러니까 석촌동은 1단이 중간쯤에서 이렇게 돼 있거든요. 그런데 이 부분에서 가령 1단으로 되어 있는 것을 전부 다 어디 빼서 이게 만약에 들어서 이렇게 누웠는지.

○ 이희준(경북대학교)

그건 모르죠. 그런데 바깥으로 돌이 좀 더 있었는데 완전히 교란된 거라고 보기에는 조금.

○ 박순발(충남대학교)

자, 그렇다면 이게 사방 다 있었느냐 하는 문제가 또 있어요. 나머지는 지금 안 보이잖아요. 동쪽만 있잖아요.

○ 이희준(경북대학교)

나도 동쪽만 있었다는 점이 좀 의문스러운데, 그게 또 한 가지 어떤 패턴이 될 수도 있죠.

○ 박순발(충남대학교)

그러니까 동쪽만 있다는 얘기는 동쪽이 아무래도 경사상으로 뭔가 이런 문제가 있기 때문에.

○ 이희준(경북대학교)

맞습니다. 석촌동 4호분도 지금 네 면에 전부 다 있는 게 아니거든요.

○ 박순발(충남대학교)

그런 문제라고 한다면 이게 1단이냐 2단이냐 하는 문제보다는 아랫단, 그게 거의 말하자면 아랫단에서 있다고 봐야 합니다. 즉, 그것이 4호분과 같은 그런 비슷한 거라고 반드시 볼 필요는 없다 이거지. 그 선례를. 그러니까 한 단 더 있다고 하는 것은 이것의 정황으로서는 한 단 더 있다고 추정하는 게 오히려,

○ 이희준(경북대학교)

문제는 그러면, 즉 그냥 제1단을 받친 거라고 한다면 제1단의 기단과 같은 것은 왜 전혀 안 보이느냐 이거죠. 그래서 그렇게 해석을 한 겁니다. 제1단을 받친 거라고 한다면 저 정도면 잔존상태가 오히려 서쪽보다 나은 건데, 그 밑에 뭐가 보여야 되는데 안 보이는 거죠. 그래서 고민을 한 겁니다. 저게 4호분과 같은 그런 것 아니냐. 장대석 크기도 그렇고. 제1단을 받친 거라면 조금 더 큰 거였을 거라고 생각도 되고요.

○ 박순발(충남대학교)

제 느낌은 이렇습니다. 지금 우리가 이것을 그 당시 상면이라고 생각을 하니까 자꾸 그렇게 되는데, 만약 이게 조금 더 노출되지 않는 면이라고 한다면요, 즉 뿌리가 이렇게 누워 있는데! 이 뿌리는 그대로 말하자면 땅에 잠겨 있는 상태죠. 그러니까 어떤 이유로 이쪽이 말하자면 아래 돌을 좀 치워놓고 이것을 해놓고 이렇게 했는데 이 부분이 허물어지니까 이렇게 주저앉는단 말이죠.

○ 이희준(경북대학교)

그럴 수 있습니다.

○ 박순발(충남대학교)

그렇다고 한다면 더 이쪽으로 단이 있다기보다는,

○ 이희준(경북대학교)

그래서 아마 동쪽에 기단이 없을 수도 있죠. 지금 해석한다면 그럴 가능성은 다 열려 있는데, 당시로서는 서쪽, 북쪽, 남쪽에서 그래도 정연하게 기단이 다 보이는데 동쪽만 유독 없는데다 장대석이 또 보이고 하니까 그런 해석을 한 거죠. 당시에 북쪽, 서쪽, 남쪽에는 왜 장대석이 없느냐 이런 생각 안 한 것은 아니에요.

○ 박순발(충남대학교)

그러니까 다른 부분도 저게 전부 노출돼 있다고 생각하니까 저런 문제가 생겨요. 사실 장대석들은 그냥 드러나면 안 돼요. 잔자갈 들어 있잖아요. 그런 게 드러나면 되겠어요? 말하자면 토중에 있는 거예요, 그게. 바닥면 위에. 그렇게 본다면 이것도 잠겨 있는 거고, 여기서 빼니까 이렇게 주저앉은.

○ 이희준(경북대학교)

저게 1단을 받친 것일 수도 있습니다.

○ 박순발(충남대학교)

나는 1단을 받친 것으로 보는 게 좋다, 이 상황이라면. 그러니까 더 나간다 하는 얘기는 사실 이것은 정황적으로는 오히려 이상하지 않느냐.

그러면 동서 문제는 그대로, 한 단 빼면 아까,

○ 좌장 | 임영진(전남대학교)

그럼 50.8m가 되는 거죠.

○ 박순발(충남대학교)

50.8m

○ 좌장 | 임영진(전남대학교)

50.8m로 현재 복원이 되어 있어요.

○ 이희준(경북대학교)

현재 복원은 그렇게 되어 있는데, 남북은 48.4m라서 문제군요.

○ 박순발(충남대학교)

같은 맥락으로, 남북도 같은 맥락으로 더 나갔다 이렇게 보기는 좀 어렵다는 거고.

○ 이희준(경북대학교)

예. 그것은 조금 그렇습니다.

○ 박순발(충남대학교)

그러면 한 7m 정도의 차이가 나오네.

○ 좌장 | 임영진(전남대학교)

아무튼 남쪽은 주민 증언 외에는 근거가 없죠.

○ 이희준(경북대학교)

예. 남쪽 복원은 조금 문제가 있습니다.

○ 좌장 | 임영진(전남대학교)

그런데 삼불 선생님께서는 왜 주민들의 증언을 논문에다 언급하면서 한 단을 더 뺐을까요?

○ 이희준(경북대학교)

이전에 경주에서 제가 황성동 토용출토 석실분을 발굴했을 때도 주민들 이야기 들으면 일제시기에 이미 전부 발굴했느니 했는데 전혀 그렇지 않았어요.

○ 좌장 | 임영진(전남대학교)

아무튼 정황적으로 주민들의 증언을 토대로 한 단을 덧붙이는 것은 설득력이 낮다. 그러니까 남북 길이는 43.7m로 보는 것이 더 합리적일 것이다. 그건가요?

○ 이희준(경북대학교)

저는 그렇게 생각합니다. 동서에 대해서는 여러 가지 가능성이 열려있지만.

○ 좌장 | 임영진(전남대학교)

예. 그럼 이 문제는 이 정도로 하죠.

○ 박순발(충남대학교)

43.7m × 50.8m.

○ 좌장 | 임영진(전남대학교)

현재는 48.4m × 50.8m로 정비가 되어 있는 것이죠. 위로는 3단까지만. 자, 그러면 석곽에 대해서도 얘기를 좀 해보십시다.

○ 이희준(경북대학교)

석곽에 대한 제 개인 의견은 김원룡 선생님 하신 말씀 이상으로는 뭐 특별히 할 게 없네요. 그 당시의 상황은 보고문에 다 설명이 되어 있는 거고, 그 위에 원래 돌이 덮여 있었습니다. 그 돌들을 들어내니까 안에서 연탄재가 나왔죠.

○ 최병현(숭실대학교)

김원룡 선생님 말씀이, 옛날에는 연탄재라고, 연탄광이라고 했다가 또 나중에는 원 유구 같다고 그러셨잖아요.

○ 이희준(경북대학교)

연탄재가 들어 있었습니다. 지하 광에. 그러니까 아마 그 광이라고 하는 것은 단순히 연탄재를 버리는 광이 아니고 주민이 자기들 창고 같은 시설로 하기 위해 그렇게 쌓은 거라고 생각도 했죠. 하지만, 그렇게 보기에는 주위에 처음부터 돌이 있는 점을 생각해 보면 그게 쉽지 않거든요.

○ 박순발(충남대학교)

거의 불가능에 가깝고, 다만,

○ 이희준(경북대학교)

예. 불가능에 가깝고, 저렇게 쌓기가 어려워요.

○ 좌장 | 임영진(전남대학교)

지금 석축이 남아 있는 이 상면하고 주택이 철거된 면하고 높이 차가 어느 정도 됩니까?

○ 이희준(경북대학교)

한 1m는 차이가 있죠. 꽤 차이가 있습니다.

○ 박순발(충남대학교)

저는 이런 생각을 합니다.

○ 최병현(숭실대학교)

근데 왜 하필 거기다가, 그걸 딱 열고서 연탄재를 집어넣었을까.

○ 박순발(충남대학교)

지금 보세요. 큰 이것을 쌓는데, 공정상 보세요. 전부 이렇게 쌓을 수 없잖아요. 1단 이렇게 축조 단계에서 저렇게 된 부분이 있습니다. 그래서 사람들이 돌 파내다 보면 저렇게 딱 떨어지는 부분을 활용해서 했을 수가 있어요. 다시 말하면 이러이런 부분이, 살아 있는 부분이 전체 40 몇m 이게 전부 다 하나로 쭉 깔고, 쭉 깔고 이런 식으로는 절대 불가능하고, 뭔가 그 안에 맥이 있을 거예요. 그런 부분이 그 사람들에게 후대인들이 그런 부분은 쉽게 파내니까 그것을 활용했고, 그러니까 잘 남아 있는 부분이 있고 잘 안 남아 있는 부분이 있고. 숭숭 빠진 것 있잖아요, 증거. 그런 부분을 적당히 활용을 하면서 연탄재가 들어갈 수 있는 그 가능성밖에 없어요. 만약에 유구라면 절대 그럴 수가 없죠. 그렇지 않아요?

○ 이희준(경북대학교)

그런 가능성은 있는데, 어쨌든 우리가 일반적으로 발굴하면서 저런 경우를 만나면, 말하자면 원래 적석총은 유구가 어째야 한다는 그런 선입견 없이 본다면 그냥 '아, 이거 유구다' 하는 이런 생각은 들었어요. 그런데 문제는 지금 여기 석촌동 적석총에서 유구라는 게, 매장주체부라는 게 정말 다 오리무중이잖아요. 그래서 거기까지 생각을 해봐야 하는 건 있습니다.

○ 좌장 | 임영진(전남대학교)

구조도 구조지만, 전체 평면도 한번 보시죠?

○ 박순발(충남대학교)

특히 바닥면을 보니까 저건 절대,

○ 이희준(경북대학교)

바닥이 저래서 그게 좀 의문스러운 건 있죠.

○ 좌장 | 임영진(전남대학교)

위치가 여기죠, 중심에서 약간 벗어나서 십자 트렌치를 넣었는데 딱 그게 만나는 지점이에요. 참 절묘한데.

○ 이희준(경북대학교)

그러니까 뭐 유구 아닐 가능성도 있는데 워낙 그렇게 보여서.

○ 박순발(충남대학교)

넓은 의미의 유구는 맞아. 백제 때는 아니야.

○ 좌장 | 임영진(전남대학교)

저게 당대의 유구라면 저것하고 대응하는 중심부에.

○ 최병현(숭실대학교)

그 위에 집짓고 산 사람들이 뭐 했구먼, 뭘.

○ 이희준(경북대학교)

사실 그렇게 쌓기는 어려워요.

○ 박순발(충남대학교)

그런데 집짓고 산 사람들이 해도 이걸 빼가고 이렇게 하기는 어려워요. 그러니까 그건 말하자면 뭔가의 단위가 거기 있는 거예요, 공교롭게.

○ 이희준(경북대학교)

처음에 그렇게 자연스럽게 돌이 빠질 정도의 뭐가 있었던 거죠. 그러니까 그렇게 되지.

○ 박순발(충남대학교)

맞아요. 절대 안 빠집니다. 돌 쌓아놓은 것은.

○ 최병현(숭실대학교)

'절대'라는 말은 좀 쓰지 마세요.

○ 박순발(충남대학교)

'절대'라는 것은,

○ 최병현(숭실대학교)

계속 '절대', '절대'야. (웃음)

○ 이희준(경북대학교)

저게 저 부위만 노출되어 있으니까 그렇게 생각되지, 실제 돌무더기 있는데 거기에 그렇게 만들기 어렵습니다.

○ 박순발(충남대학교)

공정은 '절대'가 있어요. 해석은 '절대'가 없지만, 공정상으로는 할 수가 없어요.

○ 이희준(경북대학교)

바보가 아닌 이상 그렇게 안 하죠. 현재로서는 알 수 없게 되어 있는 건데.

○ 최병현(숭실대학교)

하여튼 연탄재가 들어갔다면 그게 뭐,

○ 박순발(충남대학교)

끝난 거지 뭐.

○ 정치영(한성백제박물관)

선생님. 아까 그 사진에서요, 석곽 사진 한번 봅시다.

○ 이희준(경북대학교)

처음 노출될 때 사진부터 한번 보시면.

○ 정치영(한성백제박물관)

네. 지금 폴이 석곽 안에 들어가 있고요. 그 다음에 여기 석곽에 윤곽이 있고, 그 위에 지금 흙하고 섞인 잡석층처럼 되어 있지 않습니까. 그러니까 석곽의 윤곽이 지금 잡힌 게 저 면입니까, 아니면 위에 더 있었습니까?

○ 이희준(경북대학교)

이 면입니다. 사진을 보면 알 수가 있어요. 트렌치를 넣었는데 위에 돌들이 덮여 있는 거예요. 밑에 흙은 차 있고.

○ 정치영(한성백제박물관)

그러니까 결국은 위에 있는 교란층인데, 그 교란층이 결국은 저 석곽 안으로 같이 들어가 있었던 상황이라고 이해할 수 있지 않겠습니까?

○ 이희준(경북대학교)

그러니까 안에 흙, 연탄재가 이렇게 차 있었어요. 앞의 사진을 보면 알 수가 있어요.

○ 좌장 | 임영진(전남대학교)

앞부분 발굴진행 과정 사진 좀 보여 주세요. 수고하시네요. 예. 이겁니다.

석촌동 3호분 석곽 조사전(좌), 조사과정(우)(서울대박물관 1984)

○ 이희준(경북대학교)

이런 식으로 나와서 이게 뭐냐, 이렇게 된 거죠. 흙이 차 있고 그 위에 돌이 있고 이랬어요. 그래서 연탄재가 들어 있는 게 이상하긴 한데, 문제는 연탄재 버리려고 저렇게 했다고 생각하기에는 좀 어렵거든요.

○ 최병현(숭실대학교)

아니지. 다른 용도로 쓰다가,

○ 이희준(경북대학교)

다른 용도로 쓰다가 뭐 그럴 수는 있는데.

○ 최병현(숭실대학교)

그렇지. 뭐 연탄재 버리려고…

○ 좌장 | 임영진(전남대학교)

그런데 지금 이 돌의 위치가 민가가 철거된 3호분 상면에서 1m 이상 내려간 거라고 하셨죠?

○ 이희준(경북대학교)

아마 1m 정도 내려올 거예요.

○ 좌장 | 임영진(전남대학교)

1m 정도? 그러면 그 사이는 어떻게.

○ 이희준(경북대학교)

돌이죠, 돌. 전부 돌이죠, 위에 다.

○ 좌장 | 임영진(전남대학교)

위는 다 돌.

○ 이희준(경북대학교)

예. 그러니까 내 생각에는 그 위에 돌이 그렇게 있는 정도면 뭔지는 모르겠지만,

○ 최병현(숭실대학교)

아마 민가에서 저장용으로 만들었다가,

○ 이희준(경북대학교)

처음에 그렇게 생각했다가,

○ 최병현(숭실대학교)

빈구덩이 이제 못쓰게 됐으니까, 뭐 별 필요가 없으니까 연탄재를 버린 거지 뭐.

○ 한지선(국립중원문화재연구소)

그런데 그 위로 또 돌이 1m 정도 쌓였다는 것은 그 후대에 임의적으로 다시 그것을 덮었다고 보시는 건가요?

○ 이희준(경북대학교)

사람들이 위에 살다 보니 그냥 돌을 덮어버리고 그렇게 한 거죠.

○ 최병현(숭실대학교)

이것은 도대체, 아까 박순발 선생 의견대로 한쪽 벽선, 외벽선은 작업공

정상 나오는 석축일 가능성이 있는데, 나머지 세 벽은 유구라고 보기도 어렵고요. 그냥 적당히 돌 빼다가 무너진 데 세우고 그런 정도거든.

○ 이희준(경북대학교)

내가 백제 고고학을 한다 하면 뭐라고 막 하겠는데. 마음대로 하십시오. 난 몰라요.

○ 박순발(충남대학교)

백제 고고학 이전에 한국 고고학을 하는 입장에서 당연히 해야지.

○ 이희준(경북대학교)

한국 고고학 해도 할 수 없어요.

○ 박순발(충남대학교)

삼국시대 고고학 하는 입장에서.

○ 정치영(한성백제박물관)

그래서 저희도 돌이 막 덮여 있고 그래서 새까만 것들을 많이 걷어내고, 이쯤이면 좀 괜찮을까 하고 나서 작업을 열심히 하다 보면 비닐이 나옵니다. 1m 막 이렇게 내려가면.

○ 이희준(경북대학교)

그럴 수 있죠.

○ 정치영(한성백제박물관)

그래서 지금 컴퓨터 조작하는 제 친구가 하도 교란을 많이 파갖고 현장에서 최교란으로 불리는데요. 그런 정도로, 점토도 마찬가지더라고요. 아, 이제 좀 깨끗하고 안정됐나 하면 그 밑에 그게 역전돼 있는 그런 상황들이 너무 많아요.

○ 이희준(경북대학교)

그러니까 처음부터 그런 것을 생각은 했는데, 뭔가 정연하기 때문에. 땅에다 저렇게 한다면 가능해요. 그런데 돌을 갖다가 저렇게 들어내고 맞춘다는 것은 쉽지는 않은 거예요. 그래서 꼭 굳이 설명한다면 박순발 선생 설명 같은 게 맞을는지도 모르겠어요. 주변 전체에 돌이 전부 무더기로 콱 쌓여 있는데 그걸 도로 빼서 저렇게 다시 쌓기는 쉽지 않아요.

○ 박순발(충남대학교)

그것은 불가능합니다. 불가능.

○ 이희준(경북대학교)

불가능해요. 생각보다는 쉬운 일이 아니에요.

○ 박순발(충남대학교)

저런 단위를 만났기 때문에 저게 가능했지, 안 그러면 불가능합니다.

3호분은 의외로 뭐 할 것 없네.

○ 이희준(경북대학교)

또 한 가지는 저게 민가 레벨에 있었으면 간단한데, 사실은 밑에 있다는 것이 설명이 잘 안 되는 거죠. 그래서 뭔가 유구가 있어서 그것을 활용했다, 이렇게 보는 수밖에 없지 않나, 저는 그렇게 생각합니다.

○ 좌장 | 임영진(전남대학교)

지금, 6시 반이 됐는데요. 4호분을 하려면 또 상당한 시간이 필요합니다. 어떻게 했으면 좋겠습니까?

○ 최병현(숭실대학교)

4호분은 한 시간 안에 안 끝나요.

○ 좌장 | 임영진(전남대학교)

그러면 오늘의 논의는 이것으로 마치는 것이 좋겠습니다. 내일은 9시에 속개하는 것으로 하겠습니다. 토론하는 분들도 신경을 많이 썼지만 배석하신 분들도 수고가 많으셨을 것으로 생각합니다. 저녁 맛있게 드시기 바랍니다. 수고하셨습니다.

(장내 박수)

(산 회)

집중토론 2부

석촌동 4·5호분 및 기타

- 좌장 : 임영진(전남대학교)
- 토론 : 이인숙(한성백제박물관) 이선복(서울대학교)
  이희준(경북대학교) 최병현(숭실대학교)
  박순발(충남대학교) 김무중(중원문화재연구원)
  한지선(국립중원문화재연구소)
  조가영(서울대학교) 정치영(한성백제박물관)

○ 좌장 | 임영진(전남대학교)

안녕하십니까? 어제에 이어서 4호분부터 논의를 시작하겠습니다. 어제 6시 반 지나서까지 열띤 논의가 있었는데 오늘도 만만할 것 같지는 않습니다. 12시까지로 생각합니다만 시간이 걸리더라도 충분한 논의가 이루어질 수 있도록 해 주시기를 다시 한 번 부탁드리면서 시작하도록 하겠습니다.

4호분에 대해서는 참으로 많은 논란이 있는 만큼 오늘도 적지 않은 논의가 이루어 질 것으로 추정이 되는데 애당초 논란의 시발은 1975년에 서울대에서 간행된 보고서입니다. 조사내용 가운데 불확실한 점들이 적지 않고, 보고서에서 단정했던 석실 윤곽이라는 구조물에 대한 논의가 오늘도 큰 비중을 차지할 것 같습니다.

1974년도 발굴조사하기 전의 4호분 모습입니다. 4호분 위쪽이 평탄하게 흙으로 덮여 있어서 고추가 재배되고 있었다고 하죠. 그래서 애초에는 봉토묘로 추정을 했는데 조사해 보니까 석축들이 나왔고, 백제식 적석총으로 밝혀진 고분입니다.

석촌동 4호분 조사전(서울대박물관 2013)

다음 사진 보시죠. 일단 어제처럼 제가 준비한 자료를 보시면서 논의를 하는 것으로 하겠습니다. 이게 보고서에 실린 맨 윗면의 정리 상황입니다. 이 석축을 횡혈식석실 하단 윤곽으로 봤고 여기 보시면 이 돌 보이시죠? 이 돌을 연도 벽석으로 추정하고 이쪽 돌을 몇 개 들어냈어요.

그래서 이 부분이 2.3m 폭으로 연도라고 보고가 된 건데, 들어낸 상태로 보시면 연도같이 보이기도 하지만 그 전 사진을 보시면 과연 이게 연도선일까? 이게 연도선이라면 대응하는 맞은편에도 이 정도의 돌들이 정연하게 배치가 됐어야 맞을 것 같은데 그게 아니거든요.

석촌동 4호분 정상부 전경(서울대박물관 1975)

자, 또 보시죠. 위에 있는 돌들을 걷어내고 점토부 내부로 트렌치를 넣은 건데 이게 2단 석축 내면입니다. 2단 석축이 바닥에서부터 쭉 올라와 있는데 이것은 나중에 다시 보겠습니다.

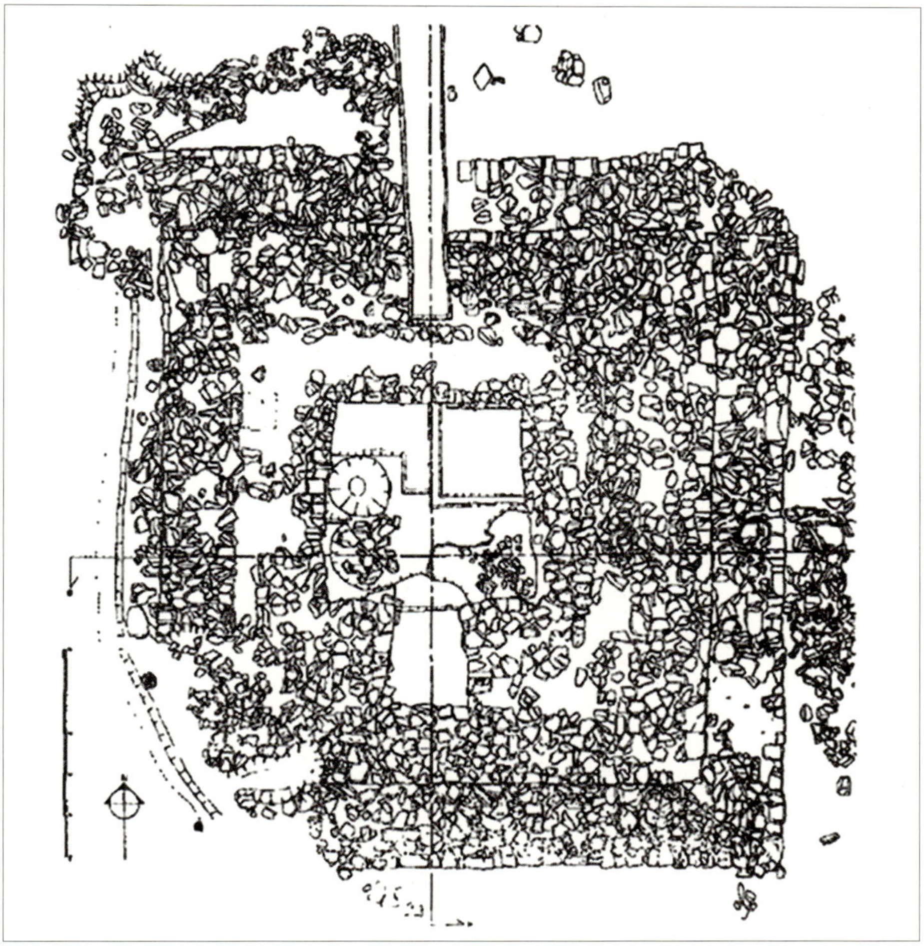

석촌동 4호분 평면도(서울대박물관 1975)

다음은 전체 도면입니다. 애초 이 고분의 규모를 추정한게, 토론 자료집 보시면 45쪽에 74년도 조사내용이 요약되어 있습니다. 제가 75년도에 간행된 보고서를 몇 차례 읽으면서도 불확실한 점들이 있어서 제 나름대로 저 도면에 표시를 해가면서 본문하고 대조해서 정리를 한 바 있어요. 그래서 이것을 좀 보시는 게 좋겠는데, 전체평면도를 보시면서 비교해보죠.

① 정방형으로 묘역을 조성하고 잔자갈을 깔았는데 그 범위는 한 변의 길이가 30m에 달한다. ② 묘역 안에 길이 13.2m, 너비 1.8m, 높이

2.24m 규모의 방주형 석벽을 축조하여 제3단으로 하고 그 내부는 점토를 다져 충전하였다. 74년도 보고 내용입니다. ③ 제3단 바깥으로 제2단과 제1단을 설치하였는데 제2단은 한 변의 길이가 17.2m, 제1단은 길이가 24m라고 봤습니다, 3단 계단식 적석총. 이 도면에서 보시면 24m 범위가 여기입니다. 이 라인입니다. 그래서 이게 1단, 그리고 2단, 3단이고, 그 안에 횡혈식 석실, 이렇게 되어 있거든요. 그런데 아무리 도면을 다시 보고 또 보고, 내용하고 결부시켜도 이해가 되지 않는 부분이 있었습니다. ④ 번 높이는 생략하고, ⑤ 제3단 정상부 바닥 중앙에는 동서 4.6m, 남북 4.8m 규모의 석실 윤곽과 길이 2.3m, 너비 1.9m 내외 규모의 연도 윤곽을 형식적으로 조성하였다. ⑥ 형식적으로 조성한 석실의 바닥에서는 하부의 성토층을 파서 남반과 북반에 두 개의 묘광을 조성하였다. ⑦ 제3단 정상부에는 다시 적석하고 작은 판석을 지붕처럼 덮은 다음 그 위에 다시 자갈과 점토를 섞어 봉분처럼 조성하였다. ⑧ 고분 내부에서 출토된 유물은 없고 적석총을 덮고 있었던 흙 속에서 와편과 토기편 약간이 출토되었을 뿐인데 와편은 정상부의 봉토 위에 한겹 깔았던 것일 가능성도 있다. 마지막, ⑨ 축조 시기는 형식적이기는 하지만 석실 윤곽을 표현한 것으로 보아 4세기 아니면 5세기 전반기경에 해당하며 고구려 적석총에서 시작하여 한강유역에서 지역적 변화를 일으킨 것이라고 본다. 그래서 백제식 적석총이라고 이름을 붙인 것입니다.

자, 일단 방금 언급한 보고서 내용을 재정리한 것에 대해서 개인적으로 다른 생각을 가진 분이 계시면 먼저 말씀을 듣기로 하겠습니다. 75년도 보고서에 나오는 4호분의 규모는 한 변이 24m, 그리고 3단 적석총.

○ 박순발(충남대학교)

그런데 묘역이라는 게 뭐예요?

○ 좌장 | 임영진(전남대학교)

묘역은 4호분 주변 범위를 얘기하는 모양인데요. 도면에서 보시면 여기서부터 여기까지가 24m입니다.

○ 박순발(충남대학교)

아니, 묘역은 30m예요.

○ 좌장 | 임영진(전남대학교)

그러니까 큰 돌들이 확인된 24m 범위 밖으로까지 지반 조성이 되었다는 것이겠죠.

○ 박순발(충남대학교)

그런데 그것은 다른 데서도 마찬가지로 어제 우리가 이름 붙이자 말자 하는 그것 아니에요. 1단 아래에도 말하자면 부석식으로 깔려 있는 이것을 지칭하는 것 같아요, 그러니까 1단 바깥으로.

○ 정치영(한성백제박물관)

보통 보고서들에서 작은 강자갈 같은 것을 깔아놓은 그런 것도 아마 묘역으로 인식을 하는 문구들이 있기는 있습니다.

○ 박순발(충남대학교)

그런데 여기는 그런 흔적이 없고 1단 바깥에 있는 저 부분이 아마 30m라는 범위에,

○ 조가영(서울대학교)

20페이지에 보시면 A트렌치라고 되어 있는 부분, B트렌치라고 되어 있

는 부분이 있는데 이 트렌치 조사에서 하강을 하면서 강자갈 같이 깔려 있는 부분들을 확인했고 그것을 묘역으로 인식한 것 같습니다.

○ 박순발(충남대학교)

보고서에도 그렇게 기술이 되어 있어요?

○ 좌장 | 임영진(전남대학교)

방금 내가 읽어드린 게 그 당시 보고서의 핵심 내용을 요약한 겁니다.

○ 박순발(충남대학교)

그럼 조 선생님이 읽어주신 것은? 그 자갈이 나왔다는 것은 그게 30m라는 거예요?

○ 조가영(서울대학교)

이 부분을 읽어보시면 거리상으로…

○ 좌장 | 임영진(전남대학교)

이게 유일한 전체도면인데 이 스케일로 보면 24m 범위는 여기서부터 여기까지라는 말이죠. 그래서 과연 이 고분의 외곽 기선을 이 선으로까지 볼 수 있을 것인가. 보고서를 몇 차례 보면서 비교를 했지만 결국 내려진 결론은 24m의 이것은 단이 아니고 제1단은 안쪽 이 선이라는 겁니다. 그렇게 되면 고분 규모가 17m가 됩니다.

○ 박순발(충남대학교)

그렇죠. 그런데 지금 나도 그렇게 생각했는데 여기는 지금 이상하게 24m 이렇게 해서… 군더더기 말은 여기서 길이 한 변 30m 어쩌고 하는 이것은 전혀 고민할 필요가 없는 것 같아요.

○ 좌장 | 임영진(전남대학교)

그렇습니다. 보고서 본문 내용은 도면 내용과 다릅니다.

○ 박순발(충남대학교)

적어도 맨 아랫단을 기준으로 적석묘를 이야기해야지 그 바깥에 깔린 것은 있든 없든 문제가 안 되니까.

○ 최병현(숭실대학교)

그런데 여기서 중요한 것은 묘역을 조성하고, 묘역이 조성된 것은 아마 성토라는 의미일 테고, 그 위에 잔자갈을 깔았다고 되어 있어요. 그러니까 기단 바깥쪽에도 잔자갈이 깔려있다는 얘기가 아니겠어요. 그런데 그 잔자갈을 깐 범위를 대충 재보니까 한 30m 되더라고요. 그렇게 보이는데, 그것은 결국 기단 주변으로까지, 최하단부 기단 주변으로까지 자갈이 깔려 있었다는 얘기라는 말이에요.

○ 박순발(충남대학교)

그러니까 정지는 얼마든지 하는데 왜 그것을 가지고 여기 사이즈를 이렇게 30m라 할 필요가 없는 거예요. 그것은 정지작업 과정이니까.

○ 최병현(숭실대학교)

그 당시에 남아 있는 게, 자기들이 잰 게 30m 됐지, 그런 의미겠지, 뭐.

○ 좌장 | 임영진(전남대학교)

그러니까 30m에는 너무 구애받지 마시고요.

○ 박순발(충남대학교)

그런데 묘역이라는 말도 적합하지 않다 이 말이지요.

○ 최병현(숭실대학교)

여기서 말하는 묘역은 무덤 내부, 마운드 내부라는 뜻은 아닌 것 같아요. 그 주변을 포함해서 30m라는 것 같고, 그렇죠? 그런데 지금 임 선생님 말씀은 여기서 1단으로 본 것도 단이 아니라는 말씀이죠?

○ 좌장 | 임영진(전남대학교)

그렇습니다. 30m는 차치하고 보고서 본문에서는 1단의 길이가 24m라는 것인데 이 도면에서 24m를 재보면 여기서부터 여기까지입니다. 그래서 이것을 1단으로 봤고, 이것을 2단으로 봤고, 이것을 3단으로 봤고, 3단 안쪽으로 이것을 횡혈식 석실로 본 것인데 문제가 있지죠.

○ 최병현(숭실대학교)

그런데 임 선생님은 여기서 1단으로 본 것도 단이 아니라는 얘기지요?

○ 좌장 | 임영진(전남대학교)

그렇습니다.

○ 정치영(한성백제박물관)

묘역이라는 것은 제가 4쪽에 4호분에 대해서 보고서 내용을 요약한 게 있는데 4호분에서 넷째 줄에 외곽에는 잔자갈을 깔아서 조성한 30m의 묘역과 같은 구조를 보였다. 이렇게 되어 있습니다.

○ 좌장 | 임영진(전남대학교)

그게 오리지널 표현인가요?

○ 정치영(한성백제박물관)

네. 그러니까 잔자갈을 깔아서 지정 이런 식으로 해놓은 것을 묘역으로 인식을 했다고…

○ 박순발(충남대학교)

여기서 나온 1단 24m 이것은 아니고 그것은 말하자면 부석처럼 깔린 거고 2단 이게 우리가 보는 1단입니다. 이렇게 봐야 해요. 그러니까 사이즈는 17m급이라는 거죠.

○ 좌장 | 임영진(전남대학교)

보고서에서 횡혈식 석실의 내곽선이라고 봤던 것은 실제로는 3단 석축의 내벽에 해당하는 겁니다. 3단 석축의 외벽은 바로 이 선입니다. 그리고 2단 석축의 외면이 이것 입니다. 그리고 1단 석축이 이거죠. 전부 1단, 2단, 3단, 이렇게 되기 때문에 보고서에서 횡혈식 석실이 3단 정상부에 있다는 표현은 정확한 게 아니라는 겁니다. 3단 석축 내면 윤곽을 3단 석축 위에 있는 별도의 횡혈식 석실 내벽인 것으로 오해를 했다. 이렇게 보는 게 옳은 거지요.

○ 최병현(숭실대학교)

그러면 임 선생님은 3단 석축 내부에도 이렇게 성토층이 올라갔을 거라고 보는 건가요?

○ 좌장 | 임영진(전남대학교)

그랬을 걸로 보죠.

○ 최병현(숭실대학교)

자, 이제 그것에 대해서 토론합시다. 먼저 여기 다른 젊은 학도들도 있고 하니까 백제 한성기 석실에 대한 나의 기초적인 이해를 먼저 얘기할 필요가 있을 것 같아요. 99쪽부터가 내가 쓴 글인데, 이 토론을 위해서 새로 쓴 글이 아니고 여기 저기 그동안에 다른 논문 같은 데에 썼던 것 중에서 여기에 관련된 것을 모아놓은 겁니다. 뒤 107쪽에 참고문헌이라고 되어 있는데, 내가 원래 보낸 것에는 참고문헌이 아니고 원문 출전이라고 했어요. 내 논문 3군데 것을 모아놓은 것이에요. 보내놓고 보니까 오자가 딱 한 군데 있는데, 70쪽 여섯째 줄 보면 '마한 토광묘(목곽묘)'라고 되어 있는데 목곽이 아니고 '목관'입니다. 그거 수정해 주시면 되고요.

어차피 얘기는 왔다 갔다 할 것 같으니까 백제 석실과 신라 석실의 차이점, 고구려 석실의 차이점을 얘기할게요. 내가 가락동, 방이동석실 관련 글을 세 번째 썼어요, 재작년까지. 그런데 사실 그 이전은 나도 신라, 고구려, 백제 석실을 구분하는 확실한 논거는 없었습니다. 과거에는 사실상 출토유물 중심으로 본 것이었는데, 그러나 그때랑 지금이랑 구조에 대해서 같은 생각을 하는 것은 뭐냐면, 석실의 위치입니다. 그것은 과거부터 내가 파악하고 있었던 얘기에요. 결론적으로 말하면 이래요. 여기 젊은 학도들이 많으니까 일부러 하는 얘기인데, 예전 60년, 70년, 80년대 석실 공부하면 주로 뭘 가지고 분류를 했느냐면 석실평면 - 장방형이냐 방형이냐, 연도 - 중앙에 있느냐 좌측에 있느냐 우측에 있느냐, 석실천장 - 궁륭상이냐 평천장이냐, 이것 가지고 구분했어요. 그런데 지금은 자료가 워낙 늘어나서 그것으로는 되지도 않아요, 그것은 그야말로 기초상식일 뿐이에요. 그런데 지금도 그것을 가지고 석실을 분류하는 사람들을 보면, 참 그래요. 학부생 리포트 정도는 그렇게 해도 좋겠어요. 그러나 대학원에 가서는 그런 분류하지 마세요. 그거 아무 필요도 없어고, 의미도 없어요.

자, 지금부터 내가 요약해서 말씀드릴게요. 우선 입지. 백제 석실은 산의 경사면입니다. 능선 따라가지 않습니다. 정상부에 없습니다. 경사면에 위치합니다. 고구려 석실, 거의 평지선 구릉의 정상부에 있습니다. 신라석실은 능선따라 위치합니다. 잔가지 능선이든 큰 능선이든 능선따라 쭉 배치돼요, 물론 고분군이 커지면 주변 경사면까지 내려가기는 해요. 그러나 주배치선이 능선이에요.

그 다음에 석실의 위치. 한성기 석실은 다 반지하식입니다. 쉽게 말하면 벽은 다 지하로 들어간다는 말이에요. 천장은 지상으로 올라와요, 천장만 지상에 만들었어요. 신라·고구려 석실은 기본이 지상이에요. 산 능선이나 경사면에 있을 때는 밑에 약간의 광을 팔 수밖에 없지요. 경사가 좀 높은 비탈 같으면 광의 뒷벽이 좀 높을 수는 있어요. 그러나 석실 위치의 기본개념이 지상이다는 거예요.

백제석실과 신라, 고구려 석실 사이에, 이게 근본적으로 달라요. 그렇게 되니까 석실을 구축하는 방법이 달라집니다. 한성기 백제 석실은, 자! 이 모서리 각도를 잘 보세요. 107쪽에 사진을 배치했는데 이건 내가 찍은 사진은 아니고, 일본의 오다 후지오 선생이 아마 73년~75년 발굴할 때 와서 보고 찍어간 사진인 것 같은데, 오다 후지오 선생 논문에 있는 것을 내가 재편집한 겁니다. 가락동 3호분 보세요. 이걸 자세히 보면 동장식이라고, '도바리胴張り'식이라고 하는 것 있잖아요. 그것들은 모서리도 이렇게 그냥 둥글게 하나로 이어서 쌓습니다. 그대로 이어서 쌓아버려요. 벽을 이렇게 맞붙지를 않는다는 말이에요. 그런데 어느 곳에서는 서로 벽을 맞붙여야 할 것 아니에요. 맞붙는 벽의 모서리에서 벽석을 서로 물려쌓지를 않아요, 백제 것은. 벽석을 이렇게 대서 쌓아요. 만일 지

상에서 이렇게 쌓으면 어떻게 되겠습니까? 위에서 누르는 압력 때문에 망가지지 않겠어요? 백제 석실은 이게 왜 버틸까요? 지하니까, 토벽이 딱 받치고 있으니까 이게 되는 거예요. 한성기 석실은 다 이렇습니다. 내가 관찰한 건 다 그래요. 벽석을 서로 물려쌓은 석실이 없어요.

신라 · 고구려 것은 다 벽석을 물려쌓았습니다. 가락동 3호분을 자세히 보면 모서리 벽석을 맞대서 쌓은 거예요. 석실의 모서리 벽석 쌓기 방법을 구분하기 위해 내가 '맞대어 쌓기', '물려 쌓기', 이렇게 용어를 만들었어요.

그 다음에 가락동 5호분을 나는 고구려 석실이라고 본 거고, 밑에 있는 게 천장부를 찍은 거거든요. 5호분, 4호분은 자세히 보면 돌을 물려쌓았습니다. 그런데 돌 사이즈나 모양이 달라요. 그래서 고구려 것은 신라 것에 비해서 돌이 비교적 정연합니다. 그런데 신라 석실들은, 특히 중부지방에 있는 신라 석실들은 돌, 벽석 자체가 크고 규격석이 없어 엉망이에요. 모서리도 각도가 없고 엉망진창이에요. 하나 같이 이래요.

자, 이런 것을 면밀히 관찰해야 하는데, 그렇게 해서 논문을 써내면, 그것을 보고 비판하려면, 남의 논문을 착실히 읽고 비판해야지. 그런 기법을 내가 논문에 다 써놨는데, 뒤의 109쪽에 나오는 가락동, 방이동 석실분을 그런식으로 다 분석해놨는데, 그 뒤에 나온 논문을 보면, 또 그 소리예요. 장방형, 방형, 연도가 동쪽에 있다, 서쪽에 있다. 이런 것을 보면 그다음 정말 공부할 맛이 안 나요.

아니, 예를 들어 내가 이렇게 세부적으로 관찰한 것을 가지고 논문을 썼으면 그것을 비판하는 논문은, "당신 그것 틀렸더라. 내가 어디어디 보니까 백제 것도 물려 쌓는 게 있더라"라든지, "백제 것도 모서리가 안 맞는 것도 있다"든지, 그래서 "당신이 본 게 다가 아니다", "당신이 본 것 말고도 다양한 종류가 있더라"라든지, 하는 비판이 나와야 "아, 그런가? 나도 아직 안본 게, 못본 게 있나 보네" 하고 더 열심히 공부할 것 아니에요. 비판이라고 나오는 것을 보면 맨날 똑같아요. 연도가 동쪽에 있다,

서쪽에 있다. 세상에 무슨 연구를 여태 그렇게 하고 있냐는 말이에요. 여기 있는 젊은 친구들은 제발 남의 글 좀 꼼꼼히 읽고요. 선학 선배들의 업적을 조목조목 정리해서 비판하세요. 그래야 공부가 되는 거예요.

① 3호분

② 5호분

③ 4호분

④ 5호분

가락동 석실분 축조 기법(최병현 2015)

자, 그렇게 했는데, 107쪽에 가락동 3호분 봅시다. 내가 맨 처음 1990 몇 년에 서울 강남 석실분 처음 논문 썼는데, 사실은 나보다 먼저 윤환이라는 사람이 논문을 냈어요. 그런데 거기에 비사가 좀 있어요. 내가 예전 대전 한남대학에 근무할 때인데, 신라 석실분을 정리하고 있었어요. 사실 그 당시에는 전국의 발굴된 신라 석실분을 다 모아도 30개도 안 될 때였어요. 그래서 전국 것을 한 논문으로 쓰려고 했어요. 경주 것이 제일 많았고, 그다음 제일 많은 데가 가락동·방이동 석실이었어요. 경주 것이 20개고, 여기 서울 강남 것이 10개 되니까, 합치면 30개 정도예요. 이것을 한꺼번에 쓰려고 하다 보니까, 지역도 너무 다른 데다가 합치기가 좀 곤란했어요. 아무래도 경주 것을 먼저 정리하고, 가락동 · 방이동 것은 그것을 기반으로 해서 정리하는 게 낫겠다고 생각하고 있었는데, 윤환이라는 사람이 찾아왔어요. 그는 충남대를 졸업하고, 당시 일본 큐슈대학에서 유학을 하고 있었는데, 내 연구실에 찾아왔어요. 마침 내가 석실분 정리 카드를 쭈르륵 늘어놓고 있었어요. 내가 정리하는 방식이 있어요. 카드에 도면 같은 것을 붙여놓고 가락동·방이동 석실분을 쭉 정리하고 있는데, 그가 왔어요.

아마 본인도 나하고 비슷한 그런 생각을 하고 있었나 봐요. 당시 안승주 선생이라는 분하고 강인구 선생이라는 분들이 백제 고고학자들인데, 이 분들이 가락동·방이동 석실분을 다 백제 석실이라고 한 것이 이상했나 봐요. 그래서 나하고 그 사람하고 토론이 붙었어요. 나는 "이것은 명백히 신라고분이다. 구조도 그렇고 토기도 그렇고 해서 신라다" 그랬는데, 그러고 나서 몇 달이 지났더니 논문을 하나 부쳐왔어요. 나하고 대화했던 내용이 그 논문에 그대로 들어가 있는 거예요. 그래서 그 때 나는 강남 석실분 논문 쓰기를 포기했어요. 그때 쓰려다가 포기하고 있었는데, 그다음에 서울 숭실대학으로 옮겨와서 96년도인가, 임병태 선생님 1주기 기념논문집에 그것을 썼던 것 같으니까, 그게 90 몇 년도인 것 같은데, 그때 재정리해서 쓴 논문이 나의 강남지역 석실분 논문 처음 것이에요. 명백히 말하면, 그때는 109쪽에 있는 가락동·방이동 석실분들은 모두 다 신라 것이라고 했고, 2번 가락동 5호분까지 다 신라 것이라고 했습니다. 솔직히 가락동 구 2호분은 유물이 없어서 잘 모르지만 여기 한 고분군 안에 있기 때문에 신라라고 봤고, 다만 가락동 3호분도 신라라고 봤지만 구조적으로는 109쪽에 있는 고분들과는 다르다. 그래서 내가 그때 무슨 얘기를 썼느냐면, 가락동 3호분도 신라고분이지만 아마도 백제 석실을 만든 공인들이 축조하지 않았을까 하는 얘기를 했어요. 그랬는데 다시 공부하다가 2~3년 전에, 김무중 선생이 원래는 자기 학설은 아니라고 하면서, 여기서 나온 유물 중 관못의 대가리가 방형, 방두형이라고 하면서 "방두정, 이거 신라에는 없다. 백제 것이다" 그래요. "그러면 그게 맞다, 석실도 백제식이고, 관못도 백제 것이라면 원축조는 백제다. 나중에 신라 때 재사용 됐다고 보는 게 옳겠다"고 생각을 바꾸었어요. 지금 갖고 있는 생각도 그 생각이고, 그때부터 그 생각을 갖고 논문을 써 왔어요.

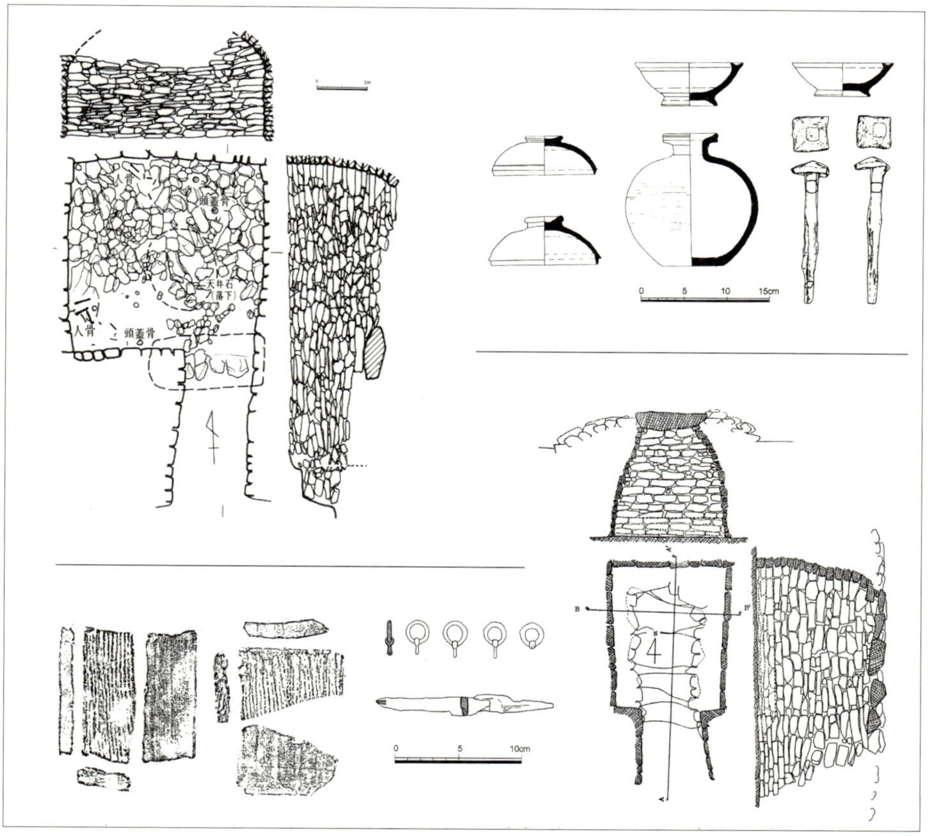

가락동 3호분(상)과 5호분(하) 및 출토유물

가락동 3호분의 축조기법을 잘 보세요. 아까 말한 대로 모서리를 아까 말한 맞대어 쌓기 해서 모서리각 상하가 직선이고, 그다음 벽을 쌓은 돌이 아주 납작납작합니다. 나는 이걸 '전상판석'이라고 이름붙였어요. 왜 전상판석이라고 했냐면 한성기 석실의 원류는 기본적으로 낙랑지역의 전축분이라고 본 것입니다. 낙랑 지역의 전축분을 쌓는 수법인데, 전은 흙으로 빚어 구워서 만들잖아요. 그런데 이것을 돌로 깎다 보니까 납작납작한, 전돌처럼 깎은 판석이라서 전상판석이라고 한 거예요.

자, 백제석실에 대한 이런 기본적인 지식을 가지고 석촌동 4호분 내부를 다시 본 겁니다. 다시 봤더니, 여기서 지금 결론부터 말하면 내부석벽이 남아 있는 것은, 저는 여기서 여기까지 이만큼 남았다고 생각을 해요, 이 부분은 다 무너졌고요. 여기가 제일 잘 남았어요. 그런데 여기에 내벽의 남아있는 납작납작한 돌 상태를 보면 바깥 석벽하는 돌 자체가 다릅니다. 바깥석벽은 돌이 크고 높아요. 4호분 3단 석축 내벽은 그야말로 아까 3호분에서 내가 이름 붙인 전상판석 그대로예요. 그러니까 예컨대 내외 똑같은 석벽을 쌓아 올라갔다면 내벽이라고 해서 굳이 다른 돌을 쓸 필요가 없잖아요. 바깥쪽 돌 모양하고 내벽면 돌이 다르다는 거예요.

그 다음에 이것밖에 안남아서 잘 안 보이기는 해요. 그런데 벽석이 3단 정도 남았는데, 모서리 부분이 내가 보기에는 역시 맞대서 쌓은 수법이거든요. 내 눈에는 그렇게 보여요. 그다음에 뭘 주목해야 하느냐면 가장 아래 한 단, 여기도 지금 잘 보면 한 단이 남아 있는 것 같아요. 내벽 맨 아랫단 밑에 벽석 받침을 안으로 내밀기 했다는 말이에요. 그리고 그 위에 벽석을 쌓아 올라갔다는 말이에요. 이 수법이 어디에 있느냐면 안성 장원리고분군에 있어요. 아마 다른 고분군의 석실에도 있을 수 있습니다. 그러나 다른 데는 기억이 안나고, 내가 확실히 기억나는 것은 안성 장원리 석실분들이에요. 그러니까 석촌동 4호분 제3단 석실의 내면 벽

석촌동 4호분(1974년 조사)상부 “석실” 추정 시설(서남에서)

석촌동 4호분(1974년 조사) 상부 추정 “석실” 서쪽 석축

석 아래에도 그 수법이 있는 거예요. 백제 한성기 석실 축조에서 벽석 맨 아랫부분에 내밀어 쌓은 벽석 받침이 있는 거예요.
그 다음에 아까 임영진 선생님이 설명했는데, 석실 연도벽이라는 이쪽 줄은 내가 보기에도 연도벽이 아닐 가능성이 있습니다. 그것은 아마 임의로 돌을 남겼을 가능성이 있어요. 그러나 그 반대편, 여기서 각을 트는 이 부분은 분명히 아마도 연도의 제일 하단석이 아닐까 생각해요. 그래서 나는 석촌동 4호분의 내부구조를 기본적으로 이렇게 횡혈식 석실로 보는 거고, 그다음에 석실의 바닥이 어디냐면 아까 말한 내밀기 한 돌이 있잖아요. 그 면이 석실의 바닥이었다고 생각하는 거예요.
그런데 아까 박물관으로 오다가 박순발 선생님과 티격태격했는데, 뭐냐면 이 위에 있는 게 석실 같으면 왜 이렇게 그 밑을 팠을까라는 것이었어요. 75년도 보고서를 보면 여기 덮인 돌을 드러내고 나니까 그 밑에 민묘가 2개가 있었다고 되어 있거든요. 그러니까 어느 때인가 석실이 왕창 파괴된 뒤에 그 내부에다가, 석실 바닥의 흙을 파고 다시 무덤을 만들었다는 말이에요. 그러면 발굴할 당시 왜 이것을 파고 내려갔느냐. 아마도 발굴할 당시에는 여기 덮인 돌들은 교란된 돌들이니까 드러냈을 거고, 그 밑이 바깥 지면보다 상당히 높으니까, 그 당시의 상식으로는 매장주체부라는 것은 저 밑에 있을 것이다, 매장주체부가 지상에 있어 날아가 버린 게 아니고 저 밑에 있을 것이다라고 생각하고, 그냥 내리 판 게 아닌가 하는 게 내가 갖고 있는 생각이에요. 예전 글에서는 나도 석실이라는 말은 잘 안 했어요. 굉장히 조심스럽게 판단했어요. 그러나 지금은 앞에 말한 증거들로 보아 석실이라고 생각하고, 거의 99% 확신을 갖고 있다, 이겁니다. 이상입니다.

○ 좌장 | 임영진(전남대학교)

감사합니다. 또 다른 분.

○ 박순발(충남대학교)

백제석실을 먼저 말씀하셨던 패턴 가운데 정상부는 없다. 이것은 옛날에 보존한 것 있지 않습니까, 송원리, 송원리 정상부에 있어요, 백제 한 성기도. 그것은 조금 너무 이 패턴을 일반화시키면 안 될 것 같고. 그것은 본질이 아니고. 그리고 전축분 이게 언제부터 써서 그런데, '분墳'이라고 하면 전으로 되어 있는 것은 전분이라고 할 수 있지만 전실, 묘지, 전축분 이것은 그만 쓰는 게 좋겠다. 분은 아니잖아요.

○ 최병현(숭실대학교)

그것은 이것과 다른 주제이기 때문에,

○ 박순발(충남대학교)

그러니까 낙랑전축분 이렇게 하시는데 늘 전축분이라는 말을 써요. 그런데 '분墳'이라는 말은 옛날에 썼던 거고 그러나 '묘', '분'하는 것은 묘 쓴 자리에 있는,

○ 최병현(숭실대학교)

그건 수정할게요. 전실분으로 수정할게요. 나는 분을 붙이는 게 맞다고 생각해요.

○ 박순발(충남대학교)

그러니까 전실묘, 전실묘인데 분은 토분이지, 뭐. 분으로 하려면.

○ 최병현(숭실대학교)

아니, 분이라는 것은 마운드 개념이기 때문에 마운드가 있는 건 분이지.

○ 박순발(충남대학교)

전축으로 매장주체부가 되어 있는데 분 자체는 흙이라는 말이에요. 그러니까 분이라는 말은 적합한 용어가 아니라는 말씀입니다.

○ 최병현(숭실대학교)

그것은 동의 안 해요. 그것은 별도의 주제니까 따로 토론할 문제예요.

○ 박순발(충남대학교)

그런 정도로 해두시고 그다음에 가락동 3호분 등등 하셨는데 가락동 3호분에 대해서는 뭐 유물의 문제 때문에 애당초 말하자면 구조의 변별력이 뚜렷하지 않을 때 유물로 가지고 일견 그렇게 됐다 하는데 물론 방두형이냐 뭐 어쩌냐, 재사용이냐 하는데 사실 좀 복잡한 얘기가 있어요. 왜 그러면 이렇게 되느냐 그런 예들이 사실은 좀 나왔죠. 가령 청주 신봉동 같은 데에서도 국적이 바뀌면서 유물이 들어가는 사례가 있었기 때문에 아마도 이 무덤이 거의 한성기 말이나 혹은 백제점유기에 가까운, 이 동네 사람들이 싹 다 남쪽으로 내려가지는 않았을 것 아닙니까? 그러니까 그 가능성은 있어요.

그것은 그렇다고 치고요. 다만 4호분이 석실이냐 하는 문제는 지금 말씀하신 대로 그렇게 보면 그 가능성이 있습니다. 예를 들면 검사가 어느 쪽으로 몰아가면 그것은 단서가 되죠. 그런데 재판에 붙이면 증거가 불충분하다고 나올 겁니다, 아직까지는. 99% 검사는 그렇게 믿고 있어요, 혹은 변호사는 99%. 그러나 재판을 받으면 역시 증거가 불충분하지 않겠느냐. 나는 말하자면 제3자 입장에서 보면 여기에 내가 대단한 이권이 걸려서 나는 뭔가를 주장하고 싶은데 그러고 싶지는 않고 다만 석실이라고 하는 그 자체가 옛날에는 밝히지 않았을 때 이것을 단서로 해서 "한성기에 석실이 있다, 없다" 이런 식의 목숨을 건 때가 있었어요. 그런데 그럴 필요는 없는 시대가 됐고 그리고 적석무덤 자체가 고구려도 그렇지만 왕실무덤에 최초로 들어오지 않습니다. 신라도 마찬가지입니다. 왕실무덤에 그런 석실이라는 것은 이미 귀족들 내지는 유력한 호족들 그쪽 출신들이 썼을 거예요.

○ 최병현(숭실대학교)

그런데 그것은 해석의 문제니까 핵심만 얘기하세요.

○ 박순발(충남대학교)

그러니까 해석인데 선생님도 마찬가집니다. 이제 의견이 다르니까 해석이 다른데 마찬가지예요. 이것을 굳이 그러면 그 밑에 나온 저것을 싹 다 후대무덤이라고 했는데 아까 후대무덤은 남반부, 북반부 해서 무덤 2개가 나왔다 했는데 이게 전부 다 후대 것이라는 것은 보고서에 그렇게 정확히 기술이 되어 있습니까? 보고서에 가령 여기에 밑에 나오는 무덤 2개가 나왔는데, 시신 2개가 나왔는데 이게 전부,

○ 좌장 | 임영진(전남대학교)

민묘라는 표현이 있죠.

○ 박순발(충남대학교)

그러면 그것도 그것도 좀 이상한 게 보세요. 민묘라고 한다면 아래에 저와 같은 저 돌을 저렇게 다시 많이 쌓아올린다? 내가 볼 때는 있을 수가 없어요.

○ 좌장 | 임영진(전남대학교)

좋습니다. 일단 3단 내부 윤곽이 횡혈식 석실과 관련이 되어 있느냐 되어 있지 않느냐 하는 것이 문제인데, 최병현 선생님은 99% 이상 횡혈식 석실일 가능성이 있다고 보시는 것이고, 박순발 선생은 그렇게 보기는

어렵다는 것입니다.

○ 최병현(숭실대학교)

한 가지만 추가할게요. 109쪽의 그림이 너무 작아서 미안한데, 109쪽의 맨 위의 그림이 왼쪽 도면하고 오른쪽 도면하고 등고선이 다르잖아요. 옛날 보고서에 각각 별개의 도면을 내가 붙인 건데, 구릉이 한 구릉으로 연결되는 것을 보려고 붙여서 그런 거예요. 그런데 이때만 해도 나는 가락동 3호분하고 방이동 쪽이 같은 고분군이라고 생각을 했어요. 그런데 조가영 선생이 석촌동고분, 가락동고분의 분포도를 그려놓은 것을 보고서 전체 배치도를 놓고 보니까, 어제도 임영진 선생님이 가락동 3호분과 저쪽 4호분 중간의 구릉에 뭐가 있지 않았을까 했는데, 제가 보기에 그 당시에 상당히 조사를 한 것 같은데, 이 중간에는 고분이 없는 것 같아요. 그렇게 보면 가락동 3호분도 가락동이고 4호분도 가락동이니까, 동이 같으니까 가락동, 가락동 그러는데, 나는 가락동 3호분 쪽과 4호분 쪽은 별개의 고분군으로 갈라봐야 하지 않느냐. 그러니까 가락동 3호분은 석촌동 쪽 고분군으로

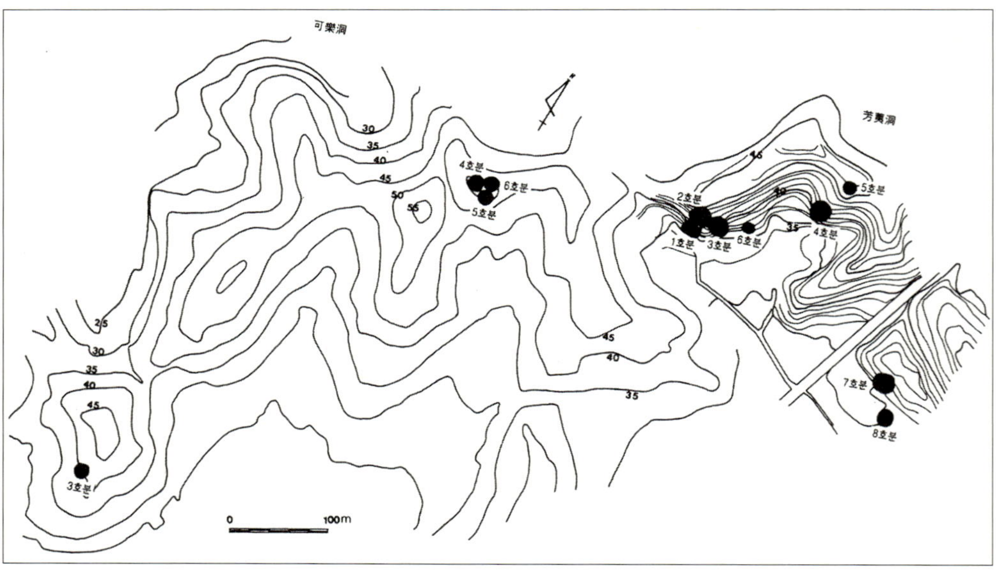

가락동 · 방이동고분군 분포도(최병현 1997)

봐야 하는 거고, 가락동 4호분과 그 동쪽 가락동・방이동 부분 고분들은 따로 떼어서 별개의 고분군으로 보는 게 옳겠다, 이것만 추가하겠습니다.

○ 좌장 | 임영진(전남대학교)

석실분에 대한 일반적인 논의는 별도의 기회를 통해서 구체적으로 논할 필요가 있지 않을까 하는 생각이 들고요. 지금 논란이 되는 것은 석촌동 4호분 정상부 유구의 성격 문제라는 말이죠. 자꾸 석촌동 4호분이 아니라 백제 석실분 쪽으로 넘어가고 있는데 이제는 차단을 하겠습니다. 더 이상 석실분 일반에 대한 논의는 하지 마시고 석촌동 4호분 정상부의 그 유구에 포인트를 맞춰주시기 바랍니다.

○ 박순발(충남대학교)

그래서 조금 더 하겠습니다. 벽돌처럼 생긴 모전석이라 할까요? 그것은 타당한 말씀입니다, 그것은 기본과 관련해서. 그런데 그 아래에 남은 것이 있어요. 말하자면 이게 전부 지상화가 되는 거죠. 일반적인 백제 석실과 달리 전부 지상화가 되면 바깥에 쌓아올리는데 이 정도 두께에서 이 정도의 돌 가지고는 절대 지탱을 못합니다. 길게 빼고 이렇게 하지 않으면 지탱 자체가 안 돼요, 구조적으로. 그러니까 아마 이희준 선생께서 어제 저한테 문자를 줬는데 바로 이 얘기입니다. 다시 한 번 더 정식으로 문자를 준 내용을 읽어볼게요.

"석촌동 4호분의 매장주체부가 석실이라는 데에 대해 역학적으로 그 위에 석실을 구축할 수가 없고 만약 제3단 바닥이 석실벽선이라면 더욱 그렇다는 얘기를 좀 해 주시오. - 이희준"

○ 최병현(숭실대학교)

그 부분을 나는 이해를 못하겠어요. 이 모식도를 한 번 봅시다. 그 부분 잘 이해를 못하겠어요, 보세요. 복원도. 어쨌든 이 발굴내용을 가지고 모식도 그려놓은 것이랑 검토해보면, 여기까지가 2단 석축 내부죠. 2단 석축 내부까지는 성토한 것이 맞지요. 그런데 이 성토라는 것이 어느 정도 단단하게 했는지, 그 내부가 워낙 교란돼서 잘 모르겠지만, 아마 이 정도면 상당히 많이 다졌지 않았을까 생각이 드는데. 하여튼 이 복원도를 보면 내가 생각하는 석실의 바닥은 거의 2단 석축 높이와 동일면에 있었다고, 그 내부에 있었다고 봐야겠죠. 그러면 이 석실의 벽은 어떤 것이냐면, 바깥쪽은 3단 석축, 말하자면 돌로 올라가는 겁니다. 그리고 내벽은 아까 말한 대로 납작납작한 전상판석으로 석실의 내면을 형성하지만, 그 바깥에는 3단 석축이에요. 그 위에 4단 석축이 있었는지 5단까지 올라갔지는 모르겠지만, 어쨌든 석실 벽 자체는 외벽은 다 석축벽으

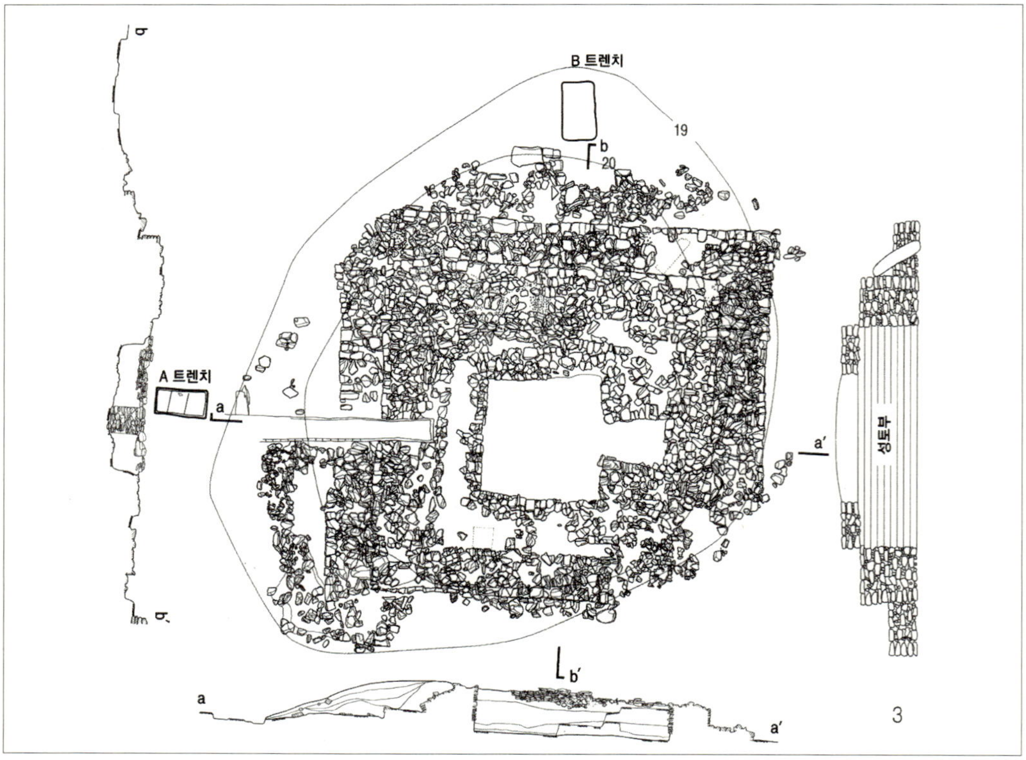

석촌동 4호분

석촌동 4호분(1984년 조사) 내부 조사 작업(서에서)

석촌동 4호분(1984년 조사) 2단 석축 내면(우측 위)

로 쭉 올라간다는 말인데, 이것이 나는 왜 외벽은 올라가도 되는데 내벽은 구조적으로 안 된다는 것인지, 모르겠어요. 그렇게 말하면, 여기 이 모식도에서 보듯이 3단 석축 자체가 성토부 위에 축조되는 건데, 이 3단 석축 자체가 역학적으로 안 된다는 건가요? 무엇 때문에 안 되죠?

○ 박순발(충남대학교)

그래요? 그 부분은 내가 통화를 안 했기 때문에 그런데 저는 이렇게 생각합니다. 역학적으로 했는지 토목공학을 나는 모르겠지만, 이 모식도에서 성토부라고 하는 바깥, 이 석벽은 존재하지만 그 위의 것은 실제 존재하지 않는 건데 해놨죠. 이것은 복원이 됐는데, 어쨌든 계장식으로 먼저 안에 돌린 이것들의 최상부 부분에 최병현 선생님 말씀에 따르면 거기서는 약간 내민 게 바닥이라고 말씀하셨는데 그런 정도의 바닥이라고 하면 석실이 위에 올라간 것은 말하자면 석실 높이가 대체로 2m 정도 되면 싹 다 없어졌다는 것 아니에요. 그런데 여기에 있는 돌이라든지 이런 양상이 싹 다 없어졌다고 할 수 있는 수준인가 하는 게 문제가 될 수 있고요. 그리고 이 폭이 어느 정도냐면 스케일이 없어서 그러는데 아마 여기 5m이니까 저게 2.1m 정도. 지하라면 아까 말씀하신 대로 이게 되겠지만 지상으로 올라가면 엄청나게 물리는 게 필요하지 않겠어요? 그러면 지상 올라가면 흙으로 갖다 다지면서 뿌리가 이렇게 해서 막 올라가는 정도의 수준이라야 하는데 과연 그런 정도의 견고함이라는 게 싹 다 없어지겠느냐 이 말이에요.

○ 좌장 | 임영진(전남대학교)

예. 두 분이 계속해서 의견을 제시하셨으니까 이제 김무중 원장님도 저 구조에 대해서 입장 표명을 해 주시죠.

○ 김무중(중원문화재연구원)

예. 처음에는 저도 관심은 없었어요. 그런데 형태가 공교롭다는 것이고요. 아까 최병현 선생님이 말씀하셨던 석재를 쌓는 방법, 석재의 종류에 대해 공감하는 바가 있습니다. 그런데 반대로 임영진 선생님 말씀대로 생각을 해봤습니다. 저게 3단의 내측이라고 생각하고 안에 성토로 해서 둥그렇게 봉분처럼 올라가는지 어떤지는 잘 모릅니다만, 바깥 기단에 석축 쌓는 것과 내측에 쌓는 방식이 약간 달라서 굳이 3단의 내측을 저렇게 쌓아야 할 이유가 있었을까 하는 게 하나가 의문이고요. 결국 이쪽 저쪽도 구조를 설명하는데 논리적이지 못하다 할까, 정합성이 있는지에 대해서 의문이 듭니다.

○ 좌장 | 임영진(전남대학교)

김 원장님도 저것은 횡혈식 석실로 보신다?

○ 김무중(중원문화재연구원)

일단은 횡혈식석실이든 적석총 3단이든 얼마큼 올라갈지 상부구조까지는 단정하기는 어려울 것 같아요. 그리고 특히 횡혈식석실이라고 할 때 하나의 단점이라고 한다면 한 변이 약 4m거든요. 그 정도가 되면 엄청난 석실인데 그럴 경우 천장은 77쪽 위에 있는 3호분처럼 궁륭상으로 올리기 위해서 많이 높여야하고, 또 안으로 들여쌓기를 해야 하는데 그러려면 바깥에 돌이 엄청나게 많아야 하거든요.

○ 박순발(충남대학교)

부정론이시죠?

○ 김무중(중원문화재연구원)

아니, 그러니까 형태적으로 너무 공교롭다는 점에서 가능성은 가지고 있지만 여러 가지 보완을 해야 할 부분, 즉 이제까지 조사했던 반지하식의 백제 석실의 궁륭상 구조와는 다른 평천장 구조일 가능성을 열어두고 봐야 하지 않을까 생각을 합니다. 아닐 가능성도, 확실한 것은 자신이 없어요.

○ 좌장 | 임영진(전남대학교)

그럼 확실한 입장 표명은 유보하시는거군요.

○ 정치영(한성백제박물관)

예. 저는 아까 사진 좀 봐주시겠어요. 4호분 내부 쪽에 돌 쌓여 있는 그림인데요. 저는 의견보다도 질문 같은 것인데요. 저도 보고서를 잘 보면 여기 아까 최병현 선생님이 말씀하신 아랫단 내밀었던 이 부분을 주목해서 보았습니다. 제일 아랫단이라서 그런데 여기를 기준으로 아랫면의 벽에서 보면 토양이 쭉 거기, 내부 성토였겠죠. 그게 쭉 보이는데 아까 말씀대로 여기 후대 것인지 무덤이 2개가 있다고 민묘라고 되어 있는 게 있다고 말씀을 하셨습니다. 그런데 여기 내부만 아주 공교롭게도 너무 벽이 깨끗합니다. 그러니까 그래서 발굴 당시의 상황을 여쭤보고 싶은 게 이 사이에 어떤 점토라든가 많이 끼어있는 상황이 안 보이는 것 같아서 발굴할 때 이것을 정말 깨끗이 사이사이를 발라낸 것인지 그게 궁금합니다.

○ 박순발(충남대학교)

그거 물을 사람 없어요, 여기.

○ 정치영(한성백제박물관)

예. 그래서 보고서에 그런 사진을 보면 오히려 원래 조금 원상대로 그대로 남아 있지 않은가 하는 생각이 되게 많이 들고요. 그다음에 임영진 선생님 모식도를 그릴 때 여기도 그 부분이 하나, 여기는 3단이기 때문에 그러면 여기는 선생님께서는 여기 벽의 석축을 먼저 하고 내부를 채웠다고 보시는 겁니까, 아니면 여기도 아랫단 2단처럼 내부에 흙을 먼저 채우고 벽을 쌓았다고 보시는지요?

○ 좌장 | 임영진(전남대학교)

저는 3단 석축이 2단 석축 안쪽에서 시작되기 때문에 2단 위에 3단 석축을 먼저 쌓고 그 내부를 흙으로 채운 걸로 본 거죠.

○ 정치영(한성백제박물관)

예. 석축 먼저 하고 내부를 채운 걸로 보는 거죠. 어쨌든 그렇게 되더라도 그러면 이 석축을 쌓을 때 정말 석실 벽으로 인식될 만큼 딱 각을 맞춰서 먼저 쌓고 내부를 흙으로 채우는 상황이 되는 겁니다. 그런데 저는 조금 흙으로 내부를 채우는데 그렇게까지 벽을 정말 맞춰서 쌓을 필요가 있을까. 그런 생각도 들고요. 그 다음에 이 돌들의 실체가 도대체 뭔지 너무 궁금합니다. 이것들이 도대체 뭐냐. 그러니까 저기 보고서의 내용을 보면 이 돌에도 주목을 하셨던 것 같아요. 뭔가 살짝 밑에 조금 깔아놓은 그런 것 같은 언급도 있으면서 그런데 거기에 후대 교란인지 그런 무덤들이 들어왔다고 하니까 도대체 이것들의 실체는 뭔가. 그러면 이 벽이 더 높아서 이 벽의 것이 무너져야 하는데 보고서 내용을 보면 이 벽에서 많이 높지는 않았을 것이라고 해놨습니다. 약간 어떤 돌인지 안쪽으로 이렇게 해서 내밀어서 그 위를 기와처럼 덮었던, 그러니까 어제 분구 형태로 해놓으면 기와든 돌이든 덮어놓게 되는데, 뭐 봐야 몇 십 센티일 거다. 그런데 전체가 몇 십 센티 높은 상황에서 무너지면 돌 양이 상당히 많겠지만 그런 식의 아무튼 간에 벽석이 많이 무너지는 않았을 것이라는 추정에 비하면 돌이 너무 많습니다. 그래서 오히려 저는 그런 것을 보면서 이게 혹시 석실이라고 하는 이 부분의 붕괴가 아닌가. 여기가 만약에 채워져 있다면 이 돌들이 아래쪽에 떨어져 있을 리가 만무하지 않겠습니까. 그런데 여기는 지금 그 아래의 이 석축이 시작되는 점토면 그 위의 돌들이 퇴적되어 있는 거죠.

○ 한지선(국립중원문화재연구소)

그런데 민묘가 있었다면서요.

○ 박순발(충남대학교)

민묘든 뭐든 간에 그게 애초에 백제의 매장주체부와 관계는 없다고 봐야 하는 게 있었다고 했잖아요. 그렇다면 어느 시점인가에 그게 아래에 있었다고 그런다면 이걸 파내고 다시 넣었다는 얘기 아닙니까. 불가능한 일입니다. 돌이 전부 다 말하자면 무덤 밑에 있는 인골이 의미하는 그 시점 이후에 이렇게 다시 덮어씌웠다는 것 아닙니까. 그러면 지금 말하는 것이 모든 것이 그냥 아무런 의미가 없어져요. 돌이 벽으로 올라가서 넘어졌다? 그게 말도 안 되는 소리예요. 정확하게 말하면 아래 것하고 사실 자체가 모순되고, 그리고 자세히 봅시다. 여기 보면 46쪽에 74년도 보고서에 나온 것을 보세요. 저쪽에 둥글게 모인 돌 이 부분은 우리가 보기에도 약간 원형을 이루고 있고 그 옆에 저것을 들어내니까 옆 구덩이가 하나 있어요. 이것은 무슨 얘기냐면 후대에 뭔가 그걸 팠어요. 그런 정도로 해서 돌이 뭔가 본래 팠는데 이 돌이 모여 있다는 것은 본래 돌이 조금 있었다는 얘기이고요. 그것도 역시 앞서 말했던 것처럼 인골이 들어간 이후에 쌓였다는 거예요.

그러면 그 인골이라는 것을 민묘로 볼 것인가 아닌가 그것은 지금 알 수는 없지만 그것이 민묘라고 해도 문제고 민묘가 아니라고 해도 여전히 문제입니다. 인골이 나온 것은 사실이거든요. 그리고 이것에 대한 인식은 그러하지만 그다음에 안의 내벽의 충전 방식과 어제부터 논의가 됐는데 아래쪽에는 허술하게 되어 있어요. 정연하게 되어 있지 않고 약간 들쭉날쭉하면서 되어 있지만 기본적으로 말하자면 계장식이라는 방법으로, 블록입니다. 블록을 먼저 쌓고 그 내부를 충전한 건데 오늘은 말씀 안 하셨지만 임영진 선생님의 생각은 '흙을 쌓아놓고 깎아내고'라는 문구로 하셨는데 그 부분과 관련해서는요. 흙을 쌓아놓고 깎아내고 하면 굉장히 어렵습니다. 사실 구조적인 안전성으로 한다면 깊게 한꺼번에 다 채울 수는 없지만 네모나게 쌓으면서 흙을 다져 올라오는 것이 가장 효율적입니다. 그런 방식은 이미 3호분에서도 충진 방식이 아니지만 개장식으로 한 부분이 보였어요. 다만 그랬을 때에 이 단면, 말하자면 석벽의 선하고 흙이 바로 안 물려 있고 약간의 공극이 있다는 점이죠. 그 사진상으로 확인됐는데 그 약간의 공극이 뭐겠냐 하는 문제에 대해서는 어제 이희준 선생도 그렇고 판자를 댔을 가능성이 있다. 다시 말하면 이 토압 자체가 골고루 받아야 하니까 석벽이 안에 안 채워지면 이것은 아무런 힘이 없잖아요. 그러니까 축조해 올라오면서 판자를 댔을 것 같다. 그러니까 요컨대 저는 먼저 공정상 같이 쌓아놓은 것이다.

○ 최병현(숭실대학교)

정치영 선생님, 이 사진도 여기 들어가 있습니까? 4호분의 사진들을 한번 쭉 보세요. 4호분의 사진을 쭉 돌려보세요. 재보고서의 147쪽하고 150쪽, 서울대 보고서 이거예요. 이게 뭐냐면 2단 석축의 내면 사진 2장이 이 보고서에 들어가 있더라고요. 이 부분이 어디냐면, 연도 앞쪽으로 쭉 파고 들어가서, 2단 석축의 내면을 판 겁니다. 거기의 돌 상태하고

석촌동 4호분 2단 석축 내면(서울대박물관 2013)

아까 석실 내면, 3단 석축 내면하고 비교해보세요. 그러니까 이 부분하고 이것을 비교해보세요.

이것은 아까도 임영진 선생님 말씀대로 하면 3단의 내면석, 지금 이 안에 다시 흙이 다시 쌓였을 것이라고 그러는데, 2단 석축 내면 돌 상태하고 3단 석축 내면 상태하고 비교해보세요. 한 장이 더 있어요. 150쪽 내려가 보세요. 여기입니다. 이것도 2단 석축 내부죠. 그게 이 부분입니다. 이것 같아요. 그러니까 이 두 장의 2단 석축 내면을 쌓은 거예요. 그 내부는 물론 흙을 쌓아서 올라간 거란 말이에요. 거기 사진하고 3단 석축 내면을 비교해 보시라고요. 축조 방법이나 기법이 완전히 달라요. 그래서 나는 3단 석축 내부는 석실 벽면이라고 보는 거고, 아까 이희준 선생이 역학적으로 안 된다고 그러는데, 그러면 여기 3단 석축 쌓는 것 자체가 다 역학적으로 안 되는 거지. 무엇 때문에 안 되는가 이해하게 해보세요. 그다음에 다시 평면으로 가보시면,

○ 좌장 | 임영진(전남대학교)

잠깐만요. 저기는 오른쪽 아래 사진 그게 2단 석축 내면이거든요.

○ 최병현(숭실대학교)

이 부분이잖아요.

○ 좌장 | 임영진(전남대학교)

저 정도면 상당히 정연한 거죠.

○ 최병현(숭실대학교)

그런데 이것하고 아까 말한 3단 석축 내면 석실 벽이라고 하는 부분하고 기법 자체가 엄청 다르잖아요.

○ 좌장 | 임영진(전남대학교)

그 정도를 가지고 엄청 다르다고 할 수가 있나요?

○ 최병현(숭실대학교)

뭐 그렇게 판단하시고. 그 다음에 아까 그 사진으로 다시 가보세요. 이 판단은 박순발 선생님과 거의 같은 생각인데, 무슨 얘기냐면 이 안에 인골이 들어있는, 쉽게 말하여 토광이 2개가 파져 있었어요. 그런데 그 토광을 만들 때의 고분 상태를 한 번 생각해보세요. 벌써 이 정도 이상은 다 파괴돼서 엉망이 된 상태에서, 그게 근세인지, 조선시대인지, 고려시대인지는 모르겠지만, 그때 이미 이 상태로 고분 윗부분은 다 날아가버린 상태란 말이에요. 고분이 이렇게 파괴된 상태에서 구덩이를 파고 사람을 묻고, 그리고 거기에 주변에서 돌이나 기왓장을 주워다가 뭔가 마운드를 만든 잔해가 남아 있는 게 아닌가. 그러니까 석실 안, 토광 위에 있는 돌은 여기 정연하게 남아 있던 벽석이 우르르 무너져서 내려온 게 아니고, 내부가 이미 엉망이 되고 거기에 민묘를 만들고 주변에 있는 돌, 기왓돌, 흙 주워서 마운드를 만든 상태이기 때문에, 이것 자체가 벽석이 무너진 것이라고 보기는 어렵다. 나는 그렇게 봐요. 그 생각은 아까 박순발 선생님이 얘기한 것과 같은 생각이지만.

○ 좌장 | 임영진(전남대학교)

자, 지금까지 여섯 분이 의견을 내놓은 셈인데 세 분이 석실 가능성을 제기하는 입장이예요.

○ 박순발(충남대학교)

석실논자예요?

○ 좌장 | 임영진(전남대학교)

뉘앙스로는 그렇습니다.

○ 박순발(충남대학교)

그런데 아까 말씀하시는 것은 그렇게 했지만 실제로 표현하는 것은 부정론 입장에서 표현이 되어 있어요.

○ 좌장 | 임영진(전남대학교)

애매한 부분이 없지는 않지만 뉘앙스로는 그래요.

○ 최병현(숭실대학교)

그리고 한 가지만 더 첨언하면, 아까 박순발 선생님이 판자 댔다고 했는데, 임영진 선생님의 삭토설, 그다음에 박순발 선생님의 판자설, 나는 판자를 댔는지 안 댔는지는 모르겠어요. 그런데 아까 두 개의 사진을 갖고 대비해보면 삭토한 다음에 돌만 따로 붙여놨을 것 같지는 않아요. 판자를 댔는가는 어쨌는가는 잘 모르겠지만. 동시작업으로 갔다는 생각입니다.

○ 좌장 | 임영진(전남대학교)

예. 박순발 선생님, 그리고 이희준 선생님은 직접은 아니지만 간접적으로 의견을 전달하였고, 저도 석실은 아니라는 입장입니다. 지금 다섯 분의 말씀을 들었으니까 저도 한마디 하겠습니다. 왜 저게 석실이 될 수가 없는가를.

이게 84년도 정비복원을 위한 재조사 때 촬영한 겁니다. 작고하신 권학수 선생님이 서울대박물관 연구원으로 있었고 제가 고고미술사학과 조교로 있으면서 같이 참여했는데 현장에서도 많은 논의가 있었습니다.

석촌동 4호분 전경(서울대박물관 2013)

석촌동 4호분 지탱석(서울대박물관 2013)

석촌동 4호분 2단 석축 내면(서울대박물관 2013)

다음 보실까요. 84년도 조사 사진입니다. 저 지탱석이 1단 석축의 중간쯤에 묻힌 상태에서 2단을 지탱하고 있는 거거든요. 그런데 2단 석축의 뿌리가 어디냐면 1단 석축 뿌리하고 같은 레벨입니다. 그걸 알아두실 필요가 있고, 또 2단 석축, 1단 석축에 숨게 되는 부분까지도 굉장히 정연한 석축면을 유지하고 있죠.

그리고 그 내부로 들어가서 점토면을 절개해서 찍은 사진입니다. 저것은 그때 상당히 중요한 문제를 담고 있다고 생각해서 신경써서 찍은 겁니다만, 이 내부 흙 부분과 접하는 돌의 면을 보시면 다 판판한 면이 흙 쪽에 면하고 있습니다. 그리고 돌과 돌 사이의 공간은 잔돌로 채워져 있어요. 그래서 이 고분의 축조과정을 복원해본다면, 어떤 과정이었길래 저런 현상이 나타나는가 주목할 수밖에 없었고요.

석축과 내부 흙과의 관계는 크게 공정 순서에 있어서 두 가지로 구분이 되겠죠. 이겁니다. 어제도 말씀드렸지만 왼쪽 같은 경우는 석촌동 2호분

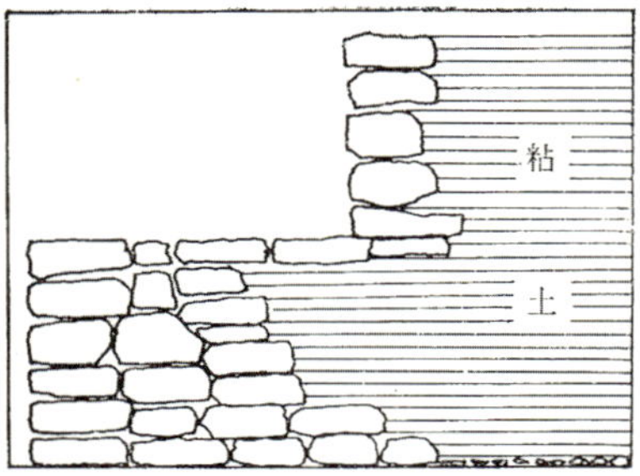

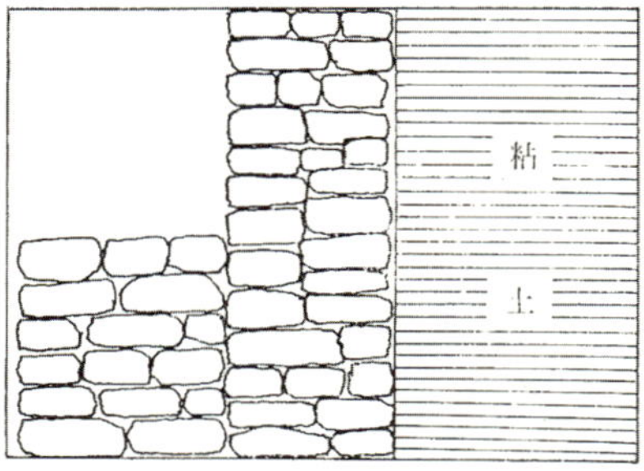

백제식적석총 단면 모식도(좌; 점토충전식, 우: 분구삭토식)(임영진 2007)

을 모식화한 것인데 석축을 하면서 내부공간을 흙으로 채워가는 겁니다. 그래서 석축 내면이 정연하지 않을 뿐만 아니라 그 정연하지 않은 돌들 사이까지도 점토들이 들어가는 거죠. 그런데 석촌동 4호분은 도저히 그런 공정에서는 나올 수 없는 현상이 고고학적으로 확인이 된 겁니다. 그래서 그렇게 나올 수 있는 유일한 방법은 점토부가 먼저 있고 그 점토부에 덧대서 돌들을 쌓았기 때문에 돌 가운데에서도 편편한 면이 점토 쪽으로 갔고 돌을 쌓아 올라가면서 빈 공간은 흙을 채울 수가 없잖아요. 잔돌로 채워가면서 계속해서 올라갔을 것으로 추정할 수밖에 없었던 겁니다. 저런 현상에 대해서 이런 공정 외의 방법이 가능하다는 의견이 있으시면 말씀해 주세요.

○ 최병현(숭실대학교)

예. 제가 하겠습니다. 어제도 얘기했는데요. 2호분 가지고 얘기를 했잖아요. 어제도 얘기했듯이, 2호분 1단의 수평 성토층까지는 내가 어저께 토론 후반에 수정했잖아요, 이 사진을 보니까 나와 있어서. 그러니까 여기 단 쌓는 것하고 이 흙하고 아마 거의 동시 작업으로 올라간 것 같아요. 그러나 그 윗부분은 이렇게 생겼다고 생각 안 합니다. 여기서부터는 흙이 이렇게 경사져서 올라가고 석단이 이렇게 넓게 놓였다고 봅니다. 그 다음에 석촌동 4호분의 이 부분을 삭토라고 했는데, 아까 말한 대로 나는 판자설에도 동의를 안해요, 그 이유가 뭐냐면, 2단 석축 올라가는 것도 그 안에 점토 쌓는 작업이 거의 동시 작업으로 올라갔다고 생각하는 거예요. 뭐냐면 바깥에 돌 먼저 한두 단 놓고 그 안에 흙 채우고, 다시 돌 쌓으면서 흙 채우고, 하면서 올라가고, 그렇게 돌 쌓으면서 흙 채우고 하면서 동시 작업으로 그렇게 쌓았지 않았느냐 하는 겁니다.

○ 좌장 | 임영진(전남대학교)

그렇게 쌓았다고 하면 아까 단면 사진 보셨죠? 그런 단면이 나올 수가 없는 겁니다.

○ 최병현(숭실대학교)

충분히 나와요. 왜냐면, 밖에 판자 패널 대고 그 안에 흙을 다져 올라가는 게 판축이잖아요. 판자 대신 판석이나 돌을 쌓아 놓아도 마찬가지지요. 4호분은 판자를 댄 것이 아니라 석축벽 돌을 쌓아 올라가면서 그 안에 흙을 다져 올라간 것이기 때문에, 2단 석축 안의 성토는 판축과 같다고 봐요, 나는 그렇게 올라갔다고 봐요.

그 다음에 아까 그 단면도 보세요. 이게 고구려 석실에서의 계장식이라는 거죠. 석축 계단을 바깥으로 덧붙여 나가는 것, 이게 계장식인데, 그것은 맞아요. 그러나 나는 이 2단 석축과 그 안의 성토작업이 거의 동시에, 작업순서는 물론 바깥쪽 석축이 한 발 앞서서 한 단, 두 단 놓이겠죠. 그다음에 흙 채워서 쌓아 올라가고, 그렇게 쌓았기 때문에 바로 아까 봤던 2단 석축의 내면이 그렇게 나올 수 있다고 보는 거예요. 그래서 판자설도 안 믿고, 삭토설도 안 믿는다는 말입니다.

○ 박순발(충남대학교)

왜 판자설을 얘기했느냐면 판자설은 중요한 게 아닙니다. 판자설을 부정하면 마치 큰 부정을 하는 것 같은데 그게 아니고요. 공극에 문제가 있어요. 딱 안 붙었다는 말이에요. 그래서 그것은 아마도 쌓아 올라가는 공정상에, 그리고 기본적으로 삭토설에 대해서는 반대 입장이고요. 그것은 똑같습니다. 왜 그러냐면 이렇게 네모나게 흙을 쌓으려면 뭔가 판자를 대고 하든지 뭔가 대놓고 해야 할 것 아닙니까.

○ 최병현(숭실대학교)

돌을 쌓아서 올라간다니까요.

○ 박순발(충남대학교)

그러니까요. 같은 편이니까 말씀하지 마세요. 판자설이 중요한 게 아니에요, 지금. 그러나 말하자면 흙이 바로 안 물려서는 그런 것이 있어요, 사진상으로는. 그렇다면 아마도 그냥 돌보다는 뭔가 이렇게 판자 같은 것을 간접적으로 뽑아 올리고 또 했을 거라는 말이에요. 그랬을 거라는 것이지. 그러나 삭토설과는 근본적으로 다르다. 왜? 만약에 삭토를 한다 치고 네모나게 쌓아 올라가보세요. 그러면 판축 방식으로 사방에 치고 해야 합니다. 무조건 쳐야죠. 땅을 파고 하는 것이야 되죠. 그런 기본적으로 약간의 선후 공정의 차이는 있지만 바깥에 있는 외곽 블록을 쌓고 그리고 올라가고 한꺼번에 쌓아놓고 깊이 치는 것은 굉장히 어려워요. 그렇게 했을 것이다. 이렇게 보는 거죠.

○ 좌장 | 임영진(전남대학교)

삭토설, 거기에 대해서 약간 오해가 있는 것 같은데요. 삭토는 애초부터 적석총을 축조하기 위한 중간공정에서 나왔다고 저는 보지 않아요. 적석총이 아닌 흙무덤, 독립된 분구묘로 있었고, 가락동 2호분이나 석촌동 파괴분, 이런 것처럼 독립분으로 있었고, 후대 어떤 상황에서인지 모르겠지만 기존의 분구묘를 적석총으로 개축하는 과정에서 삭토가 이루어지고 2단 축조가 먼저 이루어졌을 거라고 봅니다. 애초 저 무덤의 목표가 적석총이었다면 2단이 저렇게 1단하고 같은 바닥에서 시작할 필요는 없죠. 아무리 계장식이라고 하더라도 일반적인 계장식과는 상황이 다르죠. 그래서 후대에 어떤 사연인지는 모르지만 기존 분구묘가 적석총으로 개축되는 과정에서 삭토가 이루어졌을 것이라고 보는 겁니다. 위쪽의 석실 문제도 3단 석축에 해당하기 때문에 성립하기 어렵다고 보는 거죠.

○ 박순발(충남대학교)

반대로 제가 말씀을 드릴게요. '먼저 있는 게 삭토됐느냐?' 하는 것은 사실은 팩트 이전에 머릿속으로 추정을 하는 거죠. 그러면 그 유사한 사례라도 있어야 할 것 아닙니까? 그런 사례가 사실 없다는 것하고 또 하나 뭐냐면 최근에 이런 모임을 갖게 된 게 바로 그 옆에 이런 것을 조사하면서 드러난 거예요. 이른바 적석총이라는 것 중에서 선행 토분을 가지고 다시 손질하고 있는 사례가 있었느냐는 거예요. 지금까지 조사한 것 중에 한 번도 그런 것이 없어요. 그런데 왜 그런 특수상황을 설정하느냐 이런 문제입니다. 그리고 봉분이 있었다는 얘기는요. 예를 들면 아까 2호분 같은 것도 있었잖아요. 그것을 의식하고 했든 의식을 못했든 간에 본래 원형분인데 그걸 깎아서, 그럴 바에는 원형분이 있는 데를 대고 더 채울 겁니다. 그리고 봉분을 깎아낸다는 것 자체는 요즘에 우리가 매장의식 내지는 무덤에 대한 관념을 옛날에 투영시킬 수는 없지만 그런 정도로 깎아내고 다시 이렇게 쌓는다는 것은 굉장히 특수추론입니다. 이것은 팩트가 아니거든요. 단지 말하자면 이것을 설명하기 위해서는 다른 방식이 얼마든지 가능했는데도 불구하고 있는 것을 깎아 냈다고 하는 특수추론으로 들어가는 것은 이상하잖아요. 이 자체를 설명하는 것은 고고학적으로 가능합니다. 그렇잖아요.

○ 좌장 | 임영진(전남대학교)

그런데 그 설명으로 제시한 게 판자를 댔다는 거죠?

○ 박순발(충남대학교)

아니, 그러니까 판자는 중요하지 않지만 어쨌든 쌓아 올라가려면 기본적으로 틀이 있어야 합니다.

○ 최병현(숭실대학교)

일본 말로 와꾸가 있어야 합니다.

○ 박순발(충남대학교)

아, 일본말을 왜 합니까?

○ 최병현(숭실대학교)

나는 돌을 쌓아 갖고 올라갔다는 얘기이고, 당신은 판자 댔다는 얘기니까.

○ 박순발(충남대학교)

아니, 판자가 중요한 게 아니라니까요. 차별화를 자꾸 시도하는데 그것은 틀이 있어야 하는데 틀이 완전히, 틀하고 약간의 공극이 있기 때문에 판자를 댔을 것이라는 것이지 본래는 뭔가 이게 있어야 한다는 얘기입니다.

○ 조가영(서울대학교)

4호분 재보고서 사진들을 보다 보면 이 부분이 적어도 4호분에서는 2단 아래쪽 토층까지는 굉장히 수평으로 켜켜히 쌓여 있는 것을 볼 수 있습니다. 사실 선행분구로 보기에는 사실 저런 치밀함도 맞지 않는 측면이 있는 것 같아요.

○ 한지선(국립중원문화재연구소)

그런데 한 가지 임영진 선생님 얘기에 조금 근거가 될 수 있을 것 같아서 말씀을 드리는 건데 경당지구 44호 축조방식을 보면 전체적으로 크게 수혈을 파서 그 안에 점토를 완전히 채우거든요. 완전히 채운 다음에 외곽으로 구溝를 파요. 되파서 그 안에 판석을 놓고 다시 채우게 되는데 혹시 이 방식에서 지면 자체가 있는 상태에서 수혈을 파서 흙을 다진 다음에 그 기단석이 들어가는 그 부분을 되파서 채운 다음에 그 바깥 부분의 흙을 제거하는 방식이라면 가능은 하겠다는 생각이 들거든요.

○ 박순발(충남대학교)

그것은 구지표의 문제인데 그만큼 깎아냈다는 말이잖아요. 그건 말이 안 되는 거죠.

○ 한지선(국립중원문화재연구소)

바깥쪽은 깎아낼 수 있거든요.

○ 박순발(충남대학교)

그것은 골이 없이 하면 말이 돼요. 예를 들면 이만큼 깊은 것에서 주변을 다 재끼면 되는데 포크레인이 있나? 절대 그런 정도로 무식하게는 안 합니다. 그것은 말하자면 이것을 하기가 귀찮으니까 그렇게 했다고 할 수 있는데 그것은 그에 맞는, 그렇게 했겠지만 여기서 2m 이상 올라가는 것을 가지고 다 파고 날리고 그러면 이만큼 파져 있어야죠. 말이 안 되죠.

○ 한지선(국립중원문화재연구소)

그런데 최소한 2단까지는 가능하지 않을까.

○ 최병현(숭실대학교)

나도 주목을 못했던 것인데, 조가영 선생이 얘기해서 다시 사진을 면밀히 보고 있는데, 여기 토층을 보면 이것은 진짜 굉장히 정교한 판축이에요. 내가 경주에서 황룡사 금당지 판축층을 직접 조사한 적이 있는데,

정말 두께가 이렇거든요. 어마어마한 무게를 다 유지하는 단단한 판축층이거든요. 그러니까 여기 사진에 몇 군데 나오네요. 여기도 보면 그렇고, 여기도 보면 그렇고, 몇 cm인지 모르겠는데 흙 색깔이 층마다 달라서, 얼핏 보기에 한 층 두께가 10cm 이하인 것 같아요. 그렇게 흙을 깔고 엄청나게 다진 거거든요.

○ 좌장 | 임영진(전남대학교)

그게 다진 층이 아니에요. 트렌치 팔 때 별로 어려움 없이 팠습니다. 그런 판축 개념하고는 달라요.

○ 박순발(충남대학교)

방분을 처음부터 쌓았다면 수평층이 있을 수는 있겠죠. 그러나 어디까지나 이런 모든 것이 가능하지 않을 때 삭토설이 나와야지 다른 것이 설명이 되는데 그것부터 하면 논리적으로 안 맞아요.

○ 최병현(숭실대학교)

어제부터 쭉 토론해온 것을 종합하면, 3호분은 분명히 내부가 다 돌로 채워져 있었다고 삼불 선생님 기록에 분명히 있더라고요. 그러니까 석촌동 적석총의 바닥에 잔자갈이 깔려 있는 것은 다 공통적인 현상 같아요. 어제 봤더니 2호분도 그렇고, 1호분도 다 마찬가지잖아요. 그런데 그 위에, 3호분은 내부가 다 돌로 채워져 있어서 매장주체부가 어떤 것일까는 짐작이 안 돼요. 그러나 1호분 북분, 2호분, 4호분은 다 흙입니다. 결국 내부가 다 흙이라는 것은 공통적이잖아요. 그런데 아까 말한 대로 1호분 남·북분, 2호분 같은 것은 성토면 윗면이 수직이 아니고 둥글게 올라갔다고 보는데, 내 생각은 그래요. 어저께 얘기했듯이 분구 중에 아마 목곽이 설치된 상태니까 외부에 둥근 마운드를 했겠죠.

그런데 4호분은, 이걸 나는 석실로 봐서 그런지 모르겠지만, 먼저 2단 석축을 쌓아 올라가면서 내부 흙을 다져 올라갔다, 다시 말하면 밖에 석축벽으로 틀을 만들면서 올라갔다, 나무 대신 석축벽을 쌓아 올라가는 거죠. 그러면서 동시에 내부에 흙을 채워나갔고, 매장주체부는 결국 지면보다 더 위로 띄워서 분구 가운데 놓았다는 거죠. 매장주체부를 분구의 중간이나 위에 놓는다는 관념 자체는 1, 2호분이나 4호분이나 내가 볼 때는 다 같다, 그러니까 1, 2호분의 분구 중에는 목곽이 있던 것이 4호분에서는 결국 석실로 바뀐 것이다. 그러면서 그런 현상, 석실을 놓기 때문에 아무래도 그 밑은 굉장히 단단하게 다져야 하겠죠. 그 흙 다짐 층 위에 석실이 올라가야 하니까. 아마 그렇게 해서 여기 성토층 외벽이 수직벽이 되지 않았을까 하는 판단인데, 역시 내면 사진이 지금 2장밖에 안 나와 있지만, 이 사진에서 보면, 여기서도 주목되는 것은 2단 석축의 내면과 바깥면의 석축 수법이 많이 다르다는 것입니다. 사진으로 보면 바깥면은 상당히 정연하게 쌓았거든요. 그러나 내면은 상당히 엉성해요. 그러니까 내면은 그 안에 흙을 채울 때의 틀 정도로 의식한 거지, 그것을 바깥면처럼 정연하게 석벽을 쌓는다는 관념은 없었다고, 나는 봐요.

○ 좌장 | 임영진(전남대학교)

좋습니다. 시차가 어느 정도였는지는 단언하기 어렵지만 4호분의 경우는 저 2단 석축이 시간차를 어느 정도 두고 내부 흙 쪽에 부가됐다, 이 정도로 정리하겠습니다.

○ 최병현(숭실대학교)

시간차라기보다는 동시작업인데 선후차이 정도. 틀이 먼저 올라가면서 내부를 채워가는 작업 선후의 차이이지요.

○ 좌장 | 임영진(전남대학교)

축조공정상의 선후관계, 배제하지 않겠습니다. 그러나 저는 여전히 삭토의 가능성을 염두에 두고 있는데요. 다음으로,

○ 김무중(중원문화재연구원)

선생님, 잠깐만요. 다시 돌아가는 얘기가 될 것 같은데 하나 확인을 해 보고 싶은데요. 2호분 같은 경우에는 모식도에서 보면 기단과 아래 내부의 성토층이 같이 동시 작업 가능성이, 그러니까 돌 사이사이에도 점토가 있는 거죠. 그리고 4호분 같은 경우는 아예 돌 사이사이에 일부 보면 흙 같은 게 있을 수..

○ 좌장 | 임영진(전남대학교)

흙이 아니라 잔돌들이 채워져 있는 겁니다. 내부 흙기둥이 먼저 만들어지지 않으면 저런 현상은 나올 수가 없습니다.

○ 김무중(중원문화재연구원)

알겠습니다.

○ 좌장 | 임영진(전남대학교)

예. 다음 사진 봅시다. 저 3단 석축, 저는 75년도 보고서 도면, 여기서부터 여기까지가 3단 석축의 폭이라고 봅니다. 그러니까 연도 폭이라는 본 게 3단 석축의 폭이라고 보는 거예요.

다음 조금 더 자세한 게 나옵니다.

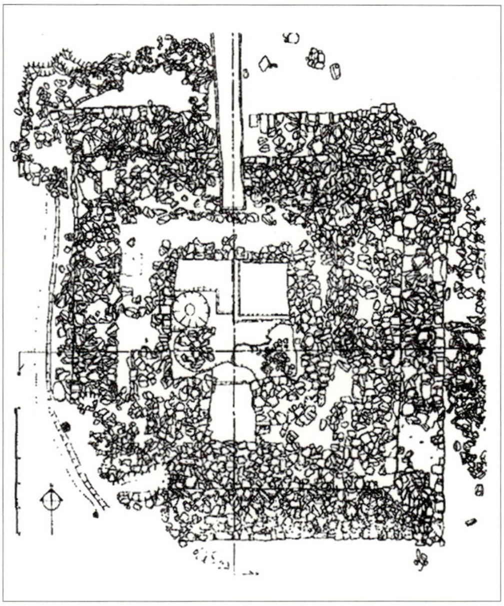

석촌동 4호분 평면도(서울대박물관 1975)

원보고서에 나왔던 24m 규모라는 것은 분명히 잘못되어 있고, 이게 1단이라면 고분의 규모는 17.2m가 됩니다. 그래서 이게 1단이고, 그다음 2단, 폭은 대개 2m쯤 돼요. 그리고 이게 3단이고, 석실이냐 아니냐 하는 것인데, 그 각 단의 석축 폭을 감안하면 정확하게 이게 3단 석축 내면이 됩니다. 그리고 연도로 표시된 이 범위가 3단 석축을 드러낸 그 범위거든요. 석열이 이쪽은 정연했고 이쪽은 분명하지 않았는데 사실 이 드러낸 돌들도 다 이쪽하고 마찬가지예요. 이쪽 조금 큰 돌들이 의미가 있다고 보고 연도로 생각하고 드러낸 건데 저는 연도가 아니라 3단을 축조할 때 아마 이 면에서부터 시작하면서 큰 돌들을 놓지 않았는가 이렇게 보는 거거든요.

그래서 구조적으로 저게 정말 석실이라면, 최병현 선생님은 어느 정도 상부구조가 있었을 것이라고 보시는 거죠. 그렇게 된다면 그 상부석실을 덮는 보호시설, 그게 흙일지 돌일지는 모르지만 그 규모를 반드시 생각해야 한다고 봅니다. 만약에 이게 석실이었다면 이 석실을 감싸는 봉분이 될지 적석이 될지 모르지만 4호분 전체가 다 포함 되어야 하지 않을까 싶어요. 그렇게 되면 1단, 2단, 3단은 아무런 의미가 없습니다. 1단에서 2단을 지탱하고 있는 지탱석조차도 아무런 의미가 없어요.

○ 최병현(숭실대학교)

왜 아무런 의미가 없어요?

○ 좌장 | 임영진(전남대학교)

있습니까? 그럼 의미를 좀 설명해 주십시오.

○ 최병현(숭실대학교)

외형상 단축한 적석총이라는, 외형이 갖고 있는 의미는 분명히 있는 거고,

석실의 높이가 얼마쯤 올라갔을까는 잘 모르지만, 그런데 아무래도….

○ 박순발(충남대학교)

1.5m~2m는 올라갔겠지요. 그래야 석실이지.

○ 최병현(숭실대학교)

그렇죠. 그러니까 벽 높이가 1.5m는 될 거고요. 거기에서 천장 높이가 50cm 내지는 1m 더 올라간다고 보면, 석실 전체의 높이는 최소 2m~2.5m 정도 올라갔다고 봐야 하지 않겠어요? 그런데 현재 나온 걸 보면 3단은 분명히 석축단이 맞을 거고, 그렇게 해서 복원해보면 3단 갖고는 안 되거든요. 그 위에 한 단이 더 올라가야 하는데, 더 올라간 4단이나 5단까지 석축을 했는지, 아니면 3단 위는 정말로 흙 마운드로 만들었는지, 그것은 현재로서는 도저히 알 수 없는 부분인데요. 하여간 3단 석축은 현재 모식도에 남아 있는 높이보다는 분명히 훨씬 더 높이 올라갔다고 보고요. 그 이상은 나는 모르겠어요.

○ 좌장 | 임영진(전남대학교)

그런데 공교로운 게 만약 저게 횡혈식 석실 내면이라면 어떻게 저렇게 1단, 2단, 3단이 있는데 그 3단의 내부하고 정확하게 일치할 수가 있느냐는 말이에요.

○ 최병현(숭실대학교)

정확히 일치하는 게 아니라, 아까 말한 대로 1, 2호분을 보면 밑에는 흙을 쌓아 올라가고 그 위에 매장주체부를 만들었는데 앞선 다른 고분들은 그 안에 목곽을 설치했고, 이것은 석실 축조했다, 나는 그 차이밖에 없다고 생각을 해요.

○ 좌장 | 임영진(전남대학교)

석촌동 4호분 외면(서울대박물관 2013)

그럼 다음 사진 볼까요? 이게 조금 더 이해가 쉬울지 모르겠습니다. 이게 확인이 됐지만 1단이죠. 1단은 제2단의 밖으로 계장식으로 덧붙인 겁니다. 2단의 뿌리는 1단하고 마찬가지로 지면이예요. 그리고 문제의 이 면이 트렌치를 통해서 적석상태를 본 그 면이고, 지금 석실의 윤곽이라고 하는 게 이 선이에요. 84년도 발굴 때는 상당 부분 훼손이 되어 있어서 75년도 보고서와는 조금 다른데 이쪽은 여전히 남아 있습니다. 옆에서 본 사진인데 여기서부터 여기까지가 1단, 여기서부터 여기까지가 2단, 여기서부터 여기까지가 3단이거든요. 그런데 이게 석축 3단의 내면이 아니고 횡혈식 석실의 내벽이라면 여기서 횡혈식 석실이 올라간다고 봅시다. 천장까지 간다면 2m 정도 올라갈 텐데 현재 지면에서부터 남은 3단까지의 높이가 2m라서 그 위로 더 올라가기는 어렵습니다.

○ 최병현(숭실대학교)

그럼 결론적으로 임영진 선생님은 3단 내부도 흙으로 다 채웠고, 4단, 5단은 알 수 없다. 그러면 그 위의 매장주체부로는 뭐가 있었다고 생각하세요? 여기서 목곽이나 그런 게 있었다고 생각하세요?

○ 좌장 | 임영진(전남대학교)

처음 조사하였던 내부 흙 속에 있었을 것으로 추정합니다.

○ 최병현(숭실대학교)

그 흙 내부에?

○ 좌장 | 임영진(전남대학교)

예.

○ 한지선(국립중원문화재연구소)

그런데 확실히 문제가 되는 것은 제가 너무 지식이 없으니까 그냥 드는 생각은 1단하고 2단은 외장 쪽이 정연한 반면에, 확실히 내장과 외장을 비교했을 때는 외장이 훨씬 정연하거든요. 내장이 부정연하고 외장은 훨씬 정연해요. 그런데 3단의 경우에는 그게 역전된다는 거죠. 외장이 부정연하고 내장이 정연하다는 거예요.

○ 좌장 | 임영진(전남대학교)

3단의 외면은 정확하게 보고된 게 없어요. 내면만 좀 정리됐고요.

○ 한지선(국립중원문화재연구소)

아, 그렇습니까? 그래서 그게 왜 3단은 외장이 정연한 부분이 없는 것에 문제가 있으면 오히려 내장이 정연함으로써 외장이 부정연할 가능성이 있겠다. 왜냐면 석실은 올라가게 되면 돌로 채우지 않는 이상은 봉분을 결국은 쌓게 되잖아요. 그러면 2단에서 3단 올라가는 부분이 오히려 그 쪽에서부터 봉분이 올라가면서 석실이 그 안에 들어가게 될 가능성은 없겠는가 그런 생각도 듭니다.

○ 좌장 | 임영진(전남대학교)

그런데 문제는 얼마든지 상정은 가능하겠지만 석실을 상정했을 때 전체적인 구조가 어찌 될 것인가를 검토해 본다면 도저히 석실이 저 위에 올라설 수가 없다고 볼 수 밖에 없는 거거든요.

○ 박순발(충남대학교)

그러면 우리가 돈이 좀 들 일이지만 토목공학 하는 사람한테 시뮬레이션을 해보라고 하면 돼요. 저것을 석실로 해서 어떻게 지탱되는지. 내가 볼 때는 지탱될 가능성이 희박합니다. 이 정도 폭을 가지고, 고구려 석실 있는 거 보세요, 어떻게 되어 있는지. 그런 정도가 돼야 이 석실이 유지되는 거지 단지 형태적으로 외면, 내면 그것도 조금 남은 거고, 그것은 무슨 얘기냐면 어떤 쪽으로 계속 몰아가기 위한 단서를 제공하는데 그건 법정에 가면 다 깨져요. 증거가 희박하다고 되는 거예요.

○ 최병현(숭실대학교)

그러면 박순발 선생님은 매장주체부가 어디에,

○ 박순발(충남대학교)

지금까지 우리 조사한 것 중에 앞으로 저 파놓은 것들 보세요. 그리고 여러 가지 것을 보면 실제로 지금 남아 있는 것은 다 날아가고 없습니다, 매장주체부가. 다만 그 매장주체부는 없지만 무덤 관련된 유물집중부라고 하는 그런 곳은 남아 있을 뿐이죠. 그리고 실제로 주민들 전언에 의하면 돌을 좀 파다 보면 흙이 나오는데 그 흙이 나오는 부분에서 금붙이를 채취했다는 전언들이 많이 있어요. 전부 돌 빼나가다가 걸립니다. 이것은 무슨 얘기겠습니까? 지금 남아 있는 그 윗 수준에서 뭔가가 전부 걸렸다는 것 아니겠어요? 그거야 뭐 상식적으로, 그러니까 여기에서 진짜 매장주체부가 뭔지는 모르겠지만 나는 석곽일 가능성이 있다고 보는 거예요. 그건 어제 그런 문헌 등등 해서 그런 거지만,

○ 최병현(숭실대학교)

석곽이 어디에 있습니까?

○ 박순발(충남대학교)

적어도 2단 이상이 되겠죠. 그다음에 조금 전에 보이는 윗선은 3호분에서도 우연히 구덩이 파다가 나온 것 있었잖아요. 시작하는 공정이 있습니다. 그것을 발굴한 사람 보면 그게 무슨 성처럼 보이죠. 돌 한꺼번에 왕창 안 쌓잖아요. 어딘가 착착 쌓아 나아갈 것 아닙니까. 그것에 불과합니다, 저쪽은 없으니까.

○ 최병현(숭실대학교)

나는 도저히 이해를 못하는 것이, 그게 석실이든 아니든 간에 3단 석축 자체가 흙 위에 올라가 있는데, 석축은 올라갈 수 있고 석실은 못 올라간다는 논리가 어디 있냐고요.

○ 좌장 | 임영진(전남대학교)

그 논리는 아니고요. 석실을 상정했을 경우는 전체적인 높이가 지금보다 2배가 넘게 되는데 그것을 감싸는 마운드를 생각을 해보면 마운드가 흙이든 돌이든 간에 1단, 2단이 전혀 불필요해진다는 말이죠. 그것을 어떻게 설명하시겠어요.

○ 최병현(숭실대학교)

그게 왜 불필요합니까? 내부를 지탱하기 위해서 바깥에는 보축을 해야지. 어디까지나 다 보축해야 하는 것 아닙니까. 단이 있을수록 내부가 다 견고해지는 건데, 그게 왜 불필요해요. 산성에도 왜 보축합니까. 밑에 자꾸 덧대어서 내부를 보호하는 거지.

○ 박순발(충남대학교)

하여튼 석실을 만들어보세요. 만들어서 실험해보세요. 명백한 근거가 있으면 석실 하겠는데 명백한 근거가 없는데 석실론으로 가는 것은 현실적으로…

○ 좌장 | 임영진(전남대학교)

2013년 보고서 삽도 54, 4호분 실측도 및 축조 방법 모식도를 보세요. 석실이 있었다면 3단 석축 내면, 그게 석실 윤곽이거든요. 거기에 석실을 한 번 그려 넣어 보세요. 지금 이 고분은 높이가 2.6m 정도 되죠. 석실 벽이 1m쯤 올라오고 석실의 한 변이 4m가 넘는다면 천장까지는 분명히 2m 이상, 2.5m 정도까지 올라가야 할 겁니다.

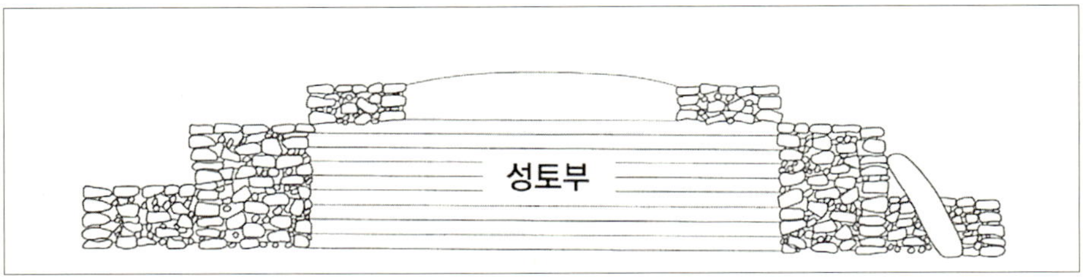

석촌동 4호분 모식도(서울대박물관 2013)

○ 최병현(숭실대학교)

2단 석축 높이가 얼마나 된다고 했어요?

○ 좌장 | 임영진(전남대학교)

제2단의 전체 높이가 1.47m이고, 4호분 전체 높이가 2.62m로 복원이 됐어요.

○ 조가영(서울대학교)

2단까지 1.47m이고 1단은 높이가 0.52m.

○ 한지선(국립중원문화재연구소)

그러면 2m로 잡으면…

○ 박순발(충남대학교)

거기다 2m 잡아서 뭐해요. 자, 보세요. 석실하면 어떻게 됩니까? 올라갔죠. 올라가면 위에 자잘한 벽돌로 합니까? 큰 돌이 있어야죠. 그러면 그게 멀리 갔다? 어디에도 석실을 덮을 만한, 이 정도 규모의 석실에서 사방으로 조여 온다고 치면 그것은 아치 힘을 주기 위해서 벽돌을 일부러 중간에 큰 것을 박지 않습니까. 그런 정도의 큰 돌 흔적이 있어야 하는데 없다는 말이에요, 아무리 부서져도. 이건 말이 안 되는 거예요.

○ 좌장 | 임영진(전남대학교)

아무튼 석실이 이 위에 올라선다는 것은 구조적으로 불가능합니다.

○ 김무중(중원문화재연구원)

재보고서 있죠? 152쪽 한 번 봐주세요. 이것을 저도 한 번 물어보고 싶었거든요. 저 돌인데, 판석인데 주변에 주거지 흔적이라고 되어 있거든요. 바로 옆입니다. 혹시나 이게 뭘까 하는 생각을 해봤습니다.

석촌동 4호분 외면(서울대박물관 2013)

○ 최병현(숭실대학교)

그러니까 내 말은, 석실이 안 된다는 이유를 모르겠어요. 나는 2단 석축 안의 흙층 위에 3단 석축이 올라갈 수 있으면, 나는 석실이 된다는 얘기예요. 그다음에 아까 얘기했듯이 모식도를 그려보면, 그 위가 3단이 될지 4단이 될지는 모르겠어요. 그러나 상부 구조가, 최소한 3단까지는 석축이 있는 것은 분명하잖아요. 3단 위로 석축 4단, 5단이 있는 건지, 흙 마운드로 되어 있는 건지는 모르겠습니다. 솔직히 말해서 그것은 전혀 근거가 없으니까 모르겠고요.

그 다음에 석실이라 하면, 석실의 천장이 어땠을까. 지금까지 경기도에서 나온 한성기 석실에는, 제가 보기에는 평천장이 없어요. 다 궁륭상이거든요. 방형이나 장방형이나 다 궁륭상인데, 그렇게 보면 이것도 사실 궁륭상이라고 봐야 하겠지만, 꼭 그럴까는 한 번 의심 해봐야 합니다. 예를 들면, 고구려 장군총 같은 경우에는 석벽이 올라간 다음 내부로, 계단식으로 천장을 일단 좁히거든요. 그러니까 천장의 가구수법도 여러 가지 방식이 있을 수 있어서, 예컨대 한 단 내지는 두 단 계단식으로 좁혀놓은 다음에 평천장을 올릴 수도 있는 것이고, 돌이 나온 게 납작한 거니까 아마 평천장을 올릴 수도 있는 것이고, 여태까지 경기도에서 나온 것은 다 궁륭상이지만, 그것은 알 수가 없죠.

그러나 하여튼 석실의 윗부분에 대한 것은 현재로서는 상정이 불가능해요. 그러나 분명한 것은 2단 석축 내면의 사진 2장으로 보는 한 그것과 3단 석축의 내면는 다르고, 3단 석축의 내면이 단순히 흙을 쌓기 위한 석축벽은 아니다. 2단 석축 내면과 3단 석축 내면은 분명히 수법이 다르다. 돌도 다르고 돌 쌓는 수법도 다르다는 것입니다.

○ 좌장 | 임영진(전남대학교)

3단 내면이 특히 정연한 점에서는 약간의 의구심이 들 수는 있지만.

○ 최병현(숭실대학교)

그렇죠. 그리고 그런 기법들이 한성기 백제 석실과 공통된다는 것이고,

그래서 나는 이것을 석실로 보는 건데, 솔직히 말해서 그 윗부분은 모르겠어요. 단 한 가지만, 토축 위에 3단 석축이 올라갔다고 그러면서, 그러나 석실은 구조적으로 안 된다, 기법상 안 된다, 나는 그런 설명을 전혀 이해를 못하겠어요.

○ 좌장 | 임영진(전남대학교)

3단 석축은 기껏 해야 높이가 50㎝ 정도입니다. 그런데 그 위에 석실이 올라서려면 2.5m 이상 높아져야 하는데 그런 석실은 유지될 수가 없는 거거든요.

○ 최병현(숭실대학교)

왜 유지가 안 된다고 하냐고요.

○ 박순발(충남대학교)

그러니까 우리끼리만 하지 말고 나중에 공학적으로 해보세요. 그것을 쌓으려면 오히려 큰 판석 가지고, 고구려도 보면 절천장총 같은 게 나오는 게 석실이 들어갈 때 나오는 이유가 있습니다. 그런 식으로는 되지만 말하자면 벽돌 같은 모전석을 가지고 했다는, 이것을 하려면 맨 위에 큰 돌이 버텨줘야 하고요.

그리고 그게 이 정도 두께로만 바깥에 외피 없이 그냥 올라간다? 아무리 그래 봐도 우수가 침투하고 해서 안 됩니다. 그러니까 그런 것을 해보라는 거죠. 그리고 이 아랫단만 남고 위가 싹 다 없어졌으면 그만큼의 말하자면 여기서 쓰인 돌이 어디에 있느냐는 말이에요, 이 주변에.

○ 최병현(숭실대학교)

석촌동이 돌 천지인데…

○ 박순발(충남대학교)

그렇게 일반론으로 가시면 안 되고 바로 무너진 것을,

○ 좌장 | 임영진(전남대학교)

한 번 다시 봐 주세요. 새보고서 90쪽의 삽도 54. 아래 그림 위에 아무리 낮은 규모의 석실을 놓는다 하더라도.

○ 최병현(숭실대학교)

그건 해석의 문제니까 그만 합시다. 결론 안 날 것 같은데요.

○ 좌장 | 임영진(전남대학교)

해석의 문제가 아니죠. 이 도면을 보더라도 어떻게 그 위에 그 규모의 석실이 올라섰을 것이라고 추정할 수가 있겠는가. 도저히 이것은 수용하기가 어렵다는 것입니다.

○ 박순발(충남대학교)

수용하기보다는 증거불충분.

○ 김기섭(한성백제박물관)

가능하다면 한 말씀드리겠는데요. 최병현 선생님이 하도 강하게 말씀하셔서요. 저는 이희준 선생님이 말씀하셨다는 것하고 임영진 선생님 말씀하신 것하고 박순발 선생님 지금 말씀하신 게 같은 맥락이죠. 역학적으로 불가능하다는 부분은 굉장히 중요한 지적이라고 저는 개인적으로 생각합니다. 기존의 1단과 2단의 높이가 있고 단의 폭이 있는데 그다음에 3단 이상이 그런 일종의 규칙성을 벗어난다고 하는 것은 이 구조물을 만드는 목적하고도 관계가 된 것이어서 그 부분에 대한 해석이 굉장히 중요하지 않나 하고 보고요. 그런 측면에서 그 안에 충진되지 않고 뭔가 구조물이 안에 비어 있었다고 하는 상상은 현재의 조건으로는 어렵지 않나 하는 생각이 좀 듭니다. 그리고 바깥쪽에 어떻게 보면 세 분한테 다 말씀드리고 싶은 건데요. 판자 사용은 중요하지 않은 것 같습니다. 그런데 판자를 사용했다는 발상 자체는 4~5세기 기준으로 봐도 여기에 판자를 사용했다는 발상은 제가 생각하기에는 자제해야 하지 않나. 왜냐면 다른 기술과 연동되어 있기 때문에 판재를 만드는 기술이라고 하는 것이 먼저 선행적으로 검증이 되어야 하는데 그런 부분이 없이 지금 갖다 대는 것은 조금 다른 문제를 야기한다는 생각입니다.

○ 박순발(충남대학교)

바로 반론할게요. 풍납토성이 판축 쓰인 것 아시죠? 판재를 안 하고 판축이 됩니까? 그러니까 그 얘기는 판재 자체가 흔한 게 아닙니다. 그러나 이미 성벽축조에 그렇게 하는 것은 당연하고요.

○ 김기섭(한성백제박물관)

가옥에도 썼죠. 가옥에 썼는데 판재도 썼을 때는 판재의 두께와 그것을 만드는 기술의 문제가 또 따라붙거든요.

○ 박순발(충남대학교)

오케이. 그래서 공정상에 판자를 그대로 박아 놓는다는 게 아닙니다. 예를 들면 돌을 이만큼 1m 정도 쌓고 그다음에 흙을 바로 채우고 했으면 이 틈이 없어야 하는데 틈이 있기 때문에,

○ 김기섭(한성백제박물관)

그런데 기본적으로 풍납토성에서 보이는 것도 약간 각재성 판재 아닙니까?

○ 박순발(충남대학교)

각재성 판재든 하여튼 이 정도 공극을 얘기하는 것이지 그게 내가 무슨 판때기를,

○ 김기섭(한성백제박물관)

제가 말씀드리고 싶은 것은 이런 거예요. 돌과 흙 사이에 두툼한 판재들이 많이 들어가 있다면 그것도 역시 썩어서 유기물질이기 때문에,

○ 박순발(충남대학교)

그걸 누가 몰라 뽑아 올린다니까. 아~ 참. 판축 할 때도 뽑아 올린다니까.

○ 김기섭(한성백제박물관)

그 다음에 흔적이 남는다는 거죠. 제가 말씀드리고 싶은 것은 이것은 중요한 부분이 아닌 것 같고요. 내부에 석축이 있는데 석축 사이에 잔돌을 박아놓았다고 하는 부분은 굉장히 중요하다고 생각합니다. 그러니까 그렇게 박아놓은 이유는 물론 판재를 생각할 수도 있겠습니다만 판재를 사용한다면 그럴 이유가 없다고 보고 있고요.

○ 박순발(충남대학교)

그게 무슨 얘기예요? 판재를 사용하면 그럴 이유가 없다는 게?

○ 좌장 | 임영진(전남대학교)

일단 얘기를 듣고 합시다.

○ 김기섭(한성백제박물관)

제가 괜히 나선 것 같네요. (웃음)

○ 박순발(충남대학교)

아니, 논리적으로 판재를 쓰면 그럴 수 없다는 얘기는 그 설명을 생략한 채,

○ 김기섭(한성백제박물관)

판재를 사용한다는 것은 안쪽의 돌 사이의 틈에 대해서 이걸 판재로 보강을 완료한다는 뜻으로 저는 이해를 했습니다. 그러니까 다시 말하면 그 안에 판재를 사용할 거면 돌 틈 사이에 굳이 그런 잔돌들을 박아서 그렇게 수고로운 일들을 굳이 할 필요가 있을까. 그러니까 돌 틈에 잔돌을 박아 넣는다는 것은 판재 없이도 토축하겠다는 의도로 읽혔다는 뜻입니다.

○ 박순발(충남대학교)

제가 그림을 그려볼게요.

○ 좌장 | 임영진(전남대학교)

얘기 다 끝나셨어요? 일단은 얘기를 듣고 합시다. 다 들은 다음에 이슈를 잡아서 반론을 하더라도 일단 들읍시다.

○ 김기섭(한성백제박물관)

지금 이 말씀은 중요한 부분이 아니에요. 제가 이 말씀을 드리는 이유는 삭토라고 보기는 좀 어렵다는 거예요. 그런데 다시 말하면 성토는 여기에 적용할 수 있어도 삭토를 여기에 적용하기는 어렵다는 말씀을 드리기 위해서 한 건데 그것은 중요한 부분은 아니라 가지인데 가지에 그렇게 민감하게 반응을 하셔서.

○ 박순발(충남대학교)

자, 이 범위에 하려면 어떤 형태든 판자를 이렇게 해놓고 그다음에 여기

에 돌을 할 수 있어요. 그러고 나서 해야 합니다. 또 이렇게 올라갑니다. 그게 왜 안 된다는 거예요. 뭐가 안 된다는 거예요? 판축이란 이런 겁니다. 돌만 해놓으면, 그러니까 안에 판재를 댔기 때문에 그렇게 해서 보강하는 거예요. 왜냐면 판재만 대놓으면 거기에 파면 어떻게 됩니까? 그래서 바깥에 보강을 하는 거예요. 그리고 뽑아 올리는 거예요.

○ 김기섭(한성백제박물관)

아니, 말씀하시는 것은 지금의 공법으로 보면 충분히 이해가 되는데,

○ 박순발(충남대학교)

지금이 아니고 옛날 공법이죠.

○ 김기섭(한성백제박물관)

아니요.

○ 박순발(충남대학교)

판축 자체가 이렇다니까. 이렇게 한다니까.

○ 김기섭(한성백제박물관)

판재가 일반적으로 저렇게 웬만한 토목에서 사용하려면 기본적으로 갖춰져야 하는 게 대패라고 하는 것이, 그건 건축 쪽에서는 상식입니다. 대패가 언제부터 나오느냐고 하는 것은, 그러니까 대패가 나오기 전에는 판재를 만들려면 자귀라는 것을 써야 하는데,

○ 박순발(충남대학교)

그거하고 지금 이게 무슨 상관이에요.

○ 김기섭(한성백제박물관)

아니, 그러니까 지금 저 만한 규모의 고분이든 뭘 만들면서 그런 판재들을 일상적으로 사용하기 위해서는 물론 중요한 고분이죠. 그러니까 남다른 공법이나 이런 것을 적용하려고 했을 텐데 거기에 아직 검증되지 않은 기술 요법들을 아까 선생님이 말씀하셨잖아요. 그러니까 다른 설명들이 가능한데 왜 구태여 어려운 설명법을 택하느냐 그 말씀을 드리는 겁니다.

○ 박순발(충남대학교)

어떻게 다르게 설명할 거냐고요. 작은 돌이 들어 있는 것을 어떻게 설명할 거냐고요.

○ 좌장 | 임영진(전남대학교)

자, 그 문제는 개인적으로 논의하시는 것이 좋겠고, 혹시 석실의 가능성에 대해서는 의견이 어떠신가요?

○ 김기섭(한성백제박물관)

석실로 보기는 굉장히 어렵다고 생각합니다.

○ 박순발(충남대학교)

석실이라고 보는 것보다도 구체적으로 삭토질 안 한다는데 왜 안 되느냐 하는 얘기를 하면서 대패 이렇게 들어가는 것은 진짜 전혀 맥이 안 닿습니다. 대패 없을 때도 판재는 있는데 판재가 지금 저 두께가 얼마 된다고 그렇습니까. 다만 돌맹이를 이렇게 안에 채운 것은 저렇게 하지 않으면 안 된다는 거예요.

○ 김기섭(한성백제박물관)

판재 있습니다. 없다는 뜻이 아니고요.

○ 좌장 | 임영진(전남대학교)

좋습니다. 어느 정도 예측은 했습니다만 이렇게 뜨거울지는 몰랐습니다. 1시간 남짓이면 될 거라고 생각했는데,

○ 박순발(충남대학교)

아니, 뜨거운 게 아니라 상식에 대해서 접근해야지 무슨 이 시대가 무슨 시대인데 관축이 안 된다고 그래요.

○ 좌장 | 임영진(전남대학교)

시작한지 벌써 1시간 40분이 지났는데, 잠시 쉬도록 하겠습니다.

(정회 - 오전 10시 43분)

(속개 - 오전 10시 53분)

○ 좌장 | 임영진(전남대학교)

자, 속개하겠습니다. 정치영 선생께서 의문사항이 있으신 것 같은데 말씀하십시오.

○ 정치영(한성백제박물관)

예. 과거에 다 지나가버린 상황이라 저희가 어떻게 저것을 검증할 방법이 없는데요. 제가 하나 질문을 드리고 싶은 것은 그겁니다. 3단에 있는 것이 석실이냐 뭐냐고 하는 논의가 있으니까, 그것과 관련해서는 그때 발굴 상황을 설명하실 분이 없으니까 어떻게 할 수 없습니다. 정말 내부

석벽을 치밀하게 발라낸 것인지, 아니면 그다음에 교란되면서 그 석벽이 아주 잘 노출되게 됐는지 그건 알 수가 없는데요. 다만 축조 방법에 대해서 임영진 선생님께서 모식도도 작성하셨고, 그 다음에 최병현 선생님께서 연도의 하단석일 가능성이 있다고 제기하신 부분에 대해 임영진 선생님께서는 3단이 축조되는 시점과 관련된 것이라고 설명을 하셨습니다. 그 도면 좀 한 번 띄워보실래요?

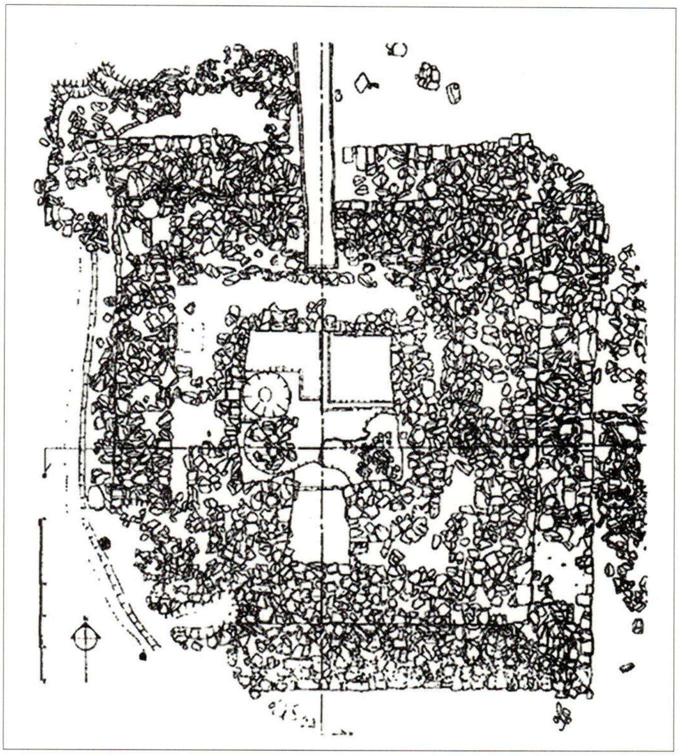

석촌동 4호분 평면도(서울대박물관 1975)

○ 최병현(숭실대학교)

내가 연도 하단석이라고 했다고요?

○ 좌장 | 임영진(전남대학교)

연도 좌측 벽석 하단.

○ 최병현(숭실대학교)

아, 연도 벽석이요?

○ 정치영(한성백제박물관)

예. 제일 상단에 아까 연도 부분 사진처럼 나온 도면을 봐야 하나요?

○ 좌장 | 임영진(전남대학교)

그런데 공교롭게도 저 연도라는 것의 길이가 3단 석축 폭하고 정확하게 일치하고 있죠.

○ 정치영(한성백제박물관)

예. 저희가 지금 논의할 수 있는 것은 임영진 선생님께서 그런 말씀들을 그래서 해 놓으셨기 때문에,

○ 좌장 | 임영진(전남대학교)

저것보다 사진이 더 좋은데, 이걸로 할까요?

○ 정치영(한성백제박물관)

그 윗 도면을 한 번 띄워보세요. 그 모식도. 일단은 이것부터 질문을 드리겠습니다. 임영진 선생님께서 아까 2호분의 바깥 부분도 사진으로 보여주셨어요. 안팎의 부분, 그다음에 바깥쪽 부분을 트렌치로 잘라서 하신 부분을 보여주셨는데, 일단 이것부터 질문을 드리겠습니다. 이 상황을 모식도로 그리셨는데, 저는 1단과 2단이 이 뿌리가 같다, 이것을 어떻게 확인을 하셨는지 한 번 여쭤보고 싶고요. 지금 이것은 모식도일 따름이지, 이것과 관련된 사진이나 실측도 등이 진짜 현장의 팩트를 보여주는 양상을 저는 못 찾았습니다. 그래서 그 부분을 한 번 여쭤보고 싶고요.

그 다음에 아까 연도에 대해서, 횡으로 이렇게 석재 2개인가, 3개가 있었습니다. 그런데 선생님께서 결국은 이게 연도라고 생각했던 게 3단의 석축 폭하고 일치한다고 말씀하셨어요. 그리고 이게 여기에 축조하는 시작선이라고 말씀을 하셨는데, 여기 전체적인 양상을 보면 석재를 축조하는 게 여기서 해서 이쪽 방향으로 나오는 게 아니고, 여기를 중심으로 해서 안에서 밖으로, 또는 수평으로 쌓아가니까 때로는 바깥쪽 돌을 먼저 놓고 안돌을 놓는 과정이겠지만 전체 레벨을 맞춰가면서 쌓는 겁니다. 그러다 보면 시점이나 종점은 이 라인이 되지, 이쪽 라인이 되기가 어렵다는 거죠. 오히려 여기를 시점으로 해서 이쪽으로 쌓으면 무너져버릴 가능성이 높고요. 그다음에 또 하나는 70년대 보고서를 보면 이쪽 부분에서 벽돌이 3점인가 출토되었습니다. 물론 '석재도 하고 벽돌이 들어갈 수 있지.'라고 하면 할 말이 없는 거고요. 하지만 거기에서 벽돌이라는 잔재가 나왔거든요. 그러니까 뭔가 이 부분은 아까 이쪽에 길게 되어 있는 그런 부분, 여기가 뭔가 의미 있는 부분이라는 추정을 해 보게 되는데요. 그래서 사실은 임 교수님께서 이쪽에 있는 곳을 축조와 관련된 시작 부분이라고 한 것은 논리적으로 조금 이해가 잘 안 가는 부분입니다. 그래서 그 부분을 질문드립니다.

석촌동 4호분 정상부 전경(서울대박물관 1975)

석촌동 4호분 정상부 정리후(서울대박물관 2013)

○ 좌장 | 임영진(전남대학교)

예. 자료가 띄워져 있으니까 두 번째 의문점에 대해서 먼저 말씀드리겠습니다. 저는 이게 연도가 될 수 없다고 보는 게 첫째, 공교롭게도 연도라는 것의 길이와 3단 석축의 폭이 정확히 일치하는 점, 둘째, 이 고분의 규모가 그 안쪽에 석실을 구축하기 어렵다는 점을 감안한 것이고요. 그러나 연도 벽석이라고 보고서에 되어 있는 이 돌에 대해서는 납득할 수 있는 다른 설명을 할 필요가 있으니까 아마도 3단 석축을 시작할 때 시작선 정도를 표현한 게 아니겠는가. 물론 정치영 선생의 지적대로 내면이 중요한 기준이 되겠지만, 이것도 하나의 기준으로는 충분히 볼 수 있는 것이죠. 그리고 84년도 재발굴 때 현장을 방문하신 어느 원로분께서 말씀하신 것이 기억나는데, 74년도 발굴시에 목격했던 바로는 연도라고 보기는 어려웠다고 하셨어요. 그 작업을 했던 분이 누구인가도 들었지만 거기까지 말씀드리기는 어렵겠습니다.

○ 박순발(충남대학교)

왜 어렵습니까?

○ 좌장 | 임영진(전남대학교)

석촌동 4호분 2단 석축 내면(서울대박물관 2013)

보고서를 보시면 짐작할 수 있을 겁니다. 아무튼 구조적으로 연도라고 인정하기 어렵고 내면의 정연한 석벽이 어떤 의미를 가지고 있다고 하더라도 연도를 가진 횡혈식 석실이 되기는 어렵다고 봅니다. 그리고 또 하나, 다음 사진 보실까요? 2단 석축의 뿌리가 1단 석축의 뿌리하고 동일한지를 확인할 길이 없었다는 점에서는 아마 보고서에 언급이 되어 있을 겁니다만 이 토층이 밖에서 찍은 1단 석축 하단의 토층하고 이어집니다. 조금 거무스름하게 흙색깔이 위아래와는 다르죠.

○ 박순발(충남대학교)

그거 오늘 아침에 봤는데요. 오늘 아침에 봤어요. 그때는 설명했어요.

○ 좌장 | 임영진(전남대학교)

방금 정선생이 질문을 했거든요. 이게 2단 석축 기저부로서 1단 석축 바닥하고 이어지는 겁니다. 그리고 1단 석축의 상면 레벨이 여기입니다. 이 지탱석이 1단 석축 중간에 뿌리를 두고 2단 석축을 지탱하고 있어요.

○ 박순발(충남대학교)

이 사진 말고 있었는데요. 아침에 봤어요.

○ 정치영(한성백제박물관)

재보고서 한 번 띄워 보세요. 거기에 여러 사진이 있는데요.

○ 박순발(충남대학교)

이 부분이죠. 아래 검은흙 나오는 것이요.

○ 좌장 | 임영진(전남대학교)

약간 검은색을 띤 토층이 보이잖아요. 그리고 이 석축이 쭉 내려가잖아요. 아까도 이 사진에서 설명을 드렸어요. 아무튼 거기에 대해서는 의문의 여지가 없습니다.

○ 정치영(한성백제박물관)

그러니까 제가 이해하는 과정에서 한 가지만 여쭤보겠습니다. 이쪽 부분인데요. 그러면 이 부분이요, 여기도 트렌치 조사를 하신 건가요?

○ 좌장 | 임영진(전남대학교)

트렌치라고 보기는 어렵고, 지탱석의 뿌리를 확인하는 차원에서 주변의 흐트러진 돌을 정리해 보았죠.

○ 정치영(한성백제박물관)

네. 그럼 이쪽에서 2단 석축이 1단 석축 밑까지 내려오고, 그다음에 1단 석축을 바깥에 이렇게 덧댔다고 하는 부분의 정황을 보여주는 양상이랄까요, 그러니까 모식도에서 선생님은 2단 석축이 1단 석축까지 똑같이, 그러니까 먼저 축조가 돼서 여기 밑의 기저부까지 내려오고 바깥에 1단 석축을 대셨다고 말씀을 하셨습니다.

○ 좌장 | 임영진(전남대학교)

그렇습니다.

○ 정치영(한성백제박물관)

혹시 다른 사진 한 번 볼까요? 조금 전의 사진으로 넘겨보면.

석촌동 4호분 1단과 2단의 관계(서울대박물관 2013)

○ 좌장 | 임영진(전남대학교)

왼쪽 사진이면 얘기가 되지 않아요? 2단 외면이 정연하게 밑으로 이어지잖아요?

○ 정치영(한성백제박물관)

그러니까 여기서 이게 기저부까지 내려가는 양상을, 이 부분을 굴착을 하셔서 확인을 혹시

하셨습니까?

○ 좌장 | 임영진(전남대학교)

완전히 바닥까지는 안 들어갔어요.

○ 박순발(충남대학교)

조금 전에 본 사진은 안의 것이고, 이것만 봐도 이미 입증이 되잖아요. 바닥면이 기댄 돌에 아주 제대로 쌓여 있다는 말이에요. 그러니까 이걸 하고 나서 저게 감춰지지 않았다는 거예요. 저걸 먼저 하고 했다는 얘기죠.

○ 정치영(한성백제박물관)

혹시 그런 면에서는 1단 석축이 2단 석축 안쪽의 흙기둥까지 쭉 들어가고, 1단 석축 위에다가 2단 석축을 했을 가능성은요?

○ 좌장 | 임영진(전남대학교)

그런 가능성은 없어요. 왜냐하면 저기서 분명히 계장식으로 구분이 되잖아요.

○ 최병현(숭실대학교)

이 사진이 하나 더 있어요. 물론 밑에 1단이 남아 있기는 하지만 1단이 거의 다, 여기 옆에 돌이 있는데 여기는 거의 돌이 없거든요. 이 상태로 보자면 2단 외벽이 밑에까지 쭉 내려갔다고 보는 게 옳을 것 같아요. 지금 정치영 선생이 요구하는 그 장면의 사진은 없어요. 그런데 1단이 얕게 남아 있는 부분까지 보면 2단이 밑에까지 내려갔다고 보는 게 옳을 것 같아요.

○ 좌장 | 임영진(전남대학교)

그래서 2단이 굳이 1단 석축에 가려짐에도 불구하고 1단하고 바닥을 같이 했다는 점, 그리고 그 2단 내벽 석축 사이에 흙이 아니라 잔돌들이 끼어 있다는 점, 그것 때문에 이 고분 축조의 선후 관계에 있어서는, 시간 폭은 알기 어렵지만, 내부 점토부가 먼저이고, 2단 석축이 중간, 그 다음 1단 석축이다, 이런 결론이 나올 수밖에 없는 겁니다. 자명한 귀결이에요. 이건 고고학이 아니라 상식적인 해석입니다.

○ 최병현(숭실대학교)

자, 그러면 이제 4호분은, 나는 이 말만 하고 이제 그만하겠습니다. 이것만 확인합시다. 임영진 선생님이 연도로 보기에는 길이가 저것밖에 안 된다 그랬지요. 아니, 이것을 생각해보세요. 장군총에서 석실이 5단에 있는데, 그러면 연도를 어디까지 달아냅니까?

석촌동 4호분에서도 결국은 연도의 길이가 3단 석축의 폭만큼 될 수밖에 없어요. 그것은 제가 보기에 이유가 안 된다고 보는 거고요. 좌우지간 안이 석실이었든지, 목실이었든지, 뭐였든지 간에, 내가 한 가지 확인하고 싶은 것은 이 얘기입니다.

다시 사진들을 쭉 넘겨보니까 2호분의 토축 상태와 4호분의 토축 상태가 굉장히 다르다. 2호분의 토축 상태는 굉장히 거칠어요. 토층의 두께도 두껍고요. 4호분의 토축 상태는 여기 사진들이 몇 장면 나와 있는데 5cm 내지, 두꺼워도 10cm는 안 넘을 것 같아요. 이런 수평 성토가 굉장히 정교하게 되어 있다는 것, 이건 인정하실 테고요.

그 다음에 3단 석축 내면의 석축 상태와 2단 석축의 내면 축조 상태는 분명히 다르다. 돌 모양도 다르고 축조수법도 다르다. 자, 이 점에 대해서는 다 확인하시죠? 그것에 대해서는 공동으로 인정하는 거죠? 그러면 됐습니다. 나는 거기까지만 하고, 이제 더 이상 4호분 얘기는 안하겠습니다.

○ 박순발(충남대학교)

벽돌 관련해서, 저쪽에 유물 집중출토부에서 벽돌 같은 것 하나 나온 것 없었나요?

○ 정치영(한성백제박물관)

벽돌은 없었습니다.

○ 박순발(충남대학교)

왜냐하면 저 부분에 그 가능성도 있어요. 벽돌이 있다는 것은 저 부분에 아마 뭔가 약간의 C라인 같은 것이 있었을 가능성, 즉, 보통은 아래쪽에 있었는데 벽돌이 있었다는 그 가능성도 생각할 수 있어요.

○ 김무중(중원문화재연구원)

심지어는 4호분의 재보고서에 보면 910점이나 되는 기와가 있단 말이죠.

○ 박순발(충남대학교)

주로 동쪽에서 많이 나왔고, 일부는 주거지라는 곳까지도,

○ 김무중(중원문화재연구원)

그것은 그걸 빼고 계산한 겁니다.

○ 박순발(충남대학교)

빼고 나왔는데, 그것이 대개 유물집중부에서 나온 거란 말이에요. 유물집중부에서 다들 확인되는 양상이라서, 여기도 동쪽입니다. 동쪽의 중간쯤 돼요. 그런 게 있었다는 겁니다. 벽돌이 있는 지점은 나중에 고립되지 않았다고 한다면 꼭 우리가 그곳이 매장주체부라기보다는 다른 가

능성도 생각할 수 있는 부분이에요.

○ 정치영(한성백제박물관)

예. 여기에서 논의가 달라질 수도 있겠는데, 아마 여기 이남석 선생님이나 이형구 선생님이 계셨다면 다른 것, 이렇게 또 논의가 나올 수도 있겠는데요. 지금 저게 석실이냐, 아니냐 하는 논의가 계속 있었습니다. 그런데 그냥 드는 생각인데요. 저게 이를테면 꼭 석실이냐, 그럼 매장주체부가 석실 내부에 목관 같은 게 안치가 되는 횡혈식 석실 같은 것만 생각을 해야 하는지, 매장은 아까 또 다른 선생님 말씀대로 밑에 점토 속에 있을 수 있고, 저 위가 별도의 하나의 공간이었을 가능성도 생각은 해볼 수 있지 않은가. 지금 기와 말씀을 하셨으니까요. 이형구 선생님은 향단 같은 것이 올라가 있는 것을 생각하시는데, 저쪽에 평기와뿐만 아니라 와당의 출토가 정확히 어떤 맥락인지 봐야 하겠습니다만, 그러면 뭔가 분명히 건물이 또 있었을 가능성이 강하게 상정되는 것 같습니다. 그래서 그런 부분에서는 저것을 꼭 매장과 관련된 횡혈식 석실이 아니라 뭔가 별도의 어떤 공간, 그런 부분의 가능성도 있지 않을까 하는 생각이 듭니다.

○ 좌장 | 임영진(전남대학교)

새로운 가능성도 염두에 두고 보자. 좋습니다.

○ 박순발(충남대학교)

그런데 단지 향당설에 대해서 제가 조금 반론을 할게요. 향당이라고 하는 것은요, 실제로 한반도에서 그런 사례가 없음에도 향당이라고 하는데, 중국에서 잘 알고 있다시피 중산왕릉 조역도兆域圖라는 곳이 있고, 실제로 거기는 무덤 위에 그게 있습니다. 그리고 그게 올라가면 상대 부호묘 같은 데도 있고요. 그리고 더 올라가면 하대의 궁전지라고 하는데 거기에 건물이 있고 큰 무덤이 있습니다. 그러니까 무덤 위에 있는 건물을 본래 종이라고 해요. 그래서 옛날에는 무덤 위에 바로 그게 있는 것을 지칭합니다. 그런 것을 일컬어서 향당이라고 하지, 그것이 한대 춘추전국시대 이후로는 그게 없습니다. 진시왕릉 같이 그런 향당 자체가 없어졌어요. 그런 것을 들고 나와서 느닷없이 그냥 고구려에도 기와가 나오니까 향당이라고 하는데, 그건 아주 잘못된 겁니다.

○ 좌장 | 임영진(전남대학교)

그 성격을 향당으로 규정한 것은 분명히 문제가 있지만, 그렇다고 해서 거기에 건물이 없었다고는 단언 할 수는 없잖아요. 뭔가는 있었는데 향당으로 보기는 어려운 건물이라는 것이죠.

○ 박순발(충남대학교)

그러니까 향당이라는 용어 자체를 내가 지금 얘기하는 거고요. 건물이 그럼 있었다는 것을 한 번 추정할 수 있어요. 내가 조금 전에 뭐라고 했습니까? 한대 이후로는 그런 형태가 아예 없습니다. 그리고 고구려에도 묘상건축이라고 우리가 부르는 것이 있었느냐, 부정적입니다. 다만 장군총에 보면 구멍이 뻥뻥 뚫려 있는 것이 좀 있는데, 그러나 그 이외에 우리가 태왕릉이니 이런 곳에 전부 다 가보면 실제로 기와는 나오지만 기와 자체가 있다고 해서 어떤 건물이 있다고 바로 가기는 어렵다 이거죠.

○ 좌장 | 임영진(전남대학교)

좋습니다. 4호분에 대해서도 거의 2시간 논의를 했습니다. 입장에 있어서 분명히 차이가 있다는 것을 확인했을 뿐, 접점을 찾지 못한 게 아쉬움으로 남습니다. 더 진행을 해도 여전히 접점을 찾기는 쉽지 않을 거라는 생각이 듭니다. 여기서 종결하겠습니다. 다만 앞으로 저 내부 성토부

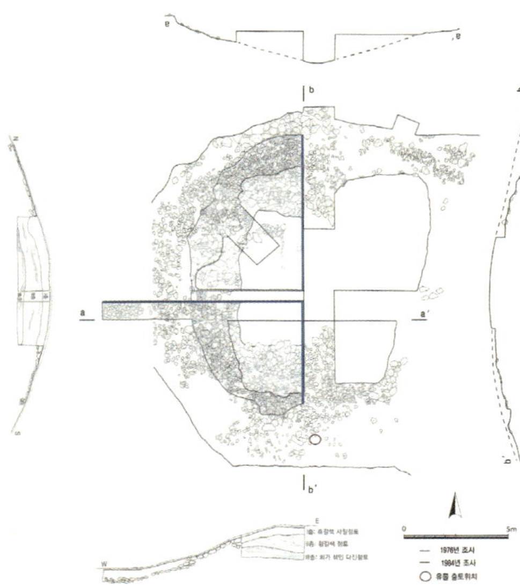

석촌동 5호분 조사전 전경(상)과 평단면도(하)
(서울대박물관 2013)

에 대한 조사가 74년도에 일부 됐을 뿐이니까 기회가 있다면 추가 조사를 추진할 필요가 있지 않겠는가 하는 정도의 말씀을 드립니다. 연도부는 84년도 조사에서도 거의 남아있지 않았습니다. 내벽도 상황이 비슷하니 남아 있는 과제는 내부 조사가 아닌가 합니다. 그럼 이어서 5호분으로 넘어 가겠습니다.

이것은 5호분의 발굴조사 전의 상황이고요. 74년엔가 간단한 트렌치 조사를 통해서 규모와 형태를 확인하려고 했었는데, 건물들이 있고 해서 정확하게 잡을 수가 없었다고 하지요. 그래서 84년도에 정비복원을 위해 4호분과 함께 조사했는데, 몇 개의 트렌치 조사를 통해서 표토를 걷어내고 전면에 즙석이 있음을 확인함과 동시에 평면 형태와 규모를 어느 정도 추정할 수 있었습니다. 그래서 그것을 토대로 지금의 5호분이 정비 · 복원된 겁니다. 혹시 이 문제에 대해서 의견이 있으신 분 말씀해 주십시오.

○ 박순발(충남대학교)

5호분과 같은 이런 형태의 것들을 우리가 굳이 기존의 것과 비교한다면 3호분 동쪽 고분군에 보이는 즙석과 같은 유형이라고 보는 것에 대해서는 대체로 동의를 하겠죠?

○ 좌장 | 임영진(전남대학교)

동의들을 하고 있죠.

○ 박순발(충남대학교)

다만 여기에서 매장주체부나 이런 것을 못 찾았고, 이것의 연대를 직접 제시해 준 것은 지금 자료가 없죠.

○ 좌장 | 임영진(전남대학교)

당시 권학수 선생도 조사해보고 싶어 했지만 상황이 어려웠어요. 그래서 저 상태로 끝냈는데, 저것도 내부조사를 할 필요가 있죠. 다만 조금 아쉬운 게 표토를 약간 제거했을 때 전면적으로 즙석면이 나왔거든요. 3호분 동쪽 고분군에서 조사된 즙석분구묘는 선행하는 즙석분구에 덧대서 확장이 이루어진 고분이기 때문에 즙석이 완전히 후대 분구 속에 숨어 있는데 이것은 확장이 안 되서 바로 즙석이 노출되었어요.

그래서 현재 저 즙석 위에 흙을 씌우고 잔디를 심어놨는데 원상이 과연 그랬을까? 애써서 즙석으로 덮어놨는데 당시 외형적으로는 적석총과 같은 느낌도 들 것이고, 우수도 차단하는 효과가 분명히 있을 것이잖아요. 그런데 이 즙석 위에 흙을 덮었다? 과연 그 당시 원상이 그러했을 것인가, 즙석 상태로 노출되는게 원상이었을까, 그건 한 번 생각을 할 필요가 있을 것 같습니다. 발굴할 때 느끼기로는 인위적으로 덮은 흙일 가능성은 별로 없었던 것 같습니다. 부석부석한 흙들이었거든요. 원상은 즙석이 노출된 상태가 아니었을까 하는 생각이 들어요.

○ 조가영(서울대학교)

74년 보고서에 보면 봉분 외연에 호석과 같은 시설이 있었다는 기술이 되어 있는데요. 혹시 거기에 대해서는 아는 바가 있으신지요.

○ 좌장 | 임영진(전남대학교)

84년도 조사할 때 호석으로 볼만한 자료는 없었는데요. 호석이라고 하면, 저게 원형으로 추정이 됐으니까 기선쪽으로 큰 돌들이 나와야 하고, 약간 위치가 흐트러졌다고 하더라도 보여야 하는데, 그런 것은 없었어요. 호석이 있었다고 보기는 어려울 것 같습니다.

○ 박순발(충남대학교)

이 도면을 작성하신 분이 혹시 아시는지 모르겠는데, 이 선이 의미하는 게 뭘까요? 이 선들이 있잖아요.

○ 조가영(서울대학교)

이것은 두 장의 도면을 합해놓은 상태인데요. 안쪽에 까만색 선으로 되어 있는 것은 74년도 보고서에 나와 있는 74년에 조사했던 내용을 바탕으로 한 것이고요. 여기 까만색으로 되어 있는 부분들은 그렇고, 여기 파란색 선으로 다시 들어간 부분이 84년 조사내용하고 겹쳐져서 표현을 해놓은 겁니다.

○ 박순발(충남대학교)

그것은 좋은데, 왜 돌이 있는 곳에 선을 연결시켜 놓았느냐는 말이에요. 저기에 무슨 단이 있어서 그런 거예요? 이 선이 왜 있느냐 이 말이죠.

○ 조가영(서울대학교)

그것은 그냥 원도에 있는 것을 그대로 표현한 것입니다.

○ 박순발(충남대학교)

돌이 있으면 돌만 해야지 왜 저 선이 있느냐는 거예요. 등고선도 아닐 것 같은데요.

○ 최병현(숭실대학교)

원도에다 선의 윤곽선을 더 그렸다는 얘기 같네요.

○ 좌장 | 임영진(전남대학교)

노출시킨 범위를 표현해놓은 외곽선인 것 같습니다.

○ 최병현(숭실대학교)

이 선은 원도에 그릴 때 여기까지 자기들이 흙을 판 선을 이렇게 표시한 것 아닌가 싶어요.

○ 조가영(서울대학교)

그리고 60쪽, 제가 쓴 것 중에 사진이 하나 있는데, 이게 5호분 사진이거든요. 그런데 자료집에는 '학곡리 2호 석곽'이라고 되어 있는데, 청동환이 5호분에서 한 점 조사된 게 있어서 그것을 비교자료로 넣으면서 위치가 달라졌습니다. 학곡리 청동환과 관련된 것입니다.

○ 좌장 | 임영진(전남대학교)

청동환은 학곡리거다?

○ 조가영(서울대학교)

예. 출토 사진은 5호분입니다. 그리고 60쪽 오른쪽 사진은 학곡리 2호 석곽에서 나온 청동환입니다.

○ 최병현(숭실대학교)

60쪽이 석촌동 5호분이라고요?

○ 박순발(충남대학교)

학곡리 2호 석곽이라고 하는 것이 바로 여기 거다 이 말이죠. 밑에 캡션이 잘못되었다는 것 아니야.

○ 조가영(서울대학교)

아니요. 60쪽 오른쪽 청동환이 학곡리 2호 석곽 출토품이고, 60쪽 왼쪽에 청동환 출토사진은 5호분 사진입니다.

○ 정치영(한성백제박물관)

선생님, 저게 원래 한 기가 아니고 연접분이 또 하나 있었다는 기록들이 있는데요. 5호분이 하나가 아니라 그 옆에 남쪽에 하나 더 있다는 거죠?

○ 조가영(서울대학교)

네. 59쪽 그림을 보시면 5호분의 위치를 표시한 부분이 있는데, 그 위쪽으로 보면 연접되어서 하나가 더 붙어 있는 듯한 양상이 있습니다.

○ 좌장 | 임영진(전남대학교)

그 당시 육안으로 관찰한 것이니까 연접분인지, 독립된 것이 연접된 것처럼 보이는 건지는 알 수 없죠? 그런데 그것도 이미 삭평 되어 버렸죠.

○ 조가영(서울대학교)

네, 삭평 됐죠.

○ 좌장 | 임영진(전남대학교)

그러나 그 일대는 남아 있으니까 확인해 볼 필요는 있겠죠.

○ 정치영(한성백제박물관)

5호분 사진, 처음에 임영진 선생님의 사진 한 번 보여주세요. 이 사진에서 제가 조금 저게 잘 이해가 안 가더라고요. 앞에 오른쪽에 보이는 볼록 서있는 게 5호분이죠?

○ 좌장 | 임영진(전남대학교)

예. 그게 5호분이지요.

○ 정치영(한성백제박물관)

저 뒤쪽에 있는 볼록한 것은 뭡니까? 혹시 저게 연접되어 있는 형태가 남아 있는 게 아닌가라는 생각이 드는데요.

○ 좌장 | 임영진(전남대학교)

그런데 저게 남아 있는 고분으로 추정됐다면 당연히 보존대상이 됐을 것이고, 뭔가 조치가 취해졌을 거예요. 사진 상으로 상당히 큰 마운드처럼, 독립된 마운드처럼 보이지만 저기에 대해서는 누구도 관심을 가지지 못했던 것 같은데요.

○ 정치영(한성백제박물관)

그래서 혹시 6, 7호분이 약간 중간에 잘록한 연접분으로 일제 강점기 때 그렇게 도면이 있는데, 그런 것하고 유사한 것이 아닌가.

○ 좌장 | 임영진(전남대학교)

각도를 달리해서 찍은 사진이 있으면 비교해 볼 필요는 있겠네요.

○ 박순발(충남대학교)

조가영 선생님의 도면에 보면 5호분이라고 동그라미 쳐놓고 옆에 달려 있잖아요. 이거겠죠.

○ 정치영(한성백제박물관)

그렇게 보면 그 뒤편에 보이는 것도 여전히 같은 고분일 수도 있고요.

○ 좌장 | 임영진(전남대학교)

그렇죠.

○ 박순발(충남대학교)

저 부분이 지금 없어졌나요?

○ 좌장 | 임영진(전남대학교)

남아 있지 않죠.

○ 박순발(충남대학교)

여기는 지금 이렇게 되어 있는데요.

○ 좌장 | 임영진(전남대학교)

저도 84년 5호분 조사할 때 참여했지만 주변에서 주목할 만한 것들을 보지 못한 것 같아요.

○ 조가영(서울대학교)

그런데 이쪽 지형 자체가 높은 지형이어서 마운드는 없어도 아마 하부는 남아 있지 않을까라는 생각은 들어요.

○ 정치영(한성백제박물관)

여기 조가영 선생님의 도면을 보면 5호분보다 북쪽이니까 완전히 다 절토는 안 된 부분이죠.

○ 좌장 | 임영진(전남대학교)

기회가 되면 저 일대를 조사해볼 필요가 있을 것 같습니다.

○ 최병현(숭실대학교)

그러니까 이 사진의 방향이 양쪽 면이 다른 거네요. 나무는 같은 거죠?

○ 조가영(서울대학교)

예.

○ 최병현(숭실대학교)

이쪽에서 보니까 토분이고, 저쪽에서 보니까 적석총이고 그러네요.

○ 박순발(충남대학교)

이쪽 라인에 파괴분을 비롯해서 이런 게 있기는 하지만, 5호분 아래쪽에 몇 개 있는 것들이 다 5호분과 같은 스타일인지, 북쪽은 예를 들면 전부 다 즙석 쪽이고, 이것은 좀 이상한 부분이고요.

○ 최병현(숭실대학교)

나는 5호분에 대해서는 별로 할 얘기가 없어요. 그런데 관련사항으로, 오늘 토론이 어차피 여기까지 갈 것 같지는 않은데, 그냥 생각해둔 게 있어서요. 임진강과 남북 한강유역의 적석총이라고 하는 것, 즙석분구묘라고도 하는데, 그것과 적석총 관련해서 생각해둔 것 조금만 얘기할게요.

예전에 내가 무슨 글을 쓰느라고 보고서들을 면밀히 봤는데, 그 당시는 학곡리 적석총 발굴 전으로, 보고서라는 게 워낙 간단한 것들이어서 사실 자세히 알 수는 없었어요. 그런데 문호리 적석총이라고, 황용훈 선생이 쓴 보고서를 보면서, '아, 이 양반 머릿속에 적석총은 방단이 있어야 된다는 기본적인 생각을 가지고 발굴에 들어갔구나'라는 생각을 했어요. 그러니까 선입관을 가지고, '적석총은 방단, 계단식, 이런 관념을 가지고 발굴했구나'라는 생각을 했어요.

그리고 또 나중에 삼곶리 적석총 보고서를 보면서, 아무리 봐도 내가 보기에 거기에는 기단이 있을 수 없는데.... 냇돌을 가지고 기단을 만든다는 것은 사실 상식적으로 이해가 안 됩니다. 그 다음에 이게 삼곶리 적석총 도면인데요. 이 적석총의 양쪽으로 도면이 이렇게 그려져 있거든요. 그런데 여기 이쪽 남쪽면의 서쪽 부분은 돌을 벗겨가지고 이렇게 그려 놓았는데, 그 동쪽 부분은 돌이 안그려져 있지만 여기도 트렌치 도면을 보면 돌들이 덮여 있었습니다. 그런데 북쪽면 여기는 이렇게 돌선이 딱 끝났어요.

그리고 여기에 까맣게 되어 있는 부분에 2개의 제단시설이 있었다고 되어 있어요. 이게 제단시설이라는 것입니다. 아마 보고서를 보시면 여러분도 다 잘 아실 거예요. 그런데 이 보고서를 자세히 보면, 어떻게 되어 있느냐면, 제단시설이 처음 노출되는 장면이 이래요. 그런데 보고서를 보면 여기는, 제단 시설 바닥면 위에 는돌이 덮인 게 아니고, 그냥 표토를 파내려가서 흙을 제거했더니 풀뿌리가 나오고, 그리고 바로 이 제단시설의 바닥면이 나왔다는 거예요(삼곶리적석총 71쪽 평면도/93쪽 사진28).

그럼 여러분, 한 번 상식적으로 생각해 보십시오. 그 제단시설 위쪽으로 적석총 돌층이 이렇게 두껍게 쌓여 있습니다. 이렇게 두껍게 쌓여 있는데, 이게 1500년 이상 세월이 흘렀어요. 이 위에 있는 돌들이 굴러내려와 여기에 덮이는 것이 정상 아닙니까. 그런데 제단시설에는 어떻게 이렇게 돌들이 안 덮인 상태로 유지가 되겠습니까? 나는 아무리 봐도 이런 상태가 될 수 없다고 봐요, 상식적으로. 그런데 그 앞은 강변 쪽으로, 이쪽이 다 밭이거든요. 양쪽이 다 밭입니다. 이쪽도 밭이고, 이쪽도 밭인데, 이 도면을 보면 남쪽면은 돌이 다 흘러 내려가 덮였는데, 이쪽 북쪽면은 돌이 딱 끊겼거든요. 그리고 밑에 뚝 떨어져서 밭으로 되어 있거든요.

조금 노골적으로 말하면, 생각드는 대로 그대로 말하면, 발굴자들로서는 굉장히 분개할 일인지 모르겠지만, 나는 북쪽 강변 쪽으로 밭 만든 사람들이 돌층을 정지해서 그 부분에 원두막이나 농막 같은 것, 뭘 만들었던 자리가 아닌가, 솔직히 말해서 나는 그렇게 생각해요. 이 적석총의 방단이라는 것도 있을 수 없다고 생각해요.

그 다음에 또 한 가지를 말하면, 이 부분도 여러 가지로 상당한 논란을 불러일으킬 수 있는데, 예전에는 나도 그렇게 생각했어요. 임진강과 남북 한강유역의 적석총은 다 강변에 형성된 사구, 높이 쌓인 사구를 이용하여, 사구의 사방 측면은 돌을 얇게 덮고, 그 상부에는 돌을 몇 단 쌓아서 매장 시설을 만들었다고 생각했잖아요. 학곡리 발굴 전까지는 나도 그렇게 생각했어요. 그래서 그것을 즙석식 적석총 또는 즙석분구묘라고 했는데, 학곡리 적석총 발굴을 면밀히 보면서 생각을 바꿨어요. 학곡리 적석총도 대부분 다 무너져서 돌이 사구를 대부분 덮었는데요. 하류쪽에 보면 원래 축조된 면이 남아 있는 부분이 조금 있었어요. 그것을 보면 약간 직선으로 간 부분이 있어요. 냇돌이니까 다 직선으로 남지는 못해요. 그런데 그 외면에 상당히 정연한 면이 남아 있습니다. 그걸 보고 내가 생각을 바꾼 게 뭐냐면, 학곡리 유적을 통해서 보면 강변 적석총이라는 것이 사구의 측면까지 다 돌로 덮은 것은 아니었다. 사구 자체를 입지로 사용한 게 아니냐. 사구를 입지로 사용해서 사구 상면을 정지하고, 네모 반듯하게 한 게 아니라, 그 사구의 형태에 따라 부정형의 적석총을 만든 것이 아닌가라는 게, 지금 제가 갖고 있는 생각이에요. 이 얘기를 사석에서 몇 번 하다가 2년 전인가, 몇 년 전인가 고분연구회에서 주최해서 한성백제박물관에서 토론회를 한 번 했어요. 내가 토론자로 나오고, 임 선생님이 석촌동에 대해서 발표한 적이 있는데, 금방 한 얘기를 했더니 사람들이 전혀 반응이 없더라고요. 반응이 없고, 그냥 휙 지나가 버렸어요. 그 자리에, 삼곶리 발굴자도 와 있는 데서 더 심하게 얘기할 수 없어서 그냥 알았다고 하고 말았는데, 나는 지금도 그 생각에는 변함이 없어요.

하여튼 삼곶리 적석총에 단축은 없다. 제단이라고 하는 것도 후대에 아마 농민들이 이용하려고 뭔가 만든 시설 아니냐. 고분을 축조할 때 만든 시설은 아니다, 나는 그렇게 생각하고요. 그 다음에 즙석분구묘, 즙석식 적석총이라기보다는 사구를 입지로 이용한 적석총, 부정형의 적석총일 가능성이 많다, 그런 생각을 하고 있다는 얘기입니다.

○ 박순발(충남대학교)

똑같은 말씀을 하시는데 제가 듣기에는 선생님께서 관찰하셨던 학곡리, 저는 그 발굴은 해 보지 않았지만 제가 발굴한 제천에 있는 양평 도화리에 그때 가서 보았는데, 이런 것들에 의하면 분명히 즙석 형태일 뿐이지, 그러니까 아주 적석을 하지 않았다는 것이고요. 그리고 또 하나는 사구라고 하는 것은 본래 사구 형태가 그렇게 남을 수도 있지만 좀 다듬습니다. 황산리 같은 데도 보면 본래 있는 것에 약간 커트하거나 이렇게 해서,

○ 최병현(숭실대학교)

물론 그렇겠지요. 손질했겠지요. 형태에 맞게 했겠지요.

○ 박순발(충남대학교)

예. 그렇게 손질해서 하는 게 맞고, 그 표면이 가령 위에 무엇을 쓰려면 지금 말씀하신 대로 흘러 내려올 수도 있지만, 실제로는 그런 데에 어느 정도 큰 돌을 갖다 박아놓으면 그렇게 쉽게 흘러 내려오지는 않습니다. 그러니까 어느 정도는 피복한 개념이 있습니다. 매장주체부는 어차피 몇 단 더 쌓아져야 해요. 하나하나 들어내면서 내가 보니까 거기에서 관정 같은 것이 나오고 뼈가 나오는 지점이 있어요. 그런 형태들이 이런 것이죠. 그런데 조금 전에 말씀하신 제단형, 이것은 저는 믿지 않습니다. 그건 가능성이 희박하다고 보죠. 그러나 그렇기 때문에 즙석식이라는 말은 안 된다는데, 여전히 그렇기 때문에 유효하다고 봅니다.

○ 최병현(숭실대학교)

저도 과거에는 사구 측면을 완전히 다 돌로 덮었다고 생각했는데, 그런 건 아니라고 본다는 말이에요.

○ 좌장 | 임영진(전남대학교)

저도 일부는 동의하고요, 일부는 또 동의하기가 어려운데요. 임진강 유역의 적석총과 남한강 상류지역, 양평이나 도하리 쪽의 적석총은 구조에 있어서 차이가 난다고 봅니다. 임진강 유역은 방금 얘기하신 대로 사구를 이용하되, 사구 상면을 평탄하게 해서 그 바닥에서부터 적석이 이루어진 것이고요. 흘러내린 것은 본질에서 벗어나고. 양평리를 비롯한 남한강유역의 적석총은 박순발 교수의 얘기대로 자연사구를 약간 다듬어서 그 사구 기저부에서부터 즙석을 하고, 최정상부는 여러 겹으로 적석을 해서 그 가운데 복수의 곽을 둔 구조라고 보거든요. 그래서 양자는 계통적으로 어떤 차이가 있을지는 잘 검토해 봐야겠지만, 구조에 있어서 구분이 필요하지 않을까 하는 생각입니다.

○ 최병현(숭실대학교)

양평 쪽은 나는 유적을 가본 적도 없고, 보고서가 워낙 소략하고, 사진도 비판적 검토를 해볼 수 있는 자료 자체가 없어서 거기에 대해서는 할 말이 없어요. 그러나 다만 제가 말씀드리고 싶은 것은 임진강 남북 한강 유역에 있는 사구층 위에 있는 적석총이 모두 다 사구를 돌로 다 덮은 것은 아니다, 학곡리 같은 경우를 보면 분명히 사구 상면을 정지한 다음에 그 위에 돌을 쌓아놓은 것인데, 잘 쌓은 부분이 일부 남았고, 나머지는 흘러내리다 보니까 사구의 사면이 덮였다, 그다음에 삼곶리는 제단 시설이나 방단은 없다, 그 부분입니다.

○ 박순발(충남대학교)

그것은 좋은데, 임영진 선생님께서 말씀하신 차이가 있다는데 어느 수준의 디테일까지 봐서 차이가 있는지 모르겠지만, 기본적으로 차이라고 하는 것은, 복수의 곽을 쓰는 것은 대부분입니다. 확인되는 경우에 중도도 그렇고 다 그런 것이고, 다만 저는 이전에, 아직은 제가 글로 발표한 것은 아닌데 이전에 보이는 것보다는 도진을 장악하고 있는 어떤 세력들과 연관이 상당히 있을 것이다. 그게 전부 다 중요 도진에 있습니다.

○ 최병현(숭실대학교)

그 부분은 박순발 선생님이 글에 썼죠.

○ 박순발(충남대학교)

글은 안 쓰고 옛날에 어디 갔다 오면서 얘기만 했지요. 우리가 어디에 갔다 내려오면서 학곡리에 가서 봤잖아요.

○ 최병현(숭실대학교)

어딘가에 글이 있어서 내가 그걸 인용한 적이 있어요. 했어요. 벌써 다 잊어버리셨네. 나는 거기에 동의해요.

○ 박순발(충남대학교)

내가 어디에 썼는지 모르겠는데, 그러니까 이 세력 자체가 도진을 장악하고 있는 세력이기 때문에 거기에 낙랑계 유물 등이 많이 나옵니다. 양평리, 도화리라는 게 전부 다 나루입니다. 그리고 학곡리도 전부 나루예요. 중요한 나루에 위치하고 있는 것을 장악하고 있는, 소위 말해서 내륙 네트워크를 장악하고 있는 어떤 세력들, 그게 말하자면 지난번에 우리가 낙랑, 대방 할 때도 그런 얘기가 나왔는데, 소위 말갈이라는 세력이 종족적 개념이 아닐 수 있다는 것이죠.

다시 말하면 우리가 흔히들 말갈 어쩌고 해서 그것과 지리적 유사성도 있지만, 실제 어떤 정치적으로 편입되어 있지는 않지만 중요한 도진을 장악하고 있는 세력들, 그런데 그게 백제가 제대로 시스템화 되면서 소멸돼버린 겁니다. 그런 부분들이 있다는 거죠. 여기까지는 내가 안 썼을 거예요. 내가 그렇게 글로 쓴 느낌이 기억이 없는데, 어디서 보셨어요?

○ 최병현(숭실대학교)

도진이라고 썼는지, 나루라고 썼는지 하여간 나루를 장악한 세력이라는 표현이 어디에 있어서 분명히 나도 동의를 하고 그런 관점으로 보고 있었어요.

○ 좌장 | 임영진(전남대학교)

아무튼 종래 그 적석총들을 백제의 영역범위로 본 견해도 있었지만 수용하기 어렵고, 특히 남한강유역에 있는 것들은 오히려 백제가 영역을 확장함에 따라 해체된 세력이 남긴 것으로 보아야 하겠죠.

○ 최병현(숭실대학교)

어쨌든 발굴보고서를 면밀히 잘 검토해서 공부할 필요가 있다는 것을 강조해 둡니다.

○ 좌장 | 임영진(전남대학교)

다음으로 넘어갑시다. 또 논란이 많은 자료들은 석곽묘일 겁니다. 아, 즙석분구묘 먼저 합시다.

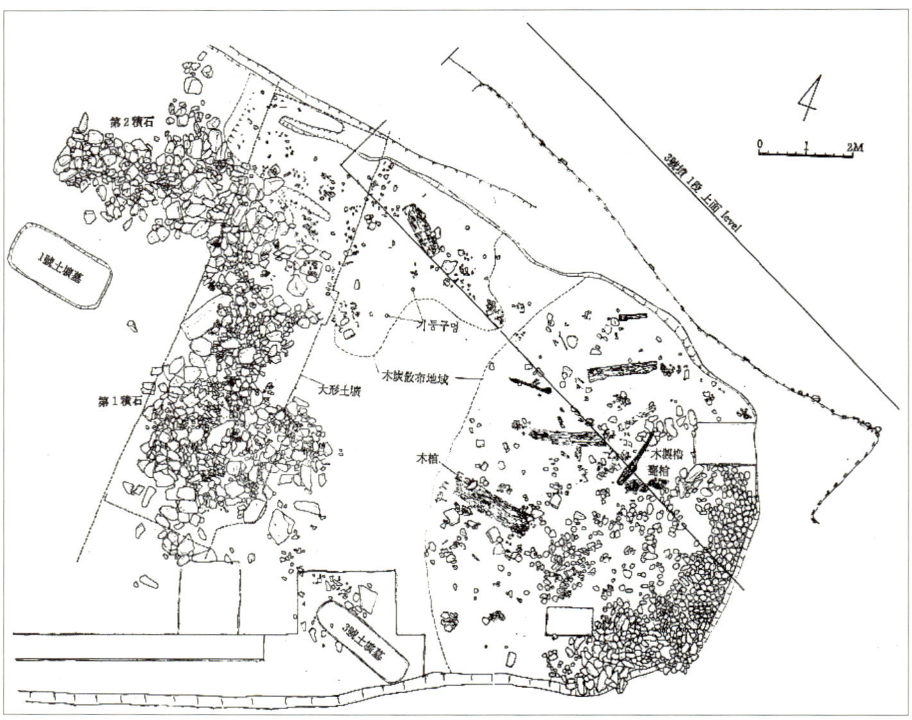

석촌동 3호분 동쪽고분군 평단면도(서울대박물관 1986)

이게 석촌동 3호분 동쪽 고분군 최하층에서 조사된 유구 도면입니다. 여전히 풀어야 할 숙제들을 안고 있는 것인데, 왼쪽에 기역자로 꺾여 있는 것은 적석부예요. 그런데 저게 기역자로 꺾인 것처럼 보이지만 약간 구분되는 것입니다. 위쪽에 있는 것은 상당히 정도 정연하고요. 아래에 있는 것은 조잡하고 규칙성이 없어요. 약간 함몰된 곳도 있고, 그리고 그 오른쪽은 분구 위에 덮여 있는 아주 정연한 즙석입니다. 즙석분구묘입니다.

다음은 정연하지 않은 적석을 서쪽에서 찍은 사진입니다. 그런데 이것을 들어내고 정리해 보니까 큰 토광이 나왔거든요. 그래서 토광 위쪽을 덮었던 돌들로 볼 수 있겠고, 위쪽으로 꺾인 것은 중간에 기둥 구멍들도 몇 개 보이고, 불탄 면도 있고 해서 보고서에는 화장과 관련된 것이라고 되어 있는데, 아무튼 아래 토광묘쪽 돌과의 관계가 분명하지 않습니다. 유사한 사례도 찾아볼 수 없었고. 혹시 이 적석시설에 대해서 의견이 있으신가요?

석촌동 3호분 동쪽고분군 하층 적석부(서울대박물관 1986)

○ 김무중(중원문화재연구원)

네. 저게 사실 정연성이라고 얘기하기가 참 어려운 부분이고요. 또 하나, 저도 87년도에 지금 한성백제박물관에서 발굴하는 북쪽 부분 2호분 주변을 시굴조사 할 때 본 것인데요. 저런 적석이 굉장히 많아요. 그중에 교란된 것들도 있는데, 또 심지어는 위층에도 있고 아래층으로 들어가는 게 있고요. 이런 것들이 굉장히 많은데 트렌치 상으로 만 조사가 되어 있어서 전모가 확인이 되지 않는 이상은 해석하기 어렵습니다. 그런데 여기에서 나중에도 나오겠습니다만 여러 가지 용어를 써서 매장주체부의 시설로 본다든가, 아니면 그와 관련된 시설로 보는 것에 대해서는 앞으로 재검토가 되어야 할 필요가 있다고 생각합니다.

○ 좌장 | 임영진(전남대학교)

예. 지금 사진에 보이는 적석들은 워낙 불규칙하고 함몰되어 있어서 들어냈어요. 그래서 그 밑에서 토광을 확인하게 되었는데, 그 위쪽에 기역자로 꺾인 것은 상당히 정연합니다. 그래서 그것을 절개해보고도 싶었는데, 저 발굴이 원래 한 달 예정으로 지하차도 공사를 위한 파일 공사구간을 조사하는 게 목적이었거든요. 그런데 공사구간 뒤쪽으로 유구가 이어지면서 두 달을 하게 됐는데, 그때 제 기억으로 전체 경비가 2,000만원이었고, 그 가운데 보고서 비용이 있었는데 그 비용까지 인건비로 다 썼어요. 그래서 약보고서를 서울대박물관에서 자체적으로 발간하였습니다. 아무튼 차분하게 조사할 수 없는 사정이었다는 게 아쉽습니다. 절개해서 단면이나 하부를 볼 수 있었으면 뭔가 단서를 잡을 수 있었을 텐데요.

○ 조가영(서울대학교)

선생님, 제가 한마디 하겠습니다. 적석유구에 대한 해석을 하면서 여기에서 워낙 많은 유물 집적이 이루어졌고, 또 흑색마연토기라고 이야기 하고 있는 토기가 출토된 지점이기도 하고, 그렇기 때문에 대형 토광묘에서 바로 연결되는, 대형 토광묘를 덮는 것과 뭔가 직접적으로 상관이 있는 시설이라고 전제를 하고, 그래서 연대 역시 대형 토광묘의 연대와 연결되는, 그래서 흑색마연토기의 연대를 이야기하는 데 있어서 적석의 상황 자체가 중요하게 반영된 것이라고 저는 파악을 했습니다. 그런데 26페이지에 보시면 제가 이 지점에서 나왔던 흑색마연토기의 여러 기종들을 다 같이 모아놓았는데, 워낙 다양한 형태의 흑색마연토기들이 확인되기도 하고, 그리고 그 형태나 기형 같은 것도 직구광견호라고 하는 것의 발전형이라고 이야기할 수 있는 형태의 것들이 많이 출토됐다고 판단합니다. 그렇다면 이제 이 대형 토광묘와 적석유구의 연대가 조금 갭이 발생하는 셈이 되는데, 거기에 대해서는 어떻게 생각하시는지요.

○ 좌장 | 임영진(전남대학교)

뒤에 대형 토광묘에서 말씀드릴까 했는데 나온 김에 말씀을 드리겠습니다. 저 개인적인 생각으로는 대형 토광묘라는 것 자체도 대단히 이질적인 거잖아요. 그리고 규모가 크기 때문에 일반적인 토광묘라면 토광에 목관을 안치한 다음 토광을 파낸 흙을 비롯해서 그 위를 덮는 봉토라고 부를 수 있을지는 모르겠지만, 그런 성토가 있었을 겁니다. 그런데 이 대형토광묘는 워낙 규모가 크다 보니까 파낸 흙을 가지고 저기를 다 덮어서 무덤의 범위를 표현하기가 어려웠던 상황에서 일부 돌로 그것을 대신한 게 아닌가. 그래서 저는 대형 토광묘에는 마운드가 별도로 없었다고 보고 있습니다. 목관 안치 후 그 범위를 표시할 겸 덮을 겸으로 해서 적석이 이루어졌고, 그게 노출된 상태로 시간이 흘렀을 것이기 때문에 저 적석 사이에서 출토된 유물들은 관련이 있다고 하더라도 토광 내부 출토 유물과는 시간차를 가질 수밖에 없을 것이라고 봅니다.

○ 조가영(서울대학교)

대형 토광묘의 상부에 그걸 덮는 분구와 같은 시설을 상정하시는 거죠?

○ 좌장 | 임영진(전남대학교)

분구라고 부를만한 것은 없었을 것이지만 저 적석이 토광에 덮였다고 볼 수 있다는 거죠.

○ 조가영(서울대학교)

보고서 기술을 보다 보면 대형 토광묘의 굴광선이 지표에서 50cm, 그러니까 구지표라고 이야기할 수 있는 데서 50cm 정도 떨어진 곳에서부터 확인이 되고, 적석층하고 대형 토광묘 사이에서는 사실 이렇다 할 흙의 차이를 확인하기 어려웠다고 하는 기술도 있습니다.

○ 좌장 | 임영진(전남대학교)

기왕 시작하였으니 그럼 대형 토광묘에 대해 본격적으로 논의를 합시다. 이게 조금 전에 언급된 적석을 들어낸 다음에 노출된 상황입니다. 아래쪽은 지하차도 공사가 일부 진행되면서 파괴가 됐어요. 그래서 지금 현재 남아있는 길이가 10m 정도인데 얼마나 더 길었는지는 알 수 없습니다. 아쉬운 일입니다.

토광 상부 약간 함몰된 적석을 들어낸 상황에서 충진토임를 인식하게 됐고, 당연히 주변 생토층과 구분되는 내부 충진토들을 걷어나가기 시작했어요. 그것은 굉장히 점성이 높고 뻘과 같은 것이 섞인 것들도 있어서 쉽게 찾아나갔는데, 거대한 토광 내부에서 여러 기의 목관들이 확인되기 시작하였어요. 나름대로 어느 정도 시간차를 두고 안치가 됐을 가능성은 있겠지만, 그 시간차를 내부 충진토에서 확인하기는 어려웠고, 그래서 그 내부 퇴적토를 걷어내면서 목관 윤곽선들을 노출시키고 내부

정리를 한 거라는 말이죠.

그래서 방금 조 선생이 하강 과정에서의 흙의 차이에 대한 언급, 그것은 조 선생이 오해를 한 겁니다. 대형 토광의 굴광선이 구지표에서 50cm 정도라는 것이 아니고 적석부를 걷어내고 50cm 정도 하강하는 과정에서 흙의 차이가 없었다는 것이지요. 보고서에서는 토광 내부에서 흙의 차이가 없었다고 언급되어 있을 텐데요.

석촌동 3호분 동쪽고분군 대형토광묘(서울대박물관 1986)

석촌동 3호분 동쪽고분군 대형토광묘 2·3호 목관
(서울대박물관 1986)

아무튼 이와 같은 구조는 지금까지 유사 사례를 찾아볼 수 없는 독특한 것이죠. 이 목관 안에서는 칠기도 나왔고요. 여기를 보면 판자인지 통나무를 잘라서 만든 것인지는 분명하지 않지만 목재가 남아있고, 여기도 그렇습니다. 그런데 이 두 목관을 나란히 붙어 있는데, 이것은 깊이가 반밖에 안 되고 단면을 보면 얇고 휘어 있습니다. 오목해요. 그래서 이것은 통나무 껍질쪽을 이용한 관이 아니었겠는가, 그런 추정을 했고, 그 내부에서 비교적 잘 남아 있는 인골이 노출되었는데 신장 160cm 정도의 여성으로 추정 되었습니다. 그래서 아마 나란한 목관에 안치된 분하고는 부부관계일 가능성이 있지 않겠는가, 그렇게 생각 할 수 있었습니다.

○ 최병현(숭실대학교)

여기서 갖는 의문을 얘기할게요. 지금 이 부분하고, 여기에 보면 동쪽은 묘광선이 대형토광 너머까지 이렇게 표시되어 있거든요. 여기도 이렇게요. 그러면 이쪽은 묘광선이 어디에 있을까? 이 묘광선이 안 끝났거든요. 그렇게 보면 과연 대형토광이라는 이 직선의 선이 무엇을 근거로 팠는가, 그 부분이 이 사진 상으로 잘 이해가 안돼요. 요점은 그거예요. 아까 말한 왼쪽 묘광이 위쪽 선에서 여기까지 잡혔잖아요. 그러면 나머지 것들은 이 묘광에 이쪽 선은 안 잡혔느냐, 이쪽도 안 잡혔느냐. 그리고 그렇게 보면 이것하고 이것은 분명히 개별 묘광이 위까지 있는 건데 이렇게 직선으로 판 근거가 뭐냐는 거예요.

○ 좌장 | 임영진(전남대학교)

직선으로 판 근거는, 토광이 그렇게 생겼기 때문에 그렇게 판 겁니다. 오른쪽에 삐져나온 것도 그렇게 생겼기 때문에 그대로 파진 겁니다. 현장에서 종합적으로 판단컨대 저 내부 피장자들이 거의 동시에 안치됐기 때문에 이런 큰 묘광이 먼저 파졌을 것으로 추정되었고, 개별 관들이 준비됐지만 이 관들을 안치하다 보니까 길이가 다른 거예요. 그래서 이 긴 관을 안치할 때는 조금 더 파낸 것이 아닌가, 하는 것입니다. 지금 대형 토광 주변의 황토, 대단히 단단한 석촌동 일대의 기반 층이거든요. 굉장히 단단합니다. 초보자라고 해도 토광 내부와는 쉽게 구별할 수 있을 정도이고요. 그래서 대단히 큰 토광선이라지만 의심의 여지가 없었고, 그 내부에 채워진 흙들은 점성도 있고 부드러운 것들이에요. 아까 그 위에 있던 적석을 보셨지만 적석 자체가 중간이 함몰되어 있잖아요. 내부 충진토의 성분을 얘기해 주는 거라는 말이죠.

○ 최병현(숭실대학교)

이쪽은 왜 묘광선이 안 잡혔을까요?

○ 좌장 | 임영진(전남대학교)

묘광선이 안 잡힌 것은 아니고 처음에는 정연하게 대형 묘광을 파 놓았는데 여러 목관들을 안치하다 보니까 목관이 긴 것도 있고 짧은 것도 있잖아요. 이 목관을 안치할 때는 대보니까 안 들어가는 거예요. 그래서 들어갈 수 있도록 이 부분을 조금 더 파냈을 것이다, 그렇게 추정하는 것이죠.

○ 박순발(충남대학교)

사실은 저도 똑같은 생각을 가지고 있는데, 이 부분이 물론 말씀하신 대로 생긴 대로 팠겠죠. 그러나 이게 논리적으로 납득이 안 되는 부분이 바로 그런 겁니다. 가령 조금 전에 말씀하셨으니까 똑같은 얘기를 하겠는데, 이 사람이 전부 다 한꺼번에 뭔가, 즉 같이 매장되지 않으면, 시차가 안 나면 크게 파는 것이 불가능하잖아요. 한꺼번에 했다고 칩시다. 한꺼번에 이렇게 될 정도로 거기에서 나오는 유물상이 어떤가에 대해서 한지선 선생이 검토한 게 있죠? 어떻습니까?

○ 한지선(국립중원문화재연구소)

거의 시기적으로는 큰 차이가 없다고 봅니다.

○ 박순발(충남대학교)

큰 차이 없다. 오케이. 그 점은 됐고요. 그 다음에 석촌동 일대에서 나온 것 중에 저런 것이 다수 있지만, 대개 볼록볼록해서 된 것은 있는데 이것은 그냥, 여기에 유물이 아주 없는 형도刑徒들 무덤 같으면 이해가 되는데 유물이 나름대로 있어요. 유물이 있는데도 불구하고 이렇게 하는 것은 특이묘제라고밖에 할 수가 없는 부분인데, 그 위에 돌이 있다고 했잖아요. 돌은 저는 이런 생각이 들었어요. 지금 최병현 선생님도 지적했지만 저도, 이렇게 윤곽이 파진 이 부분이 어떤 이유로든 간에 반복적으로 나란히 했다고 합시다. 함몰이 좀 되겠죠. 함몰되면 그 부분이 상대적으로 함몰되니까 그걸 나중에 합니다. 즉, 돌이 들어간 시점은 말하자면 무덤이 삭평 되고 나서 옆에 기둥 같은 구멍도 있는데 뭔가 그쪽을 사람들이 통로로 활용할 단계, 가령 그게 적석을 만들 단계인지 어떤지 모르겠습니다. 이쪽 것은 아직 살아있고. 그러면 그 함몰된 부분을 자연스럽게 활용하려면 그렇게 돌 같은 것을 넣어야 해요. 그래서 거기에 나온 돌은 천석이 아니죠.

○ 정치영(한성백제박물관)

할석이죠.

○ 박순발(충남대학교)

할석이죠. 그러니까 바로 적석총을 만들 때 그 무렵에 돌들이 들어갑니다. 그러니까 그렇게 봐야 하고, 하여튼 이것은 처음부터 말하자면 그 옆에 무덤이 있지만 아무것도 없이 됐다. 이런 사례는 어디에 있느냐면, 적석총이 있는 경우에도 적석총을 만들기 전에 안에 있던가, 혹은 적석총을 만드는 과정에도 일부 이와 같이 판을 깔고 있는 그런 식의 것들과 좀 유사한 성격이 아닐까. 그리고 저 개인적으로도 보면 여기에서 나온 유물들 가운데 86-1호 토광이었나, 어깨에 뭐가 있는 것, 낙랑계 말기 같은 것들, 시기적으로 4세기 중에 빨리 볼 수 있는 부분이 있어요. 그리고 칠기가 나온 것도 여기에 나온 칠기는 이번에 또 5점토부라고 하는 데서 나온 칠기가 있거든요. 시기적으로 거기도 비슷합니다.

그것을 보면 5점토부의 맨 아래에 들어간 게 있잖아요. 그것이 무덤일 가능성이 있는데, 그게 바로 저게 나온 겁니다. 같은 시기예요. 저 끝에 나온 것, 이 대형 토광과 같은 시기입니다. 저것도 보면 결국은 평지였을 것 같아요. 다시 말하면 우리가 인식하고 있는 묘제 중에게 여러 개를 덧대서 하는 소위 가락동 2호분식 그런 것도 있는가 하면, 아예 지상에 평평하게 되어 있는 것들을 설정할 필요가 있다는 제안을 합니다. 물론 이것에 대해서 아주 의문스럽게 한꺼번에 들어가는 것은 예외적이라 하더라도 1호와 같은 형태의 말하자면 봉분이 거의 없는 것들도 설정할 필요가 있다. 이건 분명히 그래요. 함몰된 것 이하로 쌓여 있지 않기 때문에 이런 현상이 생겼다고요.

좀 더 나아가서 추론해보면 그 함몰된 부분이 뭔가 돌을 넣고 하다 보니까 상대적으로 거기가 좀 푸석푸석해요. 그 선을 따라간 것이 위에 이것 아닌가라는 생각도 돼요. 연속적으로 무덤을 썼는데. 왜냐하면 안에 있는 것은 다시 한 번 움직이는 원리이기 때문에 그랬을 가능성도 있어요. 왜냐하면 정연하게 이게 안 나오고 이렇게 끊겼는데도 그렇게 인식하면서 나올 수가 있어요.

○ 한지선(국립중원문화재연구소)

그런데 그렇게 되면 어깨선이 너무 살아 있는 것은 좀 문제가 될 수도 있어요.

○ 박순발(충남대학교)

어깨선이 살아있는 것은 여러 가지, 발굴 당사자께서 나오는 대로 팠다고 하니 우리가 추정하는 것에는 한계가 있어요. 그러나 이 부분에 돌이 얹혀 있다, 아까 적석은 치우고 했지만, 사실은 적석이 중요한 뭔가의 의미를 하고 있어요. 평지인데 함몰되니까 덮여 있는 거예요. 그 부분이 말하자면 함몰되니까 후대에는 뭔가 물이 고이고 하는 삭평, 그런 활동이 이루어진 공간이란 말이에요.

○ 한지선(국립중원문화재연구소)

저도 대형 토광묘하고 적석은 별개일 수 있다는 게, 적석유구에서 나온 조가영 선생님의 62쪽에 나오는 흑색마연토기 같은 경우는 그 문양대 요소가 화천 원천리에서 나오는 요소와 거의 비슷해서 문양적 요소만 봤을 때와, 오른쪽에 기형적 요소만 봤을 때는 이게 시기적으로 대형 토광묘하고는 상당한 거리가 있을 수 있다는 생각이 있습니다.

○ 좌장 | 임영진(전남대학교)

좋습니다. 그런데 적석부 출토유물과 대형 토광묘 출토유물과 시차가 있다고 해서 적석 자체가 토광과 시차를 가졌다, 후대에 그쪽에 깔렸다, 이렇게 보는 것도 단정하기는 어려워요.

○ 박순발(충남대학교)

여기에서 후대라고 하면 아주 후대가 아니고 적석총을 만든 시점일 것이다, 적석총을 만드는 3호 동쪽 일대에는 이미, 물론 봉분이 있는 것도 있지만 이미 그때는 그런 시기다 이런 거죠. 백제 때이기는 백제 때일 수 있으나, 이것을 만들 때 돌을 적석에 쓰이는 이런 할석을 덮지는 않았다, 차라리 옆에 있는 천석 같으면 이해가 된다는 거죠.

○ 좌장 | 임영진(전남대학교)

그런 가능성은 있다고 봅니다. 그러나 그것이 어떤 용도였는가 하는 게 어느 정도 정리되지 않으면 단언하기는 어렵다고 봅니다. 저는 저 대형 토광선이 어떻게 나온 것이냐, 그 점에 있어서 자꾸 의아해 하는 것 같은데, 그 점에 대해서는 워낙 토질 자체가 다르기 때문에 초보자라도 금방 구별할 수 있었다는 점과, 오늘 최종택 선생이 왔으면 그 문제에 대해 언급할 수 있었을 텐데, 최종택 선생이 그때 참여했거든요. 그건 대단히 쉬운 작업이었습니다. 저기에 대해서 이의를 제기하는 것 자체가 저는 이해가 안 됩니다. 저 라인은 분명하고, 어떤 이유인지 모르지만 동시에 매장될 사정을 가진 사람들이 있었고, 그들을 위한 무덤이었다. 그런데 급하게 관들을 준비하는 과정에서 준비된 대형 토광 폭보다 약간 더 긴 목관에 실려 온 사람이 있었는데, 그렇다고 해서 목관을 자를 수는 없잖아요. 토광을 조금 더 파야지. 그것은 얼마든지 목관 안치 과정에서 상정할 수 있는 가능성이고, 또 발굴된 유구 형태가 그럴 가능성을 말해 주는 겁니다. 그래서 어떻게 저런 토광이 나올 수 있을 것인가, 거기에 대해서 의구심을 가져서는 안 된다고 봅니다. 발굴한 사람으로서 그건 분명하게 얘기하고 싶습니다.

○ 박순발(충남대학교)

이 기둥구멍은 뭘로 보십니까?

○ 좌장 | 임영진(전남대학교)

기둥구멍들은 그 위 적석 사이에서도 확인되고 있는데.

○ 박순발(충남대학교)

그래서 제가 말씀드리는 거예요. 이것이 있을 때는 여기에 바로 적석 같은 게 있어서 이게 위에도 박혔을 거예요. 이런 식으로 뭔가 행위가 이루어진 것은 관계없어요.

○ 최병현(숭실대학교)

하여튼 임 선생님은 나오는 대로 파셨다니까, 나오는 대로 파셨다는 걸 믿어야죠. 그러나 아래 큰 대형 토광의 선이 이렇게 나온 것에 대해서는 일반적으로, 나도 발굴을 상당히 많이 해 봤는데, 이런 2개의 선이 이렇게 나오는 게 상식적으로 이해가 잘 안 되는 부분이 분명히 있어요.

○ 좌장 | 임영진(전남대학교)

예. 최 선생님의 경험 속에서 이해가 안 되신다면, 나중에 재발굴 기회가 있으면 확인을 한 번 해보세요.

○ 박순발(충남대학교)

이게 남아 있습니까? 안 남아 있잖아요.

○ 좌장 | 임영진(전남대학교)

일부 잘려나갔지만 일부는 남아 있을 거예요. 남쪽으로는 지하차도 파일들이 박혀 있는데 다 없어지지는 않았을 거예요.

○ 최병현(숭실대학교)

이게 아마, 산의 석비레층 같으면 볼 것 없이 선이 딱딱 잡혀서 나오는데, 여기는 토양 자체가 아마…

○ 좌장 | 임영진(전남대학교)

저 내부 충진토는 성격이 상당히 다른 것들이라니까요. 뻘도 섞이고, 또 상부 적석 상태를 봤을 때 함몰되어 있지 않습니까. 그게 저 내부 충진토의 성격을 얘기해 주는 거예요.

○ 최병현(숭실대학교)

그러니까 내 말은, 여기 퇴적토 상에서 선을 잡는다는 게 상당히 어렵겠죠, 어떤 경우 아주 깨끗한 상태에서는 잡히기도 하지만. 그래서 내 말은 분명히 잡아 놓은 것을 보면 아마 이것도 뭔가 위에까지 묘광선이 더 올라왔을 테고…

○ 좌장 | 임영진(전남대학교)

아닙니다.

○ 최병현(숭실대학교)

여기도 이렇게 안 잡아놓은 것을 보면 분명히 이게 더 안으로 들어갔다고 봐야 되지 않겠어요? 그렇게 보면 결국 이 대형토광 선이라고 하는 게 임 선생님이 보셨을 때는 이 선이 잡혔을 수도 있고, 박순발 선생 말대로 뭔가 후대의 변형 때문에 선이 있는 것처럼 인식이 됐을 수도 있겠다는 생각이 듭니다. 그러나 그것을 먼저 판 다음에, 이것은 관이 기니까 옆으로 좀 더 달아내고, 하는 부분은 좀 상식적으로 이해하기 힘들지 않나, 나는 그 생각이에요.

○ 좌장 | 임영진(전남대학교)

그러면 다른 프로세스를 얘기해 주세요. 그게 합리적인 설명이라면 받아들이겠습니다.

○ 박순발(충남대학교)

오케이. 그런 반론이 아니고, 내가 본 기억 중에 유수 노하심에 가면 이만큼 숫자는 안 많지만 이것과 비슷한 몇 기가 동시에 된 예는 있어요. 그런데 그것을 얘기하면 또 '부여계' 이렇게 쫓아 나올까 싶어서 잘 안 하는데, 시기는 차이가 있습니다. 다만 그런 예는 있어요. 그러나 조금 전에 말씀하신 것처럼 그것도 고고학적으로 흔히 나타나는 상황과는 뭔가 의문을 제기하고 싶은데, 지금 말씀하신 대로 너무나 명백하게 초보자도 다 나온다고 하니까 나중에 최종택 교수에게 "당신이 팠습니까?"고 물어볼 테지만 그럴 수도 있다, 그런 예도 있다는 것은 참고로 말씀드립니다.

○ 김무중(중원문화재연구원)

죄송합니다만, 조금 심한 얘기가 될 수도 있는데 말씀드리고 싶은 게요. 우선 첫 번째, 주변의 토양은 소위 말하는 고토양층 비슷한 거죠?

○ 좌장 | 임영진(전남대학교)

예.

○ 김무중(중원문화재연구원)

굉장히 딱딱합니다. 그래서 중간 중간에 저렇게 무덤들이 들어가서 가운데가 부식이 되면 그 사이에 있는 흙들도 연동이 돼버려요. 그래서 아마 그런 역할들, 물이 들어가고 어쩌고 하면 가운데 부분을 하나로 오인할 수도 있겠다는 것이 첫 번째이고요. 두 번째는 솔직히 말씀드리면 가운데 토층이라도 하나 있었으면 어땠을까 하는 아쉬움이 있습니다. 그건 어쩔 수 없는 거고요. 세 번째 말씀드리면, 한지선 선생은 이 토기들의 시차가 거의 없다고 보시는 것 같아요. 물론 편년단위로 본다면 없다고도 볼 수 있습니다. 그런데 문제는 대형 토광묘 2호에 직립되어 있는 것하고 1호, 3호에 외반되어 있는 것은 분명히 형식 차이가 있는 거거든요. 그래서 동시에 들어갔다고 볼 수 없는 무덤들이라고 저는 생각을 해요. 일단 그런 부분의 검토를 해야 하지 않을까 싶고요. 또 앞에 말씀하셨던 최병현 선생님이나 박순발 선생님의 말씀처럼 일정한 하나의 기획하에 그렇게 큰 광 안에 안치가 된다면 뭔가 돌출된 현상들이 납득되게 설명이 되어야 하는데, 그 부분에 대해서는 우리가 일반적으로 얘기하는 토광묘와는 차이가 있다, 그런 느낌이 듭니다.

○ 좌장 | 임영진(전남대학교)

좋습니다. 만약에 저게 시차를 가지고 묻혔는데 저렇게 큰 토광 안에 일직선으로 나란하게, 간격은 차이가 있지만, 나란히 묻힐 수 있을 것인가. 나는 오히려 그게 더 의구심이 듭니다. 설사 시차를 두고 하면서 어떤 기준인가 두어서 저렇게 나란히 했다손 치더라도 그게 입증되려면 출토유물에 있어서 시간차가 명백하게 나타나야 할 텐데, 그 시간차를 과연 얼마큼 명백하게 입증할 수 있을 것인지 모르겠습니다.

○ 최병현(숭실대학교)

한지선 씨, 이 도면은 보고서에 있는 도면이에요?

○ 한지선(국립중원문화재연구소)

네.

○ 김무중(중원문화재연구원)

네. 보고서에 있는 도면입니다.

○ 좌장 | 임영진(전남대학교)

적석부 사이나 주변에서 나온 유물들은 제법 되지만, 내부에서 출토된 부장품은 몇 점 되지 않습니다.

○ 한지선(국립중원문화재연구소)

그런데 제가 편년할 때 저는 동시기로 봤는데 그 안에서도 선후관계는 있겠지만, 짧은 토광묘하고 조금 긴 것 있잖아요.

○ 좌장 | 임영진(전남대학교)

예. 가운데 목관이 가장 짧죠. 저기는 부장품용으로 추정하고 있어요. 저기서는 칠기하고 토기가 나오는데 전체 토광을 좌우 2개 구간으로 나누어주는 셈입니다.

○ 한지선(국립중원문화재연구소)

예. 아무튼 길이가 짧은 것과 긴 것을 비교해보면 약간 긴 게 기형상으로, 백제 쪽으로 조금 더 들어오는 것 아닌가 하는 것도 감으로 생각하기는 했었는데, 그것 자체를 새로 분기하기는 어려운 측면이 있어요. 그렇다고 하더라도 큰 차이는 안 날 거라고 저는 개인적으로 생각합니다.

○ 좌장 | 임영진(전남대학교)

저는 발굴에 참여한 사람으로서 그 당시 고심을 하였지만 너무나 명명백백한 유구였기 때문에 출토된 유물의 동시성을 인정하고 그것을 편년 기준으로, 일괄 유물로 삼는 게 더 도움이 될 것이라고 생각합니다.

여전히 의구심을 표명하는 분이 계시는데, 다른 유구 한 번 보실래요? 토광묘 가운데 최하층 1호 토광묘라고 불리는 게 있죠. 이건 어떻게 생각하십니까? 최병현 선생님, 발굴을 제대로 한 것 같습니까, 아니면 초보자가 그냥 아무렇게나 한 것 같습니까?

○ 최병현(숭실대학교)

이쪽 끝에 있는 것은 뭐예요?

○ 김무중(중원문화재연구원)

나무입니다. 'ㅍ'자 식으로 된 것이 조합식 목관이 아닌가 싶습니다.

석촌동 3호분 동쪽고분군 1호 토광묘
(서울대박물관 1986)

○ 좌장 | 임영진(전남대학교)

평면 윤곽을 잡은 다음에 내부 작업을 시작했는데 꽃삽 끝에 유기질 물질이 묻어 나와서 조심스럽게 했고, 마지막에는 이쑤시개로 발굴을 했습니다. 저것은 판자처럼 보이지만 판자의 흔적일 뿐이에요. 저것을 토광선에서부터 쭉쭉 긁어내면 다 벗겨지고 아무것도 안보이는 겁니다. 그 흔적을 확인하고 그 순간부터 이쑤시개까지 사용하면서 정리했는데, 양쪽은 판자죠. 'ㅍ'자. 그리고 위 판은 긴판자 서너 장쯤 될 겁니다. 판자가 구분이 되는 거죠. 가운데 판자는 함몰됐고, 양쪽 판자는 벽에 걸쳐 있기 때문에 함몰이 안 된 겁니다. 이 정도 정교하게 발굴하고 있다면 대형 토광, 그래도 의문이 드시는가요?

○ 최병현(숭실대학교)

하여튼 의문이 있어서, 의문을 제기한 거니까 너무 그렇게 하지 마세요. (웃음)

○ 좌장 | 임영진(전남대학교)

네, 좋습니다.

○ 김무중(중원문화재연구원)

여기도 토광묘를 보면 꺽쇠가 나오는 게 있고, 안 나오는 게 있고 해서 여러 가지 종류가 있습니다.

○ 좌장 | 임영진(전남대학교)

그렇습니다. 아래층에서는 토광을 가진 목관이 있었는데요. 이것은 보시다시피 어깨선을 확인하고 들어가는데 바로 바닥이 나오는 거예요. 저 판자가 저렇게 흔적만 남아 있는 겁니다. 저것은 목관은 아닌 것 같아요. 그냥 판재만 깔린 상태로 출토되고 있는 거니까요.

○ 김무중(중원문화재연구원)

저것도 논쟁꺼리네요. 관 위에 부장됐다면 목관이 될 수밖에 없고요, 원래 관 내는 다 목관일 텐데 위에서 떨어졌을 가능성이, 서서히 부동침하하면 저렇게 되니까요.

석촌동 3호분 동쪽고분군 8호 토광묘(서울대박물관 1986)

○ 좌장 | 임영진(전남대학교)

저 바닥은 토광이 더 이상 파진 흔적이 없는 얕은 바닥이라는 말이죠. 이것 하나뿐이 아니에요. 또 보실까요? 이것은 유명한 청자 사이호가 출토되는 상황인데요. 사이호가 먼저 노출됐고, 저 윤곽선하고 유기물들이 나와서 어느 정도 깊이를 염두에 두고 발굴했는데 바로 바닥이 나오잖아요. 토기도 바닥에 놓여 있는데, 그래서 과연 이것을 일반적인 토광묘라고 불러도 되는 건가 의문이지요.

석촌동 3소분 동쪽 고분군 8호 토광묘 출토 청자사이호

○ 최병현(숭실대학교)

지금 여기에 서 있는 것을 보면 둑 높이보다 토기가 더 높잖아요. 그렇죠?

○ 좌장 | 임영진(전남대학교)

네. 그래서 저게 현장에서도 논의가 많이 됐는데, 김원룡 선생님이 관외 부장이다, 그렇게 규정을 하셔서 석촌동 토광묘의 특징 가운데 하나로 토광 어깨선 밖의 부장을 들 수 있다, 보고서에 그렇게 명기가 됐을 겁니다.

○ 최병현(숭실대학교)

이 둑 위가 발굴 당시 표토입니까, 아니면 깎아낸 겁니까?

○ 좌장 | 임영진(전남대학교)

표토는 이미 걷어낸 거죠.

○ 박순발(충남대학교)

걷어낸 거죠?

○ 좌장 | 임영진(전남대학교)

그렇습니다.

○ 박순발(충남대학교)

관 내는,

○ 최병현(숭실대학교)

관 외는 맞을 것 같은데요.

○ 박순발(충남대학교)

아닙니다. 저것하고 별도의 것일 수도 있어요.

○ 좌장 | 임영진(전남대학교)

별도일 가능성도 배제하기는 어렵겠죠. 그렇지만 당시 정황으로는 별도의 유구가 있었다고 보기는 어려웠기 때문에 저 유구하고 관련된 것으로서 관외 부장으로 본 것입니다.

○ 최병현(숭실대학교)

어느 것의 관 외, 관 내일까요?

○ 박순발(충남대학교)

이쪽 후진 것의 관외라는 거지. 그러니까 이게 등급이 안 맞는 거예요.

○ 좌장 | 임영진(전남대학교)

저쪽도 마찬가집니다. 다음 보실까요. 옹관묘가 저렇게 나왔고, 저것은 맨 위층입니다. 다음 보실까요? 이게 문제의 옹관인데,

○ 김무중(중원문화재연구원)

조금 아까 백제 것이 맨 위층이라고 했습니까?

○ 좌장 | 임영진(전남대학교)

예. 조금 전에 본 것까지가 그렇습니다.

○ 김무중(중원문화재연구원)

저게 문제가 되는 것 같습니다.

○ 좌장 | 임영진(전남대학교)

상층 옹관과는 거리에 있어서 차이가 있어요. 이것은 석촌동 도로 확장

석촌동 3호분 동쪽고분군 1호 옹관묘(서울대박물관 1986)

공사 과정에서 잘린 면이거든요. 그리고 앞에서 보여드린 것은 여기서 더 안쪽으로 들어간 지역이에요. 그래서 거리가 약간 있는데, 아무튼 이것도 약보고서를 낼 때 저것들을 복원해서 보고할 시간이 없어서 전체 도면과 노출 당시 사진만 보고했습니다.

그러나 수습할 때는 일일이 파편 하나하나에 넘버링을 하고, 부위별로 봉투도 따로 하고, 한면씩 걷어낼 때마다 사진을 찍고, 도면에 표시하고, 그

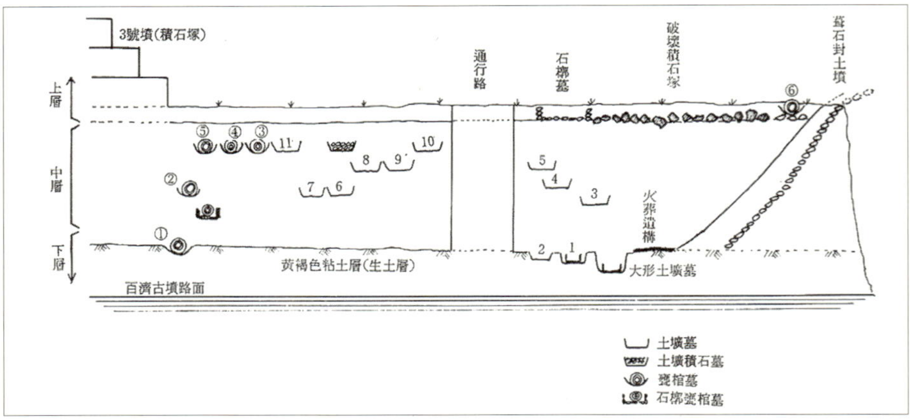

석촌동 3호분 동쪽고분군 층위모식도(서울대박물관 1986)

게 아마 조가영 선생이 복원하는 데 도움이 됐으리라고 생각이 됩니다만, 아무튼 복원을 하지 못하고 발굴상태로 보고하였고 전체적인 층위를 하나하나 구분하는게 여의치 않아서 전체 개념도로 표현했을 뿐입니다.

그런데 이 옹관은 레벨이 상대적으로 낮아서 하층에 속하는 것으로 했는데, 복원 결과 고구려 토기라는 게 드러났고, 그 연대도 어느 정도 잡히니까 상대적으로 더 늦은 시기에 저 위치에 안치된 것으로 귀결된 거죠. 그래서 일괄해서 하층으로 포괄한 것은 분명히 오류라고 할 수 있겠습니다.

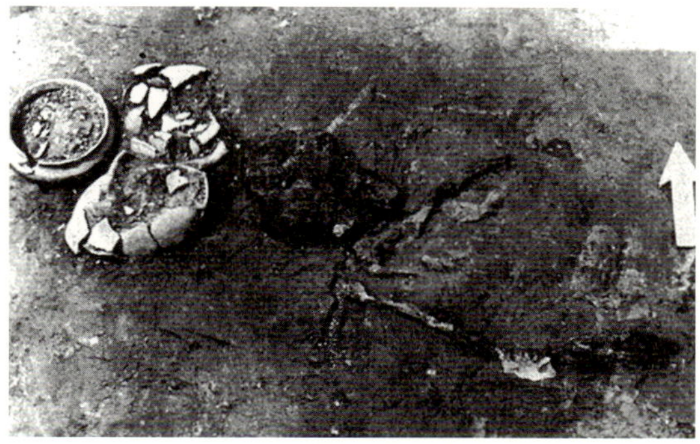
석촌동 3호분 동쪽고분군 출토 인골(서울대박물관 1986)

다음 사진 보실까요. 그 옆에서도 인골이 저렇게 트렌치 상에서 나왔거든요. 인골 일부와 토기 3점이 확인되고요.

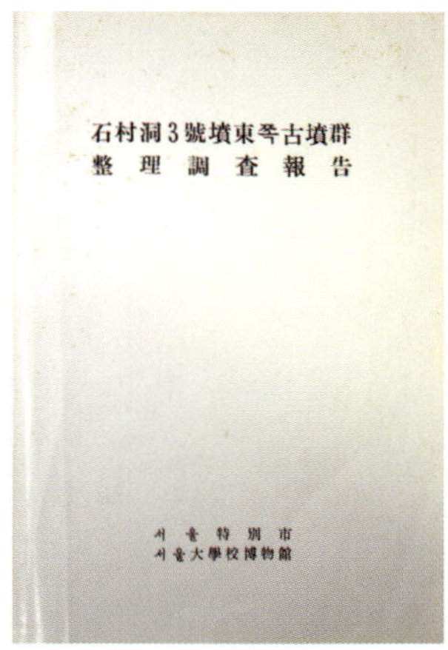

다음 보실까요. 저게 보고서 표지인데, 정식 보고서가 아니고 약 보고서입니다. 김원룡 선생님이 직접 언급하셨는데 정식 보고서를 간행하기는 어려운 실정이지만 서울시에 대한 발굴 진말보고서 제출시한이 있어서 이렇게 한다, 나중에 정식 보고서를 내겠다, 제가 작성한 초고에다가 직접 써 넣으신 거예요. 결국 조 선생이 고생을 했는데, 아무튼 저 보고서는 그런 한계를 안고 있는 보고서입니다.

○ 박순발(충남대학교)

질문 있습니다. 고구려 문제는 심각한 문제인데, 우선 첫 번째 질문이 64쪽에 언급되어 있는 것처럼 하층으로 이것을 하실 때만 해도 고구려라는 사실을 몰랐기 때문에 그랬는데, 이게 과연 하층이 될 수 있는 근거가 뭐였느냐를 묻고 싶고요.

○ 좌장 | 임영진(전남대학교)

그것은 아까 얘기했어요.

○ 박순발(충남대학교)

이것은 적석총에 대해 83년도에 할 때 이형구 선생님께서 동아일보 기자인가 하는 신분으로 발굴하는 데 와서 '여기 발견됐네.'라고 해서 배기동 선생님이 대단히 불쾌해 하면서 왜 발굴하는 데 와서 그런 난리를 치느냐고 하면서 쫓아냈는데, 이게 바로 길을 깎고 길 단면이 노출돼서 이게 거리가 있어요. 그래서 왜 이것을 하층으로 했느냐 하는 것이 첫 번째 질문입니다.

○ 좌장 | 임영진(전남대학교)

아까 언급했다시피 당시 안쪽에서 조사된 여러 유구들하고의 선후 관계를 밝힐 수 있는 충분한 조사가 어려웠고, 그래서 약보고서를 쓰면서 전반적으로 상대적인 깊이를 감안해서 하층으로 포괄한 것이란 말이죠.

○ 박순발(충남대학교)

오케이. 그건 알겠는데, 지금 문제가 되는 것은 사실 고구려 토기 자체가 문제가 되는 게 아니고, 이 도면화 시켰던 하층으로 분류한 이것이 문제일 뿐이에요. 이 지점은 동일 지점이 아니기 때문에 지형 요철이 있을 수 있습니다. 그런데 이것을 하층으로 한 게 움직일 수 없는 근거가 없다면 이것만 수정하면 전혀 문제가 되지 않습니다. 그 용의가 어떤지를 묻고 싶습니다.

○ 좌장 | 임영진(전남대학교)

그 옹관은 나중에 복원을 통해서 성격이 분명해졌으니까 약보고서의 층

위개념도는 수정을 해야죠. 그러나 안쪽에서 조사된 여러 유구의 전반적 상황에 대해서는 여전히 참고할 수 있다고 봅니다.

○ 최병현(숭실대학교)

이게 여기 도면 몇 번이에요?

○ 박순발(충남대학교)

이게 보고서에 실려 있는 도면인데 제가 묻고 싶은 것은,

○ 최병현(숭실대학교)

그런데 이 토기가 나온 게 1, 2, 3, 4번이 있잖아요.

○ 박순발(충남대학교)

1번이에요.

○ 조가영(서울대학교)

2번에 고구려 토기라고 제가 동그라미를 쳐놨는데 위치가 조금 잘못됐고, 그 옆에 보면 '석곽 옹관묘'라고 되어 있는 게 고구려 것입니다. 2호는 백제.

○ 좌장 | 임영진(전남대학교)

석곽 옹관이요?

○ 조가영(서울대학교)

예.

○ 좌장 | 임영진(전남대학교)

그 옆이 아닌가요.

○ 조가영(서울대학교)

동그라미는 제가 고구려 것에만 쳤었거든요. 그런데 2번은 고구려 것이 아니라 백제 것이고, 이 '석곽 옹관'이라고 되어 있는 데서 출토된 것은 고구려 것입니다.

○ 최병현(숭실대학교)

그러니까 2번은 고구려 것이 아니다?

○ 조가영(서울대학교)

예. 2번은 백제의 장란형 토기에 사용 된 예입니다.

○ 박순발(충남대학교)

아까 보았던 것은 아니었단 말이에요. 그런데 여전히 1번이 맞다는 것 아니에요.

○ 조가영(서울대학교)

예. 1번은 확실합니다.

○ 박순발(충남대학교)

그러니까 1번이 같은 지점이 아니라니까요. 그렇기 때문에 나는 1번을 하층이라고 귀속시키는 것만 해제하면 문제 해결이라는 거예요.

○ 김무중(중원문화재연구원)

그런데 또 문제가 있습니다. 제가 별지를 만들었는데, 물론 이 부분에 대해서는 생각하기에 따라 해석이 다를 텐데요. 78쪽의 도면을 하나 제시하겠습니다. 여기 모식도에 층위와 관련된 것은 저도 사실 중요하게 참고 해왔는데요. 물론 조금 전의 옹관묘의 문제도 있기는 하지만, 우선 또 하나가 맨 우측에 보면, 모식도를 한 번 봐주세요. 64쪽 맨 우측에 즙석봉토분인데요. 이 즙석봉토분이 대형 토광묘와 같은 시기이고, 그게 위로 올라간 식으로 되어 있는데, 문제는 여기에 다른 적석유구라든가 파괴적석총이라든가, 석곽묘라든가 이런 것들은 거의 동일한 면이 되어 있지요. 약간의 높낮이에 차이가 있기는 해도. 물론 가장 위에서 만약 삭평 되고 이런 현상일지도 모르겠습니다만, 즙석봉토분의 조성부에 보면, 78쪽입니다. 신라 토기들이 꽤 들어가 있거든요. 그래서 상부에 있는 유구들에 대해서 하부 쪽으로 연결된다든가 할 때는 층위적으로 면밀하게 검토할 필요가 있다는 것이고요.

또 하나는 우리가 석촌동에 있는 모든 토기를 다 점검해 보지는 못했어요. 그런데 일부 여기 말고도 제가 제시는 안 했습니다만 최병현 선생님이 늘 사용하시는 석촌동 85호 석곽묘 출토여부를 보면 단각고배나 이런 고배만 있는 게 아니라 78쪽에 보면 1번하고 2번 호형토기가 있습니다. 이런 것도 신라 토기거든요. 병형토기도 아마 신라 토기일 가능성, 반구형으로 가고 있어서, 이런 것들이 앞으로 점검이 되어야 할 필요가 있을 것 같습니다.

그리고 다시 모식도로 돌아가서 64쪽 맨 위쪽에 보면 돌로 되어 있는 유구들과 적석총과의 상관관계가 거의 동 시기나 이렇게 되어 있습니다. 그런데 지금 한성백제박물관에서 조사하고 있는 지역을 보면 적석부를 파기하고 들어가는 목관묘도 있고, 또 그렇지 않은 것도 있다는 말이죠. 그래서 우리가 일률적으로는 물론 시간이 흐르면 흐를수록 적석총화 되는 과정들이 상정 되더라도 그 과정에 대해서는 면밀하게 검토를 해봐야 한다는 생각이 드는 겁니다.

그리고 어제도 사실은 말씀드리려고 했었는데, 29쪽을 한 번 봐주시겠습니까? 85호 석곽묘 같은 지상식 비슷한 석곽들도 있습니다만, 여기 조가영 선생이 정리한 재보고서에는 누락되어 있어요. 그런데 29쪽 아래쪽에 87년에 그리드와 유구배치도를 대략 그려놓은 게 있는데, 4호분에서 위쪽으로 올라가면 모서리 부분이 있습니다. 모서리 부분 맨 위쪽에서 그리드 수를 보면, 맨 위쪽 세 번째에 수혈식 석곽묘가 있습니다. 그런데 조사를 못하게 했어요. 임영진 선생님은 기억하실 겁니다. 아주 정연한 석곽이 있거든요.

묘제가 토광묘계, 그다음에 적석총계뿐만 아니라, 물론 4호분의 매장주체부 문제와 함께, 수혈식 석곽묘도 있을 가능성이 높아요. 그래서 다양한 묘제들을 명확하게 구분할 수 있는 검토도 필요하지 않을까 싶습니다. 예를 들면 위석식 석곽묘라든가, 이상한 용어들이 많은데 잔존 상태가 워낙 안 좋으니까 구조를 가지고, 또 매장 프로세스를 가지는지에 대한 설명을 할 수 없기 때문에 그런 용어들이 나왔다고 생각합니다. 그렇지만 앞으로는 중앙과 지방의 고분을 대비하는 데도 굉장히 혼란스럽고요. 그렇다고 지금까지의 자료로 중앙만 특수하다고 얘기하기에는 곤란하며, 앞으로 자료들이 많이 나올 텐데 뭔가 대비를 해야 되지 않을까 싶습니다. 용어 문제도 앞으로 해결할 수 있었으면 좋겠습니다.

○ 좌장 | 임영진(전남대학교)

좋은 말씀입니다. 포괄적으로 감안해야 할 점들을 말씀해 주셨는데, 여러 자료들이 다른 파일로 정리돼서 나중에 나올 겁니다. 일단 현재 열어놓은 파일에 초점을 맞춰보도록 합시다.

이제 즙석분구묘로 넘어가죠. 김무중 원장의 지적 가운데 즙석분구묘에서 출토됐다고 하는 것 가운데 신라 토기가 있다면 그건 보통 일이 아닐 것입니다.

즙석분구묘 발굴 전의 모습입니다. 저게 석촌동 백제고분로 확장 과정에서 잘린 단면이에요. 보시면 아래쪽에 기반층이 있고, 그 위 50cm 정도에서부터 성토층들이 시작되는 것을 보실 수 있고, 2m쯤의 높이에 즙석이 쭉 덮여 있는 것들이 보이시죠? 그 위에 표토라고 할까요, 퇴적토일지 어떨지 정연하지 못한 층이 있습니다.

이 사진은 안쪽을 정리한 모습이에요. 단면에서 보았던 즙석층이 쭉 이어지고 있죠. 그런데 저 남아있는 마운드 부분은 전체 마운드의 5분의 1쯤 될까요. 중심부가 다 날아가 버렸어요. 참으로 애석한데요.

그 다음을 보실까요. 발굴이 끝난 다음의 도면입니다. 아까도 보셨는데 방금 사진에서 본 즙석부가 이것이고, 여기에 점선 보이시죠? 이 점선이 후대에 분구가 확장된 상태의 끝선이라고 봅니다. 그리고 그 중간중간 검게 표시한 것들이 보이지요? 이게 목관이나 목판 흔적들이 아닌가

석촌동 3호분 동쪽고분군 즙석분구묘 단면
(서울대박물관 1986)

석촌동 3호분 동쪽고분군 즙석분구묘 즙석면
(서울대박물관 1986)

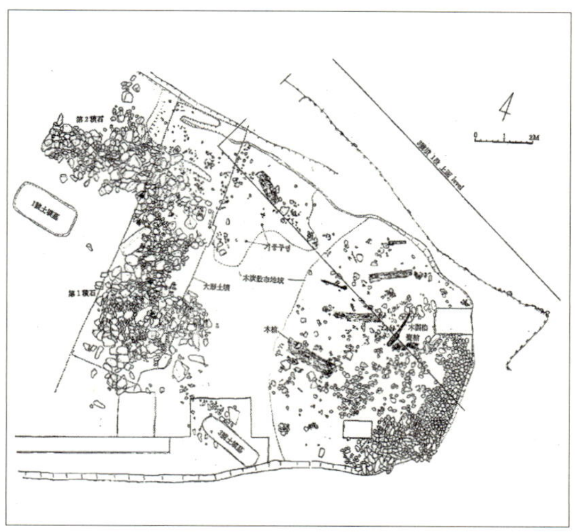

석촌동 3호분 동쪽고분군 즙석분구묘 평단면도
(서울대박물관 1986)

싶은데, 즙석분구묘 초축 이후 추가장이 되면서 분구가 확장된 것으로 보고가 됐지요.

탄화 목재 보존처리 광경
(서울대박물관 1986)

다음 사진은 즙석부 사면에 탄화된 목재가 이런 형태로 나온 게 있어서 다른 판재하고는 형태가 다르고, 규모에 있어서도 혹시 노가 아니겠는가 하는 의견들이 나와서 문화재연구소 보존과학실에 부탁해서 경화처리를 하였습니다. 이게 목재 노라고 단언하기 어렵지만 아니라고 할 수도 없습니다. 지금 이것은 서울대박물관에 전시되어 있지요? 그때 수습을 해서 전시가 이루어지고 있을 것입니다.

다음 사진은 백제고분로 쪽을 본 단면입니다. 50㎝ 정도를 둑으로 남겨 놓았어요. 보시면 이렇게 즙석면이 내려와서 최저에 이른 다음 다시 V자로 올라가는 단면이 보이시죠? 그때는 주구라는 것에 대해서 크게 고민을 하지는 않았는데 이 즙석분구묘는 초축시 이 즙석 부분까지가 마운드를 이루었을 것이고 그때의 주구였을 가능성이 있다고 봅니다. 그

석촌동 3호분 동쪽고분군 즙석분구묘 퇴적토 단면(서울대박물관 1986)

러다가 후대에 추가장이 이루어지면서 분구 주변에 주변에 목판이나 목관이 안치되고 주구부까지 분구 확장이 이루어졌을 가능성이 높다고 보는데, 이 두 단면에서 분구선을 볼 수 있어요.

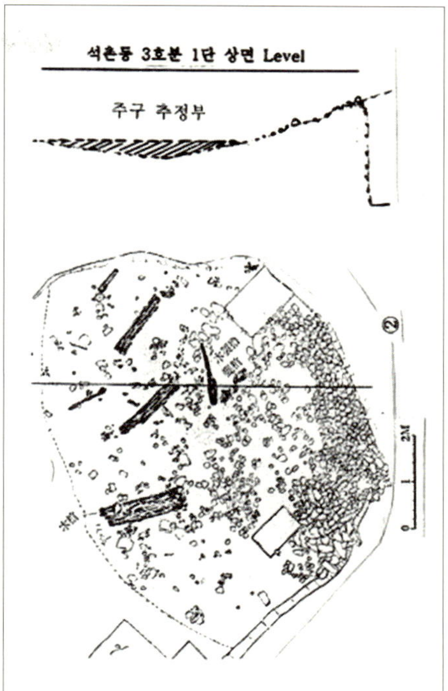

석촌동 3호분 동쪽고분군 즙석분구묘

다음 보실까요? 원도면을 방향을 돌려서 수평면을 맞춰본 것인데, 이 선이 3호분 1단 상면 레벨이에요. 즉 2단 바닥 레벨입니다. 그리고 그 레벨에서 스케일을 보시면 1.50m쯤 내려왔나요? 여기까지 하면 2m쯤 될 겁니다. 단면이 크게 벌어진 V자 형으로 되어 있어요. 약간 크게 잡은 것 같은데 즙석이 이 정도에서 시작한다고 할 수 있겠죠.

보고서에 출토유물로 수록한 것은 다 저 면에서 나온 것들입니다. 그래서 김무중 원장이 제시한 별지자료 도면 2번을 보면 즙석봉토분 출토 유물로 되어 있는데, 분명히 단각고배들, 신라 토기들이 보이죠. 만약 이 토기들의 출토 위치가 즙석분구묘, 즉 하층에 속한 것이었다면 당연히 보고서에 그렇게 들어갔을 겁니다. 그러나 즙석분구묘와 관련되어 출토된 것이 아닙니다. 그래서 이 유물이 어느 위치에서 출토되었다고 기록되어 있었는지 오히려 그것을 확인해 보시면 될 것 같습니다.

○ 조가영(서울대학교)

아까부터 계속 불필요한 얘기가 진행되고 있어서 말씀드리려고 했는데요. 보고서 즙석봉토분이라고 제가 묶어서 쓰기는 했는데, 위치들이 굉장히 애매하게 적혀 있는 부분들이 있었습니다. 아까 화장유구와 적석이라고 되어 있는 게 나누어져 있는 부분이 있었고, 그쪽에 25트렌치라고 되어 있는 부분, 그리고 이쪽은 26이라고 쓰여 있는, '피트'라고 쓰여 있는 경우가 대부분이었습니다. 그런데 26피트 중에서 저기가 대부분 노출되어 있었고, 이전 보고서상의 기술을 보면 파괴적석총이 그 지점에 있었고, 파괴적석총 아래쪽에서 걷어내고 나서 주구부가 조사되었다라고 되어 있는데, 이 단각고배 중 일부는 파괴적석총이라고 되어 있는 부분에 같이 실려 있었던 것입니다. 그런데 제가 이것을 구분하는 단계에서 26에 해당하는 것을 즙석봉토분으로 묶어놓았고, 그리고 그 앞에 부가설명으로 이러이러한 상황이었고 이러이러하게 수습이 돼서 일괄유물로 처리한다고 밝혀서 즙석봉토분이라고 표현된 것에 불과합니다.

○ 김무중(중원문화재연구원)

그렇다고 해서 문제가 해결되는 것은 아니고요. 제가 말씀드리는 것은 보고서의 신뢰나 이런 문제가 아니라 지금 현재 석촌동에 노출되어 있는 상층부라는 유구들이 불분명하다는 말이죠. 그리고 거기에 섞인 유물들이 아주 많은데, 그런 부분에서 주의할 필요가 있다는 것을 상기시키기 위한 것인데요. 특히 조 선생님의 28쪽에 있는 모식도 중에 즙석봉토분 상부로 위로 올라가 있다는 말이죠. 거기까지가 아니었으면 오히려 더 편했을 텐데, 그런 것일 뿐입니다. 아까 옹관묘와 더불어서 말씀을 드린 거고요. 87년도에 조사할 때를 상기하면 석촌동의 현재 북쪽으로, 지금 한성백제박물관에서 조사하고 있는 위쪽으로 가면 능선이 높은 데가 있고 낮은 저지대가 있는데, 저지대는 물론 삭평이 심하지만 하층으로 내려가는 작은 할석군들이 있어서 단순하지 않아요. 앞으로 그런 층위 문제 등이 조금 명확해져야 하겠다는 것을 말씀드린 것입니다.

○ 좌장 | 임영진(전남대학교)

물론 모식도를 그리면서 그런 것을 감안하지 않았던 것은 아닙니다. 아까 3호분 1단 상면 레벨을 기준선으로 해서 단면도를 보여드렸는데, 거기에 보면 아마 이쯤까지 올라와 있을 겁니다. 석촌동 3호분 1호 레벨이 여기잖아요. 그 아래까지는 분명히 분구가 잔존해 있습니다. 그런데 남아 있는 분구는 전체 분구의 5분의 1 정도에 불과하다는 말이죠. 그러니까 파괴되기 전, 아마도 3호분 축조 과정에서 파괴됐을 것 같은데, 이것을 원상으로 복원한다면 정점은 아마도 이쯤에 있었을 것이다, 그래서 그 부분은 점선으로 표시한 거예요. 그래서 표토에 가까운 것들은 정확한 것이 아니고, 그것은 포인트가 될 수 없고, 그 뿌리에 해당하는 하층쪽의 출토물들, 그런게 엄격하게 구분될 필요가 있고, 현장에서도 그것을 중심으로 구분해서 보고를 한 겁니다. 그래서 나중에 그렇게 보고된 것은 즙석분구묘를 조사해 내려가는 중간층에서 나온 것이거나 표토 쪽에 가까운 것들이 될 것입니다.

○ 김무중(중원문화재연구원)

중층에 유구가 많다 보니까 상층이 너무 높아진 것뿐이죠. 사실은 압축이 되어 있는데요.

○ 좌장 | 임영진(전남대학교)

개념도의 상하 폭은 상대적으로 커져 있습니다. 스케일이 좌우와 상하는 다릅니다.

○ 김무중(중원문화재연구원)

그런데 하여튼 앞으로 조사하면서도 한성백제박물관에서 고민을 많이 하셔야 할 것입니다. 다른 지역으로 가면 갈수록 연접되어 있는 부분 이

외에는 층위적으로 굉장히 얇은 층인데도 아래로 내려가고, 위에 덮여 있는 등, 트렌치에 대해 재보고에도 나와 있거든요. 80년대 보고서를 보면 저도 종잡을 수가 없더라고요. 트렌치를 팠는데 한쪽은 돌이 없어요. 그래서 조금 더 파봤더니 그 밑에 돌이 나오는데 또 밑으로 들어가요. 이런 현상은 사실 모식도 한 면으로 설명하기 어려운 상황인 거죠.

○ 좌장 | 임영진(전남대학교)

오히려 보고서를 읽는 사람들의 이해를 돕기 위해서 만든 개념도인데 그게 계속 논란의 대상이 되네요. 아까도 말씀드렸다시피 3호분을 통과하는 백제고분로를 지하차도로 결정하고 그 지하차도 공사를 위해서 철제 파일들을 도로 양쪽에 박았는데, 이 발굴은 그 파일의 범위를 발굴하라는 것이었어요. 그래서 한 달 예정으로 발굴했는데, 하다 보니까 대형 토광묘가 나오고, 또 뭐가 이어졌고, 하다가 덮을 수는 없잖아요? 그래서 결국 두 달이 됐지만 넓은 범위에서 차분하게 층위 관계를 규명하고 그 관계를 도면화하기 어려운 상황이어서 전체적으로라도 큰 흐름을 이해할 수 있게 하자고 해서 개념도를 제시했습니다. 문제는 고구려 옹관인데, 그것은 당시 복원을 못하고 약보고서를 내면서 실수한 겁니다. 아까 사진을 보셨지만, 지금 도로쪽 고구려 옹관이 나온 데하고 안쪽으로 청자가 나온 데는 중간에 둑이 하나 있어요. 그 둑을 사이에 두고 제법 떨어져 있습니다. 그래서 양쪽을 잇는 단면을 확인하지 못한 아쉬움이 큰데, 도로 쪽 고구려 옹관을 제외하면 큰 차이는 없을 것으로 봅니다. 어려운 상황 속에서 나온 것이니까 너무 나무라지 말아주세요.

○ 조가영(서울대학교)

선생님, 이 모식도에 나온 김에 여기에 화장유구라고 하셨던 부분의 성격을 어떻게 생각하시는지요.

○ 좌장 | 임영진(전남대학교)

그것은 적석유구에서 설명을 드렸지만, 정확한 구조라든가 성격을 명시하기가 어려웠어요. 막연하지만 불에 탄 흔적들과 인골편들이 보이고 해서 자신은 없지만 화장유구였을 가능성, 그 정도로 표현한 것입니다.

○ 박순발(충남대학교)

불에 탄 것과 화장은 완전히 다른데요. 화장유구라고 하면, 그냥 불탄 것은 괜찮겠습니다만, 화장이라고 하는 순간에 대단히 큰 문제를 야기시키는 것이지요.

○ 조가영(서울대학교)

아까 보여 주셨던 적석유구, 대형 토광묘 옆쪽에 있었던 기둥구멍이 아마 이 화장유구라고 이름이 붙여지는데, 그 기둥구멍에서 목재를 올려서 거기에 상부시설을 해서 태웠다는 식의 표현이 되어 있고요. 제가 이 질문을 드렸던 것은 아까 적석유구와 관련한 부분에서도 잠깐 얘기가 나왔었고, 이 화장유구와 관련한 부분, 불탄 면이라고 했었던 그 부분에서 수습됐던 유물들을 보면 한 시기라고 보기 어려운, 1회적 행위에 의한 결과라고 보기 어려운 너무 다양한 유물들이 같이 보이고 있어서 복수의 시기에 걸쳐서 뭔가 제의 같은 게 이루어진 것 아닌가라는 생각을 해봤습니다. 앞서 적석유구 내부에서도 불탄 인골 같은 것들이 확인되고, 골편 같은 것들도 있었고, 유물의 시기도 굉장히 폭이 넓게 확인되는 경향이 있었습니다. 지금 조사하시는 지점에서 불에 맞은 부분이라고 이야기할 수 있는데, 그곳에서 유물이 집중되는 경향이 확인되고 있는데 그런 현상들이 연결되는 것 아닌가 하는 생각에서 이야기를 꺼냈습니다.

○ 좌장 | 임영진(전남대학교)

그래요. 이 적석부분은 상당한 기간 동안 노출되어 있었을 가능성이 분명히 있어요. 그런데 마운드로 덮힌 즙석분구묘의 추가장 부분이라든가 이런 부분들은 시기적으로 하층으로 일괄할 수 있겠지요.

○ 박순발(충남대학교)

화장유구라는 용어는 일단 수정하시는 게, 확실한 근거가 없으면 수정하시는 게 좋습니다. 왜냐하면 화장 자체가,

○ 좌장 | 임영진(전남대학교)

보고서에서도 화장유구로 단정하지는 않았지만 주변에 불에 탄 것들이 있고, 골편들도 있고, 그때 삼불 선생님 뿐만 아니라 김기웅 선생님이나 다른 분들도 같이 보시고 이런저런 논의 끝에 주변이 고분들이니 여기서 화장도 이루어지지 않았겠느냐, 그 정도였거든요.

○ 박순발(충남대학교)

그것은 이해를 하겠습니다만,

○ 좌장 | 임영진(전남대학교)

그런데 화장유구일 가능성이 없다면 뭘로 볼 것이냐, 대안이 나와야 하거든요.

○ 박순발(충남대학교)

'장'이라는 말을 붙이는 순간에 여러 가지, 화장이 공식적으로 언제 시작됐느냐 하는 것도 대단히 큰 문제입니다. 물론 화장이 곧바로 불교와 연관되는 것은 아니에요. 그렇기는 하지만 이 단계에 백제에서 화장유구

라는 말을 쓰는 순간에 이건 대단히 큰 문제를 야기시켜요. 그러면 안 되고, 다만 화장유구라는 것이 여기 대형 토광묘의 기둥구멍하고 연관이 있다고 좀 전에 얘기했어요?

○ 좌장 | 임영진(전남대학교)

그렇게 추정하는 거죠.

○ 조가영(서울대학교)

예. 그 기둥구멍 있는 곳을 화장구멍이라고 표현했습니다.

○ 박순발(충남대학교)

그러면 기둥구멍은 이럴 수 있어요. 기둥구멍이라고 하는 것은 사실 기둥구멍이 몇 개 있고 거기에 장막을 쳐서 빈은 그런 게 있을 수 있어요. 빈의 경우는 불태웁니다. 일본의 상장의 예를 보면요. 그래서 나중에 그것으로 연결시킬 수는 있으나, 그렇다고 해서 화장유구라고 하는 것은 잘못입니다.

○ 좌장 | 임영진(전남대학교)

보고서에는 분명히 골편을 확인하였다는 사실이 언급되어 있지만 화장유구라는 표현은 없죠?

○ 박순발(충남대학교)

골편이야 여러 가지로 나올 수 있지만, 만약에 화장을 했다면 골편을 그대로 둘 리가 있습니까?

○ 좌장 | 임영진(전남대학교)

수습 과정에서 일부 놓칠 수도 있지요.

○ 박순발(충남대학교)

그런 식으로 가면 그것을 전제로 하고 수습과정이라고 하니까 자꾸 엉뚱하게 가기 시작하는데, 문제는 화장이라고 하는 순간에 과연 백제가 이 시점에 화장이 됐느냐 하는 문제부터 시작해서 동아시아 전체에 화장묘, 한반도에 화장묘가 언제 들어왔느냐 하는 큰 부담을 지게 되어 있어요. 안 그러면 논리가 성립이 안 됩니다.

○ 좌장 | 임영진(전남대학교)

빈이 있었고, 정식으로 안장을 한 다음에는 태웠다, 그 가능성은 충분히 있겠네요. 그것도 새로운 가능성으로 두죠.

○ 김무중(중원문화재연구원)

이것 하나만 보시죠. 이게 북동 모서리의 시굴에서 확인된 석곽묘입니다. 한 번 보십시오.

○ 좌장 | 임영진(전남대학교)

숭실대에서도 전면 발굴은 못했잖아요?

○ 김무중(중원문화재연구원)

못 했죠. 저 상태에서 그냥 덮어버려서요.

○ 좌장 | 임영진(전남대학교)

그 외에도 석곽묘로 보고된 것들이 여럿 있습니다. 석곽묘는 일괄해서 보면서 같이 하시죠.

○ 최병현(숭실대학교)

석곽묘로 가기 전에 이것 한 가지만 확인해 보십시다. 김무중 선생의 78쪽 도면하고 64쪽의 개념도하고 같이 놓고 보면 좋겠는데, 여기 개념도의 중간 오른쪽에 석곽묘라고 하는 것이 신라 석곽을 말하는 거죠?

○ 좌장 | 임영진(전남대학교)

예. 최상층, 단각고배가 나온 유구입니다.

○ 최병현(숭실대학교)

예. 그러면 아까 말했듯이 임 선생님이 3호분 동쪽 보고서에 이 개념도를 그려주시는 바람에, 서비스를 굉장히 친절히 하신 건데, 하여튼 그래서 그런지 나도 머릿속에 이게 박혀 있거든요. 박혀 있어서 중층, 하층의 두께가 이 도면으로 보자면 최소한 2~3m 들어온 것 같아요. 그런 생각을 자꾸 갖고 보게 된다고요. 그 개념이 박혀 있어서요. 그런데 실제로 김무중 선생의 도면에서 평면도로 놓고 보면, 80쪽을 보면 왼쪽 끝에 옹관묘들이 있잖아요. 왼쪽 끝에 있는 옹관묘들하고 신라 석곽묘라고 하는 것하고 실제 레벨 차이는 얼마나 납니까? 높낮이 차이가?

○ 좌장 | 임영진(전남대학교)

30~40cm 정도는 차이가 날 겁니다. 신라 석곽묘는 그 당시 표토를 걷어내면서 바로 윤곽이 나왔어요.

○ 최병현(숭실대학교)

바닥 깊이는 한 50cm 정도 차이가 나나요?

○ 좌장 | 임영진(전남대학교)

석곽묘는 별로 깊지도 않아요. 거의 마지막 한 단 정도 있을 뿐이었죠.

○ 최병현(숭실대학교)

옹관묘하고요?

○ 좌장 | 임영진(전남대학교)

옹관묘하고 30~40cm 정도 될 겁니다.

○ 최병현(숭실대학교)

30~40cm 정도. 그런데 지점은 많이 떨어져 있는 거고요?

○ 좌장 | 임영진(전남대학교)

예. 10m 내외 정도 될 겁니다.

○ 최병현(숭실대학교)

그러니까 정말 친절을 잘 베푸셨는데, 이것 때문에 머릿속에 자꾸 옹관묘가 2m쯤 되는 것 같단 말이에요. 30~40cm라고 하는 얘기는 결국 거의 동일면이라고 봐도 좋은데, 그 면에 한성백제가 끝난 이후에 그 당시 지표면에 고구려의 옹관묘 같은 것도 쓰이고. 신라 석곽은 분명히 지상고분이거든요. 이 석곽묘는 평면 형태로 보면 6세기 후반의 아주 전형적인 신라 석곽묘의 평면 형태예요. 다 지상식이고. 그러니까 아마 그 면에 고구려 고분, 또 신라 고분이 쓰이고, 거기에 있는 토기들이 막 흩어져서 돌아다니면서 여기저기 섞였다, 이렇게 이해해야 할 것 같은데, 좌우간 김무중 선생님의 78쪽 도면 중에 4번은 신라 토기가 맞습니까?

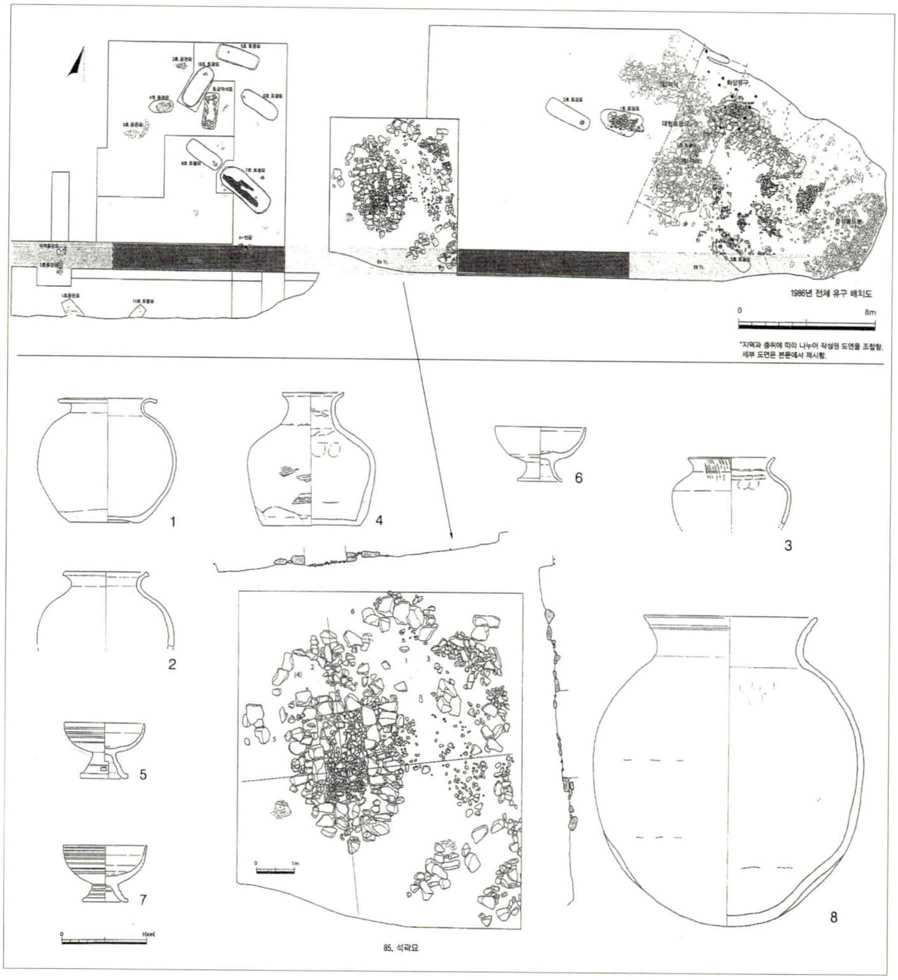

석촌동 86-1호 석곽묘와 출토유물(1·2·4·5·7; 신라, 3·6·9; 백제)

○ 김무중(중원문화재연구원)

예. 반구에 가까운 신라 토기라고 저도 생각하고 있습니다.

○ 박순발(충남대학교)

4번은 나는 신라 토기로 보기 힘든데요.

○ 김무중(중원문화재연구원)

글쎄, 한 번 봐야 될 것 같아요.

○ 한지선(국립중원문화재연구소)

저는 2번, 4번, 6번, 3번은 백제 토기로 보고 싶습니다.

○ 김무중(중원문화재연구원)

2번이요?

○ 한지선(국립중원문화재연구소)

2번은 구순 안쪽에 물손질하는 게 신라에는 확인되지 않는 기법이거든요.

○ 김무중(중원문화재연구원)

무슨 말씀이세요, 위의 것도 잘 보세요.

○ 최병현(숭실대학교)

도면상으로만 보면, 나는 실물을 못 봐서 모르겠는데 1, 2번은 신라 토기로 볼 가능성도 있습니다. 그런데 4번은 영 낯설고요. 그다음에 8번은 어떻습니까?

○ 박순발(충남대학교)

8번은 시기적으로 보면 5번, 7번하고 맞지 않는 것 같아요.

○ 좌장 | 임영진(전남대학교)

그런데 이 유물들이 다 석곽묘 안에서 나온 일괄 유물로 보고됐었어요? 그건 아닌데요?

○ 김무중(중원문화재연구원)

제가 설명 드리지 않았는데요. 1, 2, 5, 7, 4번은 내부, 6, 3, 8번은 외부입니다. 화살표 왼쪽에 있는 것은 석곽 내부이고.

○ 박순발(충남대학교)

오케이, 알았어요. 됐어요. 이건 의미 없어요. 석곽묘 출토는 맞네요.

○ 좌장 | 임영진(전남대학교)

석곽 내부가 아닌 것은 동시성을 인정하기가 어려워요.

○ 박순발(충남대학교)

내부가 아닌 것은 석곽묘 출토가 아니에요.

○ 김무중(중원문화재연구원)

그러니까요. 제가 그래서 일부러 화살표로 가운데 놓은 거예요. '오른쪽에 있는 것은 백제 것이고, 왼쪽에 있는 것은 신라 겁니다. 내부에 있는 겁니다.'라고요.

○ 박순발(충남대학교)

그런데 4번은 나는 신라로 동의하기 어렵습니다.

○ 김무중(중원문화재연구원)

네. 이건 한 번 보셔야 할 것 같아요. 내부 출토품입니다.

○ 박순발(충남대학교)

4번이 내부라고요?

○ 김무중(중원문화재연구원)

예.

○ 좌장 | 임영진(전남대학교)

지금 시간이 얼마 안 남았습니다. 봐야 될 게 많으니까 토기에 대한 논의는 나중에 기회가 되면 따로 하는 것으로 하고 일단 남은 유구부터 논의합시다. 석곽묘 파일 맨 처음부터 열어주세요. 이것까지 보고 마무리를 하도록 하겠습니다. 1시가 조금 넘을지도 모르겠네요.

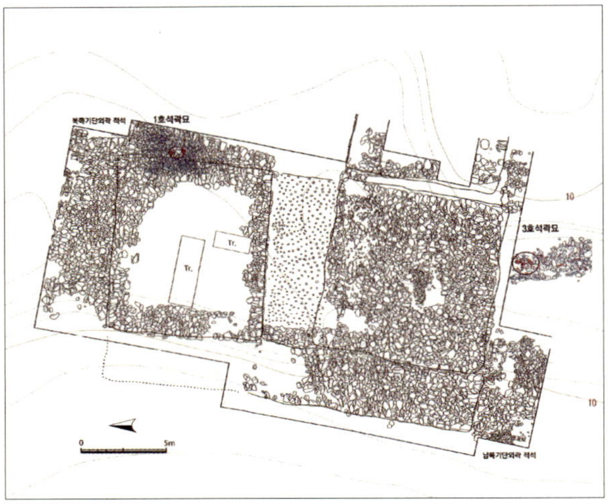

석촌동 1호분 평면도(서울대박물관 2013)

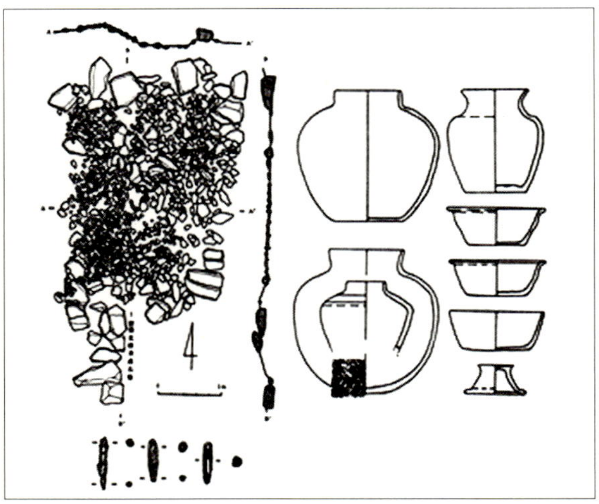

석촌동 87-1호 석곽묘(서울대박물관 1989 편집)

어제 1호분에 대해 논의할 때 따로 설명할 시간을 갖겠다고 한 도면입니다. 1호분 북분에 걸쳐있는 석곽묘라고 했던 유구, 그리고 남분 남쪽 바깥 둔덕에 있던 것이 3호인데요. 이것은 토광 안에 돌을 깔아놓은 것입니다.

다음 사진은 1호 석곽묘가 노출된 상황입니다. 주변으로 약간 큰 돌들이 돌아가고, 가운데 잔돌들이 있고, 출토된 유물들이 상당히 많습니다.

다음 보실까요? 세부 유물출토 상태이고요. 그 다음은 도면인데, 유구는 이 범위로 보는데 이게 1호분 북분 1단 외곽선이에요. 그런데 단면을 보시면 이렇게 내려와 있죠. 아마도 함몰됐기 때문일 거라고 생각하는데,

함몰로 인한 교란은 어느 정도 인정이 되나, 주변에 돌이 돌아가는 것, 그리고 출토된 유물의 일괄성을 감안했을 때 유구임에는 분명합니다. 다만 그 시기가 언제냐 하는 게 문제가 될 텐데, 발굴 당시 연대를 4세기 초 정도로 봤고, 4세기 초에 이게 만들어졌다면 그 아래층에 해당하는 1호분 북분은 최소한 반세기 정도 앞서지 않겠느냐, 그래서 3세기 중엽경까지로 본 바로 문제의 석곽묘입니다. 저기에 대해서는 약간 논의가 필요할 텐데, 박순발 선생은 여전히 유구로 인정할 수 없다는 것인가요?

○ 박순발(충남대학교)

'여전히'라고 표현하시는 것처럼 여전히 그렇게 생각하고 계시는데, 제가 말씀드릴게요. 그래서 제가 뒤에 적어 놓았는데, 사실은 이 문제가 이 자체로서는 평행선을 달리다가 최근에 바로 조사를 통해서 어느 정도 접근이 가능한데요. 우선 1호 적석뿐만 아니고 이 일대에 있는 것들을 보면 전부 다 축조하는 것은 어제 얘기했잖아요. 그런 과정에서 출토가 됐고, 대체로 동쪽 부분에 이미 우리가 유물집중부라는 이름으로 얘기한 게 있습니다. 그런 것과 동일한 맥락이라고 하는 점입니다. 그래서 조금 전에 전제로 하신 것은 이것을 유구로 인정한다, 안 한다가 아니고, 이것이 어떤 성격이고 이것이 적석무덤과 어떤 관련을 가지는가 하는 얘기인데요.

그러면 최근 조사를 인용해 봅시다. 5점토부 앞에 있는 것 중에서 아래쪽에 아예 깊은 곳에 있는 것은 저쪽에서 보는 것처럼 선행하는 것도 있어요. 그러나 대개는 적석무덤이 만들어지고 난 뒤에 그것이 유지·관리되는 선에서 거기에서 반복적으로 제의가 이루어지면서 다량의 유물들이 나오는 양상, 그리고 제4점토부라는 데도 마찬가지이고요. 그리고 4호도 사실은 기반이 많이 나오는 게 있는데, 여기도 쉽게 말하면 동쪽에 있는 이 유구가 조금 전에 전제하신 것처럼 폐기가 되고 시간을 두어서

석촌동고분군 2016년 발굴 항공사진(한성백제박물관)

3세기라고 하는 것은 사실 해석이고요. 이게 동 시기라는 점을 인정하셔야 합니다.

다시 말하면 여기에 나오는 이것은, 여기 적석총이 하단만 남았는데 그 정도로 깨지고 난 뒤에 제가 정황적으로 누차 주장했던 바와 같이 다시 이런 정도의 무덤이 만들어진다, 이렇게 볼 수는 없는 것이라는 거예요. 최근에 드러난 것을 보면. 적어도 동 시기의 것인데, 그러면 시기 비정을 좀 해 보자는 얘기죠. 여기서 시기 비정이 가능한 것들 중에서는 고배 제기나 저런 게 하나 보이고요. 그리고 이 완 종류도 어느 정도 가능합니다. 그리고 안에 보이는 것처럼 직구광견호라는 것이 있고요. 그다음에 저것은 문양은 없지만 직구호의 일종입니다. 이런 정도의 선후 관계인데. 그리고 저 위 우측에 보이는 평적, 비슷한 것이 계속 나오잖아요. 이미 저런 게 다 나와 있어요. 저런 것들의 연대에 대해서는 가령 딱 까놓고 몇 십 년 범위 내로 좁히라는 것은 누구도 힘들지만, 내가 묻겠습니다. 한지선 선생님, 어느 정도 됩니까? 이미 검토한 바가 있죠?

○ 한지선(국립중원문화재연구소)

예.

○ 박순발(충남대학교)

말씀해 주세요. 그러면 지금 그 말씀이 다 해결되니까요.

○ 한지선(국립중원문화재연구소)

4세기 전중반대로 봅니다.

○ 박순발(충남대학교)

이렇게 포괄적으로 해버리면, 어쨌든 4세기 전반보다는 떨어집니다. 4

세기 전반대라고 하는 것은 바로 저쪽에 있는 낙랑계 토기라고 하는 것이 있습니다. 그 단계에서 평저의 유습이 좀 남아있는 것이라고 보고요. 그리고 저런 정도의 완은 대개 4세기 중후반 정도입니다.

○ 한지선(국립중원문화재연구소)

아니요.

○ 박순발(충남대학교)

완에 대해서는 또 다른 견해차이가 있을 수 있는데, 그러면 완을 치우고 보세요.

○ 한지선(국립중원문화재연구소)

견부 문양대가 안 들어가는 저 직구호는 직구단경호까지 가지 않는 풍납토성에서 가-2호라든가 그런 데서 나오는 직구호 단계거든요. 그러니까 직구단경호 기종이 안 나오고 직구광견호하고 직구호가 나오는 저 세트는 사실 원래 풍납토성 추정 연대로 보면 4세기 전반대에 화비령에서 같이 나오는 것하고 유사한 것으로 저는 보고 있었는데요.

○ 박순발(충남대학교)

화비령? 화비령은 뭔지 모르겠지만, 최근에 직구단경호에 대해서 썼어요. 직구단경호 석사논문을 누가 썼는데, 우리가 말하는 직구단경호보다는 조금 더 앞선 단계에 광범위하게 퍼져 있는 것은 맞아요. 그게 4세기대라는 정도는 그러겠는데, 꼭 4세기 전반이냐, 중반이냐라고 하는데, 그런데 거기에서 나는 이 무덤들 전체적으로 가장 빠른 것이 5호 점토부, 지금까지 확인된 것은 5호 점토부 안에서 나온 저것입니다. 저것보다는 늦어야 한다고 보는 입장이에요. 이 일대의 전체가 다. 그렇다면

4세기대로 올라갈 수는 없어요. 지금 말하는 그 정도 수준은. 즉, 4세기 전반까지도 나는 조금 더 뒤로 보고 싶은데, 어쨌든 가장 올리면 4세기 전반까지 가능합니다. 낙랑이 아직 살아있는 단계, 313년이니까요. 그런 정도에 유지가 됐던 것이다. 이것 때문에 엄청나게 다시 그 이전으로 올라가서 적석총은 한참 전 3세기다, 이런 것은 성립되지 않는다.

○ 좌장 | 임영진(전남대학교)

30년 전 발굴 당시의 편년이라고 하는 게 불확실한 것이지만.

○ 최병현(숭실대학교)

한지선 선생은 이게 4세기 전중반이에요?

○ 한지선(국립중원문화재연구소)

예. 아까 박순발 선생님이 말씀하신 것처럼 전반에서 약간 떨어지는 중반경입니다.

○ 최병현(숭실대학교)

그다음에 이게 4세기 거라고요?

○ 한지선(국립중원문화재연구소)

그러니까 다 비슷한 시기에 나올 수 있는 토기군이라고 저는 생각하고 있습니다.

○ 최병현(숭실대학교)

다 4세기 전중반인데 중반 쪽에 가깝다?

○ 한지선(국립중원문화재연구소)

예.

○ 좌장 | 임영진(전남대학교)

4세기 초로 보는 분은 안 계신 것 같네요.

○ 박순발(충남대학교)

4세기 초는 곤란해요.

○ 좌장 | 임영진(전남대학교)

4세기 중반 정도, 좋습니다. 연대관은 갈수록 탄탄해 지겠죠. 시기 문제는 계속 조정이 가능하겠죠. 그런데 저 유구의 성격 자체가 문제예요.

○ 박순발(충남대학교)

성격 자체도 유물집중부라고 하는 것이 아직 성격이 미지수인데요. 그래서 나는 유물집중부를 어떻게 이해하느냐와 관련해서 조금 써놨으니까 참고하시면 될 겁니다. 지금은 시간이 없으니까 읽지는 않는데, 석촌동 적석묘의 조성시기 비정이라는 것에서 전반적인 프로세스를 쭉 써놨어요. 1, 2, 3, 4, 5, 6에 써놨는데, 이런 전제하에서 봤을 때 유물집중부의 연대를 어떻게 볼 것인가 하는 것인데, 다행스럽게 유물집중부의 제5점토부에서 나오는 것은 교차연대가 가능한 경상도 지역의 소위 고식토질 공자형이 나왔잖아요. 그것 역시 4세기 말에서 5세기 초까지 보는 사람도 있어요. 조금 빨리 보는 사람은 4세기 중반까지도 보는 사람이 있는데, 거의 요즘은 그쪽 편년으로 보더라도 그렇습니다. 저런 것들이 바로 유지될 때 이야기입니다.

○ 좌장 | 임영진(전남대학교)

성격하고 관련해서 다음 자료 보십시다.

○ 박순발(충남대학교)

여기에 석곽이라고 붙여 놓았는데, 석곽이라는 용어는 사실 그 당시 용어니까요.

○ 좌장 | 임영진(전남대학교)

석촌동 87-2호 석곽묘(서울대박물관 1989 편집)

발굴 당시에 고민을 했지만 석곽의 범주에서 본 것이죠. 석곽이라고 단언하기는 어렵습니다. 이것은 2호분 옆에서 나온 2호 석곽묘로 보고된 것입니다. 이것도 보시면 주변에 비교적 큰 돌들이 어느 정도 윤곽을 이루고 돌아가고, 이쪽은 파괴됐지만 바닥 쪽에 잔돌이 깔려 있습니다. 전체를 노출시키기 전의 단면입니다. 그 위를 덮는 분구라고 할까요, 이런 게 분명히 있었죠. 다음은 평면도죠. 큰 돌들이 돌아가고 바닥에 잔돌들이 있고요. 다음은 출토유물입니다. 이게 보고서에서는 접합이 안 된 상태로 보고가 됐죠. 나중에 편들이 접합이 됐고 흑유계수

석촌동 87-2호 석곽묘 출토 흑유계수호
(서울대박물관 2013)

호로 보고 있죠. 보고서에서는 그냥 갈유도기편 정도로 됐을 겁니다만. 이 유물은 다른 토기편들하고 함께 출토가 돼서 이 유구를 어떻게 규정해야 할 것이냐. 보고서에서는 석곽묘라고 했죠.

○ 박순발(충남대학교)

이것은 2호죠?

○ 좌장 | 임영진(전남대학교)

2호입니다.

○ 박순발(충남대학교)

아까는 1호이고, 2호이고, 그다음이요.

○ 좌장 | 임영진(전남대학교)

3호도 있으니 마저 봅시다. 이게 3호입니다. 정연하지는 않습니다. 그러나 여러 가지 정황으로 봤을 때 이게 교란된 거라고 보기는 어렵다, 그래서 정연한 유구는 아니지만 석곽계통으로 보자고 해서 3호 석곽묘로 보고됐고, 출토된 유물들도 일괄성이 있습니다.

○ 박순발(충남대학교)

3호 석곽이라는 것이 1호분인가요?

○ 좌장 | 임영진(전남대학교)

1호분 남분의 남쪽에서 나온 거죠. 동체 중간에 이렇게 돌대가 돌아가는 것도 보이죠, 이건 시기적으로 좀 늦죠.

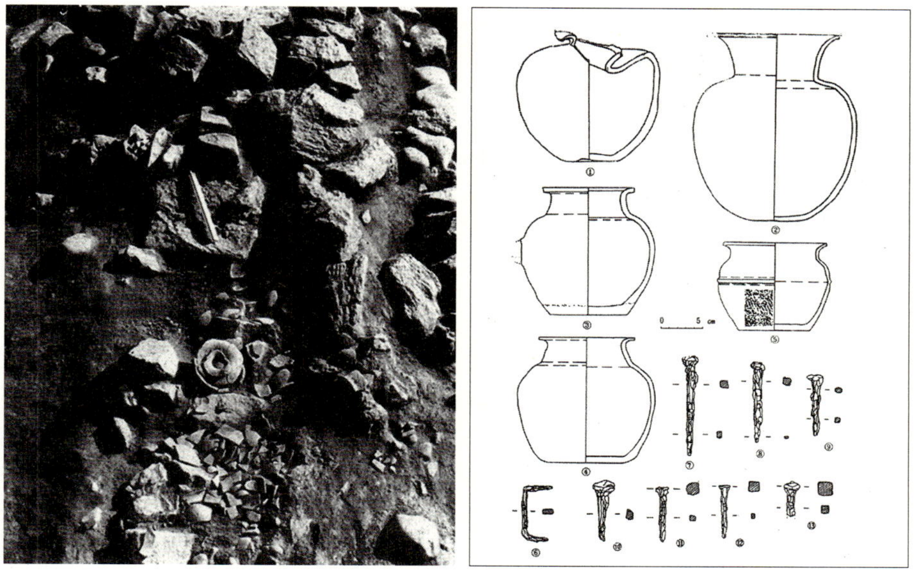

석촌동 87-3호 석곽묘와 출토유물(서울대박물관 1989)

○ 박순발(충남대학교)

4말 5초.

○ 좌장 | 임영진(전남대학교)

다음으로 넘어갑시다. 이게 아까 김무중 원장께서 얘기한 숭실대 발굴 구역 석곽묘죠, 그리고 그 옆에 경희대 발굴 구역에서도 대단히 다양한 구조물들이 나왔는데, 아쉽게 현장에서 전면 발굴할 수 있는 상황이 아니어서 시굴 범위 내에서 조사를 끝내고 보고서에 실었을 뿐인데요. 저것은 4호 석곽묘로 보고되어 있습니다. 이것은 방향을 달리해서 찍은 사진입니다. 그때 김원장도 참여하셨죠?

○ 김무중(중원문화재연구원)

예. 그런데 문제가 있습니다. 상부가 거의 삭평 되어 있고요. 저 옆으로 넘어가면 또 밑으로 또 들어가는 소할석 깔린 층이 하나 내려가는데요.

여기 앞쪽에는 큰 할석인데 저쪽 뒤쪽으로는 냇돌이에요. 크기 10㎝ 정도 크기인데 약 10m 정도 범위에 깔려있었습니다. 실측하는 데 눈이 많이 아팠던 기억이 있습니다. (웃음)

석촌동 87-4호 석곽묘(석촌동발굴조사단 1987)

○ 좌장 | 임영진(전남대학교)

다음으로 넘어갑시다.

○ 김무중(중원문화재연구원)

저 사이사이에 중국도자기 편이 꽤 많이 나왔습니다.

○ 좌장 | 임영진(전남대학교)

지금은 자기편이 출토되는 상황이죠. 백자편이었던가요?

○ 김무중(중원문화재연구원)

아닙니다. 청자편입니다. 사이호 같은 청자편이고요, 백자는 수나라 백자라고 옆의 토광묘 주변에서 나온 다른 게 있고요.

○ 박순발(충남대학교)

수백자가 나왔다고요?

○ 좌장 | 임영진(전남대학교)

백자편이 숭실대 구역에서 나왔었어요.

○ 박순발(충남대학교)

사진 한 번 보여주세요.

○ 김무중(중원문화재연구원)

그것은 보고서에 없습니다.

○ 좌장 | 임영진(전남대학교)

다음 부탁합니다.

○ 김무중(중원문화재연구원)

이런 식입니다. 이쪽에 냇돌로 차 있고, 저 점으로 되어 있는 것들이 유물, 중국 도자편이 검은 점이거든요.

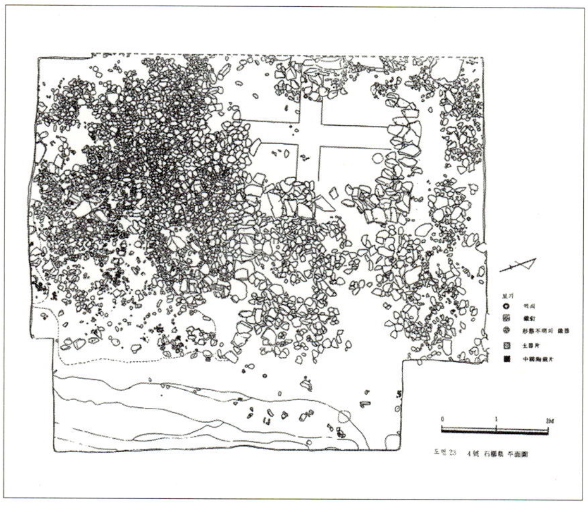

석촌동 87-4호 석곽묘 평면도(석촌동발굴조사단 1987)

○ 좌장 | 임영진(전남대학교)

이게 4호 출토 유물인가요?

○ 김무중(중원문화재연구원)

예.

○ 좌장 | 임영진(전남대학교)

넘어갑니다. 이게 5호 석곽이죠? 이것도 확장을 못하고 저기에서.

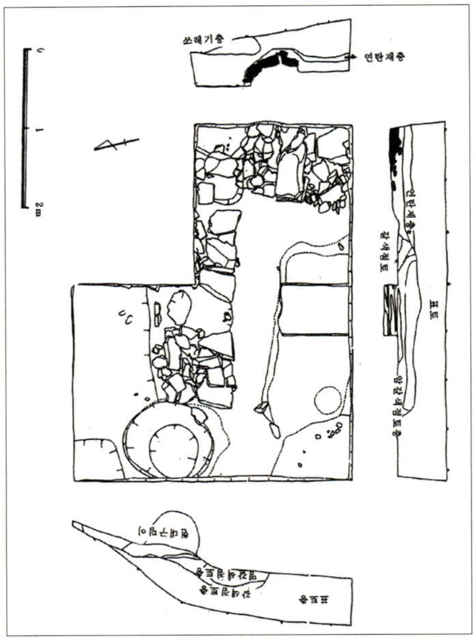

석촌동 87-5호 석곽묘 평면도
(석촌동발굴조사단 1987)

○ 김무중(중원문화재연구원)

예. 사실은 저기에 굴광이 있어요. 그래서 수혈식 석곽이라고 생각한 것입니다. 그런데 안 보이는데 제가 실측했는데 빼먹었습니다. 그리고 트렌치 남벽 가운데 방형부분은 트렌치를 넣어서 내부 토층을 확인한 것인데 최은주 선생이 혼자 한 겁니다.(웃음)

○ 최병현(숭실대학교)

그런데 가운데라고 하는 게, 지금 여기를 말하는 거예요?

○ 좌장 | 임영진(전남대학교)

이것을 얘기하는 겁니다.

○ 최병현(숭실대학교)

그러니까 이쪽이 석곽의 내부라고 본 것 아니에요?

○ 김무중(중원문화재연구원)

예. 내부입니다. 두 줄로 되어 있는 게 그 외곽으로 돌아가죠? 저게 아마 목관선일 가능성이 있습니다. 그래서 신라 것과 다르다고 생각한 겁니다.

○ 좌장 | 임영진(전남대학교)

사진을 한 번 보죠. 이게 경사면이어서 잘려 나갔고, 여기에 토광선이 있었다는 말씀이죠?

석촌동 87-5호 석곽묘(석촌동발굴조사단 1987)

○ 김무중(중원문화재연구원)

예. 굴광선이 돌 옆으로 있었습니다.

○ 최병현(숭실대학교)

가운데 까맣게 보이는 부분이 목관선이라는 거예요?

○ 김무중(중원문화재연구원)

예. 그 외곽에 목질이 부식이 되면 회청색 띠가 있잖아요.

○ 최병현(숭실대학교)

신라 것 같으면 그 가운데에 돌이 쫙 깔려야 해요.

○ 좌장 | 임영진(전남대학교)

돌 깔린 것도 있습니다. 이게 6호, 큰 돌들이 돌아가고 밑에 조그만 돌들이 보이네요. 그리고 이것은 7호 사진입니다.

○ 김무중(중원문화재연구원)

이건 경희대 쪽이고요.

석촌동 87-7호 석곽묘(석촌동발굴조사단 1987)

○ 좌장 | 임영진(전남대학교)

경희대가 발굴한 것이지요. 돌들이 이렇게 깔려 있어요. 아주 특이하죠. 돌들을 일일이 세웠어요. 다음 보실까요? 7호에서 출토됐다고 하는 유물이고, 이게 8호로 되어 있는 겁니다. 이것도 돌들이 돌아가고 중간에 낮은 부분이 있는데 꺽쇠가 나왔죠.

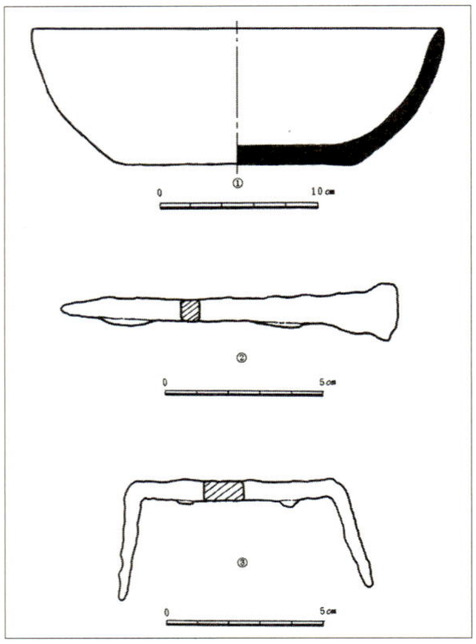

석촌동 87-7호 출토유물
(석촌동발굴조사단 1987)

다음 사진은 3호분 동쪽 최상층에서 조사된 석곽입니다. 그 다음은 석곽 내부에서 출토된 유물인데 왼쪽은 동북 모서리이고 오른쪽은 중간에 약간 떠 있었던 것이에요. 석곽 안에서 출토됐기 때문에 함께 보고했습니다만, 박순발 교수님, 어떠십니까? 이 석곽하

석촌동 86-1호 석곽묘와 출토유물(서울대박물관 1986)

고 1호분과 2호분 쪽에서 나온 것, 모두 석곽묘로 보고됐는데 어떻게 보십니까?

○ 박순발(충남대학교)

관점은 역시 적석무덤이라고 하는 것이 대개 지금까지 연대로 보면 4세기 이후에 등장한다고 보면 되겠는데, 이중에는 그 이전에 있었던 무덤 형태도 있고요. 그리고 적석무덤과 더불어서 적석무덤의 대개 동쪽부의 기단이 끼어있는 그 일대에서 기와 등등과 더불어서 다소 위세품적 성격도 갖고 있는 이런 것들이 나오는 블록이 있습니다. 거기에 해당되는 것도 있고, 또 이중에는 그렇지 않고 별도의 말하자면 아까 석곽 이런 것들도 있는데, 이름에 다 석곽을 붙였는데요.

우선 그 중에서 1호 북분입니까, 1호 남분입니까? 북분의 북쪽에 있는 것은 다른 것과 마찬가지로 조형 이후에 적석무덤에 대한 뭔가의 반복적 제의가 이루어진 것으로 추정이 된다는 점이고요. 이 경우에 지금 이 자체만 갖고 뭐라고 할 수 없지만, 굳이 우리가 앞으로 개념 설정을 한다고 치면 무덤에서 그와 같은 제의를 행하기 위해서 있는 것을 우리가 묘라고 해요. 종묘는 도성 안에 있는데 본래는 동한대까지 무덤에도 있습니다. 무덤에 있는 것을 대개 원묘라고 해요. 원묘, 종묘 등등으로 되어 있는데, 그런 묘들은 동명묘, 분묘 등등 해서 있습니다. 이게 도성 내부에 동쪽이나 이런 쪽에 있는 경우도 있겠지만, 석촌동 일대에 보이는 것들은 반복적으로 뭔가 기와나 이런 것을 해 놓고 거기에서 제의행위도 하고, 그리고 거기에서 나온 것들은 대개 또 땅에 파고 묻고 하는 것들이 반복적으로 이루어진 흔적들이 지금 확인되고 있고, 거기는 기와로 이었을 것이라고 하는 것은 분명히 확인되고 있는 부분이에요.

그래서 4호도 동쪽에 보면 기와가 있었다는 것 역시 그런 쪽으로 관계가 되고, 3호분은 모르겠어요. 그런데 2호분도 마찬가지입니다. 2호분에도 붙어있는 것이 2호 석곽이라고 했잖아요. 거기도 보면 계수호 연대는 대체로 다 동의하겠지만 이것은 360년에서 370년대, 기년명전으로 보면 그 정도입니다. 그 단계에서 뭔가 계수호 정도가 완형으로 들어가 있는 정도로 뭔가 제의가 이루어진 거예요. 그러니까 이 정도에서 나오는 것들은 대단히 복원율이 높아요. 그러면서 무덤이 아니고 제대로 부장품이 아님에도 불구하고 복원율이 높다는 얘기는 제의행위를 했기 때문에 그런 것이 나타난다. 그래서 나는 원묘일 가능성을 적극 검토할 필요가 있다고 생각합니다.

○ 좌장 | 임영진(전남대학교)

1호 석곽과 2호 석곽은 그렇게 보신다는 것이죠. 3호 석곽도 구조적으로 약간의 차이가 있지만 유구이고, 내부 출토품도 동시성이 인정되는데 그것은 어떻게 보시나요? 3호는 1호분 남분의 남쪽이죠.

○ 박순발(충남대학교)

어제도 얘기했지만 저 주변에 일단 바깥에 깔린 것이 있죠. 깔린 것이 덮히게 되어 있어요. 3호라고 하는 것은요. 저 부분은 돌이 빠져서 그런지, 조사를 못해서 그런지 약간 떠 있다 하더라도 저게 아주 많이 떠 있는 것 같지는 않아요. 혹 동쪽에 저기가 북분에 해당되는 것이라는 남분에 붙은 것일까, 아니면 또 하나 가능성이 있어요. 조성할 때요. 조성하기 전에 들어간 게 있습니다. 지금 제5점토부 동쪽에 있는 것이라든가, 꺽쇠만 해서 판을 깔고 한 이런 유의 것들이 조성 과정 속에 들어가는 사례로서 또 볼 수 있어요. 그러니까 이것이 어디에 속하느냐는 하는 얘기는 층위적인 귀속관계를 보아야 하겠지만, 내가 볼 때 정형선으로 보면 이것은 축조 단계에 뭔가 들어갔을 가능성도 배제할 수 없다.

○ 좌장 | 임영진(전남대학교)

3호분 남분 바닥과는 레벨이 상당히 차이가 있어요.

○ 박순발(충남대학교)

상당한 차이가 있다는 것은 모르겠는데, 만약에 떠있다고 한다면 그것은 이것과 관계없는 것일 수도 있지만, 그러나 이 적석묘가 다 삭평되고 나서 이것만 있어서 그렇지, 적석무덤보다는 사실은 이게 아래에 있는 거예요.

○ 좌장 | 임영진(전남대학교)

현재 남분이 남아 있는 게 1단뿐이지만.

○ 박순발(충남대학교)

그러니까 적석무덤이 제대로 있었다면 상당히 아래라는 거예요.

○ 좌장 | 임영진(전남대학교)

남아있는 1단 위에 3단 정도 있었을 텐데, 지금 남아 있는 1단 보다는 1m쯤 위일 겁니다. 1호분 주변에 토사가 차면서 그 위에 조성되었다는 말이죠. 시기는 아까 유물들 보셨다시피 그 정도고요.

○ 박순발(충남대학교)

시기는 그런 정도니까 시간은 크게 멀지 않지만, 어쨌든 이런 것들은 선행묘제로 보기는 좀 어렵다는 겁니다.

○ 좌장 | 임영진(전남대학교)

그렇죠. 선행묘제가 되기는 어렵죠, 시간적으로, 그리고 층위적으로도 그렇고. 아무튼 1, 2, 3호 석곽묘라고 보고된 것에 대해서 무덤의 가능성은 없다고 본다는 거죠.

○ 박순발(충남대학교)

예. 나는 무덤이라고 볼 수는 없다는 거죠.

○ 최병현(숭실대학교)

한 가지만 물어봅시다. 여기에 1호 석곽이라고 하는 부분이 석곽이냐, 아니냐는 별 문제로 하고, 지금 단에 걸쳐 있잖아요.

○ 좌장 | 임영진(전남대학교)

네, 걸쳐 있습니다.

○ 최병현(숭실대학교)

그러면 여기가 1단 상면 아니지요?

○ 좌장 | 임영진(전남대학교)

1단 상면입니다. 1단 높이가 90㎝ 정도 되거든요. 그 상면입니다.

○ 최병현(숭실대학교)

1단 상면이, 그러면 원래 축조 상태의 상면이 남은 겁니까? 그 위에?

○ 좌장 | 임영진(전남대학교)

정확하게 단언하기는 쉽지 않지만 상면으로 보는 것입니다.

○ 최병현(숭실대학교)

그러면 여기와 여기의 레벨 차이는 없나요?

○ 좌장 | 임영진(전남대학교)

1호분 도면 전체를 다시 띄워 주실래요? 저기 단면을 보시면 약간 함몰됐습니다. 그 이유는, 이 유구가 만들어질 당시에는 아마 이 높이까지 주변이 퇴적되어 있었을 거예요. 그래서 평면이 연결되는 상태로 만들었는데 1단 바깥 퇴적된 부분이 내려간 겁니다. 약간 주저앉으면서 유구도 주저앉았겠죠. 이 선이 북분 기단 외곽선이거든요. 그래서 북분 기단은 요지부동했고, 그 주변의 퇴적 부분이 내려가면서 유구가 이렇게 휘어진 것으로 보는 겁니다.

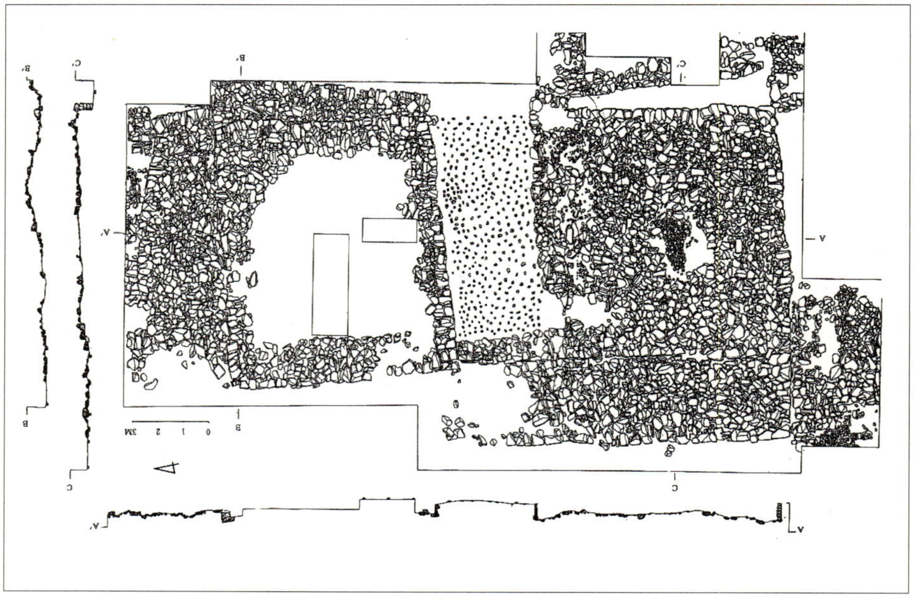

석촌동 1호분 평단면도(서울대박물관 1989)

○ 최병현(숭실대학교)

원묘설을 제기하니까, 내 말은 동일평면도 아닌 상태에서 유구가 있어서 되겠느냐라는 겁니다.

○ 박순발(충남대학교)

제기하시는 것은 무슨 뜻인지 알겠는데, 이게 원래 그렇습니다. 원묘라는 것은 아까 묘상건축물 이런 것이라고 했는데, 조그만 겁니다. 대개 범위가 나오는 것이 2m×2m 정도 되는 게 많아요. 유물이 나오는 범위가. 그 정도 되는 범위에 어떤 형태든지 지붕 형태로 되어 있었어요. 그것은 붙어서 있습니다. 그런 게 없어지고 나면 이 돌들이 노출되는 순간 돌은 이 토양 속에서는 함몰되기 시작합니다. 그래서 이런 현상이 나타나는 거죠.

○ 이인숙(한성백제박물관)

작년에 1년 동안 발굴한 구역 안에서 5호 점토부에 달린 유물집중부하고 또 다른 그런 예가 몇 개 더 있어요.

○ 정치영(한성백제박물관)

지금 거기하고 아까 말씀하신 점토부 4호입니다.

○ 이인숙(한성백제박물관)

그 두 군데 확인되는 거죠?

○ 정치영(한성백제박물관)

그러면 4호 같은 경우에는 코너에 붙였지만 정형성이 일단 있으니까요.

○ 이인숙(한성백제박물관)

1호분, 2호분에도 그런 것이 확인됐다고 볼 수 있는 거죠.

○ 정치영(한성백제박물관)

예.

○ 이인숙(한성백제박물관)

유물은 어때요? 저 석곽묘에서 나온 유물은 어때요?

석촌동 87-1호 석곽묘 출토유물

○ 좌장 | 임영진(전남대학교)

저 옆이 일괄유물입니다. 그래서 저것을 보고서에서는 무덤으로 보고를 했는데, 다른 용도로서 원묘를 상정하네요.

○ 최병현(숭실대학교)

임 선생은 저것 때문에 적석총을 3세기 후반으로 올리고 있잖아요?

○ 좌장 | 임영진(전남대학교)

그렇습니다. 3세기 중엽경까지도 봤죠. 그런데 아까 논의했지만 당시의 편년관이 확고부동한 것이 아니어서 요즘의 편년관에 따르면 반세기 정도 더 내려올 가능성이 있겠습니다. 2호 석곽묘도 2호분 옆에 있으면서 상황이 비슷한데 2호 석곽묘에는 마운드가 남아 있었잖아요. 앞에서 단면을 자른 사진도 제시했는데, 1호를 원묘라고 본다면 2호도 거의 상황이 같거든요. 그렇다면 그것도 원묘라고 봐야 할 텐데, 과연 그게 타당할까요? 더구나 1호의 경우는 북분 기단에 걸쳐 있는데 그 무덤하고 관련된 원묘가 그런 자리에 만들어질 수 있겠는가 하는 게 여전히 문제로 남네요.

저는 나중에 이것과 관련해서 자료들을 좀 찾아봤는데, 중국 토돈묘 가운데 주변에 큰 돌을 돌리고 바닥에 돌을 까는 것이 많이 보입니다. 일반적인 거예요. 그래서 저는 중국의 흑유계수호가 나온 것도 그것과 무관하지 않다는 생각을 갖는 것이고, 아까 얘기를 못하고 지나갔지만 3호분 동쪽 고분군의 얕은 토광을 가진 일련의 유구들이 개별 무덤이라고 보기는 어려울 것 같고, 거기에서도 중국 청자사이호가 나와서 관외부장품이라고 보았는데, 그 전체가 하나의 마운드를 공유하는 다장 분구묘일 가능성이 있다고 보고 있습니다. 이미 강인구 선생님이 그런 가능성을 제시하신 바 있어요. 그때만 하더라도 정확하게 이해를 못했는데, 제가 그 가능성을 염두에 두고 중국 남경 일대를 왔다 갔다 하고 연구년도 보내면서 관련 자료를 많이 보았고, 자료도 얻어 와서 계속 참고하는데 그 가능성을 부인할 수가 없습니다. 아무튼 중국 강남지역 토돈묘하고 구조적으로 유사하다는 점과 2호에서 중국 흑유계수호가 나온 것이 의미하는바 중국 토돈묘와 관련된 무덤일 가능성은 없겠는가 생각하고 있습니다.

○ 박순발(충남대학교)

그 논리에 따르면 이런 반론이 가능합니다. 수촌리나 등등 나온 것이 중국 토돈묘하고 같냐? 석실이라고 하는 것들도 마찬가지입니다. 그리고 기본적으로 여기에 있는 것은 뭡니까? 기본베이스가 적석무덤입니다. 이 적석무덤이 어디가 토돈묘하고 같냐. 중국 것이 들어왔다고 전부 토돈묘냐? 그것은 논리적으로 그렇게 반박할 수 있다는 얘기예요.

○ 좌장 | 임영진(전남대학교)

석촌동 고분군의 구성을 보면 단일성격의 매장시설들이 아니라는 데 문제의 핵심이 있죠. 전통적인 토광묘, 깊은 토광을 가지고 낙랑계 회백색 연질 단경호, 칠기가 나오는 것들이 서북한 계통으로 추정되는 것이고, 적석총은 누가 뭐라고 해도 고구려일 겁니다.

그런데 즙석분구묘를 비롯한 석촌동 파괴분, 5호분, 이런 것은 국내 어디에도 그 계통을 찾기가 어려워요. 그래서 일찍이 윤세영 선생님이 가락동 고분을 발굴하고 낸 견해를 보면, 즙석이라는 요소는 고구려 적석총에서 채택한 것으로 봤고, 목관이나 꺽쇠들이 나온 것은 기존의 토광묘 계통으로 봐서 양자가 한강유역에서 결합됐을 것이다, 이렇게 보셨지만, 저는 묘제 결합이 그렇게 쉽게 될 수 있는 것은 아니라고 봐요. 그것은 세트로 들어왔을 것이고, 특히 지상분구중의 다장, 이런 전통은 그 이전의 국내에서는 찾을 수가 없고, 중국에서는 산동에서부터 절강까지 유사한 토돈묘들이 나오거든요. 최근 조사된 것들은 육조대까지도 떨어집니다. 기존의 편년관은 중심시기를 규정하기 때문에 시기적인 접점을 찾기 어려웠지만, 중심지역이 아닌 외곽 지대에서는 상당히 늦은 시기까지 토돈묘 전통이 이어지고 있거든요. 그래서 그 가능성도 염두에 두고 보는 것입니다.

○ 박순발(충남대학교)

하여튼 그것도 그런데요, 시간이 없으니까요. 이 토돈묘 문제는 중국에서도 한 번 한국하고 하신 적이 있죠? 난 그때 정리가 된 것으로 아는데, 하여튼 그 소신은 가지셔도 좋은데요. 지금 문제가 되는 것은 이 유구의 성격을 가지고 얘기하면서 토돈묘하고 뭐가 비슷하다는 거예요?

○ 최병현(숭실대학교)

그 얘기 전에 확인만 한 번 합시다. 한지선 씨, 이 토기 모아놓은 것은 다 동시성이 있는 겁니까?

○ 한지선(국립중원문화재연구소)

동시성이 있을 거라고 봅니다.

○ 최병현(숭실대학교)

다 동시성이 있다고요?

○ 한지선(국립중원문화재연구소)

그 유구가 동시성이 있는지는 모르겠지만, 토기 자체의 이질성은 크게,

○ 박순발(충남대학교)

시간 폭이 별로 없다는 얘기죠.

○ 한지선(국립중원문화재연구소)

예. 시간 폭이 없다고 보고 있습니다.

○ 최병현(숭실대학교)

그리고 여기에 찾아보니까 이 사진인데요. 이 사진을 잘 보면, 이것만 딱 보면 뭔가 시기와 관계없이, 토기연대와 관계없이 이 유구 자체로만 보면 이 기단 적석총 자체가 망가지고 없어진 뒤에 뭔가 자갈을 깔아서 만든 시설처럼 보인다는 말이에요. 그래서 나는 석곽묘 설도, 원묘 설도 이 유구로서는 수긍하기가 참 어렵다. 현재로서는 그렇습니다.

○ 이인숙(한성백제박물관)

이제 어느 정도 정리하고 마무리해야 할 것 같습니다.

○ 최병현(숭실대학교)

다행히 토기가 시간 폭이 왕창 크면 더 좋겠는데 짧다니까 더 할 말이 없는데요.

○ 박순발(충남대학교)

제5 점토부를 보시면 그런 생각을 할 수밖에 없어요. 그게 그런 식으로 되어 있습니다. 자갈도 깔려 있고요.

○ 최병현(숭실대학교)

한 번 띄워볼 수 있으면 띄어보세요.

○ 좌장 | 임영진(전남대학교)

이제 점심 시간까지 넘겨가면서 예정했던 시간도 지나고 말았습니다. 하실 말씀이 더 많은 것은 모두가 느끼는 건데, 이제 마무리를 지어야 할 것 같습니다.

○ 최병현(숭실대학교)

이쪽이 침하되었다는 것은 나도 인정하겠어요. 그러나 이 부분을 보면 결국 단들이 다 망가지고 나서 뭔가 들어선 것이라고 보는 게 옳지 않느냐는 얘기입니다, 유구 자체로만 보면. 그게 석곽인지 뭔지 모르겠지만.

○ 좌장 | 임영진(전남대학교)

그렇습니다. 1단 주변에 토석들이 퇴적되고 그 위에 들어선 것은 분명합니다. 아무튼 30년 만의 새 발굴이 계기가 돼서 이런 자리가 마련됐고, 이인숙 관장님의 전폭적인 지원 아래 이틀에 걸친 논의를 끝내게 됐습니다. 애초에는 오늘 점심때까지 하면 30년전에 조사된 유구들에 대해서는 아쉬움 없는 논의가 가능하지 않겠느냐. 물론 다 수용할 수는 없겠지만 '아, 나하고 이런 점에서 다른 생각을 가지고 있었구나. 나도 좀 참고할 필요가 있겠다'하는 정도는 가능하지 않겠느냐. 그래서 조금이라도 의견 차이가 좁혀지고 접점을 찾을 수도 있을 것으로 기대를 했습니다. 그러나 이런 저런 논의 속에서도 아쉬움이 적지 않고, 연대 문제는 간헐적으로 이야기가 됐지만 종합적인 편년에 대해서는 논의해 보지도 못했습니다. 어제 시작하면서 이인숙 관장님께 넌지시 차후 모임까지도 부탁을 드렸는데, 바쁘신 와중에도 쭉 지켜보셨으니 저는 여기서 마무리 짓겠고, 관장님이 어제 오늘 쭉 살펴보신 총평이라고 할까요, 소회를 부탁드리겠습니다.

○ 이인숙(한성백제박물관)

이렇게 큰 발자국을 내디뎠다고 생각이 되네요. 이번에 정말 전에 없이 우리가 이런 모임을 가졌는데 상당히 의미가 크다고 생각이 돼요. 그리고 이틀 동안 제기된 문제점들을 보니까 석촌동고분군이야말로 어떻게 보면 한국고고학의 실험대가 아닌가 싶은 생각이 들어서 이것은 정말 이렇게 한 번으로 끝나서 결론이 나거나 정리가 될 사안은 절대로 아니고, 우리 박물관이 올해 발굴을 계속 할 거니까 앞으로 최소한 두 번 정도는 더 해봐야 하지 않을까 하는 생각이 듭니다. 그래서 이번에 여러 선생님들을 우리가 초청은 했지만, 방학 중이라서 일정상 꼭 자리를 같이 해야 할 분들이 안 계셔서 아쉬운 점이 많이 있습니다. 그렇지만 이번에 참석 못하신 분들을 다 포함해서 앞으로 최소한 두 번 정도는 이런 모임을 올해 중으로 더 가졌으면 하는 생각이 들고요. 어제 오늘 제기된 여러 가지 (안)들이 주제별로만 해도 한 주제에 2개 내지 3개 정도의 다른 이론들이 다 제기되고 있기 때문에 이것은 어떻게 보면 굉장히 신중하게 결론에 도달해야 할 부분이라고 생각하고, 또 이 부분이 우리가 발굴을 하면서 계속 염두에 두고 발굴방향을 설정하는 문제하고도 연결이 되기 때문에 전부 진지하게 임해야 하지 않겠나 하는 생각이 들고요. 박순발 선생님을 비롯해서 최병현 선생님, 김무중 선생님 등등 새로운 문제를 던져주신 부분들이 많아서 어제 오늘 그 부분을 잘 정리해서 다음번에 언제 어떻게 이런 시간을 다시 가질까, 그것을 구체적으로 앞으로 다시 한 번 논의를 하도록 하겠습니다. 이틀간 임영진 선생님이 너무나 수고를 많이 하셨고, 또 리드를 잘해 주셔서 이 정도의 큰 발자국을 내딛을 수 있었던 것 같습니다. 마지막으로 감사드리면서 이 정도로 오늘은 정리해야 할 것 같습니다.

(장내 박수)

(폐회)